老科学家学术成长资料采集工程
科学院院士传记丛书
工程院院士传记

系山河
光斗传

王光纶◎编著

1912年	1934年	1937年	1992年	1994年	2002年	2013年
生于江苏常熟	毕业于上海交通大学土木工程学院	哈佛大学毕业回国	提议成立中国工程院	当选为首批中国工程院院士	获得中国工程院颁发的中国工程科学最高成就奖	逝世于北京

老科学家学术成长资料采集工程
中国科学院院士传记丛书
中国工程院院士传记

情系山河

张光斗传

王光纶 ◎ 编著

中国科学技术出版社
上海交通大学出版社

图书在版编目（CIP）数据

情系山河：张光斗传 / 王光纶编著．—北京：中国科学技术出版社，2014.1

（老科学家学术成长资料采集工程　中国科学院院士传记　中国工程院院士传记丛书）

ISBN 978-7-5046-6481-5

Ⅰ．①情… Ⅱ．①王… Ⅲ．①张光斗（1912—2013）－传记　Ⅳ．① K826.16

中国版本图书馆 CIP 数据核字（2013）第 283950 号

出 版 人	苏　青　韩建民
责任编辑	余　君
责任校对	韩　玲
责任印制	张建农
版式设计	中文天地

出　　版	中国科学技术出版社　上海交通大学出版社
发　　行	科学普及出版社发行部
地　　址	北京市海淀区中关村南大街16号
邮　　编	100081
发行电话	010-62173865
传　　真	010-62179148
网　　址	http://www.cspbooks.com.cn

开　　本	787mm×1092mm　1/16
字　　数	350千字
印　　张	23.5
彩　　插	2
版　　次	2014年1月第1版
印　　次	2014年1月第1次印刷
印　　刷	北京华联印刷有限公司
书　　号	ISBN 978-7-5046-6481-5 / K·134
定　　价	70.00元

（凡购买本社图书，如有缺页、倒页、脱页者，本社发行部负责调换）

老科学家学术成长资料采集工程
领导小组专家委员会

主　任：杜祥琬

委　员：（以姓氏拼音为序）

　　　　巴德年　陈佳洱　胡启恒　李振声
　　　　王礼恒　王春法　张　勤

老科学家学术成长资料采集工程
丛书组织机构

特邀顾问（以姓氏拼音为序）

　　　　樊洪业　方　新　齐　让　谢克昌

编委会

主　任：王春法　张　藜

成　员：（以姓氏拼音为序）

　　　　艾素珍　曹振全　董庆九　胡化凯　韩建民
　　　　景晓东　李虹鸣　廖育群　罗　晖　吕瑞花
　　　　苏　青　王康友　王扬宗　夏　强　张柏春
　　　　张大庆　张　剑　张九辰　周德进

编委会办公室

主　任：张　藜　许向阳

副主任：许　慧　张利洁　刘佩英

成　员：（以姓氏拼音为序）

　　　　崔宇红　冯　勤　何继红　何素兴　李金涛
　　　　李俊卿　李惠兴　刘　洋　罗兴波　沈林苣
　　　　万红军　王传超　言　挺　余　君　张晓华
　　　　周　勇

老科学家学术成长资料采集工程简介

老科学家学术成长资料采集工程（以下简称"采集工程"）是根据国务院领导同志的指示精神，由国家科教领导小组于2010年正式启动，中国科协牵头，联合中组部、教育部、科技部、工信部、财政部、文化部、国资委、解放军总政治部、中国科学院、中国工程院、国家自然科学基金委员会等11部委共同实施的一项抢救性工程，旨在通过实物采集、口述访谈、录音录像等方法，把反映老科学家学术成长历程的关键事件、重要节点、师承关系等各方面的资料保存下来，为深入研究科技人才成长规律，宣传优秀科技人物提供第一手资料和原始素材。按照国务院批准的《老科学家学术成长资料采集工程实施方案》，采集工程一期拟完成300位老科学家学术成长资料的采集工作。

采集工程是一项开创性工作。为确保采集工作规范科学，启动之初即成立了由中国科协主要领导任组长、12个部委分管领导任成员的领导小组，负责采集工程的宏观指导和重要政策措施制定，同时成立领导小组专家委员会负责采集原则确定、采集名单审定和学术咨询，委托中国科学技术史学会承担具体组织和业务指导工作，建立专门的馆藏基地确保采集资料的永久性收藏和提供使用，并研究制定了《采集工作流程》、《采集工作规范》等一系列基础文件，作为采集人员的工作指南。截至2012年底，已启动247位老科学家的学术成长资料采集工作，获得手稿、书信等实物原件资料21496件，数字化资料72310件，视频资料96582分钟，音频资料104289分钟，具有重要的史料价值。

采集工程的成果目前主要有三种体现形式，一是建设一套系统的"老科学家学术成长资料数据库"（本丛书简称"采集工程数据库"），提供学术研究和弘扬科学精神、宣传科学家之用；二是编辑制作科学家专题资料片系列，以视频形式播出；三是研究撰写客观反映老科学家学术成长经历的研究报告，以学术传记的形式，与中国科学院、中国工程院联合出版。随着采集工程的不断拓展和深入，将有更多形式的采集成果问世，为社会公众了解老科学家的感人事迹，探索科技人才成长规律，研究中国科技事业的发展历程提供客观翔实的史料支撑。

总序一

中国科学技术协会主席 韩启德

  老科学家是共和国建设的重要参与者，也是新中国科技发展历史的亲历者和见证者，他们的学术成长历程生动反映了近现代中国科技事业与科技教育的进展，本身就是新中国科技发展历史的重要组成部分。针对近年来老科学家相继辞世、学术成长资料大量散失的突出问题，中国科协于2009年向国务院提出抢救老科学家学术成长资料的建议，受到国务院领导同志的高度重视和充分肯定，并明确责成中国科协牵头，联合相关部门共同组织实施。根据国务院批复的《老科学家学术成长资料采集工程实施方案》，中国科协联合中组部、教育部、科技部、工业和信息化部、财政部、文化部、国资委、解放军总政治部、中国科学院、中国工程院、国家自然科学基金委员会等11部委共同组成领导小组，从2010年开始组织实施老科学家学术成长资料采集工程。

  老科学家学术成长资料采集是一项系统工程，通过文献与口述资料的搜集和整理、录音录像、实物采集等形式，把反映老科学家求学历程、师承关系、科研活动、学术成就等学术成长中关键节点和重要事件的口述资料、实物资料和音像资料完整系统地保存下来，对于充实新中国科技发展的历史文献，理清我国科技界学术传承脉络，探索我国科技发展规律和科技人才成长规律，弘扬我国科技工作者求真务实、无私奉献的精神，在全社会营造爱科学、学科学、用科学的良好氛围，是一件很有意义的事情。采集工程把重点放在年龄在 80 岁以上、学术成长经历丰富的两院院士，以及虽然不是两院院士、但在我国科技事业发展中作出突出贡献的老科技工作者，充分体现了党和国家对老科学家的关心和爱护。

自 2010 年启动实施以来，采集工程以对历史负责、对国家负责、对科技事业负责的精神，开展了一系列工作，获得大量反映老科学家学术成长历程的文字资料、实物资料和音视频资料，其中有一些资料具有很高的史料价值和学术价值，弥足珍贵。

以传记丛书的形式把采集工程的成果展现给社会公众，是采集工程的目标之一，也是社会各界的共同期待。在我看来，这些传记丛书大都是在充分挖掘档案和书信等各种文献资料、与口述访谈相互印证校核、严密考证的基础之上形成的，内中还有许多很有价值的照片、手稿影印件等珍贵图片，基本做到了图文并茂，语言生动，既体现了历史的鲜活，又立体化地刻画了人物，较好地实现了真实性、专业性、可读性的有机统一。通过这套传记丛书，学者能够获得更加丰富扎实的文献依据，公众能够更加系统深入地了解老一辈科学家的成就、贡献、经历和品格，青少年可以更真实地了解科学家、了解科技活动，进而充分激发对科学家职业的浓厚兴趣。

借此机会，向所有接受采集的老科学家及其亲属朋友，向参与采集工程的工作人员和单位，表示衷心感谢。真诚希望这套丛书能够得到学术界的认可和读者的喜爱，希望采集工程能够得到更广泛的关注和支持。我期待并相信，随着时间的流逝，采集工程的成果将以更加丰富多样的形式呈现给社会公众，采集工程的意义也将越来越彰显于天下。

是为序。

总序二

中国科学院院长　白春礼

由国家科教领导小组直接启动,中国科学技术协会和中国科学院等12个部门和单位共同组织实施的老科学家学术成长资料采集工程,是国务院交办的一项重要任务,也是中国科技界的一件大事。值此采集工程传记丛书出版之际,我向采集工程的顺利实施表示热烈祝贺,向参与采集工程的老科学家和工作人员表示衷心感谢!

按照国务院批准实施的《老科学家学术成长资料采集工程实施方案》,开展这一工作的主要目的就是要通过录音录像、实物采集等多种方式,把反映老科学家学术成长历史的重要资料保存下来,丰富新中国科技发展的历史资料,推动形成新中国的学术传统,激发科技工作者的创新热情和创造活力,在全社会营造爱科学、学科学、用科学的良好氛围。通过实施采集工程,系统搜集、整理反映这些老科学家学术成长历程的关键事件、重要节点、学术传承关系等的各类文献、实物和音视频资料,并结合不同时期的社会发展和国际相关学科领域的发展背景加以梳理和研究,不仅有利于深入了解新中国科学发展的进程特别是老科学家所在学科的发展脉络,而且有利于发现老科学家成长成才中的关键人物、关键事件、关键因素,探索和把握高层次人才培养规律和创新人才成长规律,更有利于理清我国科技界学术传承脉络,深入了解我国科学传统的形成过程,在全社会范围内宣传弘扬老科学家的科学思想、卓越贡献和高尚品质，推动社会主义科学文化和创新文化建设。从这个意义上说，采集工程不仅是一项文化工程，更是一项严肃认真的学术建设工作。

中国科学院是科技事业的国家队，也是凝聚和团结广大院士的大家庭。早在1955年，中国科学院选举产生了第一批学部委员，1993年国务院决定中国科学院学部委员改称中国科学院院士。半个多世纪以来，从学部委员到院士，经历了一个艰难的制度化进程，在我国科学事业发展史上书写了浓墨重彩的一笔。在目前已接受采集的老科学家中，有很大一部分即是上个世纪80、90年代当选的中国科学院学部委员、院士，其中既有学科领域的奠基人和开拓者，也有作出过重大科学成就的著名科学家，更有毕生在专门学科领域默默耕耘的一流学者。作为声誉卓著的学术带头人，他们以发展科技、服务国家、造福人民为己任，求真务实、开拓创新，为我国经济建设、社会发展、科技进步和国家安全作出了重要贡献；作为杰出的科学教育家，他们着力培养、大力提携青年人才，在弘扬科学精神、倡树科学理念方面书写了可歌可泣的光辉篇章。他们的学术成就和成长经历既是新中国科技发展的一个缩影，也是国家和社会的宝贵财富。通过采集工程为老科学家树碑立传，不仅对老科学家们的成就和贡献是一份肯定和安慰，也使我们多年的夙愿得偿！

鲁迅说过，"跨过那站着的前人"。过去的辉煌历史是老一辈科学家铸就的，新的历史篇章需要我们来谱写。衷心希望广大科技工作者能够通过"采集工程"的这套老科学家传记丛书和院士丛书等类似著作，深入具体地了解和学习老一辈科学家学术成长历程中的感人事迹和优秀品质；继承和弘扬老一辈科学家求真务实、勇于创新的科学精神，不畏艰险、勇攀高峰的探索精神，团结协作、淡泊名利的团队精神，报效祖国、服务社会的奉献精神，在推动科技发展和创新型国家建设的广阔道路上取得更辉煌的成绩。

总序三

中国工程院院长　周　济

　　由中国科协联合相关部门共同组织实施的老科学家学术成长资料采集工程，是一项经国务院批准开展的弘扬老一辈科技专家崇高精神、加强科学道德建设的重要工作，也是我国科技界的共同责任。中国工程院作为采集工程领导小组的成员单位，能够直接参与此项工作，深感责任重大、意义非凡。

　　在新的历史时期，科学技术作为第一生产力，已经日益成为经济社会发展的主要驱动力。科技工作者作为先进生产力的开拓者和先进文化的传播者，在推动科学技术进步和科技事业发展方面发挥着关键的决定的作用。

　　新中国成立以来，特别是改革开放30多年来，我们国家的工程科技取得了伟大的历史性成就，为祖国的现代化事业作出了巨大的历史性贡献。两弹一星、三峡工程、高速铁路、载人航天、杂交水稻、载人深潜、超级计算机……一项项重大工程为社会主义事业的蓬勃发展和祖国富强书写了浓墨重彩的篇章。

　　这些伟大的重大工程成就，凝聚和倾注了以钱学森、朱光亚、周光召、侯祥麟、袁隆平等为代表的一代又一代科技专家们的心血和智慧。他们克服重重困难，攻克无数技术难关，潜心开展科技研究，致力推动创新发展，为实现我国工程科技水平大幅提升和国家综合实力显著增强作出了杰出贡献。他们热爱祖国，忠于人民，自觉把个人事业融入到国家建设大局之中，为实现国家富强而不断奋斗；他们求真务实，勇于创新，用科技为中华民族的伟大复兴铸就了辉煌；他们治学严谨，鞠躬尽瘁，具有崇高的科学精神和科学道德，是我们后代学习的楷模。科学家们的一生是一本珍贵的教科书，他们坚定的理想信念和淡泊名利的崇高品格是中华民族自强不息精神的宝贵财富，永远值得后人铭记和敬仰。

通过实施采集工程，把反映老科学家学术成长经历的重要文字资料、实物资料和音像资料保存下来，把他们卓越的技术成就和可贵的精神品质记录下来，并编辑出版他们的学术传记，对于进一步宣传他们为我国科技发展和民族进步作出的不朽功勋，引导青年科技工作者学习继承他们的可贵精神和优秀品质，不断攀登世界科技高峰，推动在全社会弘扬科学精神，营造爱科学、讲科学、学科学、用科学的良好氛围，无疑有着十分重要的意义。

中国工程院是我国工程科技界的最高荣誉性、咨询性学术机构，集中了一大批成就卓著、德高望重的老科技专家。以各种形式把他们的学术成长经历留存下来，为后人提供启迪，为社会提供借鉴，为共和国的科技发展留下一份珍贵资料。这是我们的愿望和责任，也是科技界和全社会的共同期待。

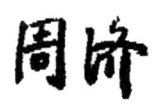

周济

张光斗

采集小组成员合影

采集小组在商讨问题（一）

采集小组在商讨问题（二）

序

　　张光斗先生是著名的水利水电工程专家、高等工程教育学家，中国科学院和中国工程院的两院院士、墨西哥国家工程科学院的国外院士。张先生长期从事水资源开发利用、大江大河治理、水利水电工程设计、科研和教学工作，为中国水利水电事业的发展和水利水电专业技术人才的培养做出了卓越的贡献。《情系山河：张光斗传》详细论述了张光斗先生的学术成长经历和奋斗一生所取得的重要工作成就。先生一生情系祖国山河，认真踏实、埋头实干。先生学识渊博，基础理论坚实，并且具有丰富的工程实践经验，自1937年开始投身祖国的水利水电建设事业，60多年来，创造性地解决了大量工程技术问题，丰富了我国开展水利水电建设工作的经验；自1949年开始又在高等教育领域从事教书育人的工作，50多年来，积极探索适合中国国情的高等工程教育发展模式，为国家培养了大批优秀的水利水电建设人才。张光斗先生一生所奉行的是"爱国奉献"的人生哲理、"严谨求实"的工程实践理念、"勤奋进取"的学术研究理念，这些思想品德既是他能够取得一系列成就的重要基础，也是留给我们晚辈的宝贵精神财富，值得我们认真地学习，并进一步发扬光大。

　　与众多老科学家的爱国情感一样，张先生的爱国热忱和行为，是我们学习的楷模。1937年抗日战争爆发初期，张先生在美国刚刚获得工程力学硕士学位，并已得到在哈佛大学继续攻读博士学位的奖学金。但战火使得他再也无法在美国宁静地读书，正如张先生自己所说的"如果国都亡了，我念书还有什么用？"正是在这种"国家兴亡，匹夫有责"的精神驱使下，他毅然决定放弃优越的继续深造的机会，回国参加抗日救国工作。

1937年11月，张先生回到国内，并立即投身到祖国的水电建设事业当中，他不顾生活的艰苦，说服未婚妻从舒适繁华的大上海来到偏远的四川穷山沟，在水利工地成婚，先后在龙溪河、瀼渡河上修建了一批小型水电站，为长寿和万县的军工生产提供了电力，支援了抗日战争，实现了自己"实业抗日救国"的愿望。

1947年年底，解放战争胜利在即，当时来华工作的美国联邦能源委员会柯登总工程师即将回国，由于他在南京长期和张光斗先生一起共事，对先生的工作能力和为人性格十分欣赏，临行前，他多次劝张先生举家一起与他赴美，并答应代办签证、代付路费并安排在美的工作，若张先生同意还可以和他一起合办工程顾问公司。但都被先生婉言谢绝了。张先生表示：我是中国人，是中国的老百姓养育和培养了我，我不能离开我的祖国，我有责任为祖国的建设效力，为养育我的老百姓服务。60余载的奋斗历程，证实了先生确实是一直在忠诚地履行着自己所承诺的这项神圣的职责。

张光斗先生关注祖国水利水电事业的发展，把全部心血都无私地奉献给了这项造福人民的事业，即使是在极端艰难的逆境当中，他的这种奉献精神也丝毫没有改变。常言道"危难之中见真情"，在顺境中做些好事相对来说比较容易，难就难在逆境中，还能坚定不移地为人民做贡献，这就反映出了一个人的思想境界。1976年唐山地震波及密云水库，白河主坝保护层发生滑坡，为了抢险加固，工地指挥部的领导急召在外地的张光斗回京。先生不顾年迈体弱星夜兼程，及时赶到密云水库工地。但当时还是"四人帮"猖獗的时代，张先生仍处于受审查、受批判的逆境中，虽然先生是满腔热情、风尘仆仆艰难地从外地赶到水库工地，但清华军宣队负责人迎面送给他的却是当头一棒，明确地向他宣布：这次加固工程的设计你要负责，但你不准在设计图纸上签字。即使蒙受了如此不公正的待遇，先生仍然全心全意地投入到工程加固工作中去。他每天奔波在大坝工地，爬上爬下检查施工质量，对设计图纸一张、一张地仔细审查，提出意见后交给"负责人"签字。张先生后来向他的助手追忆这段经历时说："我当时想，我是为人民工作的，不是为哪一个军宣队负责人工作的，让我签字也好，不让我签字也好，反正我要认真干事情，要对老百姓负责。"这是多么质朴的情感和语言呀！类似的感人事例还有很多。1980年夏季，张先生唯一的、年仅37岁的儿子在京不幸病逝，那时先生正在葛洲坝工地审查设计，当时主持审查会议的陈赓仪副部长怕这突如其来的噩耗对先生的打击太大，在回京的路途中出问题，不得不对他谎称是学校要他立即回京参加重要会议。到家后，先生才得知儿子已经过世，听到此噩耗后，他两眼直瞪瞪一言不发地呆坐在那里，可以想象老年丧子，白发人送黑发人，对一位年近70岁的老人来说是何等的悲伤。即使是在这样极端悲痛的日子里，为了对工程设计负责，在儿子追悼会结束后，先生还是花了近两天的时间写出了一份上万言的"葛洲坝工程设计审查意见书"，时任清华大学校长的刘达同志见此"意见书"后深为感动，当即自己动手写信给余秋里副总理和钱正英部长、刘澜波部长，向他们推荐这份意见书，并盛赞张先生的这种对事业负责的精神。这份在丧子之痛中写成的意见书，字字饱含着先生对祖国的无限忠诚之情、浸透着对事业无私奉献的滴滴心血。

张光斗先生作为一名科技工作者，严守职业道德，不闻"风"而动；尊重科学的客观规律，不畏"压力"，敢于直言，在这些方面也为我们晚辈树立了良好的榜样。1950年夏季，张先生应水利部之邀，陪同苏联专家一起查勘黄河潼关—孟津河段，研究开发方案。在潼关坝址方案的选择上，张先生和苏联专家产生了意见分歧，并展开了争论，张先生认为苏联专家的想法不符合工程实情。在当时"一边倒"的声势下，敢和"老大哥"争论，可不是一般的问题。个别领导提醒他，要虚心向苏联专家学习，这是政治态度问题。即使在这样的"压力"之下，先生还是坚持自己的意见，据理力争，并得到了傅作义部长的支持。又如，在1958年设计密云水库时，当时是"大跃进"的年代，有一位水利系党组织的负责人提出要把密云水库的拦河大坝做成过水土坝，并且鼓动学生制造气氛，过水土坝方案是"又快、又省"的方案，谁反对这个方案就是不执行"总路线"，就是反党、反社会主义。在如此之大的"政治压力"下，张先生还是冷静思考，认为过水土坝固然具有经济上的优越性，但在科学技术上，既无成功的先例，也还有很多问题尚未解决。张先生就是不同意这个过水土坝方案，哪怕它带有浓厚的政治色彩，在密云水库也不能采用。他认为：修一座水库、拦断一条河流容易，但要保证百年千载不出问题，难！对于水利工程，一旦出现问题，就会酿成人民生命安全和国家财产无可挽回的损失，因此，一定要实事求是，科学分析，要慎之又慎。这样的事例还有不少，这位可敬的"倔老头"，这股尊重科学、坚持真理的"犟劲"，确实值得我们学习和崇敬。

张光斗先生在从事工程设计工作中，既认真负责、踏踏实实，又敢于创新，敢做前人没有做过的事情，不愧为我国水利水电建设事业一位杰出的开拓者。自1937年开始，张先生投身祖国的水利水电建设事业，数十年如一日，兢兢业业为之奋斗，足迹踏遍了祖国的大江大河。1937—1942年，他负责设计了桃花溪、下清渊硐、仙女硐等水电站，虽然这些电站的装机容量都很小，但是，这是中国人完全靠自己的力量设计、施工建成的第一批水电站。1951年，他领导"黄河人民胜利渠"渠首闸的设计，首次在黄河下游成功地破堤取水，为下游引黄灌溉开创了一条行之有效的道路，将滔滔的黄河之水引入了下游两岸农田，这是中国人民开发利用黄河的又一次大胆尝试。1958年，他作为总工程师主持设计密云水库，在设计中大胆创新，在国内率先采用了深厚覆盖层混凝土防渗墙、高土石坝薄黏性土斜墙、土坝坝下廊道导流等革新技术。密云水库一年拦洪、两年建成，又好又快地完成了任务，这在世界水利工程史上也是不多见的。

自20世纪50年代以来，张先生曾先后为官厅、丹江口、葛洲坝、二滩、小浪底、三峡等数十座大中型水利水电工程提供技术咨询，对工程枢纽布置、结构设计提出了许多极为有益的建议。如对葛洲坝工程，他积极赞同炸掉原处于江中的葛洲坝岛，以增大泄洪闸和电站的布置空间，这一建议对改进枢纽水流河势，保证大江截流和扩大电站装机，具有战略性的意义。再如对二滩拱坝枢纽布置，他坚持主张坝内、坝外多种方式结合的泄洪方案，并形象地将此方案比喻为"不能把所有鸡蛋都放在一个篮子里"，这个比喻一直被同行专家传为佳话，此方案的采用对保证枢纽运行可靠、确保大坝安全起到了极为重要的作用。对于三峡工程，三期施工导流底孔方案是张先生提出来的，这一方案的实施对保证三峡工程施工期黄金水道的顺利通航和整个工程的按期完成发挥了重要的作用。

张光斗先生严谨、敬业的精神在水利水电工程界是有口皆碑的。所有送给他审查的设计报告、图纸，他都认真地阅读，手持放大镜逐行逐字地斟酌，并提出自己的书面意见。经常会出现这样的情况，一本厚厚的、干干净净送给他审查的设计报告，当返回到报告编写者的手中时，往往在报告每页周边的空白处都布满了张先生批写的意见，页面上中间是黑色的打印字体，周围环绕的是密密麻麻、蓝色圆珠笔的手写字体，形成鲜明地对比。看到这样的报告文本，不由得让人发自内心地对这位"较真儿老头"的工作精神表示敬佩。先生这种对工作认真负责的敬业精神，在现场检查工程质量时表现得更为突出。80年代在葛洲坝工地，为了检查二江泄水闸护坦表面混凝土过水后的情况，他坚持乘坐"沉箱"潜入水下亲自查看，驾驶沉箱的工人师傅说，从来没见过这么大岁数的老人还敢坐沉箱潜到水底下来工作。90年代，作为国务院派出的三峡枢纽工程质量检查专家组的副组长，有一次在三峡工地检查导流底孔施工质量，他深知高速水流对底孔过水表面平整度的要求极为关键，为了掌握第一手材料，他坚持从基坑顺着脚手架爬到55米高程的底孔，检查混凝土表面的平整度，当他用手摸到表面仍有钢筋露头等凹凸不平的麻面时，当即要求施工单位一定要按照设计标准返工修复。对于一位80多岁的老人来说，爬40多米高的脚手架，其难度可想而知。张先生这种严谨、敬业的精神，充分体现了老一辈水利工作者的优秀品质，永远是我们后辈学习的榜样。

张光斗先生之所以能够在工程实践和教学生涯中获得如此巨大的成就，除了和他所处的时代与机遇紧密相关外，应当说和他自身的勤奋好学、努力进取也是密不可分的。张先生上大学念书时，在同学们的眼中一直是一位"孜孜学业，手不释卷，所业精熟无论"的佼佼者，勤奋好学是出了名的。1934年从上海交大毕业时，在当年全校考取公费留学的学生中，张先生的毕业成绩排名第一。1943年到1945年，在美国田纳西河流域局和垦务局考察和学习期间，他吃住在工地，白天在工地边看边向有经验的工程师、工人请教，知道了"应当如何做工程"；夜晚在室内查资料、学理论，运用理论知识把白天所看到的、听到的感性知识从理论上搞清楚，把感性认识提高到理性认识，明白了"为什么这样做工程"。这段在实践中再学习的经历，对他学术成长起到了重要作用，为他日后在工作中能创造性地解决实际工程问题打下了良好的基础。即使到了耄耋之年，他依旧保持着这种勤奋好学的精神。这时的他开始学习使用计算机打字，并在计算机上完成了洋洋70万字的自传体著作《我的人生之路》。

张光斗先生作为教师，在教学方面的态度和所取得的成就也十分令人敬佩。从1949年起，先生到清华大学任教，从教50多年来，他始终认为学校应把教学放在第一位，而且身体力行，注重教书育人。在他任教时即使工作再忙，认真备课这一环节也总是"雷打不动"，每堂课前总要编写工工整整的教案，课上讲解时总要介绍几个生动有趣的工程实例，令听者终生难忘。当年先生在水工课上讲述的一个实例，令作为学生的我至今仍记忆犹新。在讲到应如何对待水利工程质量问题时，先生强调由于水利工程直接关系人民生命安全，因此一定要把工程质量放到第一位，先生还形象地告诉我们，作为一名有良知的工程技术人员，在施工现场如果见到有不合格的混凝土要入仓浇筑，为了保证工程质量，应当敢于站在混凝土吊罐下面阻止吊罐下料。试想如果每个工程技术人员都能做到这点，那些所谓的"豆腐渣"工程就不复存在了。先生就是用这样的思想和方式在培养和教育他的学生。

先生高贵的思想品德和突出的成就贡献，在本书中还有很多，这里就不一一列举了。最后，让我引用胡锦涛同志2007年4月致张光斗先生95岁华诞的贺信内容作为这篇序言的结尾。

从一九三七年归国至今，七十年来，先生一直胸怀祖国，热爱人民，情系山河，为我国的江河治理和水资源的开发利用栉风沐雨、殚精竭虑，建立了卓越功绩。先生钟爱教育事业，在长期的教学生涯中，默默耕耘，传道授业，诲人不倦，为祖国的水利水电事业培养了众多优秀人才，做出了重要贡献。先生的品德风范山高水长，令人景仰！

锦涛同志的贺信概括了先生品德的精髓，这也是党和政府对以张先生为代表的老一代知识分子高尚精神品德和卓越工作成就的充分肯定。

汪恕诚[①]

2013 年 6 月

---

① 汪恕诚，全国人大财经委员会副主任，清华大学水利工程系 1955 年毕业生，曾任水利部部长。

目 录

老科学家学术成长资料采集工程简介

总序一 ··· 韩启德

总序二 ··· 白春礼

总序三 ··· 周　济

序 ··· 汪恕诚

导　言 ··· 1

第一章 | 从鹿苑小镇走出的交大高材生 ·· 7

　　清贫的童年 ··· 7
　　小学时的反帝游行 ··· 9
　　人生的第一次选择 ··· 11

就读上海南洋大学附小 ································ 12
　　交通大学的高材生 ···································· 15

| 第二章 | 考取清华公费留美　开始结缘水利 ················ 23

　　行万里路 ·· 23
　　伯克利加州大学的水利工程学硕士 ···················· 30
　　从垦务局到哈佛 ······································ 36
　　"如果国都亡了，我念书还有什么用" ·················· 42

| 第三章 | 投身水电支援抗日　再次赴美深造 ················ 46

　　辗转入川，投身水电建设事业 ························ 46
　　结婚 ·· 51
　　再次赴美实习、深造 ································ 57
　　力阻三峡工程 ·· 63

| 第四章 | 奔波于江河之间　静待南京解放 ···················· 67

　　纠结的三峡情 ·· 67
　　奔波于祖国的大江大河之间 ·························· 73
　　决心留待解放，建设国家 ···························· 78

| 第五章 | 初进清华任教　踏上新的征途 ···················· 85

　　春风化雨，踏上新征途 ······························ 85
　　参加生产实践，坚持为工程建设服务 ················ 93
　　初结黄河情 ·· 97

| 第六章 | 在"向科学进军"的号召下奋进 ···················· 101

　　当选学部委员，加入中国共产党 ···················· 101

参与国家科技发展等重大条例、规划的制定 …………………… 104
　　创建科学院水工研究室 ………………………………………… 109
　　开展水工结构模型试验、进行工程咨询顾问 …………………… 111
　　赴苏学习考察科学技术 ………………………………………… 114

| 第七章 | 设计密云水库　为首都献上一盆清水 ………………… 118

　　勇担"缚住潮白蛟龙"的重任 …………………………………… 118
　　坚持实事求是，按科学规律办事 ………………………………… 123
　　大胆创新，道路艰难曲折 ………………………………………… 126
　　众志成城，惊险闯关 ……………………………………………… 130
　　幸福的回忆，难忘的情怀 ………………………………………… 132
　　谨慎从事，不留隐患 ……………………………………………… 135

| 第八章 | "文化大革命"爆发　逆境中尽显真情 ………………… 137

　　"反动权威" ………………………………………………………… 137
　　在三门峡工地，幸运地遇到了"小伯乐" ……………………… 141
　　一位受欢迎的"反动学术权威" ………………………………… 145
　　忍辱负重，一心为民，终于苦尽甘来 …………………………… 149

| 第九章 | 科学大会启新章　喜迎事业第二春 ……………………… 154

　　重踏访美之旅，开展国际交流 …………………………………… 154
　　担任清华大学副校长，为高教事业建新功 ……………………… 158
　　出任水科院院长，为该院的发展打下良好的基础 ……………… 163
　　为重大水利水电工程设计献策、把关 …………………………… 168

| 第十章 | 突遭老年丧子之痛　敬业精神感人 ……………………… 177

　　痛失爱子，含泪写下万言书 ……………………………………… 177

难以忘怀的葛洲坝情缘·············· 182

第十一章　积极促进高等工科教育的发展·············· 188

在世界银行贷款支持中国大学发展项目中力挑重担·············· 188
创建国家教委直属高等工业学校教育研究协作组·············· 198

第十二章　为水资源的战略决策进言献策·············· 205

直面水资源的战略定位问题·············· 205
抓住学部大会的有利机遇·············· 207
上书中央"宁未雨而绸缪，毋临渴而掘井"·············· 210
研究符合社会主义市场经济规律的水利经济·············· 216

第十三章　尽心竭力提高工程界的地位·············· 219

积极建议成立中国工程院·············· 219
加入国际大坝委员会·············· 226
加入世界工程师联合会·············· 231
加入国际工程与技术科学院理事会·············· 233

第十四章　六十余载难以释怀的三峡情·············· 243

昔日力劝不要建　今日力荐早日建·············· 243
严谨的设计审查和把关·············· 250
大江截流前验收，质量检查建体制·············· 253

第十五章　水资源可持续发展的战略研究·············· 259

为水资源战略研究立项申请积极做好铺垫·············· 259
"中国可持续发展水资源战略研究"项目正式立项·············· 262
跨学科综合研究水资源持续利用取得丰硕成果·············· 266

附件一　张光斗院士与中国的水利水电工程 ·················· 272

附件二　张光斗院士的高等工程教育思想 ·················· 294

结　语 ··· 309

附录一　张光斗年表 ··· 316

附录二　张光斗主要论著目录 ······························ 338

参考文献 ·· 344

后　记 ··· 346

图片目录

图 1-1　鹿苑镇 ·· 8
图 1-2　张光斗交通大学入学登记卡 ································ 17
图 1-3　1931 年交大工程学院一年级乙班全体同学合影 ······ 18
图 1-4　1934 年张光斗获交通大学工程学院土木工程学士的照片 ······ 19
图 1-5　1934 年交通大学出国留学的学生毕业成绩排名表 ······ 20
图 1-6　张光斗在交大读书时，在校刊《窗艺》上写的短文 ······ 21
图 2-1　1935 年 2 月 11 日张光斗撰写的呈送清华大学校办的报告原件 ······ 25
图 2-2　张光斗 1934 年填写的清华公费留学志愿书 ······ 29
图 2-3　张光斗 1936 年在伯克利加州大学读硕士学位的成绩单 ······ 33
图 2-4　张光斗在伯克利图书馆 ································ 34
图 2-5　张光斗 30 年代在美国留学期间撰写的参观笔记 ······ 35
图 2-6　张光斗 1936 年在哈佛校园 ································ 37
图 2-7　梅贻琦校长给张光斗复信 ································ 38
图 2-8　张光斗 1936—1937 年在哈佛大学的学习成绩单照片 ······ 40
图 2-9　哈佛大学新闻网登载的 1937 年 5 月 27 日哈佛大学校报的报道 ······ 43
图 3-1　1939 年张光斗作为校核参与设计的桃花溪水电站图纸照片 ······ 49
图 3-2　1939 年 10 月张光斗和钱玫荫新婚后的合影留念 ······ 55
图 3-3　张光斗 1943 年在美实习的笔记 ································ 61
图 3-4　张光斗和史国衡馆长一起翻阅张光斗捐送的资料 ······ 66
图 4-1　1945 年秋张光斗一家三口在四川下清渊硐的合影 ······ 68
图 4-2　1947 年张光斗全家在南京的合影 ································ 77
图 5-1　清华大学第二十四次校务委员会会议记录 ······ 86
图 5-2　全国水力发电工程总处开给张光斗的证明书照片 ······ 86

VI

图 5-3	张光斗一家 1955 年在清华胜因院 53 号前合影	88
图 5-4	《新清华》1956 年关于先进生产者代表张光斗的报道	92
图 6-1	张光斗的科学院学部委员证书照片	102
图 6-2	张光斗填写的入党志愿书	104
图 7-1	张光斗 1958 年在指导学生做毕业设计	120
图 7-2	周总理在密云水库现场听取张光斗等汇报	121
图 7-3	张光斗和师生一起在密云水库现场讨论解决技术难题	130
图 7-4	毛主席视察密云水库，听取王宪、冯寅、张光斗汇报	133
图 8-1	"文化大革命"期间张光斗全家合影	145
图 9-1	1978 年张光斗在纽约参加清华同学会欢迎会的合影	157
图 9-2	1979 年清华大学访美代表团部分团员在美访问期间合影	161
图 9-3	张光斗 1980 年为研究生编写的讲义稿影印件	162
图 9-4	张光斗夫妇与克拉夫夫妇的合影	166
图 9-5	2012 年 4 月 30 日在 301 医院举行张光斗百岁诞辰庆祝会	167
图 9-6	1983 年，张光斗在小浪底工地现场指导工作	170
图 9-7	1982 年，张光斗在二滩水电站工地查看设计图纸	175
图 10-1	张光斗手写的工作报告首页	181
图 10-2	刘达校长亲自起草的信函	181
图 11-1	教育部文件致清华大学聘请张光斗的信函	190
图 11-2	1990 年国际高等工程教育学术讨论会参会人员合影照片	201
图 12-1	陈云、江泽民、李鹏同志批复意见的复印件照片	212
图 13-1	1992 年提出《建议》的六位院士合影	221
图 13-2	中央领导对张光斗等人《建议》的批示复印件	222
图 13-3	张光斗参加世界工程师联合会欢迎酒会的照片	232
图 13-4	中国工程院 1997 年 020 号文件影印件	241
图 14-1	张光斗在展览会上向媒体介绍三峡工程	248
图 14-2	张光斗审阅批改三峡工程初步设计报告的原件影印件	252
图 14-3	张光斗 2000 年在三峡工地检查工程质量	256
图 15-1	张光斗在审阅《水资源战略研究》项目课题报告	268
图 15-2	温家宝副总理与项目组部分成员合影	270

导　言

传　主　简　介

　　张光斗院士1912年出生，江苏省常熟市人。1934年毕业于上海交通大学土木工程学院。1936年、1937年先后在美国伯克利加州大学、哈佛大学获水利工程、工程力学硕士学位。1937年至1943年，先后在四川长寿龙溪河水力发电工程处和万县瀼渡河水力发电工程处工作，设计并建成了一批小型水电站，为长寿和万县的军工生产提供了电力，支援了抗日战争。1943年到1945年，受国民政府资源委员会的委派，再次赴美考察和学习大型水电站的工程技术。1945年至1949年，在资源委员会全国水力发电工程总处工作，相继担任总工程师助理、设计组主任工程师、总工程师等职。1949年10月起到清华大学任教，是中国水工结构和水电工程学科的创建人之一。

　　在清华大学任教期间，曾先后担任清华大学水利工程系水工教研组主任、水利工程系主任、清华大学副校长等职；同时还兼任中国科学院和水利电力部合办的北京水利水电科学研究院院长、国务院学位委员会副主任等职。1958年被任命为水电部、清华大学水利水电勘测设计院院长兼总工程师，负责设计和建成了华北地区库容最大的密云水库。

自 1950 年起，曾先后被黄河水利委员会和长江水利委员会，以及成都、中南、西北、贵阳、昆明等水利水电勘测设计研究院聘为技术顾问。1999 年至 2004 年任国务院三峡枢纽工程质量检查专家组副组长。1979 年至 1986 年，先后任国家教委直属高等工科院校教育研究协作组组长和世界银行贷款大学发展项目中国审议委员会主任，为中国高等工科教育的发展做出了积极的贡献。

60 多年来，在水利水电工程教育、科研和生产等各方面做出了突出的、创造性的贡献，编写了《水工建筑物》等三部学术著作；发表了"重力坝的渗透压力计算"、"中国的高等工科教育的发展方向"等 80 多篇学术论文；负责设计了长寿桃花溪水电站、龙溪河狮子滩、上清渊硐、下清渊硐水电站、万县瀼渡河仙女硐、鲸鱼口水电站、黄河人民胜利渠进水闸和北京密云水库等水利水电工程；自参加水利水电建设工作以来，先后为官厅、三门峡、荆江分洪闸、新安江、丹江口、葛洲坝、二滩、小浪底、三峡、龙滩、小湾等 52 座水利水电工程提供过技术咨询，为各工程在枢纽布置、结构设计等方面解决了许多关键技术问题。

作为"大师级"的学术专家，他不但在自己所从事的具体学科发展上做出了积极的贡献，而且还对国家发展具有战略意义的问题，向党和政府提出建议，发挥了重要的专家咨询作用。1989 年底，他与陈志恺同志合作上书中央，说明中国水资源问题日益严重，建议政府应尽早采取有效对策。他们的建议受到中央领导的高度重视，并列入"八五"计划。1992 年 4 月，他和王大珩等六位院士联名提出"关于早日建立中国工程与技术科学院的建议"，受到党中央领导同志的高度重视。

为了表彰他在工作中所取得的成就，国内外相关学术机构和单位先后授予他多项奖励和荣誉。1956 年中华全国总工会曾将他评为全国先进生产者、1981 年美国伯克利加州大学曾授予他"哈兹国际奖"、1985 年由他参与领导的科研工作成果曾获国家科学技术进步二等奖、2001 年由他领导完成的教学成果曾获教育部高校优秀教学成果一等奖、1996 年被授予何梁何利科技进步奖、同年还被中国工程院授予工程成就奖、2001 年被中国水利学会授予功勋奖、2002 年获得中国工程院颁发的中国工程科学最高成就奖——第四届光华科技成就奖。1955年被推举为中国科学院首批学部委员（院士）；1994年被选为中国工程院首批院士；1981年被墨西哥国家工程院聘为国外院士。

除担任上述职务外，自1955年以来，他还相继担任过中国水利学会副理事长、《水利学报》主编、中国科学院主席团成员兼技术科学部副主任、《中国科学》和《科学通报》副主编、国家科委水利学科组副组长、北京市政府水资源顾问组组长、北京市科协副主席等职。1963年曾被选为第三届全国人民代表大会代表，随后还相继担任过北京市政协第五、六届副主席，全国政协第五届委员，第六、七届常务委员会委员。

采集过程

张光斗院士采集小组的工作是从2011年6月开始的，那时张光斗院士已住进了301医院，因年龄和健康的原因已不能接受外界人员采访，故很遗憾，传主的口述录音已无法获得。幸好张光斗院士自1998年起至2003年3月，历时四年多的时间，自己利用计算机打字输入了一份按时间为序、分71个段落追忆的、约65.8万字的《我的一生》（以下称为《自述》），这是一份具有史料性的文字资料，基本上概括了到2003年初为止他90多年来的主要经历。由于张先生视力衰退，计算机录入的文字难免有误，再加上年代长久，个别事件的时间前后往往错位。采集小组花费了近两个月的时间，对张院士这份自述的文字资料进行了认真的整理，并对这份自述文字资料编辑了约2.2万字的"内容索引"，以便今后对这份资料的查考和使用。在完成对这份自述资料的文字整理之后，采集小组就以其为主要依据，并参考以前相关刊物撰写的十余份报道张光斗院士生平事迹的文字材料，编写出"张光斗院士年表"，然后以此"年表"为线索，开始了资料的采集工作。

自2011年8月起，采集小组先后组织42人次外出进行资料采集，采访过的地方和单位有：张光斗的出生地——江苏常熟鹿苑镇家乡；大学（包括中学）的求学学校——上海交通大学；在美国攻读研究生学位的学校——伯克利加州大学和哈佛大学；40年代在四川工作过的地方和单位——重庆中电狮子滩发电有限公司、重庆市档案馆；1949年以后工作过的单位——清华大学、中国水利水电科学研究院；以及其他和张光斗院士工作有关的单位——水利部、教育部、中国工程院、长江三峡工程总公司、长江水利委员会、黄河水利委员会、中国科学报社、中央电视台等共计16个地方或部门单位。这里特别值得提出的是，张光斗院士的女儿张美怡和孙女张彤在我们的邀请下，参加了采集小组的资料采集工作，特别是张美怡女士在美国是自费亲赴波士顿、伯克利采集得到了张光斗院士当年在这两所学校学习的档案资料，确保了张院士学习阶段资料采集的完整性。

接受我们小组面对面录音采访的有6位：陈志凯（中国水利水电科学研究院，工程院院士，曾和张光斗院士一起合写《我国水资源的问题及其解决途径》等论文和报告）；张思敬（曾任清华大学副校长，50年代任清华水利工程系党总支副书记，对张先生在水利系的工作情况较为熟悉，是张先生的学生）；温善章（黄河水利委员会高工，对三门峡工程的情况较为熟悉）；张建民（清华大学水利水电工程系教授，他筹建"地质之角"展览园和担任系领导工作期间得到张光斗先生的指导和支持，是张先生的学生）；周建军（清华大学水利水电工程系教授，曾因学术问题和张先生发生过辩论，但后来和张先生结为好友，有较多的联系，是张先生的学生）；罗福午（清华大学教授，曾和张先生一起从事高等工科教育研究工作，是张先生的学生）。

接受我们小组录像采访的有4位：陆佑楣（原中国长江三峡工程总公司总经理，工程院院士，讲述张光斗与三峡工程，以及张先生对他的指导和帮助）；魏廷铮（原长江水利委员会主任，讲述张光斗对丹江口、葛洲坝、隔河岩、三峡等工程的贡献）；龚时炀（原黄河水利委员会副主任，讲述张光斗在治黄、小浪底等工程上的贡献）；汪恕诚（原水利部部长，讲述张光斗对水利事业的贡献，以及他作为学生当年倾听张先生讲课的体会）。

采 集 成 果

经过近半年的工作，现已采集到有关张光斗院士的传记类资料3件、音视频资料24件、档案类资料115件、论文和著作76件、宣传报道资料12件、同行专家学术评价资料5件、工程设计图纸资料13件、以及书信、手稿等共计270件资料，其中原件24件，有239件资料建立了数字化文档。在上述这些资料中，不乏很有史料性的宝贵资料，例如：张光斗院士在读大学和研究生期间的学习成绩单、在美国学习期间哈佛大学导师给清华大学梅校长的信（信中高度评价了张光斗在哈佛表现出来的学习能力）、1937年他开始参加四川水电建设时完成的工程设计图纸、1958年他主持设计密云水库时在现场向周总理汇报设计工作的照片以及他作为总工程师签发的设计图纸、2007年时任中共中央总书记胡锦涛同志亲笔签发的给张光斗95岁生日的祝贺信等。下面列举四个典型的采集资料，以说明采集成果对编写学术成长报告所起的重要作用。

实例一：从哈佛大学采集到了1937年5月27日校方公布的工学院获1937—1938年度奖学金的学生名单，共22人，奖学金总金额9675美元，张光斗排名第三。这份资料有力地印证了张光斗1937年确实是主动放弃优厚的待遇（在1932年这个奖学金金额是相当高的，那时他们在小饭馆吃顿正餐通常只要美金二角），坚决回国为了参加抗日救国行动的事实。

实例二：总结张光斗的学术成长经历，其中1943年重返美国考察，到垦务局、坦河流域局在实践中学习，对他的学术成长具有重要的意义。从清华大学的历史档案中，采集到了他当年在美国所做的学习笔记，从那一篇篇工整的文字记录、一幅幅手画的清晰图形，可以直观地反映出他认真学习的态度和从实践中确实学到了真知的事实。

实例三：1980年张光斗正在葛洲坝工地审查工程设计，突遭丧子之痛，在如此悲伤的情况下，他出于对事业的高度责任心，在办完儿子的丧事后，立即就写出了一份对工程设计审查的书面意见，时任清华校长的刘达同志看到此意见书后深受感动，亲自提笔写信向余秋里副总理等领导同志推荐了这份意见书。张光斗院士亲笔写的意见书和刘达校长亲笔信的两份手稿原件，均从清华大学档案馆采集到，这些宝贵的资料生动地显示了张光斗院士这段感人事例的历史真实性。

实例四：张光斗曾向中央提出水资源发展战略的建议，得到中央领导的重视，并做出了重要批示。不少刊物都报道了此事，《瞭望周刊》海外版还以"一个重大决策的背后"为题，向海内外专门报道了此事。但事情的经过如何？为什么报道都说张光斗写信是1989年11月，而中央领导同志的批示是 1990 年 6 月，前后时间怎么会差半年多？不但宣传报道没写出这件事情的经过，而且张光斗院士自己在《我的一生》自述中也没有讲清楚为什么时间差半年，至于和张光斗一起写此建议的陈志恺，甚至告诉采集小组他连张先生是如何向中央写信的细节都不清楚。通过采集资料，终于将这件重要历史事情的真实过程梳理清楚了。

研究思路和写作框架

作为编写传记性的学术成长研究报告，经过讨论，我们采取的基本研究思路是以时间为序，突出典型事例，把影响张光斗学术成长的关键环节，以及他一生努力工作所取得的重要成就比较系统地记录下来，使研究报告既要有史料性，又要有一定的思想性和可读性，争取这份研究报告贡献给读者的是一个鲜活、真实的张光斗。

研究报告总体框架按三大部分组成，即 1912 年出生到 1949 年南京解放；1949 年 10 月到清华大学工作至 1977 年"文化大革命"结束；1978 年全国科学大会召开，直至耄耋之年停止工作。其中第一部分包括四章，第二部分包括五章，第三部分包括六章，整份报告分十五章编写，正文后面另附两个附件。

对于第一、第二部分章节内容的编写，基本上是按时间顺序记述张光斗的成长经历和工作成就。而对于第三部分内容，由于张光斗在这段时间身兼数职，经历的事情较多，而且不同事件发生的时间是交叉的，很难再按时间顺序进行编写。因此，对于第三部分我们选择了六个典型事例，按其发生的时间为序进行章节的编排，然后在每章内，采取追溯（时间向前）或延续（时间向后）的手法，对张光斗所从事的这个典型事例进行较为完整地表述。例如，"张先生突遭儿子去世噩耗，仍写出对葛洲坝工程设计审查报告"一事，发生在 1980 年，因此就将对此事记述的内容定为第十章，而和此事直接相关的是葛洲坝工程，为了完整地表述张光斗院士对葛洲坝工程的贡献，在编写内容中先向前追溯到 1972 年"他提出炸掉葛洲坝岛"的建议，向后延续到 1982 年工程运行后他坚持亲自乘沉箱下到水底检查护坦表面质量的事实。

第一章
从鹿苑小镇走出的交大高材生

清贫的童年

1912年5月1日,江苏省常熟县鹿苑镇西街南仓厅,一个清贫家庭诞生了一个婴儿——取名张光斗。正是这个婴儿,后来与清华大学、与水利结缘了近一个世纪。

江南,自古以来小桥流水,人杰地灵。常熟更以其悠久的人文历史、秀丽的山川景色、富饶的物产资源享誉江南。

鹿苑镇,一个具有六千年历史的江南古镇,为旧时吴王夫差养鹿之地。图1-1是如今仍保留的这座小镇的小河、古桥旧貌。

张光斗的祖籍就是这样一座江南小镇。他的父亲张荔洲生于光绪元年(1875),在常熟县福山镇农村海关当职员,一家人全靠他微薄的薪金收入维持生活;母亲浦氏生于同治十二年(1873),是一位普通的家庭主妇,她心地善良、吃苦耐劳、勤俭治家、教子有方,得到邻里的称道。

母亲浦氏信佛,对物质生活的要求很低,只要能吃饱穿暖,就足够了。她相信多做好事，将来能上西天极乐世界。她对张光斗的要求很实在、很简单，教育儿子要勤俭、踏实，做个好人，做个诚实正直的人，要艰苦奋斗。这是传统的中国妇女为人处世的基本准则，质朴而醇

图1-1　鹿苑镇（采集小组成员张美怡2012年拍摄）

厚。父亲张荔洲经常住在福山海关，偶尔回家，则谆谆教诲张光斗的是认真读书，将来成家立业，出人头地。小时候家中的生活非常节省，平时是粗茶淡饭，张光斗女儿张美怡听父亲回忆说，那时家里一个咸鸭蛋都能分几顿吃，如果能吃到一个鸡蛋就算是过节了。张光斗从小看到，生活在农村小镇上的农民，日常生活十分艰苦。幼时的张光斗总是在想，如果有一天能和乡亲们一起脱离穷苦的困扰，过上不愁吃、不愁穿的日子，那有多好呀。这种简单而纯朴的想法，幼时受到的家庭教育和社会环境感染，对张光斗后来人生的发展和思想成长有着很大的影响。

张光斗九岁那年，张荔洲老先生病倒了。父亲病得很重，躺在家里很长时间，全家人都很着急，四处求医，不见效果，看来一时半会儿很难治好了。母亲浦氏整日以泪洗面，求神拜佛，还怀疑是由于邻居坏了张家的风水。幸而后来请到了一位老中医，终于把张荔洲老先生的病治好了。但张荔洲从此只能在家养病，丢掉了海关的工作，只能做些临时性的工作，勉强养家糊口。

张光斗在家排行老五，上有三个哥哥和一个幼年夭折的姐姐。大哥张光煾，二哥张光燮，三哥张光霁。幸好张荔洲病倒在家的时候，张光煾已经从无锡市省立第三师范学校毕业，回到家乡在晋安小学当校长，这样可以接济一下家庭生活。张光斗10岁的时候，大嫂周佩珍生了张家的长孙张元春，这是家庭的一件大喜事，帮着带小孩的任务也就自然而然地落在

了张光斗这位小叔叔的身上。接着，二哥张光燮与二嫂金玉琴结婚，本应是喜事，但因婆媳妯娌不和，从而引起家庭不少矛盾，所幸母亲浦氏顾全大体，勉强相安共处。

童年时，张光斗还有一次遇难不死的经历。一天傍晚，他与三哥在河边玩耍，两个人站在河边木排的条板上，三哥为了逗弟弟玩，故意把条板踩得上下抖动，不料张光斗身体一歪落入水中，由于他不会游泳，在水中下沉，钻到了木排下面，非常危险。幸而河边有位水性好的老乡把他救了起来。回家后，母亲见他浑身湿漉漉的，就责问他这是怎么回事？他跟母亲说是自己在河边玩耍时不小心落水的，保护了三哥免受处罚。因为他是父母晚年得子，备受宠爱，一般很少被责备，以至于哥哥们做了错事也常常将责任推到他的身上，故此哥哥们也都非常喜欢、痛爱这个小弟弟。在家里，大家都很喜爱他，这也使他从小就深感做人一定要自爱。

小学时的反帝游行

六岁，张光斗开始上晋安小学。他知道家境贫寒，供他上学不容易，所以很用功，成绩也很好。当时有一位教体育的女老师名叫冯范，课余时常和学生们一起活动。她告诉张光斗，要好好读书，将来就能考上清华、交大这样的著名大学。对于一个正在乡村小学读书的穷孩子来说，交大、清华，只能在梦里相见。他没有想到的是，十几年后，他真的从交大毕业，考取了清华公费留美，并在清华大学教了几十年书。回忆往事，他认为一个人的成长"一要靠机遇，二要靠努力，人生过程就是如此。"[1]

冯老师还跟张光斗说，将来最好是当工程师，可以建设国家。当时的张光斗并不真正知道什么是工程师，但他的心里自此埋下了一颗种子，深深记住了工程师是建设国家必需的。要想让国家强大起来，就要当工程师。

---

[1] 张光斗：《我的人生之路》。北京：清华大学出版社，2002年，第2页。

在他上小学三年级的时候,大哥张光烺当上了晋安小学的校长,把学校办得有声有色。张光斗很喜欢中文、英文和算术等课程。每天晚上朗读古文,背英文单词,特别喜欢解算术难题。学习成绩年年全班第一名。

九岁的时候,小学四年级毕业,晋安小学改为完全小学,学制六年,他继续留在原校学习,希望以后能升学,所以加倍用功,着重在国文、算术、英文等课程上,考分成绩很高。80年后,张光斗回忆这段往事时,他说,"小学阶段的教育对我的影响很大,比如死读书,考试分数虽然很高,但缺少自学和创新能力等。"[1] 他认为,这些都与他后来创新意识薄弱不无关系,是值得汲取的教训。

1919年,"五四"运动爆发,张光斗七岁。这一年,在中国近代史上是一个十分重要的年代。老师们开始在上课的时候讲授"德先生和赛先生"[2],提倡白话文。小孩子们不懂,但觉得很新奇,很有趣。老师们讲述封建制度是不好的,皇帝制度也是不好的。老师们还讲爱国主义,说帝国主义总是欺负中国,八国联军烧了北平美丽的圆明园,中华民族是我们的母亲,何时她才能不被帝国主义欺负?才能真正强大起来?年幼的张光斗耳闻目睹、亲身感验,受到了极大的感染。从此,在他心里装的不再仅仅是一个鹿苑小镇,而是整个国家,中国必须强大起来。爱国主义的思想初步在他的头脑中生根。

"五四"之后,晋安小学的学生们也响应号召,掀起了爱国运动。一群小孩子排着队,走上街头,游行示威,把传单贴在镇中心的石碑上。他们反对北洋政府,要求惩办卖国贼曹锟。他们高呼打倒日本帝国主义,痛恨日寇。他们提倡国货、抵制日货,到商店去抄东洋货,然后堆在一起焚烧。这样的活动,他是积极分子,断断续续搞了两三年。

初生牛犊不怕虎,今天看来,小孩子们仿佛是在"过家家",他们不知道他们的行为有多危险。但那时他们是认真的,爱国主义深入人心,他们从心底里觉得,要振兴中华,要为中华之崛起而努力。

---

[1] 张光斗:《我的人生之路》。北京:清华大学出版社,2002年,第3页。

[2] 德先生和赛先生是对民主和科学的一个形象的称呼,是"五四"运动重要的两面旗帜。其中:德先生 Democracy 意:"民主";赛先生 Science 意:"科学"。

人生的第一次选择

1924年夏的一个黄昏,张荔洲召开家庭会议,商量张光斗小学毕业后,是否继续升学。

这一年,张光斗12岁。虽然他父亲已经丢掉工作,但大哥是晋安小学校长,二哥在鹿苑镇义昌木行当学徒,三哥在常熟县宝天银楼当学徒,不久将可转为职员。家庭的经济状况比12年前改善了不少。这样,张光斗的升学问题才可能被考虑。

母亲坚持要张光斗上乙商职业学校,因为毕业后可以在邮局、海关工作,待遇高,家里其他成员也都同意。张光斗自己的态度是,不管什么学校,只要能继续读书就行。虽然他心里隐隐地还抱着想当工程师的梦想。但在现实面前,那只是个梦想。

大家决定,由张光焴带着张光斗去上海报考乙商学校。入学考试题目不难,张光斗觉得考得不错。他们住在大堂叔父张钟琪家。考完后,他们去拜访五堂叔父张钟虎,五叔说,乙商毕业后前途不大,不如报考南洋大学附属小学(相当于现在的初中),说不定还能考取交大呢。一句话,唤起了张光斗心中沉睡的梦想,他想起六年前,体育老师冯范对他讲的话。"我要当工程师!"他在心底一遍一遍地默念着,都快喊出来了。

那天晚上,他和大哥讨论了很长时间。大哥一开始反对,最后还是被小弟求学的真情感动了,决定让他去试试。国家民族的命运尚且如此,他一个乡村小学的校长又能怎样?万念俱灰之时,他从小弟身上看到了活力和希望,他希望自己的弟弟能干出一番大事业,光宗耀祖,所以他支持了弟弟。在五叔的帮助下,张光斗报考了南洋附小。大哥张光焴还拜托时任南洋附小教师的林公藻先生多多照顾小弟,林先生是张光焴在无锡第三师范上学时的同学。

回到鹿苑镇家中不久,乙商和南洋附小都发榜了,张光斗都被录取了,正在他高兴的时候,家里人的争论却越来越大。张荔洲没办法,只好召开第二次家庭会议，商讨张光斗到底是去乙商职业学校，还是上南洋附小。

母亲坚持认为乙商好，上学的费用少，三年毕业后就能拿薪金养家、娶妻生子。张光斗自己执意想上附小，想着将来能上大学，可以当工程师。父亲张荔洲疼爱儿子，只好同意了张光斗的要求。但费用很大，每年需要200银元，家庭负担困难。经过反复商量，父亲和哥哥们决定节衣缩食，省出钱来供他上附小。母亲疼爱他，最后也同意了爱子的选择。

这是机遇，也是缘分。当他们全家人聚在一起商量的时候，他们甚至不知道"水利工程"四个字是什么意思。他们焦虑地讨论，用疼爱的方式决定一个孩子的前途，他们不会想到这个普通的家庭会议，对中国近百年的水利事业意味着什么。

就读上海南洋大学附小

1924年10月，张光斗跟着同乡、上海爱国女校的一位女教师来到南洋附小。后来，他每次离家去上海上学，父亲不仅要亲自把他送到镇外，还要托人伴行。每次放假回家，父亲总是到镇外等候他归来，如果晚到了，父亲就焦急万分。

初到大上海，张光斗是乡下孩子，又不会讲上海话，土里土气，有的同学常常取笑他。但顾德欢[①]、费骅[②]、刘永懋（注：具体人物资料未查到，只知其曾在联合国任职，病逝于台湾）、张华增等同学对他很好，

[①] 顾德欢（1912-1993），江苏青浦（今属上海市）人。早年在上海交通大学读书，1936年加入中国共产党。1942年起，受组织派遣，先后任浙东区党委宣传部长、新四军一纵队政治部宣教部长、中共淞沪委员会书记、中共浙东临委书记、浙东人民解放军第二游击纵队政委等职。

[②] 费骅（1911-1984），江苏松江（今属上海市）人。1934年毕业于上海交通大学土木工程系，旋入美国康乃尔大学获土木工程硕士学位，复去美国哈佛大学深造。1937年，因抗日战争爆发而回国报效。1945年，抗战胜利后去台湾工作，曾任台湾铁路管理委员会副主委、交通部次长、政务次长等职。

帮助他。在交通大学一年级下学期曾发生过一件不幸的事情，刘永懋在木工课上，不慎把左手四根手指全部割断，住院近两个月。张光斗每天去看望他，帮助他补习功课。后来，他们两个人成为一辈子的好朋友，相互帮助，一同度过了艰苦的岁月。1972年张光斗访美期间和旅居美国的刘永懋的儿子刘可强相遇，一老一少还结成了忘年之交，这是后话。

南洋附小的管理很严格。早上必须按时起床、早操、上课、晚自习、睡觉，平时不许出校门，随身携带的钱必须交给学监沈同一先生代管。当时张光斗身上只有一个铜板，也交给了沈先生。沈先生认真地收下，并做了记录，可见学生和老师是何等的诚实与严格。

学校有童子军，所有学生都必须参加，参加时必须穿上制服和皮鞋。张光斗直至晚年仍清楚地记得那是他平生第一次穿皮鞋，很得意。他积极参加童子军的各种活动，遵守童子军的三守则"勇敢、诚实、友爱"。这六个字，对他一生的影响很大。

张光斗考虑到自己家境贫寒，父母克服种种困难供他上学不容易，只有好好读书、刻苦学习才能对得起父兄，也只有成绩好了，家里才会继续供他上学。他害怕失学，只能倍加用功。班上成绩，顾德欢是第一名，第二名就是张光斗。他在南洋附小时期的主要课程有中文、数学、英文，此外，还有历史、地理等。中文教的是文言文，要求背书和作文；数学先教算术，后教小代数，还有很多习题；英文教文法和课文，每堂课都要拼音和听写，还要读课文。他怕写文章，中英文都如此。他爱数学，善于解题，对英文文法感兴趣。至今上海交大的档案馆里还保存着他们在南洋附小毕业时的成绩单：

表1-1 交通部南洋大学附属小学第二十三届毕业生学生名册[①]

姓 名	年 岁	籍 贯	入校年月	毕业年月	毕业平均分数
顾德欢	15	江苏青浦	民国十三年十月	民国十五年六月	91.94
张光斗	15	江苏常熟	民国十三年十月	民国十五年六月	86.57

① 张光斗资料。上海交通大学档案馆，档案编号：LS2-038a。

20世纪20年代，中国是"城头变化大王旗"的年代，每所学校都很重视对学生的爱国主义教育，老师们都讲要爱国。在乡村的晋安小学尚且如此，更何况交通部直辖的南洋附小。老师们教导学生，"国家兴亡，匹夫有责"。帝国主义侵略中国，中国有亡国的危险。所以必须爱国，振兴国家。1925年，上海发生了著名的"五卅"惨案，英国巡捕杀害中国工人顾正红，学生上英租界南京路示威游行遭到镇压，南洋附小的陈虞钦同学被枪杀，全校学生都很愤慨，连日高呼打倒英帝国主义，到南京路游行示威，与巡捕发生冲突，幸未发生伤亡。张光斗参加了在学校举行的陈虞钦同学的追悼会，对帝国主义更加痛恨，深感亡国的危险，立志救国。这年冬天，发生苏浙战争，孙传芳和卢永祥打内战，打到龙华、徐家汇，学校放假，同学们大都回家了。张光斗和极少数同学留在学校，枪声激烈，子弹乱飞。张光斗并不害怕，但想到军阀纷争、内战不已，外有帝国主义侵略，内忧外患，万分忧虑。

还是1925年，北伐战争国民革命军节节胜利，"打倒列强，除军阀"的歌声到处流行，附小的学生们非常高兴，似乎看到了国家的希望。他们非常关心内战消息，国民革命军进占到哪个城市，他们就把小红旗插到地图上的那个城市，于是小红旗遍布在地图上。他们高呼，欢迎革命军进占上海。张光斗还参加了学习三民主义的读书小组。

后来，北伐军果真进入上海，却不料蒋介石叛变革命，杀害共产党人。国家依旧是军阀割据。张光斗对当时的政治形势并不是很了解，只是感到国难深重。他想，为什么不能国共合作，共同建国？后来谈到这段往事，他说自己当时政治上是很幼稚的。但从那个时候起，他就产生了强烈的工业救国的念头，一心想上大学、当工程师。

80年后，张光斗在回忆这段学习经历时，全面地评价了南洋附小读书阶段对他人生的影响：

"回忆我在附小上学的几年，思想上加强了爱国主义，言行上讲求诚实正直，有道德，对人要和蔼；在学习上培养了认真精心，一丝不苟，努力用功；在生活上培养了艰苦奋斗，勤俭节约的精神。不足之处是缺少创新能力,知识面狭窄,这是我后来工作缺少成就的主要原因。"[1]

交通大学的高材生

15岁那年,张光斗进入上海交通大学读预科,相当于现在的高中。因为学习成绩优秀,可以由南洋附小自动升入预科。虽然当时家里经济条件并不是很好,但父母疼爱张光斗,不忍让他辍学。他自己深知学习机会来之不易,也越发进取图强。

预科期间的主要课程是数理化,还有中英文。张光斗特别喜欢数学、物理,由于化学需要强记,他不太喜欢,但很用功,考试分数还是很高的。当时,课本都用英文,讲课用英语,作业也用英文写。学生的读写能力较强,但由于英语教师发音不准,平时学生之间也不讲英语,因此听、说的能力较差。

在上海交通大学档案馆,目前还保存着张光斗读交大预科时每年的学习成绩记录:

表1-2 张光斗入学预科时的成绩[2]

交通大学预科一年级学生名册								
姓名	年龄	籍贯	入学年月	现在学级	所在门类	前学期成绩	前在何校毕业或修业几年
张光斗	16	江苏常熟	民国十六年九月	一年级	普通科	88.43	本校初中毕业

注:表1-2的内容的说明,张光斗在民国十六年,即1927年7月附小三年级毕业,学校改为初中,故表中填写的是"本校初中毕业"。9月,进入预科。因此,表1-2中的88.43分是1927年"初中"毕业的成绩,而表1-1中的86.57分是1926年"小学"毕业时的成绩。另外,民国十六年,即1927年张光斗的年龄应为15周岁,表中填写的16是旧中国通常使用的虚岁。

---

[1] 张光斗:《我的人生之路》。北京:清华大学出版社,2002年,第4页。
[2] 张光斗资料。上海交通大学档案馆,档案编号:LS2-429。

表 1-3　张光斗预科一年级的成绩[①]

交通大学预科二年级学生名册（民国十七年十二月制）							
姓名	年龄	籍贯	入学年月	现在学级	所在门类	前学期成绩	前在何校毕业或修业几年
张光斗	17	江苏常熟	民国十六年九月	二年级	普通科	92.13	本校初中毕业

表 1-4　张光斗预科二年级的成绩[②]

谨将十八年上半年学生成绩90分以上者开列于左敬祈			
鉴核			
姓　　名	级　　别	学期成绩	操行等级
张光斗	交　　三	91.97	甲

1930年，张光斗18周岁，因为成绩优异，获得了奖学金，自动升入交通大学。一个清贫子弟，升入全国著名的大学，张光斗的内心沸腾了，家庭沸腾了，甚至整个鹿苑镇都沸腾了。工程师，这个缥缈的梦想渐渐清晰起来。此时，二哥张光燮正在经营木业，家庭经济状况稍稍转好。张荔洲和家里的每一个成员都沉浸在喜悦和希望之中。图1-2是张光斗1930年填写的交通大学入学登记卡[③]。

进入交通大学以后，张光斗学习更认真了。大一、大二的功课重，要求严，在当时是出了名的。教物理的是裘维裕教授，讲课进度快，每周小考一次，课外作业多，必须按时交，做实验的要求也很严格，数据错了要重做，报告写得不整齐要重写，绝对马虎不得。教化学的是徐名材教授，课程也很重，习题也多，实验也很严格，最难的是每月一次小考，题目量大，快做要三小时，评分打负分，从满分算起，搞得不好，考卷得负分。这种教学法全凭死记硬背，对工科学生是否真正有益，晚年的张光斗认为"值得考虑"。但不可否认，这种严格的要求对培养学生严谨、认真的作风

---

① 张光斗资料。上海交通大学档案馆，档案编号：LS2-431。
② 张光斗资料。上海交通大学档案馆，档案编号：LS2-270。
③ 张光斗资料。上海交通大学档案馆，档案编号：LS7-049。

和努力工作的精神，是有着非常积极作用的。

相比而言，张光斗更喜欢教数学的胡敦复教授。虽然功课也重，习题也多，但要求不如裘、徐两位那样严，所以压力较小。由于大学只教了高等代数和微积分，没有教微分方程，要求又不太严，所以他觉得自己数学学得不够扎实。其他中英文等课程花费的时间就很少了。

大学二年级要分学院，裘维裕教授力促他进理学院。可工程师是张光斗一直梦寐以求的理想，裘教授又劝他进电机学院。但是他选择了土木学院，裘教授说学结构工程也不错。这样，张光斗最终决定进入土木工程学院结构组学习。这个决定，也决定了他一辈子的事业。图1-3是当年交大工程学院一年级乙班全体同学的合影照片[①]。

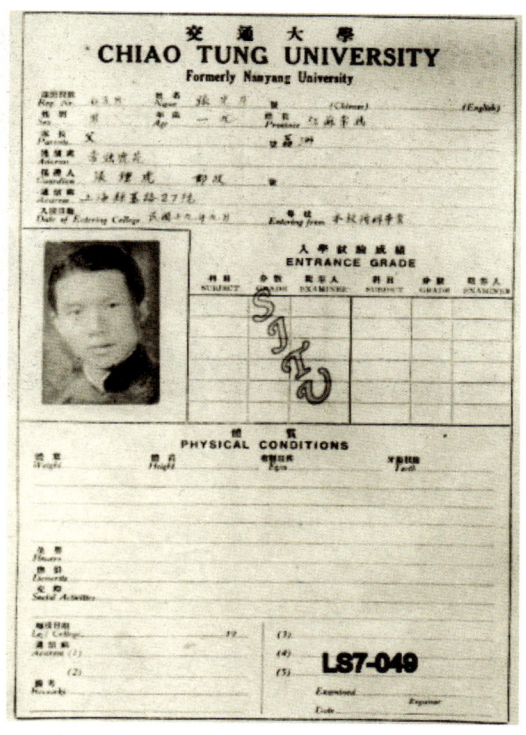

图1-2 张光斗交通大学入学登记卡（采集小组成员张美怡2012年复制拍摄）

大三、大四，课程主要是技术基础课和专业课，功课很重，设计和作业很多，要完成任务是很困难的。所以，张光斗在这两年的晚上和周末、假日都在学习，很少回家看望父母。虽然高质量地完成了任务，但很累。由于到高年级以后教师管得不那么严了，有不少同学抄袭设计和作业，在考试时作弊，养成坏习惯。但张光斗坚决不作弊，也不帮助同学作弊，对此甚至引起某些同学的不满，但他坚持认为自己的做法是对的。

---

① 张光斗资料。上海交通大学档案馆，档案编号：LS3-352。

图1-3 1931年交大工程学院一年级乙班全体同学合影（采集小组成员张美怡2012年复制拍摄，后排左起第六人为张光斗）

  毕业前夕，同班同学中有些是富家子弟，他们西装革履，出入于舞场赌肆，还多次去酒楼联欢，庆祝毕业。张光斗对这些活动不赞成，也不参加，但也无法劝阻。学校对此根本不管，学监只管有无反对政府的言行。上海十里洋场，对学生的影响很大。有些少年时候的高材生，在这种环境中不知不觉地堕落了。

  张光斗各门课程的考分成绩在班上一直很高。在上海交通大学保存的一份《民二十三级级会组织》的档案里记载着："对于学业方面！我们是非常的努力，在课室里，宿舍中，图书馆，无一处不见我级同学在刻苦研究。同级中如顾德欢、刘本慈、张光斗、倪文杰，诸君在全校中，谁能不对之起敬？"[①] 由此可知，张光斗的刻苦努力、学习成绩优异，在全校是有名的。有幸，在交通大学档案馆里，还保留着张光斗当年入学时的成绩和毕业时的学籍卡，以及他获得土木工程学士的照片[②]（见图1-4）：

---

① 原件保存在上海交通大学档案馆，编号不详；张美怡拍摄了档案原件的照片。
② 张光斗资料。上海交通大学档案馆，档案编号：LS3-349。

表 1-5　张光斗入学时的成绩[①]

| \multicolumn{8}{c}{交通大学工程学院一年级乙班} |
姓名	年龄	籍贯	入学年月	现在学级	所在门类	前学期成绩	前在何校毕业或修业几年
张光斗	19	江苏常熟	民国十六年九月	一年级	工程	91.33	本校预科毕业

表 1-6　张光斗在交通大学四年的学习成绩[②]（原档案是英文版）

| \multicolumn{4}{c}{College of} | \multicolumn{4}{c}{Structure Course} |
| \multicolumn{2}{c}{Reg. No. 638} | \multicolumn{6}{c}{Name 张光斗（Chinese）Chang Quang Tou（Englishi）} |
Year	\multicolumn{2}{c}{Freshman}	\multicolumn{2}{c}{Sophomore}	\multicolumn{2}{c}{Junior}	\multicolumn{2}{c}{Senior}
Total Grade	2175.6	2047.7	2167.0	2498.0	2294.8	2588.6	2125.7	2041.07
Average	87.02	89.03	94.26	89.21	88.26	92.45	92.42	92.78
Summary of Credit Hours	25	23	23	28	26	28	23	22
\multicolumn{5}{c}{Final Average 90.68}	\multicolumn{4}{c}{Total Credit Hours 198}

对于张光斗的这个四年平均学习成绩90.68分，当时在交通大学1934年几十位准备出国留学的学生毕业成绩排名表中名列第一，图1-5是这张毕业成绩排名表的复制照片。[③] 对于张光斗在交大学习期间获得奖学金的情况，交通大学档案里还保留着从民国十九年度第一学期到民国二十三年度第一学期，学校奖学金的获奖者名单，可以查得张光斗于民国二十

图 1-4　1934年张光斗获交通大学工程学院土木工程学士的照片（采集小组成员张美怡2012年复制拍摄）

---

① 张光斗资料。上海交通大学档案馆，档案编号：LS2-434。
② 张光斗资料。老科学家采集工程馆藏基地，档案编号：DA-002-027。
③ 1934年交通大学出国留学的学生毕业成绩排名表。上海交通大学档案馆，档案编号：LS5-136。

第一章　从鹿苑小镇走出的交大高材生

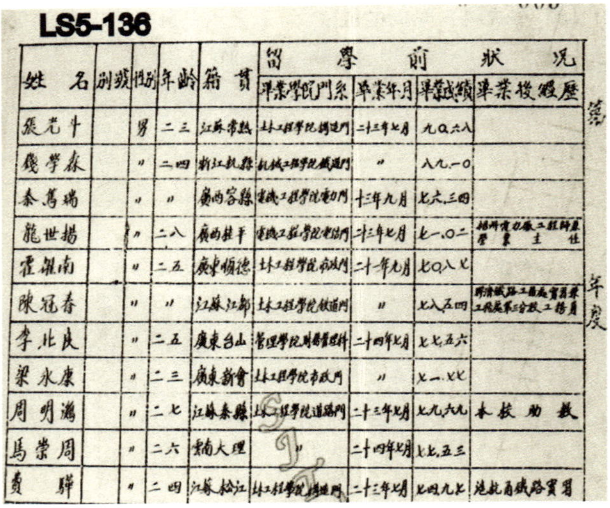
LS5-136

姓名	別號	性別	年齡	籍貫	留學前狀況			
					畢業學院門系	畢業年月	畢業成績	畢業後經歷
張光斗		男	二三	江蘇常熟	土木工程學院構造門	二十三年七月	九〇.六八	
錢學森		〃	二四	浙江杭縣	機械工程學院鐵道門	〃	八九.一〇	
秦篤瑞		〃	〃	廣西容縣	電機工程學院電力門	十三年九月	七六.三四	
龍世揚		〃	二八	廣西桂平	電機工程學院電信門	二十三年七月	七一.〇二	[illegible]
霍[illegible]南		〃	二五	廣東順德	土木工程學院市政門	二十一年九月	七〇.八七	
陳冠春		〃	〃	江蘇江都	土木工程學院鐵道門	〃	七八.五四	[illegible]
李北良		〃	二五	廣東台山	管理學院[illegible]	二十四年七月	七七.五六	
梁永康		〃	二三	廣東新會	土木工程學院市政門	〃	七一.七七	
周明鴻		〃	二七	江蘇泰縣	土木工程學院道路門	二十三年七月	七九.六九	本校助教
馬崇周		〃	二六	雲南大理	〃	二十四年七月	七七.五三	
費驊		〃	二四	江蘇松江	土木工程學院構造門	二十三年七月	七四.九七	滬杭甬鐵路實習

图 1-5　1934 年交通大学出国留学的学生毕业成绩排名表
（采集小组成员张美怡 2012 年复制拍摄）

年（1931）第二学期[①]、民国二十二年（1933）第一学期[②]、民国二十二年（1933）第二学期都获得了免费奖学金[③]，民国二十三年（1934）第一学期还获得了老山德培奖学金[④]。

交大在课程安排上，不仅课堂学习要求严格，而且还十分重视暑期的实习和调研。这种实习，既可训练技能，还可了解社会，是成功的教育案例。张光斗在实习过程中，一方面增加了专业的技能，同时也看到了当时国家的极贫极弱，土木工程的艰巨性以及对于国家建设的重要性。

1931 年暑假，到杭州进行为期三周的实习，住在灵隐寺。在山区进行测量，锻炼了技术，也培养了集体工作能力。星期日和晚上，学生们饱游了西湖等杭州名景，这段时间是张光斗青年时期最愉快的日子。在参观钱塘江大桥时，宏伟的大桥让他看到了自己未来工作的前景和重要性，对大桥的设计总工程师茅以升先生由衷地敬佩。再次默默下定决心，一定要当一名为人民做事情的工程师。

1932 年暑假，到陕西潼关进行铁路定线测量实习，住在黄河南岸坡顶上。张光斗看到陇海铁路沿线东段经济较好，西段山区很贫困。黄河水浑浊，含沙量很高。学生用水，要请人从河里挑水，洗脸要下河。陇海铁路

① 张光斗资料。上海交通大学档案馆，档案编号：LS3-374。
② 张光斗资料。上海交通大学档案馆，档案编号：LS3-378-b。
③ 张光斗资料。上海交通大学档案馆，档案编号：LS3-378-c。
④ 张光斗资料。上海交通大学档案馆，档案编号：LS3-378-d。

要穿过潼关，由于山高坡陡，是很困难的。测量队选了两条线，但都不令人满意。张光斗深感，中国内地的土木水利工程建设任务是很繁重的，将来要他去完成的任务必定更加复杂和艰巨。

交大毕业的时候，学校让同学之间互相写小传，评价对方。顾德欢署名写的"张光斗"是这样的："余之同年友也。秉性静默，孜孜学业，手不释卷。所业精熟无论，而算术更有心得。平居则歌咏自遣，闻者怡神。尤崇节俭，同人目为经济博士。尝语人曰：儒者多寒素，吾等优游于学幸矣，何可以奢？余以为然。惟逊于体育，似当加以健身之功也。"[1] 由此短文可以看到一个大学时代生动形象的张光斗，一个喜欢唱歌、秉性静默、生活节俭、学业精熟、颇为儒雅的江南书生，而且由于他生活特别简朴，从不乱花钱，故同学们还特送给他一个雅号"经济博士"，并且推举他为班上的伙食委员，以发挥其具有经济头脑的特长。只是认为他有个不太重视体育健身的缺欠，可有趣的是，不久张光斗就在《窗艺》校刊上发表了一篇短文"学校提倡运动其故何在"，阐明了学生应当重视体育的道理，以此表示对好友善意批评的欣然接受，同时也从一个侧面显示了张光斗做人所遵循的原则，从善如流。图1—6是短文"学校提倡运动其故何在"的原文照片[2]。

晚年，在回忆交大期间的学习经历时，张光斗特别提到了钱学森。1934年，

图1—6 张光斗在交大读书时，在校刊《窗艺》上写的短文（采集小组成员张美怡2012年复制拍摄）

---

[1] 张光斗资料。上海交通大学档案馆，档案编号：LS3-485-b。
[2] 张光斗资料。上海交通大学档案馆，档案编号：LS3-485-a。

他和钱学森一起从交大毕业，并一同考取了清华公费赴美留学。他认为自己在校学习时，"我还是死读书，知识面窄，创新能力差。而同级的钱学森同学，功课分数虽然没有我高，但他平时读了许多参考书和学报，知识面宽，创新能力强，他的学习方法是正确的，所以后来他的成就大。"①

张光斗总结他自己的经验和教训，认为理想的教学方法应当是，课程面宽，内容少而精，工科低年级要重视数理化，也要重视人文和经济课程，要求要严，但不要压。要培养学生自学能力和创新精神，知识面要宽。这段宝贵的亲身经历实践，为他日后能出色地从事高等工程教育工作奠定了基础。

---

① 张光斗：《我的人生之路》。北京：清华大学出版社，2002年，第6页。

第二章
考取清华公费留美 开始结缘水利

行 万 里 路

1934年上半年，张光斗在上海交大的最后一学期，开始准备报考清华大学留美公费生，水利工程专业。第一届清华留美公费生考试是于1933年7月在北平、南京两地同时举行的，筛选严格，录取率仅5%[①]。尽管录取率极低，张光斗还是毫不犹豫地准备报考第二届，是出于对自己学识的自信，还是对当时中国水利事业的"雄心壮志"？或许兼而有之。为了备考，毕业后他留在交大继续准备。宋家治[②]同学帮助了他，给他提供生活和去南京考试的费用。宋家治在那颠沛流离的岁月里，常常在张光斗需要的时候出现，解决燃眉之急。张光斗后来在写《我的人生之路》一书时，曾多次提到宋家治，并表示"我很感谢他"。

[①] 摘引自程新国著：《庚款留学百年》。上海：东方出版中心，2005年。
[②] 据西安交通大学档案馆网站，"记34级15位级友在母校耕耘的点滴事迹"一文记载，34级土木学院级友宋家治曾任职重庆交大，抗战后赴台，任职于台湾公共工程局及台湾电力公司。

这时也有不少同学劝他不要考清华留美公费生，说交大是有名的大学，他是交大的优秀学生，万一考不上，丢交大的"面子"。但也有同学说，不能听那些同学的，他们是富家子弟，能自费留学，他们是为了自己的"面子"，才不让张光斗考清华留美公费生的。因此，张光斗认为不能放弃自己的选择，不能为了所谓的"面子"而躲避，即使这次没考取，还要继续努力再考，只有考取了，才是有"面子"。

考试在 7 月份，考场在南京的中央大学。一共考四天，八门课，分别是中文、英文、数学、物理、化学、水力学、结构力学、水利工程，主考官是张子高教授。考完之后，张光斗感觉还可以，特别是觉得数学、物理、化学、水力学和结构力学考得比较好。考试期间，他住在中央大学的学生宿舍。天气炎热，又有蚊虫，晚上睡不好。在小饭铺吃饭，也吃不好。第一次身体健康检查，是涉险过关的。由于考试强度较大，生活条件又不好，考完试回到上海交大，他就病倒了，整整睡了七天七夜。

是否能够考取，谁也无法保证。为了生存，张光斗开始找工作。刚好上海市工务局招考四名技术员，他和宋家治去应考，投考的共有 20 多人。考了一天，有笔试和实地测量。结果，他们两个人都被录取了，从此上了吃住在机关的安定生活。而且张光斗是被录取的四个人中薪水最高的。他在工务局五科工作，是规划城市道路的，他的组长姓章，工作细心，画图一天只画三笔，人称"章三笔"。刚刚大学毕业的张光斗，工作效率自然比"章三笔"高，好心的同事告诉他，工作的时候"别着急"，其中之意，不言而喻。晚年的张光斗谈起此事来，只是谦虚地说了一句，"可能是我的工作不太细吧，所以画图快了一点，引起别人的关注，生活真是有意思。"[1]

一天早晨，住在城里的同事在局里告诉他，他考取了清华留美公费生，是在报纸上看到的。同时考取清华大学第二届留美公费生的还有上海交通大学机械系毕业的钱学森，以及清华大学物理系毕业的赵九章、王竹溪等 20 人。过了几天，清华大学的录取通知书来了，张光斗确认自己被录取了，这是对他以后的人生有着决定性影响的重要机遇之一。从此，他

---

[1] 张光斗：《我的人生之路》。北京：清华大学出版社，2002 年，第 9 页。

与清华、与水利结下了不解之缘,至今已近 80 年矣。

按照当时的清华规定,作为留美学习水利工程的公费生,出国前要到国内各水利单位实习,了解国内的水利建设情况,次年 7 月出国,实习期达七到八个月之久。

张光斗决定实习之前先回家探亲,到家之后,他把有生第一次拿到的薪水交给了母亲。母亲是那么高兴,父母和兄长们也因为他考取了清华留美公费生而感到骄傲和光荣,认为这是家里的大喜事,邻里乡亲也纷纷前来祝贺。但张光斗自己心里知道,这才只是刚刚开始,还要学习深造,后面的路还很长。

清华在国内为他聘请了三位导师,李仪祉[①] 先生、汪胡桢[②] 先生和高镜莹[③] 先生,这三位都是当时国内赫赫有名的大专家。首先在汪胡桢先生的指导下,拟定了"国内调查与实习程序,并示知工作时应注意之点"。1934 年 12 月 10 日实习正式开始,实习期间,张光斗每到一处实习后都要用工工整整的毛笔字书写报告,呈送清华大学校长办公室。图 2-1 是 1935 年 2 月 11 日张光斗呈送清华校办报告的原件[④] 照片。他的这次国内实习,第一站是

图 2-1　1935 年 2 月 11 日张光斗撰写的呈送清华大学校办的报告原件(采集小组成员王光纶 2012 年复制拍摄)

---

① 李仪祉(1882-1938),陕西省蒲城县人,著名水利学家和教育家,我国现代水利建设的先驱。他主张治理黄河要上中下游并重,综合治理。

② 汪胡桢(1897-1989),浙江省嘉兴县人,中国现代水利专家,中国科学院学部委员。主持修建了我国第一座连拱坝——佛子岭,还主持了治理黄河的第一项枢纽工程——三门峡水库的建设。

③ 高镜莹(1901-1995)天津人。1921 年毕业于清华学校,水利专家。多年致力于海河流域的治理,对制订海河流域的治理规划,确立海河流域防洪体系进行了开拓性工作。

④ 张光斗资料。清华大学档案馆,档案编号:1-2:1-89,第 11 页。

到南京全国经济委员会水利处实习，汪胡桢先生是该处工程科科长。汪先生开始并没有让他直接前往一线工程参观，而是指导他读了很多书，包括西北水利事业进行办法，他看到了洛惠渠、泾惠渠、陕甘宁等区水利建设的工程计划书、图纸和报告书等，以及南北大运河资料、全国水利建设概况等。

1934年11月28日，在他写给清华校办的信中，这样写道：

> 据汪先生意，水利工程可概分为二，防灾与生产是也。前者工程浩繁，非今日经济能力所得举办；而生产事业可就经济力伸缩收效，亦速如西北灌溉工程施工未及三载，受惠之地将数千顷矣。生产盈余，以之治河始为治本之方，故生产事业实较急需也。①

这是目前能看到的第一手档案材料中，张光斗第一次将水利工程的理论与中国具体的现实国情相结合，并做出自己独立思考和判断的文字，从中可以看出，他对祖国大山大河和人民充满感情。因此，这封信可以看作是张光斗院士开始投身中国水利事业迈开的一大步。

作为江南书生的张光斗，通过阅读这些资料，也使他第一次感受到祖国水利建设源远流长而灾难深重，治理任务十分繁重。他在1935年1月6日写给清华大学校长办公室的信中不无欣喜地评价西北各省近年来致力于灌溉事业，"共可溉地五百万亩，而洛惠渠、渭惠渠等……方兴未艾，诚吾国之好现象也。"② 在南京这段时期，张光斗住在好友刘永懋家，刘在中央卫生署工作，此间，两人结伴一同游览了南京的许多名胜古迹。

1935年1月，汪先生介绍张光斗到导淮委员会实习，这是他实习的第二站，设计科长林平一先生负责指导他设计水闸和船闸。并跟随导淮委员会总工程师须恺③先生去淮河工地参观。看到了淮安船闸和淮阴船闸工

---

① 张光斗资料。清华大学档案馆，档案编号：1-2：1-89，第20页。
② 张光斗资料。清华大学档案馆，档案编号：1-2：1-89，第22页。
③ 须恺（1900-1970），水利工程学家和教育家，我国现代水利科技事业的先驱。毕生致力于流域水利开发，兴利除害，综合利用水资源。

地，这是他平生第一次看到水利工程施工，心潮澎湃不已。接着，又去看了导淮入海工程。实地的参观进一步加深了他对祖国水利事业的感情，他看到茫茫淮河古道荒地，用人工开出一条小河，工人生活十分艰辛，让人很难相信这会成功。但自古以来多少水利工程，如京杭大运河等正是用这种方式建设成功的。这给年轻的张光斗视觉和心灵产生了极大的冲击。此后，他又看了洪泽湖的三河闸，洪泽湖可调蓄淮河洪水，由三河闸泄流经运河入长江。由于淮河的防洪标准很低，安徽和苏北几乎年年有洪灾，人民生活极为困苦。

张光斗院士晚年在其撰写的《我的人生之路》一书中回忆，1934年底前往杭州钱塘江参观实习，感叹海塘工程之巨大，每年维修工程十分繁重。同时还参观了浙赣铁路，沿途风景美丽，但经济不发达，人民生活十分艰苦。

但在清华档案馆保存的1935年2月11日张光斗写给清华大学校长办公室的信中，他写道：

> 阅读导淮计划及技术丛刊等至二月二日完毕，乃于五日离京来杭，持汪幹夫（注：系汪胡桢）先生介绍函往浙江水利局实习，蒙张局长及周缪二先生拔冗指导，已往参观西兴码头工程、钱塘江治理工程及海宁、海盐一带之海塘工程，惟连日天雨，行走不便，现在局中阅读新金清闸设计等。生拟于周末赴沪稍留数日，料理私事即返京。①

从这封信可知，第一，张光斗前往第三站杭州实习的时间应是在1935年初，而非在《我的人生之路》中记载的1934年底；第二，他在浙江期间的具体活动是参观海塘工程；第三，他在《我的人生之路》中回忆，第四站实习赴河南的时间是1935年1月，对这一时间也值得商榷。可以肯定的是，杭州实习完毕（注：即2月11日以后），张光斗即由京

---

① 张光斗资料。清华大学档案馆，档案编号：1-2：1-89，第11页。

转赴河南省开封县黄河水利委员会实习,因此,这第四站实习的时间应该是在1935年初春,而非1月。张光斗在80岁高龄时回忆60年前的历史,回忆的时间误差只有1—2个月,不能不让人感叹他的记忆力是超群的。

在第四站黄河水利委员会实习期间,他拜见了李仪祉委员长。没想到立即受到李委员长的严格教导,不许游山玩水,直接被派到陕西洛惠渠去工作。张光斗先看了开封附近养育了中国千百万人民的母亲河——黄河。虽然天气还没有转暖,滔滔河水并不凶猛。但可以清楚地看到泥沙极多、河床被淤高,从而可以想象出黄河是如何三年两决口,给沿岸的千百万人民造成巨大的生命财产损失的情景。他在感慨严师教导之余,越来越深地体察到治理黄河之艰巨和沿岸人民生活的疾苦。

接着他来到了陕西。在陕西省水利局孙宗五局长的指导下,去泾阳参观了泾惠渠。从张家山大坝,经干渠、支渠,到灌区,看到工程很复杂,灌区土地肥沃,农产丰富,人民生活改善。这时候,他才理解李仪祉先生的正确指导,同时也体会到李先生的良苦用心和对自己寄予的厚望。

随后,他又到大荔洛惠渠工程局,在李星五总工程师的指导下,参加了状头大坝和曲里渡槽的设计和施工,学到了不少工程技术知识。有一条置于黄土山中的长隧洞让他终生难忘,因为那是一条人工开挖的隧洞,开挖过程中常常塌方,施工极为困难,历经数年才修建完成。张光斗认识到搞水利工程工作条件很艰苦,但可为人民造福,他深信做这样的工作是很有意义的。在洛惠渠工作了三个半月,恰逢张任[①]教授带领清华土木系水利组毕业班的同学来参观洛惠渠工程,后来两位张先生还同游华山,一路畅谈,爬到山顶,但没有看到日出。

由黄河水利委员会回京后,张光斗又去了天津海河工程局,徐世大总工程师向他介绍了海河治理计划,海河洪涝灾害也很严重,治理任务也很艰巨。他的第三位导师高镜莹先生当时正在该局任设计科科长,于是顺便

[①] 张任(1905-1993),山东安丘人,我国著名的水利工程专家、工程教育家、清华大学水利系首任系主任。

指导他如何设计闸坝，带他去参观屈家店水闸，该闸是分洪用的，在当时算是比较大的水闸，设计和运用都很成功，这些实习使张光斗学到了不少书本上学不到的知识。

这次实习，一方面让他看到了全国各地不少的水利工程，有了实地考察的经验。同时，也让他认识到中国水利建设事业落后，水旱灾害严重，人民生活困苦，搞水利工程建设是很艰巨、很辛苦的。但这些并没有吓退他，反而增强了他从事水利建设、为人民谋幸福的决心。还有一点不应被忽略，从那时起，清华大学就已经将"读万卷书"和"行万里路"很好的结合，这一学习的方式方法对张光斗的学术成长起到了重要的作用，给他一生留下了深刻的印记。

实习结束后，回到清华大学，见到梅贻琦[①]校长，梅校长鼓励张光斗去美国后好好学习，将来为国家建设做贡献。在校期间，他还拜见了工学院施嘉炀[②]院长和土木系蔡芳荫、张任教授等，大家都勉励他很好地学习。图2-2是张光斗出国前填写的国立清华大学留美公费生志愿书[③]。

图 2-2 张光斗1934年填写的清华公费留学志愿书
（采集小组成员王光纶2012年复制拍摄）

---

① 梅贻琦（1889-1962），1931年出任清华大学校长，自此后直到他在台湾去世，一直服务于清华，因此被誉为清华的"终身校长"。

② 施嘉炀（1902-2001），我国著名的水利水电工程专家和工程教育家，毕生致力于祖国的水利事业和教育事业，培育了数代科学技术人才，曾任清华大学土木工程系第一届系主任、工学院院长等职。

③ 张光斗资料。清华大学档案馆，档案编号：1-2：1-89，第17页。

伯克利加州大学的水利工程学硕士

早在1934年11月28日张光斗写给清华校办的信中，就曾说到自己的愿望："生拟至美国西部专攻灌溉工程一年，继至东部读水力及治河工程一年，以其地关于所学者较发达也。再至德国读灌溉及水力工程一年，以其为近世水利之圭臬也。于假期中，则往各处调查参观以增实学。至拟入学校则尚在调查中。"[①] 最终，导师汪胡桢先生决定张光斗去加利福尼亚州立大学伯克利分校（University of California, Berkeley）读书，学习灌溉工程和大坝设计。伯克利加州大校是当时美国最负盛名且是最顶尖的一所公立研究型大学。另外，对于这封信中还有一点值得提出，信中写道"以增实学"，在对张光斗先生史料的查阅中，我们多次见到先生强调"实学"，可见这一点对他学术成长是起了重要作用的。而且应当说，对于所有工科学生，"以增实学"都是应该强调的。

在国内实习结束以后，张光斗回到上海准备出国。但没有想到在出国体检上出了个小问题，眼科大夫说他有沙眼，不给签字。费了不少周折，也花了不少钱，才得以顺利通过。在出国准备这件事上，又得感谢宋家治同学，他帮助买船票、做西服、买皮鞋、买箱子。准备妥当后，搭美国轮船格兰脱将军号启程，当年那位力劝张光斗放弃乙商学校，选择南洋附小的五叔张钟虎和宋家治把他送上轮船，还送了鲜花。船上的生活很丰富，伙食很好。但在途经日本时遇到大风浪，整整颠簸了两天后船才恢复平静。三周之后，轮船快到加拿大温哥华（Vancouver, Canada）的时候，船长举办了告别宴会，漫长的跨洋渡海生活在恋恋不舍的情怀中结束。

加籍华人旅行社为张光斗代买了从温哥华去美国西雅图（Seattle, United States）的火车票。西雅图留给张光斗的第一感觉是，城市建设得很

---

① 张光斗资料。清华大学档案馆，档案编号：1-2：1-89，第20页。

美，感到美国很富有。但初到美国就遇到一些不愉快的事，直至晚年，张光斗对此还是记忆犹新："我去租房，明明外面挂着出租房间的牌子，可是主人看到我是中国人，就说没有房间了，跑了许多家都是如此。去理发，铺子不给理，因为是中国人；到大饭店吃饭，不让进，也因为是中国人。厕所是白人和黑人分开的；公共车船是白人和黑人分坐的，前面是白人，后面是黑人。"[1] 当时先期到美的同学告诉他，美国的种族歧视很严重，黑人受歧视，中国留学生找不到工作，连土生土长的华人大学毕业后也不易找到工作。在美国受到的歧视更加激励了张光斗的爱国心，增强了他要努力学习，以备翌日为国家富强而尽力的人生抱负。正如他1935年8月25日在伯克利写给清华大学梅贻琦校长的汇报信[2]中所言：

月涵校长先生钧鉴：敬肃者，近维。

道履绥吉为颂。生于八月六日抵西雅图，八日到校，幸一切平安可慰。锦注入学手续已办妥。稍经考试及交涉后无须补课，被承认为正式研究生。所选课目另附详呈。计第一学期选十一学分，第二学期选十四学分，另做论文一篇。此间所有灌溉工程课目已包含无遗。硕士学位需要二十学分，内至少十之四系研究学科，另加论文。故在一年内或可得硕士。以后生拟多参观以增实学，加利福尼亚大学在美地位甚高，列全国第四名，学生约万四千人，学科颇多，设备完善。中国学生约百四十人，内二十余人来自国内，以习农科为多，清华学生仅生一人，交通亦无人在此。美人对国人颇轻视，常以中日事件讥讽吾人。生只能忍受，自加勉励，埋头求学以备翌日为国家尽力，而精神之痛苦非在国内所能受得者。旧金山华侨素称发达，而今日皆有捉襟见肘之苦，以后尚乞。钧座时锡训言，不胜感恩，并恳赐寄校中刊物多多益善，余续呈敬请钧安。

生张光斗敬肃
八月二十五日

---

[1] 张光斗：《我的人生之路》。北京：清华大学出版社，2002年，第11页。
[2] 张光斗资料。清华大学档案馆，档案编号：1-2：1-89，第106页。

在这封信中还附上了他在加州大学的选课单：

Study List		
1st semester		
Courses	Credits	Professor
Irrigation Engineering（A）	2	Etcheverry
Irrigation Engineering（B）	2	Etcheverry
Irrigation Design	2	Etcheverry
★Investigation on Master's Thesis	3	Etcheverry & Harding
Hydraulic Laboratory	2	O'Brien
Total credits	11	
2nd semester		
Courses	Credits	Professor
Drainage and Flood Protection	2	Etcheverry
★Advance Irrigation Design	2	Etcheverry
★Investigation on Master's Thesis	3	Etcheverry & Harding
★Seminar	3	Etcheverry & Harding
Uncertain	4	
Total credits	14	
★ graduate courses		
In addition, a thesis will be submitted.		

Summary	Courses	
	Upper Division	Graduate
1st semester	8	3
2nd semester	6	8
Total	14	11
A thesis		
As told by adviser, the courses given here are very heavy, I only take 11 credits in the first semester.		

　　欧欠佛雷教授（Bernard Alfred Etcheverry，伯克利加州大学灌溉和排水系主任，曾担任美国垦务局、国家水资源委员会等多个国家机构的委员会成员）是张光斗在伯克利加州大学读水利工程硕士学位时的导师。张光斗在校学习期间，课目成绩很好，图2-3是伯克利加州大学保存的张光斗

（Chang GuangTou）当年在校学习的考试成绩单照片，8门课程全部是A。为此导师要给他奖学金，老实的张光斗竟然回答到，自己已经有清华奖学金了。导师觉得

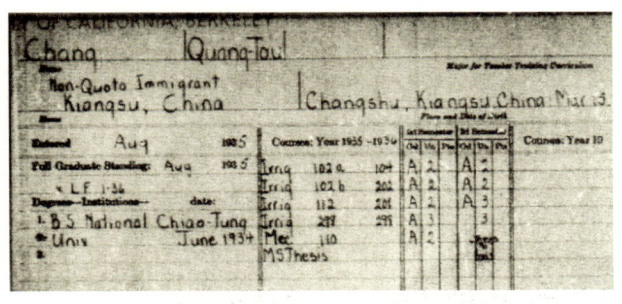

图 2-3　张光斗 1936 年在伯克利加州大学读硕士学位的成绩单（采集小组成员张美怡 2012 年复制拍摄）

很有趣，告诉他加大给的奖学金和清华给的是两回事，这样他才接受了这笔奖学金。欧欠佛雷教授 1936 年 9 月 30 日给清华梅贻琦校长写了一封信[①]，在信中他是这样评价张光斗的学习成绩和能力的："His work in all these courses was excellent. In fact Mr. Chang proved to be an exceptional student and we enjoyed having him."（他在所有这些课程中的成绩都是很优秀的。事实上，张先生证明了自己是一名出类拔萃的学生，我们很高兴能拥有他。）

在完成繁重的课程以外，张光斗还于 1936 年完成了硕士论文，题目是"Design of the diversion works and the diversion canal on the Mokelumne River"（莫凯勒米河引水工程和引水渠设计）。这本 174 页长，署名 Quang Tou Chang（当时张光斗的英文名）的硕士论文目前仍收藏在伯克利加州大学工学院的图书馆内。

在伯克利工学院的图书馆里有张光斗的一张书桌，便于他随时从书架上取书阅读，图 2-4 是他当年在图书馆学习时的照片。在伯克利的一年时间里，他广泛阅读了美、印、埃等国家的灌溉工程书籍。他注意到当时工程领域只重视技术，不注意学习数学、力学、水文学、材料学等基础理论。而理科的科学家又往往看不起工科。他的一位学化学的同学来加州大学看他时，就觉得他学灌溉工程很可惜，如此人才应当学理科。张光斗坚持认为，中国建设急需工科人才，选择学习水利工程专业是对的。但后来

[①] 张光斗资料。清华大学档案馆，档案编号：1-2：1-89，第 112 页。

图 2-4　张光斗在伯克利图书馆（张美怡提供家庭保留照片）

随着学识的增长、工作任务的加重，张光斗慢慢地意识到，当时他一心想搞水利工程建设，只重视工程技术，对基础理论的学习重视不够，没有打好理论基础，是一个失策。而当时的中外导师都没有向他提出过加强基础理论学习的要求，可见那时的高等工程教育是存在不足的。

一年即获取硕士学位压力极大，故而少了很多参观实习的机会。寒假期间，经导师介绍先参观了胡佛水坝（Hoover Dam，此坝曾被称为波尔多大坝，即 Boulder Dam），没想到这次参观竟遇到一个不幸的故事。张光斗与清华留美生覃修典[①] 约好，二人在科罗拉多州波尔多城（Boulder，Colorado）会面，然后一同参观。覃修典从波尔多城里驾驶汽车过来。当时天气非常冷，张光斗在波尔多城公路边约定见面的地方等了三天，不见覃来。不得已，只得一个人参观大坝。胡佛大坝工程十分宏伟，是当时美国和世界上最大的大坝，发电装机容量也是水电站中最大的。张光斗当时就想，要是将来中国也能修建这样的大坝有多好呀。

随后，他还参观了科罗拉多河（the Colorado）引水道工程，是从科罗拉多河引水到洛杉矶城（Los Angeles），采用很长的渠道，中间还有许多长隧洞，工程浩大。在洛杉矶城，他请国民党政府驻洛杉矶总领事馆代找覃修典，遭到拒绝。后来覃来信，说他开的汽车翻车了，人受了伤，住了很长时间的医院，所幸没有生命危险，后来覃修典回国，和张光斗在国内

---

① 覃修典（1909—1994），湖北蒲圻人，水电工程建设和规划专家，我国水电事业的开创者之一，曾任中国水利水电科学研究院副院长。

共事多年，二人关系甚好。

最后，到加州南部圣华金河谷（San Joaquin Valley，CA），参观灌溉工程。看了大坝、渠系、灌区农田、果园，工程配套有序，管理井井有条，农作物和果树茂盛，人民生活富裕。所以灌溉工程确实是造福人民的。对于这些参观，他都做了详细记录，图2-5示出的是清华大学档案馆保存的张光斗30年代在美国学习期间撰写的灌溉工程参观笔记[①]。这期间，他还写了几篇文章寄到国内，投稿到汪胡桢先生主办的《水利学报》，主要是报道美国加州的灌溉建设和引水工程，供国人学习参考。

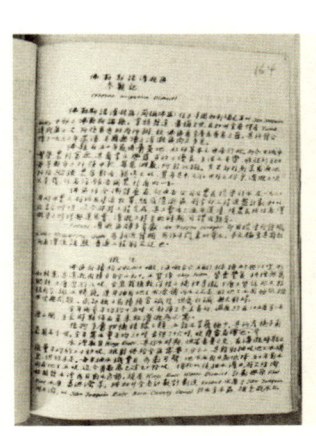

图2-5　张光斗30年代在美国留学期间撰写的参观笔记
（采集小组成员王光纶2012年复制拍摄）

在伯克利学习期间，张光斗每天坚持去体育馆锻炼，然后淋浴，一切设备和用具都是体育馆提供，加州大学鼓励学生进行体育锻炼。张光斗后来在回忆加州求学的这段课余生活时，还是蛮有感触的，那时在中国的饭馆吃饭，华侨业主优待他们，每顿饭只收美金二角，吃得很好，令人回味。每到周末，几位华人好朋友一起到倪清源夫妇家聚会、聚餐，分头买菜，倪嫂主勺，餐后大家动手，洗碗、打扫干净。然后围坐在一起讨论国家大事、人生观、将来的工作等，虽然不理解什么是资本主义或社会主义，看法也不一致，但是要爱国、要建设国家、要为老百姓谋福利，则是大家一致的看法。有时如时间充裕，还会到奥克兰城（Oakland）看场电影。当时的课余生活就是如此。

---

① 张光斗资料。清华大学档案馆，档案编号：2-271-007。

从垦务局到哈佛

1936年5月，张光斗获得了加州大学的硕士学位。他想学习大坝设计，请导师给萨凡奇（John L. Savage，美国国家科学院院士，国际公认的大坝工程权威；他曾主持设计了世界上60多座重要的水坝，包括著名的胡佛水坝；曾获得无数奖项，包括约翰·弗里茨奖章）先生写信，介绍他去美国国家垦务局（the United States Bureau of Reclamation）实习。萨凡奇当时任垦务局设计总工程师，对华十分友好，亲自为张光斗设计了三个月的实习计划，安排他到混凝土坝、土石坝、泄水建筑物、渠道等技术部门工作、学习，还任命他为初级工程师。同时还要求各部门的负责人指导他做正式的设计，萨凡奇先生负责检查。一些美国工程师都很羡慕张光斗享受到的"特殊待遇"。萨凡奇先生还经常邀请张光斗到自家去做客，两人之间结下了深厚友谊。从某种意义上说，这种友谊对于张光斗的一生，甚至是后来中国的大坝建设，都产生了一定的影响。

垦务局的工程师们也常常会请张光斗到他们各自的家中做客，无论是年长的，还是年轻的，都很友好。甚至有时年轻的工程师还会请他一起去参观名胜古迹，路程最远的一次是驾车到科罗拉多城派克山峰（Pikes Peak，CO），峰顶布满白雪。在玩得很高兴的时候，也让张光斗开始思考，垦务局从领导到工程师都是乐于助人的，对中国人也很友好，可是为什么美国会成为帝国主义，总是要侵略他国呢？直到新中国成立后，他觉得对这个问题才有所认识。

与张光斗同在垦务局实习的还有清华留美生张昌龄[1]，后者比他高一届，二人的关系很好，对张光斗的学业选择提出过很多宝贵的建议。后来，张昌龄学成归国，与张光斗共事多年，也为中国的水力发电事业做出了巨大的贡献。一天，张光斗收到导师汪胡桢的来信，要他代表中国水利学会去位于麻萨诸塞州剑桥城（Cambridge，Massachusetts）的哈佛大学（Harvard

---

[1] 张昌龄（已过世），江苏南京人，水力发电专家，1933年毕业于清华大学土木系。曾任水利电力部水利水电建设总局、规划设计院副总工程师。

University）参加国际土力学和基础工程学会成立大会。张光斗接到此信后很犹豫，不想去，因为他不太懂土力学。张昌龄力劝他去，说可以借机会多学些知识，多接触些专业人士。于是张光斗去了哈佛大学，这也是他第一次参加国际学术会议。在会上听了许多高水平的学术报告，还见到了许多学术大权威，如被誉为土力学之父的泰沙基（Karl von Terzaghi）、哈佛大学著名土力学教授卡萨格兰地（Arthur Casagrande）等。还认识了哈佛大学工学院院长威斯脱伽特（Harold M. Westergaard）教授，他是著名的力学家，理论水平很高。

参加这个会议，让张光斗认识到自己在力学和土力学理论领域的不足，他做出了一个惊人的决定：转学到哈佛大学读研究生，学习力学和土力学，将来回国设计自己的大坝。返回丹佛（Denver）途经纽约时，他顺道去清华驻美办事处向办事处主任孟治先生报告了学习情况，并提出了转学哈佛大学的请求，孟先生本人表示同意，但提出还需得到国内导师的同意。

张光斗在获得汪胡桢、高镜莹两位导师的同意后，经过萨凡奇先生的推荐，顺利地进入哈佛大学工学院当研究生，攻读工程力学硕士学位，导师是威斯脱伽特教授（哈佛大学工程研究生院院长，应用力学和钢筋混凝土工程专家；曾担任多个美国联邦政府建设项目的技术顾问，并荣获屈臣氏研究所于1921年金牌）和卡萨格兰地教授（著名的美国土木工程师，在工程地质与岩土工程领域做出了重要贡献；曾获多项学术奖励，是美国土木工程师协会Terzaghi奖的首位获奖者）。图2-6是张光斗当年在哈佛

图2-6 张光斗1936年在哈佛校园（张美怡提供的家庭照片）

第二章 考取清华公费留美 开始结缘水利

学习期间，在校园拍摄的照片。

关于转学及申请奖学金延期，从清华大学档案馆和哈佛大学档案两地获得几封书信，较为细致地重现了这一过程。

1936年9月23日张光斗给梅贻琦校长写信，信中写道：

> 生在暑期中，入美国中央垦务局实习，先入渠工部，后入坝工部，工作与正式职员同，颇有兴趣，得益不少。临行时曾与该局当局言定，于明夏重来，继续实习。下年计划，生曾呈请汪、高二师指导，蒙嘱接洽继续实习，如不成，则入哈佛大学及麻省理工选读坝工及基础工程。生来局时言定以暑假为期，该局不允延长，故遵嘱来哈麻二校……兹特专函呈请转学，并请汪、高二师证明一切。①

梅贻琦校长同年11月27日亲笔复信："光斗同学左右：昨自南中返校，得获九月二十三日来书，藉悉一切。足下转学哈佛及麻省理工二校事，可即照准。"② 图2-7是该复信原件的照片。

从这两封信中，能够看到张光斗初入哈佛时候的学习情况和老师们对他的评价。威斯脱伽特教授在信中写道："He has shown ability, initiative and energy. In the course in Reinforced Concrete, which is operated occasionally as a seminar, he has at various times presented original studies and on one occasion he presented an hour lecture. In addition to ability he has an attractive personality. I feel sure that if he is granted an

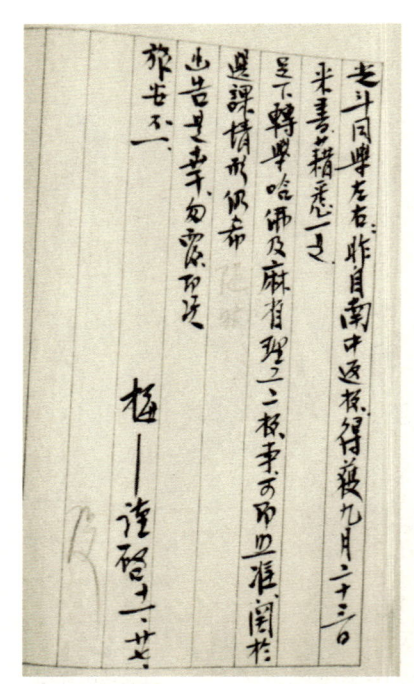

图2-7 梅贻琦校长给张光斗复信（采集小组成员王光纶2012年复制拍摄）

---

① 张光斗资料。清华大学档案馆，档案编号：1-2：1-89，第96页。
② 张光斗资料。清华大学档案馆，档案编号：1-2：1-89，第106页。

extension of his scholarship, this grant will be well placed."① （他表现出了他的才干、主动性和活力。钢筋混凝土课程有时以研讨会的形式开设，他多次在研讨会上发表了原创性的研究结果，有一次，他还做了一个小时的学术讲演。除了他的才干，他还具有吸引人的个性魅力。我确信，如果他获准延期奖学金，这笔奖学金将被很有价值的使用。）

卡萨格兰地教授在信中写道："In connection with his studies and laboratory work he displays excellent abilities and a very pleasant personality. I am convinced that Mr. Chang will utilize every opportunity for further practical experience to the utmost and that he deserves to have his scholarship extended for another year."② （在他的学习，研究和实验室工作中，他展现出了出色的能力和非常亲和的个性。我确信，如果他能够获准延期一年奖学金，张先生将最大限度地利用一切机会，取得进一步的实践经验。我认为他应得到延期一年奖学金。）

两位导师在信中不约而同地谈到了一点，即张光斗具有良好的学术表现和研究潜力，也就是说对于他的聪明才智导师是充分认可的。在1936年12月1日，张光斗写给梅贻琦校长的信中，他汇报了在哈佛大学两学期所要学的课程：第一学期，土壤力学、土壤力学试验、地下水流及水土渗流、弹性理论、钢筋混凝土、结构力学；第二学期，土壤力学、土坝研究、石坝研究、弹性理论、结构力学、水工建筑。本次采集小组从哈佛大学档案馆查得的资料显示，张光斗1936—1937年在哈佛大学9门课程的考试成绩均为A，图2-8是该成绩单的复制照片。由于他的学习成绩优异，导师威斯脱伽特教授非常满意，在第一学期的期中就带着他去位于纽约州的康奈尔大学（Cornell University, NY）参加力学学术会议，张光斗自己也提交了会议论文，但没有宣读。在这次会议上值得一提的是，经导师威斯脱伽特教授介绍，他认识了被誉为固体力学之父的铁木兴柯教授（Prof. Stephen P. Timoshenko），铁木兴柯教授当时就鼓励张光斗要学好力学，讲了掌握基础理论的重要性。到晚年，张光斗在回忆这段经历时，仍惋惜地说，"现

---

① 张光斗资料。清华大学档案馆，档案编号：1-2：1-89，第113页。
② 张光斗资料。清华大学档案馆，档案编号：1-2：1-89，第114页。

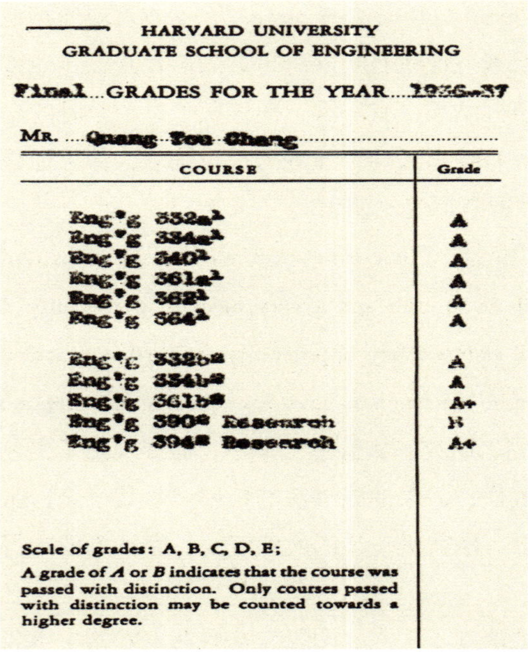
HARVARD UNIVERSITY
GRADUATE SCHOOL OF ENGINEERING

Final GRADES FOR THE YEAR 1936-37

MR. Quang Tou Chang

COURSE	Grade
Eng'g 332a[1]	A
Eng'g 334a[1]	A
Eng'g 340[1]	A
Eng'g 361a[1]	A
Eng'g 362[1]	A
Eng'g 364[1]	A
Eng'g 332b[2]	A
Eng'g 334b[2]	A
Eng'g 361b[2]	A+
Eng'g 390[2] Research	B
Eng'g 394[2] Research	A+

Scale of grades: A, B, C, D, E;

A grade of *A* or *B* indicates that the course was passed with distinction. Only courses passed with distinction may be counted towards a higher degree.

图 2-8 张光斗 1936—1937 年在哈佛大学的学习成绩单照片（采集小组成员张美怡 2012 年复制拍摄）

在看来，我当时应该跟他们多学些力学，打好基础，再做工程，这样可能会更好些，可惜后来没有做到。”① 在1936年12月1日的那封信中，张光斗还汇报了他哈佛毕业后的学习计划，信中写道：

美国学校授水利工程者极少，大部仅言基本理论，准备至校外学习。故如仅在校内读书，可言所得只半也。生之留学年限至明夏，期满拟请求延长一年，专事实习。明年暑假至冬间，往垦务局继续学习坝工及渠工设计，并往工地实习。该局掌握全美灌溉事宜进行工程，既广而多，故实习似以该局为宜。后年春间，往印度中央垦务局实习，印度灌溉极发达。其当地情形，如土质、产物、气候、河流、建筑、材料及方法等与吾国颇相似。为学习渠工之良地也。生对坝工及渠工极感兴趣，前者为水利工程必需品，后者可应用于灌溉及水电方面。生现仅稍知理论，苟能得实习一年，获益得匪浅也。②

随后他又分析了到两地实习的可行性，对于到垦务局实习，当时已得到美国垦务局主任工程师的口头允准，而伯克利和哈佛的两位导师都是垦务局的职员，如果他们联合举荐，应该没有问题。至于到印度实习，他会让美国的导师通过美国政府和英国政府或印督进行接洽。而且，当时中国

① 张光斗：《我的人生之路》。北京：清华大学出版社，2002 年，第 14 页。
② 张光斗资料。清华大学档案馆，档案编号：1-2：1-89，第 108 页。

在英国的留学生进行实习的"颇众",所以问题也不会太大。

最后,他恳请清华大学延长他一年的留学期限,以实现其"求实学"之愿望。

但谁也没有想到,这个美好的愿望,后因"七七事变",抗日战争爆发,中华民族到了最危险的时候,而没有如愿实现。

1936年的寒假,张光斗有幸跟随导师到位于密歇根州安阿伯城(Ann Arbor,Michigan)的密歇根大学(University Michigan)参加力学会议。路上还发生了一个坎坷的小插曲。他一个人乘火车误经加拿大,被查票员发现,禁止入境,遣送回美国。几经周折,换乘之后才到达安阿伯城。这是他第一次在国外学术会议上宣读论文,是很有意义的一件事情。除了这个人生的第一次之外,这次会议还偶遇交大同学张仁滔[1],却因而牵出一段传世的姻缘。会议期间闲聊,张仁滔问张光斗,是不是订婚了。

张仁滔这里所指的"订婚",是指和他们交大同学胡汇泉的妹妹胡竞先是否订婚。在上海读书时,作为同学他们曾一起听过音乐、看过电影,女孩和她的父母都很主动。但她家太富有,其父是上海海关的高级官员,张光斗觉得不相配,慢慢地就疏远放弃了。

张光斗当场否定了订婚之说。张仁滔立即表示愿意介绍自己夫人的一位同学做他的女朋友,问张光斗是否愿意。张光斗觉得自己反正没有订婚,就同意了。没想到,这次意外的同学相逢,一句半开玩笑的戏言竟然成就了一世的佳话。

回到哈佛大学后,他接到张仁滔来信,说女方同意与张光斗交往,要张光斗写信给她。她叫钱玫荫,是上海沪江大学的学生。张光斗当即表示愿意交朋友,写信并附去照片。不久收到回信,她也表示愿意交朋友,并寄来她的照片。可以想见,当张光斗缓缓抽出信件的时候,他被钱玫荫的美丽惊艳了。而钱玫荫也看到照片上的张光斗很英俊,又仰慕张光斗的学识,于是互有爱慕之心。当时两人的通信很投入,逐渐产生了感情,来往加密。

张光斗交大的好朋友刘永懋写信给未婚妻王申望,让她帮助了解其同

---

[1] 据西安交通大学档案馆网站:《南洋公学—交通大学年谱》"1934年—甲戌年"的记载,张仁滔是该校铁路门二十三级(民国二十三年)毕业同学。

班同学钱玫荫的情况。王回信说，钱很美丽，功课也好，也很时髦，善交际，要张光斗考虑是否合适。张光斗认为年轻女子爱美是天性，对人友好是正常的。

张光斗交大的另一位好朋友费骅劝他写给钱玫荫的第一封信不要由张仁滔转寄，而要亲自寄出去。费骅后来回上海后还写信告诉张光斗，他的未婚夫人张心漪，是钱玫荫的同班同学，说钱玫荫品学兼优，也很美丽，很多人追她，希望张光斗加紧通信，表明爱心。

可惜，抗日战争爆发，通信被迫暂时中断。

"如果国都亡了，我念书还有什么用"

1936 年 12 月 1 日给梅校长的信中，张光斗希望能延长一年留学期限。但不知为何，在后来张光斗写的《我的人生之路》中回忆，1937 年他只申请了半年的延长期，得到清华驻美办事处批准，国内导师也同意。但不管是一年，还是半年，批准他延长一段留学时间这是事实。

1937 年张光斗哈佛工程力学硕士快要毕业的时候，导师威斯脱伽特教授希望他获得硕士学位后，继续攻读博士学位。但张光斗觉得读博士学位主要是做研究工作，而且时间可能较长，他只剩下半年的留学期，再加上他自认为第二外国语法语很差；更关键的是，他当时一直坚持着想当工程师的梦想。所以，他向导师解释了这些困难及原因。没想到导师答应可以解决所有问题，并保证一年后可以获得博士学位，还愿意帮忙请法文教师给他补习，以解决法文资格考试问题，后来张光斗的法文考试果然通过了。

对于留学期限和奖学金的问题，威斯脱伽特教授给的奖学金比清华给的要丰厚。师恩如此，张光斗更无话说，唯有同意攻读博士学位，跟随导师，踏踏实实地做好研究工作。

至今在哈佛大学新闻网（The Harvard Crimson）还能找到登载 1937 年

5月27日哈佛大学校报上的报道：

22 Scholarships Awarded to Engineers for Coming Year

Scholarships totaling to $9,675 have been awarded at the Harvard Graduate School of Engineering for the academic year 1937—1938 to the following.（22名工学院研究生获得下一学年度奖学金。哈佛大学工学院研究生院授予下列研究生1937—1938学年度奖学金共计9675美元。）

下面是22位获得奖学金学生的名单，其中第三个名字即为：Quang Tou Chang, of Kiangsu, China（张光斗，江苏，中国，图2-9）。

不仅如此，自从到哈佛工学院后，威斯脱伽特教授常在节假日请张光斗到家里做客，用丰盛的家宴招待他。后来张光斗忍不住问教授，为什么对他那样好。威斯脱伽特教授回答，自己来自丹麦，从哥本哈根大学毕业后，来美国伊利诺州安本城伊州大学当研究生，在导师指导下，相继获得了硕士、博士学位。接着留校任教，慢慢地当上了教授。没有导师的大力帮助是不会有自己今天的成绩的。而且，威斯脱伽特的导师还把自己的女儿嫁给了威氏。薪火相传，现在他应当承担起帮助外国研究生的责任。威斯脱伽特教授还告诉张光斗，萨凡奇先生给他写过一封信，请他大力帮助张光斗。张光斗听后非常感动，深深地感谢威、萨两位先生。1937年6月，

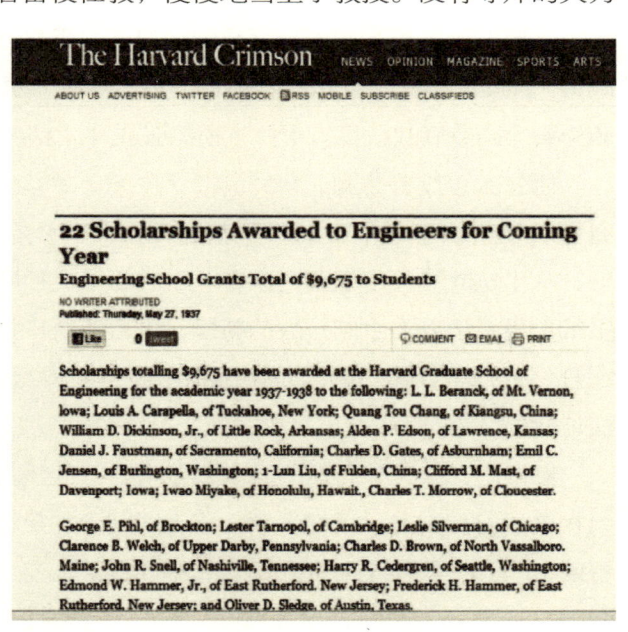

图2-9 哈佛大学新闻网登载的1937年5月27日哈佛大学校报上的报道（采集小组成员张美怡2012年复制拍摄）

第二章 考取清华公费留美 开始结缘水利

张光斗获得了第二个硕士学位，哈佛大学工程力学硕士。暑假中，再次回到垦务局实习，萨凡奇先生见到他很高兴。张光斗继续上一年未完成的实习，做校核设计的工作，比去年高了一个层次。

在美国求学两年的时间里，张光斗一直关心国家大事的发展动态。虽知山雨欲来风满楼，但怎么也没有想到，这个风是特级台风，这个雨是特大暴雨。

早在 1935 年，他在美国看到多家报纸纷纷报道中国红军二万五千里长征胜利，认为这是世界上的一件大事，将会改变未来世界的格局。不懂马克思主义的他，开始只是觉得共产党的不少主张是对的，他希望国共合作，联合抗日。交大挚友顾德欢多次给他写信，要求他寄几十美金，以便办宣传刊物。顺便说一句，顾德欢离开交大以后，曾去山东齐鲁大学上学，因搞学生运动，又被开除了。后又在北平燕京大学上学。张光斗给他寄去了美金。

就在这时，北平爆发了"一二·九"学生爱国运动。当时国民党把冀东又拱手送给了日寇。学生要求蒋介石出兵抗日，学生喊出了"华北之大，已经安放不得一张安静书桌"的口号。蒋介石不但依旧奉行"不抵抗政策"，反而镇压学生运动。直到"西安事变"爆发，在共产党的协调下蒋介石才同意联共抗日。十分气愤的张光斗才稍稍舒了一口气。

他怎么也没有想到，1937 年 7 月 7 日，卢沟桥爆发"七七事变"，日寇发动侵华战争，宋哲元将军奋起抵抗。蒋介石发表庐山讲话，宣布抗日，八年抗战拉开了沉重的序幕。海外学子高声呼唤，热血沸腾。美国的报纸上也大量发表中国抗战的新闻，电台不断广播中国抗战消息。当时同在丹佛进行暑期实习的几位中国留学生争着看报纸，听广播，每天聚会，谈论战局。

慢慢的，张光斗和他的同学们觉得自己应该为这场战争做点什么。继续在美学习和实习，学好本领，将来回国参加建设。但这对当前抗战没有帮助。"国家兴亡，匹夫有责"，留在美国，心有不安。大家热烈讨论爱国救国，认为应该回国，参加抗战。张光斗爱国心切，感到如果中国战败，在美学习毫无用处，现在应是报国的时候了。

张光斗放弃原有的攻读博士学位的计划和哈佛的奖学金，决定回国参加抗战，走实业救国之路。当他写信给清华驻美办事处孟治先生申请提前回国，参加抗日救国活动时，孟治先生回信劝他不要回国，以继续留美学习为好，因为回国后他能做的抗战工作不多。这样的解劝已拦不住他那早已奔向祖国的心。

张光斗写信给导师威斯脱伽特教授，说明要回国参加抗战，不能继续上学。威斯脱伽特教授回信，也劝他不要回国，继续留在哈佛学习，将来报效国家。张光斗再次写信给他们，表示自己一定要回国的决心，他当时想得很单纯，就是"如果国都亡了，我念书还有什么用"。孟治先生最终还是同意了他的申请。威斯脱伽特教授还特意给张光斗回复了一封热情洋溢的信，说敬重并理解他的爱国心，但哈佛大学工学院的门是永远对他敞开的，什么时候想来哈佛都欢迎。

张光斗读了这封信，非常感动。但还是毅然决然地用清华提供的回国旅费买了四张回国的船票，与雷祚雯等三位同学一起回国，乘坐的又是格兰脱将军号轮船，刚好是他来美时乘坐的轮船。

太阳依旧绚烂，月光依旧皎洁，太平洋的水依旧澎湃，正如张光斗的内心。

第三章
投身水电支援抗日　再次赴美深造

辗转入川，投身水电建设事业

格兰脱将军号轮船自加拿大温哥华起航，经过三个多星期的长途航行，终于到达香港。张光斗一行四人住在朋友张先生的贸易公司中。这位张先生听说他们是回国参加抗战的很是敬佩，款待了他们。张光斗把行李和书籍寄存在贸易公司，便告别香港，乘飞机到长沙。在长沙，他听说清华大学要迁到昆明去，和北大、南开等组建西南联合大学，这几天正好途经长沙。张光斗赶紧去拜访工学院的施嘉炀教授，想请他介绍工作。但当时国内混乱，又有日本入侵，施先生说目前找工程方面的工作非常困难，问他是否愿意去云南大学任教。而张光斗是想找直接为抗日出力的工程工作，不愿意去大学任教，无奈之下只能暂居长沙，等待时机。或许，施先生是被张光斗的爱国热情深深打动了，他在去昆明的路上一直在思考如何能够帮助这个年轻人。两个星期后，张光斗收到施先生的来信，信中告诉张光斗可以试试去找在江西省南昌城任公路局局长的萧庆云先生。张光斗按照施先生的指点立即给萧局长打电报，萧局长回电表示欢迎。

张光斗乘汽车从长沙赶到南昌，二人见面后，萧局长认为张光斗是在国家最需要的时候回国，投身建设，值得称赞，想任命他为江西省公路养路总队长。但那时江西已是抗战前线，对于既无工作经验，又不懂公路工程的张光斗来说，马上承担如此重任有些犹疑，而萧局长也有些不放心，故此事最终作罢。不几天，萧局长要去南京开会，遂问张光斗是否认识国防委员会副主任委员钱昌照[①]先生。张说认识，是同乡近邻。

萧局长到南京后，向钱主任汇报了张光斗的情况，说明他刚从美国回来，专业是水利工程，既有两个美国硕士学位，还有美国垦务局实习的经验，更有一颗爱国的心。钱主任当即打电报给张光斗，邀他速去南京，见面后任命他去四川省长寿县龙溪河水力发电工程处工作，并已电告该处黄育贤[②]主任。

工作终于找到了，但张光斗怎么也没有想到，离开南京竟然难如上青天。钱主任因次日就要去内地，让国防委员会的同事借给张光斗200块钱作路费，请其自行设法赴长寿就职。当时南京已人心惶惶，很多人都在外逃，张光斗到处去买轮船票、汽车票，都买不到，可是有的人连家具都能装上船，对这种乱象他很不满，也很无奈，但毫无办法。他多方托人，亲朋好友都找遍了，还是买不到一张车票，也没有人能带他出南京。两天后，他又去见尚未离开南京的导师汪胡桢先生，想请他帮忙去四川。汪先生见到张光斗很感意外，认为他不该一时冲动回国，应再去哈佛继续学业。而且汪先生还说，张找到他很及时，因为汪先生第二天将自己开车去上海租界暂住，愿意带张光斗同去上海，并要求他到上海后立即想办法再去美国。张光斗对导师的这个建议未认同。

师生陷入长时间的争论。老师不能理解学生为什么在兵荒马乱的时候弃学归国，学生也不理解老师为什么如此固执非要他继续读书。但师生一

[①] 钱昌照（1899-1988），江苏张家港鹿苑（原属常熟）人，中国人民政治协商会议第七届全国委员会副主席、中国国民党革命委员会中央副主席、著名爱国民主人士。

[②] 黄育贤（1902-1990），江西崇仁人，水利发电专家。我国水力发电事业的创始人之一。曾任电力工业部水力发电建设总局总工程师，水利电力部水利水电建设总局总工程师。

场，老师最后还是决定帮助张光斗，介绍他去导淮委员会找时任总工程师的须恺，因为导淮委员会即将内迁，可请求他们帮助。须总是张光斗加州大学的老学长，见面后被张的爱国热情所感动，当即答应带他乘船到江西九江城。一路上，须总照顾张光斗吃住，但导淮委一些人对此举很不满，因为张光斗不是导淮委的人，却在船上占了他们一个位置。这些人的不满是可以理解的，因为那个时候，1937年11月，是逃命的日子，距离后来发生南京大屠杀的时间不到一个月。晚年的张光斗还为此感到深深的不安，也感谢须总救了他，否则他很可能在南京大屠杀中丧命。张光斗说他顺利回国和逃离南京都是人生道路上的机遇。

在九江，张光斗顺利地买到了去汉口的船票。在一天清晨，轮船到达汉口，刚上码头就有一位商人走过来问张是否去重庆，并说今晚有法国白轮去重庆，可以代买一张三等舱的船票，票价30元。张光斗当即表示要买，并把行李暂放在那位商人铺主的店铺内，约好晚七点上船。张光斗上街游览，巧遇交大级友李清华夫妇，他们来汉口城已一个月，一直未能买到去重庆的船票，听说张光斗今晨刚到汉口，就已买到船票，很是惊奇。晚上李清华夫妇送张光斗上船，由衷地感叹张的运气真好。上船以后，张光斗给带他上船的那位商人铺主30元钱，却被带到轮船的厨房储菜仓。张当然不同意，与铺主争吵起来。铺主蛮不讲理，于是张光斗要上楼找船长论理。铺主见张光斗西装革履，又能讲流利的英语，怕他真找到船长，就麻烦了，不得已给了他一张三等舱船票，张光斗这才有了可以休息的床位。

这一路风景优美。千年之前，大诗人李白就有"朝辞白帝彩云间，千里江陵一日还，两岸猿声啼不住，轻舟已过万重山"的诗句名垂千古。而作为一心想当工程师的张光斗，自然没有诗人的浪漫与情怀。船过长江三峡，他看到山高谷窄，水流湍急，气势雄伟，感叹道"好一个优越的水利水电地址！"他想起大学时期学习孙中山先生的"建国大纲"，提出兴建三峡工程，开发三峡水力资源，他相信将来一定会有一天要兴建宏伟的三峡工程。但又想到当时是国难当头，日寇侵华，国家的命运岌岌可危，必须首先抗日，把日寇赶出去，才能建设三峡工程，振兴国家。

张光斗到重庆后找到龙溪河水力发电工程处驻渝办事处，次日坐船到长寿城河街。又雇了一架滑竿，有三个挑夫，他们一路抽大烟，70里路，走了一整天。晚上才到龙溪河工程处，办公室设在袁家祠堂，见到了主任黄育贤。黄主任欢迎张的到来，并介绍说龙溪河水电资源是供电给兵工厂，是支持抗战的。

从7月到11月，张光斗走了四个月，辗转回国，几经磨难，终于找到了抗日救国的工作，他很满意。

龙溪河梯级开发，有狮子滩、上清渊硐、回龙寨、下清渊硐四座水电站。工程处拟定先设计狮子滩水电站，因为那里有较大的水库，是龙头工程。老朋友张昌龄当时也在此处，他与张光斗一样都是副工程师，次年升为工程师，负责狮子滩水电站设计，张光斗管大坝设计，张昌龄管引水道和厂房设计。参加设计的有一批清华大学和上海交大毕业的年轻人，因为是支援抗战的工作，虽然工作和生活条件都很艰苦，但大家工作努力，热情很高，半年就把设计图纸做出来了。

1938年，国防委员会改为资源委员会。当时国家困于战事，资源委员会认为没有财力来修建四万千瓦的狮子滩水电站。于是，黄主任提出先修建1500千瓦的桃花溪水电站。1938年下半年开始设计，由张光斗负责设计校核，图3-1是1939年5月11日张光斗作为设计校核签发的桃花溪水电站引水道设计图纸图签的截图，原图纸保存在重庆中电狮子滩发电有限公司档案室[①]。1939年下半年，桃花溪水

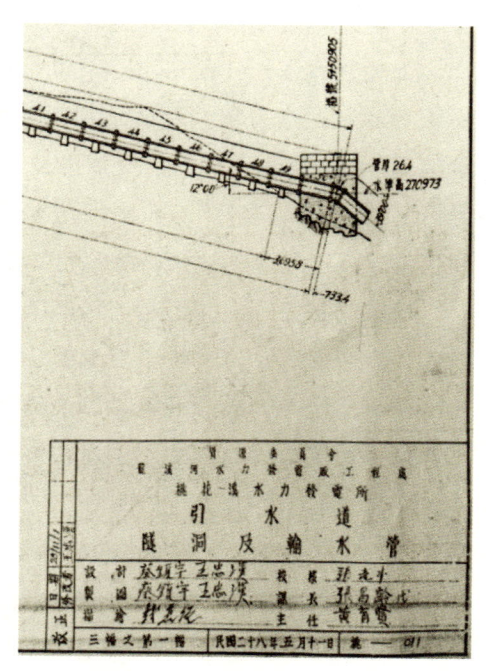

图3-1 1939年张光斗作为校核参与设计的桃花溪水电站图纸照片（采集小组成员王光纶2012年复制拍摄）

---

① 张光斗资料。老科学家采集工程馆藏基地，档案编号：TZ-001-001。

电站建成发电。不料通水后立即发生了工程事故，引水道隧洞段钢筋混凝土衬砌发生裂缝，漏水顺山而下，直冲厂房，幸好及时关闭了进口闸门，未造成严重损失。检查事故的原因，是由于隧洞所在的山坡有一砂岩与页岩的垂直接缝，地质工程师把这个接缝位置画错了，向坡内移了近十米。张光斗他们设计高压铁管与隧洞钢筋混凝土衬砌接头，原意是把接头放在岩体两种岩石垂直接缝之内，实际上位于接缝之外，造成了衬砌漏水，水进入接缝造成很大水压力，把外面的砂岩体向外推开，钢筋混凝土裂开十厘米。这件事给了张光斗一个极大的教训，终生难忘：一是设计输水建筑物必须注意一定不能造成山坡内产生很大的承压水；二是设计者必须到现场亲自了解地形地质条件，不能光看图纸、听汇报，要掌握第一手资料。

对于一位工程建设者来说，成功的经验固然可贵，但失败的教训往往比成功的经验更宝贵，因为失败付出的代价肯定要比成功付出的更多。因此，自此之后张光斗给自己立下了一个"死规矩"，凡是设计一座水利工程或者要对一个工程问题做出判断，必须亲自到现场核查地形地质条件，掌握第一手资料。直到近90岁的高龄，他在检查三峡工程施工质量时，仍然坚持这个"规矩"，即使行动不便，让人搀扶着也一定要亲自到施工现场查看，这是惨痛教训留给他的"难忘记忆"。

晚年的张光斗，回忆起当年他所经历的那些"教训"时，仍然是记忆真切、清晰。他说，1941年下半年，他们工程处又负责设计了3000千瓦的下清渊洞水电站，应当说电站的设计是成功的，整个厂房位于岩洞内，上部岩顶进行了加固，厂房下游水位高于发电机层4米，用钢筋混凝土墙挡水，结构比较复杂，整个工程的施工质量也比较好。但是在施工过程中，曾出现过一件本不应该发生的事故，由于有一张图纸中的一个尺寸写错了，而其他图纸同一尺寸写的都是对的，结果建完了才发现结构的两侧对不上，不得已只好返工，造成很大的损失。从这件事上张光斗深深地意识到，对设计图纸上的每一条线和每一个尺寸都要认真地校核，图纸绝不能有任何的差错，这可是花费大量人力和物力换取来的宝贵教训。还有一件事，1942年在修建鲸鱼口水电站时，他们设计的大坝是浆砌条石重力坝，位于鲸鱼口瀑布的上游，用引水隧洞直达下游厂房，洞子全部在岩岸内挖成，洞壁十分平整，设计中最有创新的是，尾水弯管也是在岩基内挖出来的，形状尺寸完全满足设计要求，节省了大量混凝土。但是，值得深刻汲取教训的一件事是，隧洞挖成了，遇到了一次大洪水，水流经隧洞下泄，流速很大，由于进口通气不足，发生了巨大的呼啸声，声闻数里，令人吃惊。张光斗在《我的人生之路》中写到，这件事让他牢牢地记住了"泄水洞进口的通气孔一定要有足够通气能力"的设计原则，日后他在审查其他工程泄水建筑物的设计时，总要问问设计人员通气孔的计算是如何考虑的。张光斗的很多工程经验都是从实践中得来的，都是有活生生的工程实例作为背景的。

桃花溪水电站正式发电，供电给二十六兵工厂等国防工业，为抗日战争提供能源做出了贡献。值得提出的是，桃花溪、下清渊洞、鲸鱼口等水电站是我国第一批自己设计、施工的 1000 千瓦以上的水电站，这是我国完全靠自己的力量设计建设水电站的新起点。

结　　婚

1938 年春，张光斗试着寄信到上海沪江大学，终于和钱玫荫女士恢复了战乱期间中断的联系，开始继续通信交流，感情不断升温。张光斗在同事的劝说之下，告诉钱玫荫希望去上海和她见面。钱玫荫请在重庆工作的表姐夫殷昌颐暗中先见了张光斗一面，然后告诉钱玫荫"张光斗个子不矮，仪表堂堂"，钱就同意见面了。张光斗在 1938 年底请了事假，先到香港取回寄存的行李，于 1939 年初到达上海。他后来形容第一次见到钱玫荫，还真有点"一见如故"的感觉。在上海，两人朝夕相处，看电影、游公园、逛商店、上饭馆，爱情更加升温。在同学的促进之下，钱玫荫接受了张的求婚，张送给钱一只订婚钻戒，举行了隆重的订婚典礼，有 30 多位同学和朋友参加。

关于钱玫荫女士的基本情况，2003 年 2 月张光斗院士写了一篇"我的妻子钱玫荫"，现将其中有关钱家基本情况的部分摘录如下：

钱玫荫，女，1915年11月16日生于江苏省句容县，当时其父在上海沪江大学读书。她幼年时期随母亲张守知住在句容外婆家中。1921年移居上海，1922年开始在沪东公社小学读书，1928年小学毕业。同年考取苏州惠灵中学，开始读中学，1934年高中毕业。当年考取了上海沪江大学社会学系，1938年大学毕业，随后在沪江大学附中任教。钱玫荫的父亲钱振亚先生，1918年毕业于上海沪江大学，同年任沪江大学助教，并开始主办沪东公社，1925年升任副教授，随后奉派去美国哥伦比亚大学读书，1929年获博士学位，学成回国升任教授，继续主办沪东公社，不幸于1934年因病逝世。当时钱振亚先生已成为国内著名的社会学家，对钱先生的逝世上海各大报纸都发表唁文，盛赞钱教授的生前业绩。钱玫荫兄弟姐妹八人，她是长女、二妹钱爱娜、三妹钱欣珍、四弟钱新亚、五妹钱海伦、六妹钱美丽、七妹钱美得、八妹钱培德。父亲病逝，全家悲痛，生活也遇到困难，只能由母亲抚养教育八个子女，在战争和政治动荡的年代，历尽艰辛。1968年母亲张守知女士因病逝世，全家无比悲痛和怀念。但因正在"文化大革命"期间，钱玫荫行动不便，未能去上海给母亲送终，对此钱玫荫始终感到是一大憾事。[1]

他们见面时，钱家只有钱玫荫一个人在工作，她刚从沪江大学社会学系毕业，在沪江附中当教师，靠父亲的人寿保险赔偿金和她微薄的工资支持弟弟妹妹上学，家庭经济不宽裕。张光斗也向钱玫荫讲述了自己的贫寒身世，家庭条件并没有影响两人的感情，反而增进了相互了解。最让张光斗感动的是，她支持张当工程师，支持他的爱国行动，作为一名大家闺秀、沪江大学的高材生，并不留恋大城市的舒适生活，而是决心和未来的丈夫一起到内地去，去参加抗战工作。在后来漫长的人生道路上，钱玫荫无微不至地照顾张光斗的生活，支持和辅佐张光斗的事业，并成为张光斗艰难人生中的强大精神依靠。

---

[1] 这段文字摘自张光斗自述：我的妻子钱玫荫。见：张光斗资料。老科学家采集工程馆藏基地，档案编号：KS-001-004。

这次回上海，张光斗还写信通知父母、哥哥和侄子们来上海，相聚甚欢。家乡已沦陷，生活当然有困难，但张光斗无能为力。二哥经营木业，赚了些钱，在上海租了房，躲避在此。他们想留父母住在上海，父母因嫌在沪的生活费用太大，不肯住上海。父亲有眼病，张光斗陪父亲去医院，治了几次，但因是慢性病，一时也不见效。国难当头，张光斗不得不辞别父母回四川参加抗战工作。由于家庭环境封建意识较多，关系又比较复杂，怕钱玫荫一下适应不了，所以这次张光斗没有带钱玫荫去见自己的父母兄长。让张光斗怎么也没有想到的是，这次一别，竟然成为与父亲的永别。

1939年底，张光斗新婚后不久接到家里的来信，告知其父张荔洲在几个月前已去世，因为怕耽误他们的婚事，所以没有通知他。张光斗得知这个噩耗后，非常悲痛，他依然记得自己在上海读南洋附小时，每次离家或回家，父亲都要走几里路到镇外的官道上送他、等他的身影。作为儿子，张光斗感到非常对不起父亲，痛哭不已。在这封信中，元春侄儿还告知，三叔张光霁和他自己曾被绑架，赎出后，三叔精神失常，自杀身亡。张光斗看到此信后非常震惊而且伤心，感到家中发生这些不幸的事故，都是由于日寇侵略战争造成的，国难家仇永生难忘。

由于战乱交通不便，直到1946年，钱玫荫才第一次去老家看望张母。大侄儿张元春到常熟来接，再乘轮船到鹿苑镇老家。那时张母已经73岁，身体老迈，但还很健康。看见儿子、儿媳非常高兴，但又痛哭流泪，告诉他们父亲病故，三哥身亡，家中发生了许多不幸的事情。但终究是钱玫荫头一次进张家门，所以老母亲还是主办了喜酒庆祝。当时，大哥张光煟赋闲在家，大嫂周佩贞在家主持家务。二哥张光燮在南丰镇开木行，生意尚好，二嫂金玉琴在家，主持家务。二哥还有一妾，住在木行。大房侄儿元春在木行工作，已结婚，侄儿元鼎正要就业，侄女张玲和张璇在初中上学。二房侄儿元祥也在木行工作，侄女丽英尚小。三房侄儿元平、元安分别在初中和小学上学。晚年的张光斗回忆起家中复杂的关系，说了句大实话：人员实在太多，有时我也弄不清楚谁和谁的关系。

1946年这次回家探亲，张光斗还去了父亲坟墓拜谒，放声痛哭，想起父亲爱他的种种往事，节衣缩食、力排众议支持他上学，父亲却没有得到他

第三章 投身水电支援抗日 再次赴美深造

任何回报。祭拜完父亲,他还去木行看了二哥。二哥历尽沧桑,一个人养活整个大家庭,很不容易。但二哥当时拍着胸脯让张光斗在外安心工作,张光斗唯有默默地祝福和感谢他。母亲说她老了,等着张光斗回家,要分家。张光斗说分家与否,由母亲和兄嫂决定,他不要任何东西,包括钱财、田地、物品,因为他没有为家做任何事情,家庭已培养他上学,他不能无功受禄。但母亲坚持要分家,最终张光斗只好顺从母命在分家文书上签了字,并注明了不要任何东西,他的那一份交给母亲全权处理,可分给任何人。

张光斗小时候是大嫂带大的,长嫂如母。这次探亲临别时大嫂向他哭诉,大哥失业在家,不做正事,而且喝酒抽大烟,虐待她,她痛苦不堪,快活不下去了,要兄弟设法帮助她。一天晚上,张光斗跟大哥彻夜卧谈,一如当年报考乙商和南洋附小时大哥与他卧谈。20多年弹指一挥间,除了感慨岁月流年,张光斗还严肃地指出大哥的行为不当,要他改过自新。大哥被兄弟的真诚所感动,主动承认错误,愿意改正。张光斗告诉大哥、大嫂,要大哥半年内戒掉大烟,可以介绍他到台湾工作,这是唯一的机会,一定要争取。母亲也千叮咛万嘱咐,要大哥一定做到。张光斗还答应为大哥的二儿子元鼎介绍工作,让他到钱塘江勘测处去工作。半年后,大哥果然戒掉了大烟,于是张光斗介绍他到台湾公共工程局顾俭德[①]局长那里工作,顾是他交大的同班同学。

返回来再继续叙述张光斗和钱玫荫结婚的事。他们约好钱玫荫女士1939年秋天到四川,一起参加抗战工作。张光斗便一人先离沪返川,这一路又是十分坎坷。从上海乘轮船到宁波,然后搭公路汽车西行,到了奉化城。班车断了,许多人无计可施。不得已,张光斗急中生智,个人租了一辆大轿车,再自己卖票给旅客分担租金,终于到了浙赣铁路鹰潭火车站。再换乘火车,到湖南省衡阳。又乘湘桂铁路的火车从衡阳到柳州。在柳州却买不到去贵阳的公路汽车票,等了几天毫无办法。最后求柳州公路局局长帮忙,他是张光斗在上海工务局工作时的老同事,好不容易买到一张票。汽车开到来宾的时候,抛锚了,不能再继续前行。张光斗只好住在小

---

① 顾俭德(1912-?)江苏太仓人。交通大学土木工程系毕业,美国密歇根大学土木工程硕士。曾任台湾公共工程局局长、台湾物资局副局长等职。

旅馆内，每天到公路边等候搭过路的便车，根本搭不上。等了一个星期，出高价才搭上了一辆过路车，到了贵阳。又亏得宋家治帮忙，宋当时在西南公路总局贵阳总站工作，很快代张光斗买了汽车票，花了近一个月的时间才从上海回到龙溪河水电站。由此可见，当时战争给国内交通、人民生活造成的是何等的混乱和艰辛。就在这个时候，张光斗突然想起，钱玫荫这样一个单身女子，如何能够辗转从上海到四川呢？其间，将会有多少艰辛？多少折腾？他有点后悔了，当初不应该仓促决定，让她单独来川结婚。

1939年秋，钱玫荫和她的弟弟钱新亚一起来四川。钱新亚不愿意在日寇包围的上海读书，要到内地上高中。她们从上海乘轮船到香港，再转乘轮船到越南河内。黄育贤主任刚好到香港订购发电机组，后由河内回国。她们姐弟二人随黄主任乘火车由河内到云南省昆明城。黄主任坐飞机回重庆，她们二人乘公路汽车到贵州省贵阳城。求宋家治帮忙代她们买了公路汽车票到重庆，不料车到狗场站就抛锚了，幸好，次日就换上另一辆汽车到了重庆，再乘轮船到长寿河街。因为张光斗忙于工作没有去重庆迎接，钱玫荫很是失望。张光斗也很难过，因为她决心来四川已很不容易，旅途又经历了不少困难，有些抱怨也在情理之中，好在两个人很快就相互理解了。

1939年10月15日，张光斗与钱玫荫在袁家坪举行了结婚典礼，施嘉炀先生主婚，黄育贤、黄辉和资源委员会电业处的几位同事出席，钱玫荫的表姐张木兰和表姐夫殷昌颐也出席了，参加婚礼的有一百余人，很热闹，图3-2是他们新婚后的合影留念。一位上海姑娘能够来到四川山区，而且是长期居住在水利工地，非常不容易，真是千里姻缘一线牵。因为龙溪河工程处新建了办公室和宿舍，他们结婚之后不久就住进

图3-2　1939年10月张光斗和钱玫荫新婚后的合影留念
（张美怡提供家庭照片）

第三章　投身水电支援抗日　再次赴美深造

了二居室的宿舍，还有两间储物房，生活条件较之以前住在祠堂好了很多。新婚燕尔，没有做蜜月旅行。但恩爱如蜜，到四周山区游玩游玩，倒是别有一番惬意。

1940年，张光斗调任万县瀼渡河水电工程处主任，钱玫荫同去。因为工程处没有自己的房子，只能租住在袁家给佃户住的小屋。办公室在两边厢房，工作人员和家属住在厢阁楼上，这本来是农家存放杂乱物品的地方，很狭小。大门外面就是晒牛粪的，臭不可闻。没过多久工程处就修了自己的房屋，但也很简陋。钱玫荫习惯于大都市生活，在对川山川水失去新鲜感之后，为了支持丈夫的抗战工作，也为了爱情，她仍坚持，但吃尽了苦头。比如，从万县到瀼渡镇，木船走上水，由船夫拉着，要走一天，到瀼渡镇已经天黑。但她苦中作乐，还要鼓励丈夫努力工作。1940年过阴历年时，工程处的全体人员包括家属小孩，晚上列队到田野里打着灯笼游行庆祝，有一位职员随手拿了小孩的尿盆敲打作乐，小孩子见状在一旁追赶着哭叫"别把我的尿盆敲碎了"，引得大家哄堂大笑。

不久钱玫荫怀孕了，1941年初到万县分娩，张光斗送她进城。由于日寇飞机轰炸，只能住在万县电厂的防空洞中。当时万县医疗条件很差，请不到医生，只能请助产妇，并请了一位女佣，幸有万县电厂厂长童舒培夫人照顾。可是等候钱玫荫分娩，等了一周还是没有生的迹象。由于工程紧张，张光斗不得不暂回工地处理一下工作，然后再立即回来。偏偏就在此期间，钱玫荫分娩了，而且还是难产，助产妇没有经验，钱玫荫因血压高而昏过去，女婴出生后窒息未能救活，所幸钱玫荫转危为安。张光斗对此很是难过，觉得对不起妻子，她分娩时经历那么大的痛苦，而自己却不在旁边。只能安慰妻子，养好身体，来日方长，将来还有机会生小孩。张光斗陪她回瀼渡河仙女硐住地，平时注意保养。

1942年资源委员会准备派张光斗等人再次去美国学习大型工程建设。为了安排好钱玫荫的生活，在出国之前，张光斗首先请资源委员会给钱玫荫分配了工作，任命她为材料处的科员，并改住在重庆江北华中化工厂表姐张木兰家，表姐夫殷昌颐是该厂的副厂长。张光斗的几位好朋友也都答应一定帮他照顾好钱玫荫，叫张放心出国学习技术。晚年的张光斗回忆40

年代初这几年的生活时，总觉得对不住妻子。

无论如何的依依不舍，张光斗还是下定决心与她暂别。在出国之前，张光斗和钱玫荫一起去访问了她父亲的老朋友吴文藻、谢冰心，还有刘王立明先生，他们都怀念她的父亲钱振亚先生，看到钱玫荫长大成人，张光斗将出国学习，都祝福他们前途远大，百年好合。

离家赴美后，张光斗几乎每天写信给钱玫荫，讲述思念之情及旅途情况，一直都是如此。到美国几个月后，张才收到钱玫荫的来信，告诉张光斗她于10月30日分娩，生了一个儿子，母子都平安。张光斗当父亲了，当然高兴。但又感到不安，她分娩，自己又一次没有能照顾她，她一个人既要工作，又要带小孩，肯定会有很多困难，自己却不能帮助，非常对不起她，只能写信安慰她，并寄去鱼肝油丸，作为给孩子的滋补。对于张光斗的这段念妻之情，还有一个很好的佐证。1991年1月台北《中央日报》副刊曾转载过一篇程玉凤写的文章"孙运璇的实习日记"[①]，文中写到1943年3月孙运璇[②]与张光斗结伴同行赴美实习，在途中夜宿加尔各答时，孙运璇在其日记中曾这样描写当时的情景："多时不能入眠，光斗兄伉俪之情甚笃，我则思念伯师，衷曲莫诉，二人同室，辗转反侧，可笑亦复可怜也"。可见张光斗想念妻子钱玫荫之心情，同行的孙运璇是非常清楚的。

再次赴美实习、深造

1941年初，有一次张光斗向资源委员会汇报瀼渡河仙女硐水电站建设的进展情况，该电站年底即将建成发电，可供电给万县兵工厂。陈中熙处长对瀼渡河工程进展迅速且保持高质量，非常满意。在汇报中，张光斗提

---

① 原文选自程玉凤编著：《资源委员会技术人员赴美实习史料：明国31年派》。台北："国史馆"，1988年。

② 孙运璇（1913-2006），即孙运璿，本籍山东蓬莱县。曾前后担任台湾电力公司总经理、台湾当局"交通部"部长、"经济部"部长与"行政院"院长。

了两点建议：第一，希望给工程处同事升级加薪，陈中熙[①]处长同意了这一方案；第二，他向钱昌照副主任反映，这里的青年工程技术人员缺少大型工程的设计、施工经验，为了将来进行大型工程建设，有必要派他们去美国工程单位学习。钱昌照副主任很同意张光斗的意见，说他本来也有此想法。

第二年，即1942年，资源委员会决定从机械、化工、冶炼、电工、矿业、电力、工矿管理七大部门遴选31位学验俱优、技术精湛的人员，前往美国实习大型工程的新颖技术，以应对解决国内建设的急需。由于当时正值抗战最艰苦的时期，经济凋零、外汇紧缺，派人出国不易，一切都要讲求实效，因此对于实习人员的选拔十分严格，堪称"精挑细选"。张光斗凭借他平时工作中的优异表现和显现出的潜能优势，在近百位选拔对象中脱颖而出，被选为电力方面派出的六人之一，其他五人为孙运璇、谢佩和、施洪熙、王平洋、蒋贵元。临出国前，资源委员会在重庆召开派遣会，钱昌照副主任讲话，希望工程师们去美国很好地学习，将来回国参加国家的工业建设。翁文灏[②]主任委员也接见了这批准备赴美实习的工程师。因为当时正好选派的是31个人，钱副主任建议成立一个"卅一"学社，以便在美国相互交流经验，并选举王端镶为社长。

1943年3月6日，张光斗与孙运璇结伴出发。先是由重庆搭乘中国航空公司飞机，南经昆明，西飞印度，过波斯湾、埃及、中东与非洲赤道诸国，再横渡大西洋，到南美巴西后北飞，才抵达美国迈阿密，共计飞行五万里，途径15个国家，历时将近两个半月。这段曲折而漫长的航程，实因珍珠港事件爆发后，太平洋海空均受制于日本，不得不往西绕道飞行所致。他们这段长途飞行是由中、英、美三个同盟国的航空公司联航完成的，中国航空公司负责重庆至加尔各答；英国航空公司负责加尔各答至开罗；美国泛美航空公司负责开罗至迈阿密。这三段航线的机票称为"飞机联票"，按照规定，持此联票乘机前还需先向英、美两国申请并拿到"优

---

① 据西安交通大学档案馆网站：《南洋公学—交通大学年谱》记载，陈中熙是该校计电机科1924年届毕业生，曾任资源委员会电力处处长。

② 翁文灏（1889-1971），浙江鄞县人。著名的地质学家。对中国地质学教育、矿产开探、地震研究等多方面有杰出贡献。

先乘机权"后，才允许购买乘机的机票。然而，申请这个"优先乘机权"手续繁杂，再加之他们的优先权级别较低，所以沿途等待机票的时间较长。长时间的等待，一方面给他们两人增添了不少烦恼，另一方面也给他们提供了一个可以到处游览，增长见识的机会。下面就讲讲他们这一路既艰辛、惊险，又愉悦、有趣的经历，这些材料主要取自于张光斗写的《我的人生之路》和程玉凤写的《孙运璇的实习日记》。在飞往加尔各答途中，在飞越喜马拉雅山的时候，遇到了大风和气浪，飞机上下快速升降颠簸，张光斗感受到了一生中最难受的一次晕机。他躺在地板上，呕吐不止，只好紧闭双眼，强制不动，最后终于坚持到达了印度加尔加答。住进小旅馆后，立即感到印度的种姓制度森严，不但官民分，贫富分，连旅馆的服务工人也分，令人不习惯、不舒服。在加尔各答等候英航的飞机，足足花费了13天的时间。孙运璇3月17日在其日记中，对他们等待机票的焦虑心情是这样描述的："来加（注：指加尔各答）将近一周，而飞机之优先乘机权尚无讯息，颇觉焦急。余等乃最后一批，而准备手续并未完善，可惭！"无奈他们二人只能在街上闲逛，看到繁华的商业区、富人区的花园洋房，十分豪华、漂亮；但是，在穷人区则破烂不堪，泥土路，牛和人都在街上游荡，粪便满地，老百姓坐在地上，用手进食。印度当时是英国的殖民地，主要官员都是英国人，英国军人和警察耀武扬威，作为普通的老百姓日子是非常不好过的。等机票时是空闲无聊，可到领了机票上飞机时，又急得让人手忙脚乱。从加尔各答飞往卡拉奇那天，怕耽误了上飞机的时间，凌晨两点半两个人就急忙起床准备行装，但时间过早，二人又只好到公园休憩，此时明月皎洁，四郊寂静无人，此景又使二人动了思乡之情，孙运璇更是触景高诵"海上生明月，天涯共此时"的诗句相应，候至五点才办理行李过磅手续，六点半至飞机场，然后乘机飞往巴基斯坦的卡拉奇。

随后，经沙特阿拉伯、约旦到埃及开罗。开罗是座有名的旅游城市，在这里等候美国飞机座位也有一个星期的时间。他们借机到尼罗河畔游览。他们还去参观了尼罗河上的水闸，是浆砌条石修成的，已很古老，当时还能正常运用。这座水闸是用来引水灌溉的，据说在尼罗河上像这样的水闸有很多，可见埃及在农田水利建设上是有悠久历史的。这样的参观游览，使他们的心胸开阔，增广见识，无形之中对心灵境界也是一次提升。游览之余，张光斗强烈的感到改善人民生活，是所有国家的迫切任务。在开罗，遇到即将回重庆的驻埃大使李氏夫妇，张光斗还买了一只欧米茄女手表，托李大使夫人带给在重庆的钱玫荫，以示对夫人的思念和敬爱，可见夫妻二人感情之深厚。

在开罗的游玩是尽兴的。不久，到了黄金海岸加纳的阿克拉城，他们住在美军军营内，在这里等候飞机座位的时间最长，竟达40多天之久。乘机途中颠簸、候机时间漫长，固然令人不快，但还是可以承受的。可是，在黄金海岸生病的经历，真是让他们俩承受了更加严峻的考验。由于水土不服，孙运璇感染了疟疾，发高烧住院13天才告痊愈。而张光斗也因被蚊子叮咬，皮肤红肿，到医院擦了红药水，皮肤有过敏反应，长起了大水泡，再擦红药水，结果皮肤溃烂，也住进了医院，后来才发现是皮肤汞中毒反应，住医院近两个星期。如此凑巧两人同时入院、同时出院，真是"难兄难弟"。出院后，便急着赶往美国，从阿克拉城乘美国军用飞机起飞，经阿森兴岛到巴西奈塔尔城，在美国军营住了一夜，最后终于到达了美国迈阿密。然后乘火车到纽约，见到资源委员会驻美办事处陈良辅先生，并立即被安排去田纳西流域管理局（Tennessee Valley Authority，简称坦河流域局）实习。

坦河流域局成立于1933年5月，是大萧条时代罗斯福总统为了解决田纳西河谷问题而专门成立的一个机构，是整体规划水土保持、粮食生产、水库、发电、交通等各个方面，是一个制定和实施整体解决方案的机构，获得很大的成功，经营至今。1943年时坦河流域已制定了全流域综合利用开发计划，拟建设一系列多目标工程，多目标包括防洪、发电、航运、灌溉、供水等，这是国际上水利工程建设的首创。在田纳西河干流上要修建七个水利枢纽，都是为了发电、航运，也起防洪作用，设有电厂和船闸。在支流上拟修建许多水库，也是为了防洪、蓄水、发电的。还修了许多灌溉渠系，发展农业。坦河流域开发计划很好地促进了工农业发展，改善了生态环境，提高了人民生活水平。

到坦河流域局报到后，张光斗被分配到土木工程设计部当实习工程师。设计部总工程师是立区先生，土木部主任是基诺先生，副主任是亨内先生，他们都对张光斗很友好，特别是亨内先生，直接指导他工作，教他水工设计的理论、方法、规范等，使他知道了如何设计大型水工建筑物，为了做好设计，不但要知道理论和方法，还要知道结构构造，这些构造既有经验，又有道理。主任工程师戴维斯先生，是主管一个工程全面设计的，包括土木、机械、电机、建筑等，也经常与张光斗从全面的角度讨论工程技术问题，对张的帮助很大，使他学会了如何从全面的角度看待一个具体的工程问题。在田纳西河流域局实习的这段时间，张光斗白天在室内做设计，还经常到工地去边看边向有经验的工程师、工人请教，学习"应当如何做工程"；夜晚在室内读文件、查资料、学理论，运用理论知识把白天所看到的、听到的感性知识从理论上搞清楚，把感性认识提高到理性认识，从而明白了"为什么这样做工程"。也就是将自己的认知从"know how"提高到了"know why"，并写成笔记保存起来，图3-3是清华大学档案馆保存的张光斗当年在坦河流域局实习期间记的工作笔记[①]。这段在实践中再学习的经历，对张光斗的学术成长起到了重要作用，为他日后在工作中能创造性地解决实际工程问题打下了良好的基础。

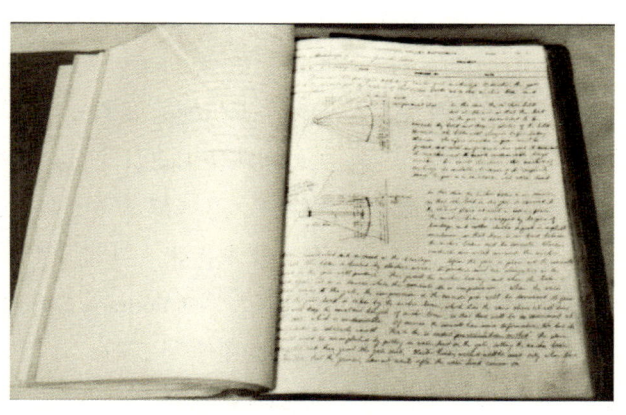

图3-3 张光斗1943年在美实习的笔记（采集小组成员王光纶2012年复制拍摄）

在这段实习期间，张光斗仍是保持着按期汇报的良好习惯，每月都写报告送陈良辅先生，转陈中熙处长。他写的一篇实习报告"美国之水力发电事业"被收录在1944年1月由陈良辅选编的《资源委员会派美实习人员总报告》一书中。在美实习期间，"卅一"学社成员还十分注意把美国的科学技术与中国的现实需要结合起来。张光斗就提出请美国帮助建设大渡河、螳螂川、龙溪河等

---

① 张光斗资料。清华大学档案馆，档案编号：2-271-007。

水力发电厂,并自愿担任联络工作①。

对于来美实习"卅一"学社电力方面的六个人,当年都在坦河流域局实习,但不在一个城市,每月有一次集会,交流经验,互相勉励,有时也邀请在坦河流域局实习的其他华人参加,据张光斗回忆:"当时在垦务局实习的有俞恩瀛、蒲敏仁、王文修、朱宝复等,我们常在一起讨论国家前途、个人前途、人生观等。虽然我们每个人的看法不尽相同,但爱国是一致的,都决心要回国建设国家,以'工业救国'自慰,革命性都不强。对于美国的所谓'民主自由'也不全相信,总觉得美国过去欺负我们,在上海有租界地,是八国联军的成员,前一阶段还卖生铁给日本,帮助日本制造军火打中国。即使目前把我们当成同盟国了,但将来还是会欺负我们。因此,我们必须努力把国家建设的强大起来,才不会被外国欺负。"②从这段回忆录可以看出,朴素的爱国情感,在这群年轻人身上深深地扎下了根。

在坦河流域局实习期间,张光斗收集了许多施工组织设计的技术资料,学习了很多有关施工流程和施工机械方面的知识。同时,他还认识到水利规划工作的重要性和困难性,它即要求设计人员具有很宽的知识面、很丰富的实践经验,还要懂得工程经济,这些都是需要在今后长期工作中去累积的。

为了学习大型工程施工技术,张光斗请求到坐落在小田纳西河(Little Tennessee River)上的方坦那大坝(Fontana Dam)工地实习。局长舒华尔兹、工程师代表吕特等都很欢迎他到工地,并指导他进行日常工作。方坦那工程是修建一座近150米高的混凝土重力坝,是当时世界上第四高的大坝,坝身有溢洪表孔和泄洪孔,电站装机30万千瓦,是坦河流域局最大的水利工程。混凝土月浇筑量20余万立方米,强度也是最大的。张光斗住在工房内,与一个技工头同住一室,上下铺,然后请这位工头介绍认识了其他各工种的技工头。他请各工种的技工头带着他到各个工种去实习,看各种结构是如何施工的,向技工头学习施工工艺,学习实际操作施工机械。对于所学的事情都要问个"为什么",从理论上弄清道理,不明白的

---

① 程玉凤编著:《资源委员会技术人员赴美实习史料:明国31年派》。台北:"国史馆",1988年。

② 张光斗:《我的人生之路》。北京:清华大学出版社,2002年,第28页。

就问工程师,他们说不清的就暂放一放,以后再说。比如基础灌浆,有个灌浆工程师把他编写的著作借给张光斗看,并手把手地教他如何灌浆。在工地上,张光斗整天与工人一起工作、吃饭,向工人学习。当时有许多国内官员和专家来方坦那工地参观,都劝他不要这样做,因为张光斗在国内已经是工程处的主任了,到这里来当工人,实在有损国家"面子"。而有的美国友人也说,中国不会修这样大的工程,你学了这些也没用。对于上述国人的说法,张光斗认为不屑一驳,因为他在工程实践中已深深地领悟到"要想做好设计,必须懂得施工"这个道理。而要想真正学懂施工,最有效、最实在的办法,就是直接向正在施工的人请教。至于美国友人那些看不起中国的话,张光斗听后感到很难过,但他相信,将来中国总会有一天能够强大起来,要自己动手修建许多大型水利工程。这段工地实践获得的知识和经验对日后张光斗设计修建大型水坝工程的意义重大。

这次来美,张光斗知道有一件事是绝对不能忘记的,就是写信给恩师,哈佛大学的威斯脱伽特教授,向他问好,并告诉他自己已由资委会派来美国进行实习。威斯脱伽特教授回信欢迎张光斗再回哈佛大学当研究生,攻读博士学位,过去给的奖学金仍有效。晚年的张光斗在《我的人生之路》一书中提及此事时,依然是感动不已,诚恳地说"他真是我的恩师",但当时张已有资委会的任务在身,不能前往哈佛读书。

在美国实习的这段时间,张光斗也进行了一些社会活动,比如到田纳西大学做报告,讲中国抗日和日寇在华所犯暴行的情况等。写文章向报纸投稿,讲中国人民进行抗日战争的决心。还写文章投稿中外刊物,介绍自己实习的心得。

力阻三峡工程

张光斗在美国还有一位亦师亦友的故人,不能不见,他就是萨凡奇先生。张光斗到美国刚刚安顿好,还没有来得及给萨翁写信,他们就巧遇了。一天，张光斗正在方坦那工地上忙碌，突然萨凡奇先生就出现在他的面前。因为萨翁是坦河流域局三人顾问组成员之一。老友意外相逢，两人都很激动。但工地上工作很忙，无法长谈。萨凡奇便邀张光斗一起回诺克斯维尔（Knoxville），住在他的旅馆内，以便畅谈叙旧。

他们共进晚餐，交谈分别后的各自情况。从 1937 年分别，已经六年了。萨凡奇在美国国内、国外做了许多工程。张光斗讲了自己在国内修建了几座小型水电站，现在中国资源委员会正在进行几个中型水电站的勘测设计工作，如龙溪河、岷江、大渡河、螳螂川等。萨凡奇先生告诉张光斗，他明年将去印度做巴黑拉大坝的顾问工作。张光斗听后很是激动，便说先生既然已到了印度，离中国很近，能否去中国对一些中型水电站做顾问工作。萨凡奇先生毫不犹豫地答应了，并表示了对中国的友好，答应会尽量安排时间去中国，但半开玩笑地说，"我去中国可不能由你私人邀请，需要由中国政府邀请。"张光斗当即表示，"当然，当然，肯定由中国政府邀请。"两人高兴地相互击掌，一言为定。

张光斗几天之后即写信给资源委员会钱昌照副主任，说明萨凡奇先生明年，即 1944 年将去印度做工程顾问工作，愿意顺便来中国对水电站建设做顾问工作，但要中国政府出面邀请。萨凡奇是国际大坝和水电站的权威，对中国十分友好，他当顾问对中国肯定有益。因此，建议资委会转请政府邀请萨凡奇先生来华做顾问。钱副主任回信同意张光斗的建议，并立即报请政府办理邀请手续。后来钱主任又来信，告知中国外交部已致函美国国务院，邀请萨凡奇先生来华做水电工程顾问。不久，萨翁就给张光斗写信，告诉张美国国务院已同意他的行程，他明年将去中国访问。

张光斗为做成此事而感到高兴。1944 年秋，他收到萨凡奇先生的来信，信中说他已经从中国回到美国。在中国，他先去了正在勘测设计的几个中型水电站地址，即龙溪河、岷江、大渡河、螳螂川等，写出了顾问报告。在重庆，美国驻华大使馆经济参赞告诉他，长江三峡水力资源丰富，动员他去查勘。于是萨凡奇先生提出去三峡查勘，资委会因宜昌已被日寇侵占，去三峡不安全，不同意此行。但在萨凡奇先生和美使馆参赞的坚持下，萨凡奇先生乘小火轮到三峡平善坝，从几公里外用望远镜遥望南津关坝址，他看到三峡山高谷窄，水流湍急，气势雄伟，是异常优良的水力发电地址，他感叹不已。回重庆后他就向资委会汇报，美国驻华大使馆与资源委员会还商定了意向书，由美国垦务局帮助设计三峡工程，将来美国政府贷款给中国帮助修建三峡工程。这个意向书已得到中、美两国政府的批准，萨凡奇先生为此十分高兴。

可是，这份高兴的心情并没有传递给张光斗，读此信后，张光斗感到出乎意外，十分震惊，因为他认为在当时那种情况下，修建三峡工程是不可能、不现实的。但苦于这份心情是无法向萨凡奇先生表达的，因此这事也就放在一边了。可是到了1945年春，张光斗突然接到钱昌照副主任的来信，告知中、美两国政府协议，准备合作修建三峡工程，由美国垦务局代做设计，中国派人参加，并在三峡现场进行勘测和规划工作，向垦务局提供资料。而且时间非常急迫，1945年下半年就要开始动工。因此，钱副主任要求张光斗陪同美国工程师柯登（Corden）回国，进行三峡工程的设计工作。柯登是美国联邦能源委员会（U.S. Federal Power Commission）太平洋地区的主任工程师，是萨凡奇先生特意向资委会推荐的、帮助中国设计三峡工程的人选。

张光斗读完这封信后，焦虑万分。虽然，1937年他第一次路过三峡时，即认为这里应该修建一座震惊世界的大型水力发电站，但在1945年那个时候不行。对于这段往事，张光斗在《我的人生之路》一书中是这样回忆的："我当即写信给钱昌照副主任，建议不要搞三峡工程，理由：一是三峡工程太大，当时的情况下难以完成；二是美国政府贷款难于满足全部工程的费用，因为美国田纳西河流域开发，十年投资十亿美元，美国国会对此争论十分激烈，而三峡工程需要的投资较此还大，故难于保证贷款落实，工程将会半途挂起，造成极大浪费；三是三峡工程即使建成了，要有大量工农业来用其电能，而中国当时没有财力来建设这些工农业，因此会导致三峡工程发出的电能无法充分利用；四是三峡工程位于宜昌，是中国经济发达地区的中心，美国掌握了三峡工程，将控制中国经济，有损中国主权。"[1] 钱副主任对张的回信不予理睬，并再次来信说，修建三峡工程是

---

[1] 张光斗：《我的人生之路》。北京：清华大学出版社，2002年，第31-32页。

国家大事，其决策理由不是张光斗能懂得的，要张光斗如期回国。张光斗第二次写信给钱副主任，再次建议不要搞三峡工程，更详细地说明理由。钱副主任不久又再次来信，说这是最高领导蒋委员长的决定，要张光斗听命回国。张光斗第三次给钱副主任写信，第三次建议不要搞三峡工程，更深入地说明他的理由，并说他是一片爱国心。结果是资委会正式来电，命张光斗立即陪柯登回国。资委会黄辉先生来美国考察，还特意专程从纽约来到丹佛城垦务局，劝执意"顶牛"的张光斗尽快奉命回国参加三峡工作。张光斗无奈，不能执意留在美国，只好奉命行事，陪同柯登回国参加三峡工程的勘测和设计工作。1945年5月，张光斗到纽约与柯登会合，在资委会驻美办事处办理回国手续，坐飞机回国，行李和书籍托办事处交轮船公司运回国内。

这些行李和书籍中包括张光斗在坦河流域局和垦务局的实习报告、美国一些大型水利水电工程的关键技术问题、以及经众多美国一流工程师分析讨论给出的对某些工程难题的可行性操作办法。此外，还有在萨凡奇先生的帮助下，垦务局送给张光斗的全套技术备忘录和各种工程的技术规范，后者是用来招标的，有图纸和技术说明。这些资料是很宝贵的。新中国成立后，张光斗把这些资料都送给了清华大学图书馆，而这些资料对新中国的水利水电建设事业发挥了功不可没的作用。图3-4是20世纪50年代清华大学图书馆馆长史国衡教授邀请张光斗到图书馆一起翻阅整理好的、他所捐赠的资料。

图3-4 张光斗和史国衡馆长一起翻阅张光斗捐送的资料
（张美怡提供家庭照片）

第四章
奔波于江河之间　静待南京解放

纠结的三峡情

　　1945年5月，张光斗与柯登一起从纽约出发，乘美国军用飞机回国。途中的第一停靠站是纽芬兰，然后向东飞，横渡大西洋，到摩洛哥的卡萨布兰卡城，换乘另一架美军用飞机再沿地中海南岸向东飞，经阿尔及利亚，到达突尼斯。时值第二次世界大战末期，当飞机从突尼斯起飞经过大沙漠时，很凑巧正好看到被"沙漠之狐"隆美尔将军抛弃的大量坦克散落在沙漠中，说明德军战败了。正当他们看得高兴的时候，忽然飞机一个桨叶坏了，还有一个桨叶也有损坏的危险，飞机只好迫降在沙漠中，幸好飞机未跌毁，机上人员安然无恙，张光斗又一次幸免逃生。机上人员在沙漠中等候救护车，过了几小时，救护车终于来了，把他们送到附近的小镇。次日他们换了另一架飞机，再向东飞到达埃及开罗城，然后再飞往巴基斯坦的卡拉奇城。一路之上，由于气候潮湿，行李因吸潮而逐渐加重。到了卡拉奇机场，军用飞机检查行李超重非常严格，他们只好尽量把行李中的衣服都穿在身上，以减轻行李的重量，结果在三四十度的高温中，两个人都穿了两套西装和一件大衣，行李重量才勉强过关，当时两个人相互对视，各自的脸上都在"汗如雨下"，真是有趣。然后飞机又继续东飞，经过加尔各答城，最后终于到达了云南昆明。他们刚刚入住旅馆，就听到日本无条件投降的消息，兴奋无比。八年抗战，现在终于胜利了，人们尽情地欢呼，举国欢腾。

数日后，他们又乘民航飞机由昆明到达重庆，钱玫荫等人到重庆接机。张光斗和分别两年的妻子终于又团圆了，大家都非常高兴。他们的儿子此时已一岁半了，父子第一次见面，张光斗兴奋得抱起儿子想好好地亲热一下，但孩子认生不让没见过面的爸爸抱，号啕大哭，转身投入了妈妈的怀抱，张光斗只好苦笑。当时钱玫荫住在华中化工厂张木兰表姐家。那天晚上儿子大哭大闹不让父亲进房门，张光斗无奈只得在街上溜达，直等到儿子入睡才回到房间里。是啊，一岁半的孩子哪里懂得父亲为了国家建设需要所做出的个人牺牲。张光斗夫妇为儿子取名元正，意思是要为人正直，乳名华华，是爱我中华的意思。随后一家人搬到长寿下清渊硐工程处的宿舍居住。宿舍位于瀑布上游的岸边，天天耳闻瀑布水声，开始还觉得有些"吵"，但慢慢习惯了就变成为是对大自然的一种"欣赏"。虽然当时山区生活还是比较艰苦的，但一家三口生活在一起非常幸福愉快。图 4-1 是 1945 年秋张光斗一家三口在下清渊硐宿舍前的合影留念。

图 4-1　1945 年秋张光斗一家三口在四川下清渊硐的合影（张美怡提供家庭照片）

张光斗和柯登到资源委员会报到，钱昌照

副委员长接见了他们，对他们参加资委会的工作表示欢迎。电业处陈中熙处长向他们征求意见，是成立一个三峡工程机构，还是成立一个水力发电机构，何者较好。张光斗感到在当时的社会和经济条件下，建设三峡工程的任务根本不可能实现，成立一个专门机构不妥，而且三峡工程面很广，需要多方面一起配合工作，所以建议成立一个水力发电机构为好。经领导决定，成立全国水力发电工程总处，简称"总处"。黄育贤任处长，黄则辉任副处长，柯登任总工程师，张光斗任总工程师助理兼设计组主任工程师，覃修典任规划组主任工程师，蒋贵元任营造组主任工程师。总处还设立总务、材料、会计三个科，这一组织形式是参考美国坦河流域局制定的。总处暂设在长寿下清渊硐，龙溪河水力发电工程处拼入总处。资源委员会成立三峡工程委员会，由钱昌照任主任，委员包括资委会、经济部、水利委员会、扬子江水利委员会、高等学校的领导和专家，张光斗任该委员会的秘书。三峡工程委员会每年开会一次，决定工作计划和有关单位的分工。实际上三峡工程的工作都由资委会领导，总处做具体工作。后来，黄则辉未到任，去台湾电力公司任副总经理，张光斗改任总处副总工程师兼设计组主任工程师。

  总处成立后首先要决定的是工作方向，三峡工程的勘测和规划工作被定为首要工作。总处决定先派唐凤鸣率队前往三峡南津关，进行地形和水文测量，并请中央地质研究所派队前往三峡坝址和水库库区进行地质查勘工作。资委会经济研究所也派队前往三峡库区调查经济情况。另外，还派人去水利委员会和扬子江水利委员会收集水文资料。在此期间，资源委员会还派了一个以徐怀云为组长、杨国华为副组长的30多人的工程师组去美国垦务局参加三峡工程的设计工作（注：徐、杨二人此次赴美后留在美国），其中不少人后来回国工作，都成为了我国水电建设的著名专家，如马君寿、周太开、陆钦侃[①]、杨贤溢[②]、杜镇福等，张光斗负责总处与

---

  ① 陆钦侃（1913-2011），生于江苏苏州，水利水电与防洪专家，曾任水利电力部水利规划局副总工程师。1988年参加三峡工程专题论证，任防洪组顾问，是该组两位拒绝在当时论证结论上签字的专家之一。

  ② 杨贤溢（1914-2006），安徽怀宁人，曾任长江流域规划办公室总工程师等职。参与主持完成的葛洲坝二、三江工程，1985年获国家科技进步奖特等奖。

这个工程师组之间的联系。

但是张光斗始终认为三峡工程在当时是不可能实现的，充其量只能收集一些原始资料。而当时迫切需要而又可能实现的是修建中型水电站，应抓紧进行。为此，他建议进行中型水电站的勘测设计工作，并以此作为总处的工作重点，当然他有"三次上书被拒绝"的经历，再也不会直说三峡工程不可能实现的话了，只是说把工作重心移一移。他的建议得到黄育贤处长的赞同，柯登总工程师也表示同意，并得到资委会和电业处的批准。于是他们照此方向进行总处的工作。

1945年冬，萨凡奇先生来长寿水电总处，他对总处把三峡资料及时送垦务局很满意，然后他同黄处长和柯登总工程师去三峡南津关查看。由于缺少地质资料，只看地形，所以他们认为坝址可定在南津关。回长寿后，萨凡奇先生与黄处长、柯登总工程师以及张光斗一起讨论，认为三峡工程水库正常挡水位以200米高程为宜，可以多发电。张光斗认为坝址需要地质钻探，萨凡奇先生介绍美国莫里森克努特逊公司来承包勘探工作。接着该公司经理等三人来长寿，因黄处长去南京，柯登不便参加讨论，所以由张光斗代表总处与他们谈判。该公司在美国有很好的声誉，张光斗希望该公司要以三峡工程长期任务为重，在地质钻探任务上价格要优惠。经过艰难地讨论，最后达成协议，美国公司将运来八台钻机，派技工20人，辅助工人在当地雇用，现场房屋由中方提供。协议经资委会批准后签字、生效。

1946年初，总处在南京三元巷找到一所像样的大院当作办公室，决定迁回南京，结束了在瀑布边上居住和办公的日子。张光斗在长寿办完收尾事项后，最后一个离开。他先乘木船到宜昌，顺便看望了宜昌的三峡勘测队，他们工作和生活都在现场，条件很艰苦。那一夜，张光斗和工人们一起，住在南津关山顶的小庙内，次日再乘轮船从宜昌到南京。这次乘船经过三峡时，张光斗又一次看到雄伟的水利水电资源的地址，心想总有一天，国家强大了，具备了建设三峡工程的实力，中国人民一定能靠自己的力量把这个宝贵的资源开发出来，为中国人民造福。但是想到现在国家凋敝，却硬要修三峡工程，不禁黯然神伤。张光斗当时对三峡的心情是既

"爱",又觉得目前不能"碰",可是又不能说"别碰",还得硬着头皮去做,真是五味杂陈,按如今时髦的话说"真是太纠结了"。

因战乱交通不便,张光斗夫妇已七八年没有见到老家的人了。到达南京后,首先要做的就是回家探亲。张光斗带着妻儿先到上海拜见岳母,而后又乘轮船赴常熟看望老母亲。两位老人见到他们一家人很高兴,但又不禁痛哭流泪。

1946年5月,水电总处在南京三元巷正式办公。为了加强勘测工作,总处成立了专门的三峡工程勘测处,张昌龄当主任,勘测处设在宜昌。勘测处加强了测量队,扩大坝区测量范围,上至平善坝,下至黄柏河口,并请军事委员会航测局帮助航测水库地形图。坝址和水库地形图数量很多,一份寄美国垦务局,一份存在总处。此时美国莫里森克努特逊公司的八台钻机和辅助设备已运到宜昌,20位钻工也到达南京,柯登总工程师和张光斗一起与他们谈话,交代任务,然后他们转往宜昌,公司基地设在平善坝。萨凡奇先生介绍的美国垦务局地质师琼斯也到达南京,并转往宜昌。总处又邀请了美国工程师顾门斯基担任设计组副主任工程师,格利高雷担任营造组副主任工程师,还招进了当年大学毕业生陈道周、谭靖夷[①]等十余人。设计队伍的力量大大增加,由张光斗安排对新招进的大学毕业生进行严格的设计训练,先学绘图,再学计算,然后学设计方法,他们进步很快。陈道周找到张光斗,说他的交大同班同学袁定庵、龚鸿麒两人因有共产党地下党员嫌疑,找不到工作,能否来总处。张光斗虽然对共产党有好感,但怕引起麻烦,所以要他们保证不在总处内搞共产党活动,才允许他们进来,陈说他们可以保证。于是在张光斗的帮助之下,袁、龚二人进入总处工作,实际上他们是地下共产党员。1949年新中国成立前期,最后是他们保护了总处的重要水电地址资料没被迁往台湾,历史就是这样难以预料。

1947年初,资源委员会钱昌照副委员长离职,由孙越崎[②]接任副委

---

① 谭靖夷(1921-)湖南省衡阳县人,水利水电工程施工专家,中国工程院院士。曾任中国水利水电第八工程局总工程师。

② 孙越崎(1893-1995),原名毓麒,浙江绍兴平水铜坑人。著名的爱国主义者、实业家和社会活动家,是中国共产党的诤友,是我国现代能源工业的创办人和奠基人之一,被尊称为"工矿泰斗"。

员长。据钱说，由于他不同意中统、军统的人进入资委会才离职的，他将与北平的一些教授搞中间路线。可见，他对国民党也失去了信心。1948年中，资源委员会翁文灏委员长升任行政院长，由孙越崎先生接任资委会委员长。这期间张光斗代理总处处长，指导规划设计工作，并与各处、队联系，到各地去活动，筹措经费。其中最困难的是，为三峡工程勘测设计工作向资委会领经费。三峡工作需要大量经费，包括外汇，以支付莫理森克努特逊公司的钻探经费和派往美国垦务局工作人员的经费。头几个月，孙越崎委员长还批给张光斗经费，后来国民党军队节节战败，国民政府经费困难，资委会也难以为继，孙委员长对张光斗说经费实在困难，把三峡工作停下来吧，要张光斗尽快去办理结束手续，所需经费和外汇由他批发，要尽量节省。

张光斗听了孙委员长的话如释重负，"纠结"的心情终于得以解脱，再也不用为"他本来就不赞成的事"操心了，他认为这项工作早就该结束。于是他以总处的名义通知三峡勘测处，停止三峡工作，办理结束手续。后该处改为华中勘测处，负责湖北、江西各流域的水电站勘测工作，张昌龄仍当主任，办公地址设在湖北省武昌县。张光斗又和莫里森克努特逊公司钻探负责人进行谈判，终止合同，办理结束手续；函告美国垦务局，把设计告一段落，要求提出设计报告；通知派往垦务局的工程技术人员停止三峡工作，即行回国，给予旅费。最难的是与莫里森克努特逊公司终止合同的谈判。美方要求索赔，张光斗说美方没有任何损失，钻机和设备在合同中规定留给中国，他们回国旅费照给，更重要的是中国没有钱，争论了好久，最后还是按张光斗说的办法作为"结束"。张光斗与垦务局地质师琼斯终止合同的谈判也是很艰难的，张寸步不让，最后琼斯也只能领取旅费回国。张光斗把三峡工作的结束情况报告资委会，孙委员长批准，表示满意。

资源委员会过去对三峡工程建设做了大量宣传，称为"扬子江流域计划"，以仿效美国的"坦河流域计划"。三峡工程勘测设计工作停止后，社会上不了解情况。这项工作共花了80余万美元。资委会要张光斗写一篇文章，说明已做工作的成就，登在台北《中央日报》上。他只能应命写此文章，介绍所做的规划设计工作，目前因时局关系暂停。并说三峡工程将来一定会修建的。

谁也不知道，张光斗的内心其实已经隐隐感觉到，将来有朝一日国家强大起来，具备了一定的经济实力，积累了足够的基础资料，一定会凭着自己的力量修建三峡工程。

奔波于祖国的大江大河之间

总处成立之后，张光斗便马不停蹄地在大江大河之间奔波，布置勘测工作。这三四年间，他的足迹遍及大半个中国，同时也掌握了丰富的中国水力资源的资料。正如他自己所说的，总处名则为三峡而建，但当务之急是以此为名进行中型水电站的勘测和设计，这是可行的，且真正能惠及百姓。为此，他做了大量的工作。基于他们扎实的工作，柯登总工程师1946年领导规划组进行中国水能资源的估算，张光斗也参加了。他们根据水利委员会的水文资料和全国已有的详细地图，估算出全国水能资源约为三亿五千万千瓦。虽然这个数字比今天的估算值（六亿九千万千瓦）要小很多，但这是对全国水能资源估计的首次尝试，值得肯定。

总处刚刚成立，张光斗即着手勘测设计上清渊硐水电站，因为1946年之前，总处办公室即设立在下清渊硐，两处相距甚近。黄育贤处长和柯登总工程师对此工程也都很积极。在上清渊硐瀑布上游修建一座29米高的浆砌条石溢流重力坝，在右岸挖隧洞通至下游地下厂房，先在岩岸中挖一直井，上小下大，工程布置十分紧凑，装机一万千瓦，是当时国内自建的最大水电站。资源委员会批准建设这个水电站，在1945年冬开工，成立了上清渊硐工程处，萧季和为主任，工程进展很顺利，1974年汛前大坝建成。

除了到长寿县指导工作以外，柯登总工程师和张光斗还到国内各工地访问，一方面检查各勘测处、队的工作，另一方面设法联系和扩大业务。

他们先到浙江省杭州，由钱塘江勘测处主任徐洽时①陪同前往钱塘江上游查勘，乘轮船到建德县，那里是勘测处的基地，勘测人员大部分在这里。次日他们乘卡车沿钱塘江上游的公路上行，一直到达安徽省境内，接近屯溪。他们看到这里有很好的坝址，地形和地质条件都好，江水流量丰沛，是优越的水电站地址，新中国成立后修建的新安江水电站就在这里。

在屯溪查勘时，他们忽然听到枪声，这才知道已进入共产党游击区。这是张光斗第一次近距离的接触共产党的武装部队。有游击队员出来喊话，欢迎来屯溪做勘测水电站工作，但不能搞政治和军事活动，他们保证勘测人员的安全。这次行动对柯登和张光斗来说都是很好地教育，使美国人柯登亲身体验了共产党的意图，也增加了张光斗对共产党的认识。回到杭州，柯登在浙江大学做了一次水电建设的报告，受到竺可桢②校长的接见。

随后，他们又去福建古田溪查勘。他们乘轮船到福州，由古田溪勘测队队长徐树勋接待，次日乘轮船溯闽江上行，到古田溪口，再转乘卡车到古田，这里是一个古老的小城市。他们步行越过高山，到古田溪上游。那里有个小坝，是引水灌溉用的。这是一个好坝址，可以修几十米高的重力坝，形成龙头水库，调节流量，供古田溪四个梯级水电站发电。从水库挖三公里长的压力隧洞到厂房，可得100余米水头，水电站可装机三万多千瓦。想到美好的远景，他们非常激动。他们攀爬约300米高的大山，虽然很累，但看到这样好的水电站地址，很是高兴。张光斗乘轮船返回福州途中，看到闽江水流充沛，流速较大，两岸高山，有丰富的水能资源，他相信将来这里一定会修水电站的。当时福州电厂是火电，只几百千瓦，烧木料发电，很困难，所以急需开发水电。再乘轮船从福州到厦门，经过马尾海港，张光斗觉得闽江三角洲是个好地方，将来必定有大发展，但首先需要开发水电，以提供廉价的能源。在厦门他们住旅馆，楼房很好，但是大热天没有自来水，电梯因没电而不能用，缺水缺电，急需能源建设。

---

① 徐洽时，江苏宜兴人，水利专家。1937年获美国康奈尔大学土木工程硕士学位。回国后曾任资源委员会钱塘江水电勘测处主任。新中国成立后，曾任新安江水电工程局总工程师、浙江省水利厅厅长等职。

② 竺可桢（1890-1974），又名绍荣，字藕舫，浙江省绍兴县东关镇人（今属上虞县）。当代著名的地理学家、气象学家和教育家，中国近代地理学的奠基人。

他们又乘海轮从厦门到广州,翁江勘测队队长司徒惠来接。司徒惠陪他们乘轮船溯北江而上。沿江张光斗看到江水充沛,流速较高,两岸高山,狭谷陡壁,水能资源丰富,相信将来一定会开发利用。但他又认为沿江有粤汉铁路,不能修高坝,以免淹没铁路。到了英德城,他们住在江边小木船上,比城内旅馆还干净。他们在船上吃饭,睡在木船上过夜,上看明月,下听水声,别有风味。次日,他们步行到翁江的前村镇,这是一个很小的镇,勘测队队部就在这里。他们与队员吃住在一起,十分融洽。前村镇在峡谷出口的下游。在峡谷内,河谷狭窄,呈V形,岩基坚硬完整,宜修百米高的双曲薄拱坝,挖有压隧洞到电厂,可装机六万千瓦。因大坝在峡谷出口处,水库库容较小,如大坝修在峡谷进口处,库容将加大,但将淹没后村以上大量农田,是不现实的。要在坝址进行地质钻探,缺少好的钻机。前村是共产党的半游击区,每三天赶一次场,国民党军队和共产党游击队轮流来场收税。两军时常打仗,打仗前游击队通知勘测队,先行躲避。游击队长与司徒惠熟悉,这次他找到张光斗,和屯溪游击队一样的态度,他说张光斗一行来此勘测水电站,他们欢迎,但不能有政治和军事活动,他们会保护张光斗等人的安全。柯登再一次亲身经历和游击队相遇,进一步增加了对共产党的了解和好感。回广州后,柯登去香港三天购物,张光斗与广州电厂厂长卢伯章商谈建设翁江水电站的事。卢厂长很积极,因为广州电厂购煤困难,而广州又缺电,需要建设水电站。大家商定一起向资委会申请修建翁江水电站。

回到南京总处后,柯登和张光斗继续联系各处、队的工作,并指导技术工作。他们阅读各工程的规划报告,仔细审查古田溪和翁江的规划报告,要求他们进一步深入开展工作和修改报告。他们还审查了上清渊硐等工程的设计图纸。古田溪和翁江工程开始设计,由张光斗指导,因为这两个工程近期有可能开工,工作比较紧张。柯登这位美国人,来总处的主要任务是三峡工程的勘测和规划,但他能考虑中国的实际需要,深入到各中型工程的现场进行查勘,指导工作,工作条件比较艰苦,而且有一定危险性,是不容易的,张光斗在这段工作接触中与他结下了深厚的友谊。

1947年,有位福建华侨资本家郑某到总处来找张光斗,说他是国民党的政协委员，在上海和福州开设进出口公司，他对福建省经济建设十分关心，认为必须开发水能资源，建设古田溪水电站。他愿意促进，邀张光斗去福州商谈。张与郑某同去了福州，会同徐树勋再次去了古田溪水电站地址，看了上游的龙头水库。因已做了设计，对工程更有把握。还看了下游梯级水电站地址。地方政府非常希望水电站早日开工，他们尽力支持，水库移民他们能够解决。然后，张、郑、徐三人一起到福州，见了福建省政府领导，他们也希望早日修建古田溪水电站，想请中央银行刘副总经理帮忙，因为刘是福建人。张和郑某到上海中央银行，见了刘副总经理，他答应帮忙，表示一旦有消息便会告知张光斗。

张光斗为古田溪水电站筹资一事，多次去上海，与郑某商量和奔走，最后中央银行刘副总经理终于批准了对古田溪工程贷款五亿元。资金落实，资委会批准古田溪水电站开工，成立古田溪水电工程处。黄育贤处长在欧洲参加世界能源会议，来电指示派覃修典为古田溪工程处主任，朱宝复、徐树勋为副主任，还有陈道周、谭靖夷、许衍衡等参加工作。张光斗为古田溪水电站开工而高兴。他还去救济总署找李卓敏[①]副主任，为古田溪工程要器材，但只要到了很少的器材。他在救济总署见到了共产党代表董必武。董必武正在和救济总署交涉，希望推迟黄河花园口堵口，并要求提供迁移黄河河床居民的经费。张光斗对蒋介石扒开黄河花园口大堤淹死几十万人民，十分愤慨，对当时共产党的要求很同情，却无能为力。

在此期间，广州电厂厂长卢伯章写信给张光斗，希望总处派工程师到该厂帮助建设新厂房。黄处长同意了，派黄镇东前往。几个月后，卢厂长又邀张光斗去广州顾问修建新厂房，同时商量如何促进翁江水电站上马之事。张光斗去了广州，就新厂房工程建设问题与黄镇东进行讨论，提出了一些意见。对翁江水电站，卢厂长与张光斗商定，由水电总处和广州电厂联名呈报资委会，请求批准建设翁江水电站。由于国民党政府连续兵败，已无力关注经济建设，资委会就把此事搁了下来。

上清渊硐和古田溪两个工程处在继续进行施工，钱塘江、华中等六个

[①] 李卓敏（1912-1991），广东省广州市番禺区人。教育家、经济学家、工商管理学家，曾任香港中文大学校长等职。

勘测处、队继续进行勘测工作，总处本部也在忙于规划设计工作。解放战争更为激烈，国民党军队节节败退，物价飞涨。国民党政府发行金圆券，物价更涨，民不聊生。资委会每个月分几批下发总处的经费，张光斗建议先发给外地各处、队，最后发总处本部人员的薪金，这样外地工作人员可以感到对他们的关心。拿到薪金后，必须立即到市场买米和换袁大头银元，以免金圆券贬值。时局急变，为了应对外地的各分支处、队在与南京联系不畅时能有生活费用，经与电业处商定，由资委会通知与各分支处、队相近的电厂负担其生活费用，以解燃眉之急，因为这些处、队都是为电厂搞水电建设的。

这段时间张光斗虽然同柯登总工在各大江河之间到处奔波，但家庭安置还是比较稳定的。1946年下半年，总处迁入了在南京中央路新建的办公室和宿舍，办公和生活条件都大为改善。1947年初，张光斗将母亲接到南京，本想尽尽儿子的孝心，让老人家享享清福。但老太太不习惯总处宿舍里的集体生活，年纪大了又不肯出去玩，在南京又无老朋友和熟人，所以坚持要回老家，过了不久，张光斗只好又把老人家送回常熟鹿苑镇。这年的3月，张光斗又喜得一女，取名为美怡，是美丽和快乐的意思，一家四口子女双全，真是其乐融融。图4-2是1947年秋，张光斗全家四口在南京中央路总处宿舍前的合影。

图4-2 1947年张光斗全家在南京的合影（张美怡提供家庭照片）

第四章 奔波于江河之间 静待南京解放

决心留待解放，建设国家

抗日战争胜利后，蒋介石拗不过全国人民对和平建国的期望，在重庆召开政治协商会议，毛泽东、周恩来等亲自飞到重庆，与蒋介石举行和谈，经过几十天的艰难谈判，终于达成和平协议，停止战争，召开政治协商会议，国共合作，和平建国。

这当然是值得高兴的事，但张光斗担心国民党政府是否有诚意，是否会撕毁和平协议，再度打仗。果然，1946年蒋介石撕毁和平协议，调动国民党军队向共产党军队进攻，战争又起，民主人士都深为忧虑。更让张光斗气愤的是，那时国民党政府规定，政府的中高级公务员都要到庐山受训，加入国民党。他讨厌国民党，不愿参加，所以每次要他前往受训时，他都借出差逃避了，坚决不加入国民党。

不久，国统区内部爆发了大学生运动，反内战、反饥饿，热火朝天。总处许多年轻工程技术人员都去观看，张光斗估计这个运动又是共产党地下党领导的，为安全起见张光斗对他们说，去观看是可以的，但千万不要参加运动，他们笑而不答。可见那个时候的张光斗，正像他自己晚年所评价的"我的革命性还是不强的"。一天晚上，总处的同事告诉张光斗，他的助理王宝基被警察抓起来了。张光斗到处想办法营救，但毫无门路，黄处长又不在南京，他非常着急。次日上班时，他看到王宝基已坐在办公室。张光斗很好奇，但又不便直接询问。袁定庵告诉他，昨天晚上王宝基到新街口广场，跪在孙中山先生像前，祈求中山先生保佑和平时被抓了。袁定庵等到警察局，说王是对中山先生崇敬，有轻微精神失常，别无他意，结果把王保释了出来。张光斗在《我的人生之路》一书中对这段事情曾写道：

我猜测，王宝基当时是因为对蒋介石背叛孙中山先生联俄、联共、扶助工农三大政策不满，跪在孙中山像前以示对国民党的抗议。[①]

  柯登总工程师在中国最后一次考察的工程是吉林省丰满水电站。这个水电站是日寇占领东北时修建的，被国民党接收。日寇压迫中国工人，中国工人反抗，施工中不好好搞工程质量，在混凝土中放草包麻袋，大坝质量很差，也没有建完。苏联红军打败日寇，占领丰满水电站时把六台八万千瓦的水轮发电机组搬走了四台。资委会命总处对丰满大坝加固完建，并恢复水电站发电。柯登总工程师看了报告资料后，认为丰满大坝遇到大洪水时是不安全的，建议先将坝前水位高度降低以保证大坝安全，同时对坝体进行灌浆，准备混凝土施工系统，然后再加高完建大坝。至于恢复水电站则要向苏联要回水轮发电机组，或向国外另行订购。黄处长和柯登等十余人前往吉林省永吉县丰满水电站考察，到达后发现降低大坝水位是不现实的，于是组织大坝灌浆，并准备混凝土施工系统。由于战局不稳，柯登先回南京。柯登回来后对张光斗说，他回程旅途也很困难，经美军帮忙，才乘火车离开东北。沿途看到国民党军队情况，山海关是个很狭窄的交通要道，很难向东北供应物资，他认为国民党必败，共产党军队将占领东北，美国军官也对他这样讲。不久，长春被共产党军队包围，总处留在丰满的工作人员纷纷逃回南京。
  1947年底，柯登总工程师合同三年到期，即将回美。据张光斗回忆："柯登在回国前多次劝我，要我们全家一起同他去美国，我们的护照签证他可以帮助到美驻华大使馆去办，一定能办成，旅费由他代付，将来还他。而且我在美的工作，他一定能帮忙找到，必要时，可以两个人合开顾问公司。柯登还说，国民党必败，共产党将会占领全中国，他说甚至连美国使馆的人员都对他这样讲。他还说共产党来后，一定很乱，短期内不会搞水电建设，还会惩罚在国民党政府工作的人员，我可能有危险，不如先去美国工作几年，待国内稳定后，再回来参加水电建设。每次劝说，我都婉言谢辞，表示不愿离开自己的祖国，因为我是中国人，中国人民养育和培养了我，我

---

 ① 张光斗：《我的人生之路》。北京：清华大学出版社，2002年，第43页。

有责任为祖国建设，为人民效力，所以不能走。"张光斗表示："自己既不是地主，也不是资本家，而是一个工程师，共产党要建设，需要工程技术人员，共产党会保护我的，因为过去遇到共产党游击队，他们都是这样说的。"① 所以张光斗一边感谢柯登的好意，一边婉辞。柯登还去对钱玫荫进行劝说，结果也是无功而返。柯登当时向张光斗的同事潘仲渔追问，张光斗这个人真奇怪，这样好的机会，为什么不去美国。潘仲渔笑而不答，因为潘知道柯登不能理解张光斗。告别那天，张光斗热情地欢送了柯登，相互拥抱，希望将来能有一天再见面，这位美国工程师对中国的水利水电建设事业是有贡献的，对中国人民是友好的、是有感情的，张光斗感谢他。

　　柯登走后，张光斗被提升为总工程师，他感到责任重大。眼看共产党将解放全中国，可是这时总处接到资委会的通知，说资委会将迁往台湾，要求总处把全部文件档案和水电资料图纸装箱送往电业处，以便转运到台湾。对于这件事情的处理，张光斗在《我的人生之路》一书中是这样记述的："由于水电资料图纸是总工程师室保管的，通知文件送到了我的办公桌，我当时感到很为难。如果把水电资料图纸送往台湾，在那里没有用，而留在大陆很有用，而且如果运走，日后他将无法向共产党交代，可能会受惩罚。但如资料不交给电业处，问责下来他在南京就可能有性命危险。过了两天，王宝基来找我，问是否有电业处要水电资料图纸的通知。我说有，并问王是如何知道的，因为那是密件。王说他接近地下党，地下党消息灵通，所以知道。他问我对此事准备如何办。我说正感为难，不知如何办好。他提出建议，把假的资料图纸送出去，真的藏起来，转入地下。我说这很危险，不好办。他说具体的事情不用我管，由地下党组织人来办，只要我出面在资料图纸清单上签字就行了，地下党会保证我的安全。于是地下党组织年轻工程技术人员把假的资料图纸装了20大箱，我在清单上签了字，送到资委会电业处。他们把真的资料图纸也装了20大箱，转入地下藏起来。这件事我虽然做的是对的，但总还有些提心吊胆"② 当时张光斗做这件事的主要想法是，国家终归是需要水电建设的，共产党政府肯

---

① 张光斗：《我的人生之路》。北京：清华大学出版社，2002年，第44页。
② 张光斗：《我的人生之路》。北京：清华大学出版社，2002年，第45-46页。

定也需要建设，目前总处已经收集了大量水电资料，同时还有近三百水电工程技术人员，这些都是宝贵的财富，他们可以努力工作，为祖国的水电建设事业做贡献。关于水力发电工程总处转移资料这件事，在施雅风[①] 院士撰写的一篇专文"1947—1949 南京科技界部分革命活动回忆"中，有一段与之相对应的文字记述："水力发电工程总处，是资源委员会领导下的另一技术机构，有 100 人左右。原有科学时代社积极分子袁定庵、龚鸿麒、王宝基等活动，团结了一批工程师和初、中级人员，利用科学时代社及其他方面得来的学习资料，引导大家学习讨论，形成了一个进步核心。1948 年初袁定庵经张长高介绍入党，以后龚鸿麒与王宝基也入党，王是留英归国的工程师，曾于 1947 年 5 月 26 日在新街口孙中山铜像前'跪求'停止内战，呼吁和平，震惊了水电总处职工。淮海战役时，他们开始反搬迁斗争，取得总工程师张光斗、处长黄育贤等的支持，组成了一个以张光斗为首的 11 人高中级技术人员小组，相约不仅本人而且要劝说其他人留下来迎接解放。一项重要任务就是要把过去二十年水力资源普查资料和三峡工程有关的水文地质等重要资料装箱送到上海苏州河边一个地下仓库保存下来，另装了若干箱次要、重复与报废的资料，交资源委员会，托运台湾。11 月水电工程处一度迁到上海临时办公，部分技术人员分散到外地工程机构，南京成立留守处，由袁定庵、龚鸿麒负责，王则联络沪、宁二地，1949 年 2—3 月间，水电总处又迁回南京，同心协力，团结一致迎接解放。"[②] 这段记载对张光斗关于上述这件往事的回忆是一个很好的佐证。

1948 年 10 月，在南京已能听到炮声，淮海战役已开始。在南京的各机关都纷纷南迁，有的去台湾，有的去广州，有的去上海。此时发生一件事，张光斗在回忆录中表示，时至今日他也不清楚这件事是什么性质。资委会吴兆洪副委员长要他到资委会开会，召集人是季树农，参加会议的约有 50 人，都是资委会在南京的骨干中年高级工作人员，会议是非常秘密

---

① 施雅风（1919-2011），出生于江苏海门市，著名的冰川学家、地理学家。1947 年在南京参加中国共产党，从事科技界革命活动。新中国成立后曾任冰川冻土研究所所长、兰州分院副院长等职。1980 年当选为中国科学院院士，地学部主任。

② 《南京党史》，2002 年，第 94 期，第 16 页。

的，有人保卫，会议没有文件。在会上季树农声称是代表吴兆洪讲话，他只讲大家要团结，互相帮助，将来干一番事业。类似这种会当时开了大概三次，后来人员分散，就停止了。据后来的史料记载①，季树农是中国共产党的忠诚朋友，他当年是在共产党地下组织的领导下组织的会议，是为迎接解放做准备。

当时南京局势相当紧张，许多人离开南京，张光斗把钱玫荫和子女送到上海岳母家，自己孤身留在南京。这时黄育贤处长不断向美国和香港写信，联系到国外去。黄处长还约张与他同去国外，张回复不愿意去。在此时期，张光斗在台湾的同学费骅、刘永懋、顾俭德、宋家治等也多次来信来电，要他去台湾。刘永懋来信，说已为他找好住房，工作也一定能安排好的。张光斗都去信婉谢，不愿前去。最后他给刘永懋写信，说过去顾德欢劝他接近共产党，参加革命，他革命性不强，没有去，现在共产党来了，他没有理由再走了。

张光斗坚定地留下来了。他有不少交大同学参加了共产党，他相信他们都是好人，决心留待解放，在共产党领导下参加国家建设。在地下党员的帮助下，张光斗团结总处的许多高级工程技术人员成立互助组，在留待解放期间互相帮助，他们凑集资金，购米存粮，以便能够长期坚持，互助组的成员有马君寿、周太开、潘仲渔、王宝基、赵人龙、陆钦侃、唐季友、程学敏、奚景岳等十余人。新中国成立后他们都积极参加国家的水电建设，成为各相关单位的骨干人才。

1948年11月南京局势更紧张了，各机关几乎都在南迁。黄育贤处长召开应急会议，出席的有总处各部门的领导，王宝基也列席了。黄处长提出，总处迁往江西省南昌城，如解放军到南昌，就迁往长沙，然后去广州，最后到香港。大家都反对，因为都有家属，拖不起，必然弄得家破人亡，即使到了香港，也无法生存。大家主张留守南京，但黄处长不赞成。他提出总处迁往上海，大家同意，在南京成立留守处。黄处长问谁愿意任留守处主任。张昌龄说他已决定去浙江省杭州城暂住，不愿当这个主

---

① 摘自"中国国民党革命委员会中央委员会"网站。http://www.minge.gov.cn/txt/2008-09/27/content_2496786_2.htm。

任。黄处长又问张光斗是否愿意当，在当时南京的情况下，张光斗不便公开承认留守南京，说要考虑，于是在会上没有定。会后，王宝基找张光斗商量，劝他先去上海，负责总处迁上海后的工作，以后再说。留守处主任由袁定庵担任，他与地下党有联系，便于工作。那段时间，袁定庵和龚鸿麒常借口到张光斗宿舍探望的机会，找王宝基等开会，张为他们提供了一个保护场所。张光斗把和王宝基商量的意见汇报给黄处长，最终黄处长也同意了这样的安排，让袁定庵担任了留守处主任。

于是张光斗就到了上海，借资委会材料处办公大楼内的三个房间办公，在南京转入地下的20大箱资料图纸也运到了上海，存入仓库内，以防南京打仗时损失。张光斗每天到办公室工作，与各处、队联系。实际上总处已不能起作用，这样做只能表示总处还存在，希望各处、队安心。黄处长很少来办公室，他们一家寄住在友人冀朝鼎①家，设法出国。

1949年初，资委会吴兆洪副委员长也来到上海，住在愚园路的一座高级洋房内，他通知张光斗到他家去见他。他问张光斗今后的打算。张说自己是学工程技术的，立志建设水利水电工程，振兴祖国，为人民造福。国民党太腐败，他不愿再跟国民党走了，决心留待解放，共产党要建设国家需要人才，他将努力工作。吴说张的志愿是好的，但不了解共产党对知识分子的政策，要小心。张说共产党解放军已把国民党军队打得落花流水，而且最关键的是人民的心，民心向着共产党，对国民党不满，得民心者得天下。吴说那也不见得，有人喜欢国民党，总之政局变化多，要张多方考虑。在回家的路上，张光斗一直在琢磨，吴兆洪副委员长找他谈话的意图是什么，张光斗对此一直迷惑不解。

张光斗全家四口暂借住在岳母家，她们只有两间房，五口人加上张光斗一家四口，共九口人，实在太挤，很不方便。钱玫荫又怀孕了，在此兵荒马乱时期，不能再生小孩了。只好送她到专门的医生处流产，当时是不合法的，所以花了很多钱，幸好一切顺利。手术后，钱玫荫需要补养，在岳母家很挤，于是张光斗和妻子搬到同学家借住，同学待他们很好，但不

---

① 冀朝鼎（1903-1963），笔名动平，山西汾阳人。共产党的高级干部，新中国成立前曾被派到国民党政府做地下工作，周恩来是他在1949年以前唯一的上级领导。

宜久住。此时王宝基来看望，劝他们回南京住，当时南京的要人都走了，较为平静，也较安全，于是张光斗一家就回到了南京。这时，电业处陈中熙处长等人也回到南京，留待解放。3月的一天，资委会开大会，要求在南京的人员都去参加，张光斗也去了。孙越崎委员长做报告，他讲了当时的战争形势和国内外情况，要求大家保护好档案、文件、资料、器材等。最后，他说大家要迎接东方太阳的来到，不要跟着西方没落的夕阳走，大家热烈鼓掌。张光斗听后大吃一惊，孙委员长在当时的南京，敢于大胆说这样进步的话，富于革命性，使他万分敬佩。后来张光斗才知道，孙委员长早就对各单位领导人讲过，要保护好档案文件资料器材，团结工作人员，留待解放。而黄育贤处长当时是听到的，但他回来后非但没传达，反而建议总处向南走，最后到香港。但实际上，最终黄处长留在了上海，没有去外国，经冀朝鼎同志的劝说，共产党要建设，需要工程技术人才，像黄育贤这样的高级技术人员必将得到重用，能大展宏图。黄听从了冀的劝说，决定留待解放，1949年4月黄全家回到了南京，这当然是件好事。据史料记载，在中共地下党的领导下，在当年进入资源委员会工作的中共地下党员们的努力下，孙越崎委员长带领资源委员会全体人员，以及资委会各厂矿企业和32000余名职员及数十万技术工人，拒绝南迁台湾，留下来迎接解放，为百废待兴的新中国留下了一大批工程技术人才，保存了一批重要的重工业家底和大批物资，为新中国经济建设事业做出了特殊贡献。

1949年初淮海战役结束，共产党解放军大胜，消灭国民党军队几十万人，解放军占领了长江下游江北所有地区，国民党军队退到长江南岸。4月23日夜，解放军百万雄师横渡长江，进攻南京，张光斗在《我的人生之路》一书中对这一时刻是这样描述的：

> 我们听到枪炮声，看到国民党司法部大楼被大火焚烧，知道南京快解放了，无比欢欣。[①]

---

① 张光斗：《我的人生之路》。北京：清华大学出版社，2002年，第49页。

第五章
初进清华任教　踏上新的征途

春风化雨，踏上新征途

1949年5月南京市解放后不久，军管会派人接管了水电总处，成立了水电总处保管处，黄育贤任主任，张光斗任工程组组长。由于当时还处于解放战争时期，政府尚无精力顾及水电建设，保管处没有业务工作可做。于是，张光斗写信给清华大学工学院院长施嘉炀教授，希望能到清华大学教书，施老先生欣然回信，同意请他来清华任教。清华大学校务委员会于1949年（民国三十八年）9月23日召开了第二十四次会议。周培源教授代替校务委员会主任叶企孙教授主持会议，刘仙洲、张子高等16位知名教授出席会议，会议决定聘任张光斗为土木工程专业教授，图5-1是当时会议的部分记录[1]。

1949年10月，张光斗携家眷离开南京，离开了工作12年的水电工程

---

[1] 张光斗资料。清华大学档案馆，档案编号：2-271-007。

机构，来到北京的清华园应聘任教。临行前，资源委员会全国水力发电总处给他开具了证明书，证明张光斗在总处工作期间先后完成了17项设计和规划任务，即龙溪河狮子滩水力发电厂拦河大坝、桃花溪、下清渊硐、上清渊硐、鲸鱼口、仙女硐、修文河等八座水力发电厂的设计，瀼渡河、古田溪、瀹江、资水、岷江、钱塘江等九条江河的水力发电开发规划。对于张光斗在总处的工作给予了充分肯定。图5-2是这份证明书。

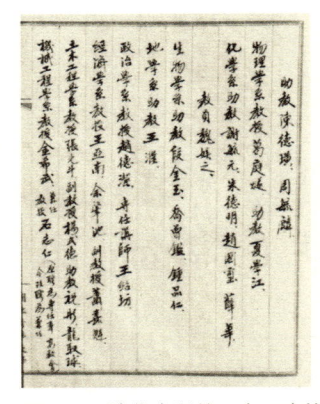

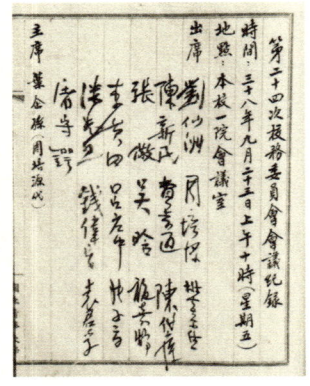

图5-1　清华大学第二十四次校务委员会会议记录（采集小组成员王光纶2012年复制拍摄）

张光斗当时来清华的心情并不平静。一方面，对于从事了12年的工程师工作难免依依不舍；但令他更不平静的是，想到自己今后将要从事教

图5-2　全国水力发电工程总处开给张光斗的证明书照片（采集小组成员王光纶2013年复制拍摄）

学工作，将要投身到培养人才的事业中去，工作的难度将会更大。在等候离开南京的渡轮时，张光斗坐在长江岸边，眼前是平静而美丽的夜景，而在他脑海中翻滚的却是解放军百万雄师渡大江，前仆后继为人民解放事业奋力拼搏的景象。"人活着总要为老百姓做些有益的事情"，他心中暗下决心，也是他后来经常挂在嘴边的一句话。教书育人、继续工程工作……新征途的新起点，他决心为国家培养更多的优秀人才，继续从事为人民谋福利的水利事业。

新的起点，首先带来的是新的生活。

初到北京，时任清华土木工程系水利组负责人的张任教授亲自到北京前门火车站迎接他，并安排张光斗一家在市内骑河楼清华招待所暂时住下。来到新环境，张光斗和家人都很兴奋，尤其是两个孩子感到一切都是新鲜的，既忙着游览天安门、故宫等北京名胜，又忙着选购家具，为搭建一个新家做准备。足足忙碌了好几天，才正式进入了清华大学校园。土木工程系主任张泽熙教授接待了他们，并安排他们暂住在照澜院姚家。

在新的环境里，什么都是新奇的。住进姚家的次日清晨，张光斗六岁的儿子和两岁的女儿高高兴兴地一人捧着一个姚家给的窝窝头，两个小孩从来没见过，吃得非常起劲。张光斗夫妇看到两个年幼的孩子这么快就适应了北方生活，很是欣喜。到清华园后不久，张光斗就拜访了工学院院长施嘉炀教授，感谢施老先生多年来对他的关照，以及介绍他来清华大学任教。

随后，校方安排张光斗一家人住进了新林园，与一批大师级学者做了邻居，其中包括科学院数学研究所的华罗庚、吴新谋等教授，以及院系调整后调出清华的周培源、陈岱孙、潘光旦等教授。刚满六岁的儿子张元正也破例提前进入了成志小学。成志小学是后来清华附属小学的前身，是专为清华教职员子弟而设立的学校。虽然家是安顿了，但适应从南方到北方的新生活却是一件不容易的事情。张光斗和妻子买来炊具，却不会生火；冬天来了要生火炉取暖，夫妻两人也不会。张光斗不禁感叹，适应北方生活，还真的需要一段时间。1953年一家人又搬到了胜因院53号，与梁思成和林徽因夫妇比邻而居，图5-3是1955年张光斗一家四口在胜因院住地门前的合影。这时女儿张美怡也进入了清华幼儿园。一开始张光斗每天骑车

图 5-3　张光斗一家 1955 年在清华胜因院 53 号前合影
（张美怡提供家庭照片）

接送女儿上幼儿园，他的车技很差，不会上下车，摔了女儿好几次，还发生过一次撞车的小事故。当时幼儿园设在现在清华甲所的旁边（注：正式的名称为丙所），一天张光斗骑车接女儿从幼儿园回家，路过二校门时遇到张维夫人陆士嘉骑车带着与张美怡同班的小儿子张克澄从对面过来。两个人的车技都比较差，互相躲避不及撞车了。坐在父亲车前大梁上的张美怡被压在两辆自行车的下面，坐在母亲车后座的张克澄也摔了下来，所幸两个孩子都只是碰破了点儿皮，但这可把陆士嘉吓坏了，自此她再也没有骑过自行车。

新的工作也很快开始。

时任校务委员会主任的叶企孙教授代表校方接见了张光斗，对他的到来表示欢迎，并勉励他做好教育教学工作。当时清华大学为张光斗教授提供的薪酬是每月 1100 斤小米（注：当时的薪金是按小米的价格折算成币值发放，这在当时是很高的待遇了，一般行政科级干部的月薪也就 300 来斤小米）。

张光斗正式开始了自己的教学生涯。他按照张泽熙主任的安排，1950 年上半年给清华土木工程系本科学生讲授了高等结构力学课、给水利组学生讲授了水力发电工程课，与此同时，还兼教北京大学土木工程系的水力发电课。1950 年下半年，又给土木系本科水利组开设了水工结构课，给农田水利高专班开设了农田水利课，给电机系本科四年级电力组开设了水力发电工程课。1951年上半年,又给土木系本科水利组新开设了水利施工课和水力机械课。作为一位高等工科大学的教师,能够为学生开设从技术基础到专业技术六个不同门类的课程,可见他的基础理论功底是何等的深厚,掌握的专业技术知识是何等的宽广,这是一般高校教师难以做到的。

在教学工作中张光斗遇到的第一道难关是教材。在当时,清华各课程使用的教材普遍比较陈旧,并且大多使用英文。张光斗需要,并且因此决定自己动手编写中文讲义。编写讲义是一项非常费力的工作。一方面,他初任教职,对于授课经验还不丰富;另一方面,他教授的水力发电工程是新课,没有足够可供参考的资料。后来他相继教授的水工结构课、水利施工课和水力机械课,都是新开设的课程,也都碰到了同样的问题。教材是教学工作的基础,是重中之重,而编写讲义的任务又比较繁复,为此,在1950到1952这几年里,张光斗几乎每天都要工作到深夜。但他认真而又合理地组织课程教学,使得讲课内容很丰富,在授课过程中,还穿插了他从美国带来的工程施工实况幻灯片,讲解起来生动形象,最终获得了很好的授课效果,也得到了学生们的高度评价。据接受过当年张光斗先生授课的第一批学生回忆,张先生讲课很有吸引力,重点突出,而且有工程实例的讲解,与其他教师相比,张先生具有实际工程经历的特长非常明显,他在讲课中穿插的有关工程经验部分的内容,是一般书本上没有的,因此学生们都很爱听张先生的讲课。

教学工作的第二道难关,是讲授。经过一段时间的授课,张光斗发现,高等结构力学课的内容主要是理论,只需向学生讲解清楚,解释明白,不难教好。难就难在水力发电工程、水工结构这类专业课程,一是课时太少,讲解完理论部分,结构构造部分的内容就没时间讲了;二是学生没有接触过生产,难以从讲解中体会生产实际的真谛,因此对课程的内容就不能真正地理解和掌握。这个问题困扰了张光斗好几年,他多方请教,也没有得到一个合适的解决方案。直到1952年清华大学进行教学改革,他终于认识到工程课的整个教学过程都应该把理论和实际联系起来,通过课程设计学习设计方法,进行生产实习,增加学生对课程内容的感性认识,而课堂讲授则主要是讲解最基础的理论和构造。他也对自己的教学工作进行反省，认为之所以教学效果不佳，问题主要在于自己缺乏经验，没有注意培养学生分析问题、解决问题的能力。

1950年初的春节，清华大学在工字厅举行团拜会，张光斗在这次团拜会上正式遇到了张奚若、刘仙洲、梁思成、张子高、马约翰、周培源等知名教授，他感到很荣幸，表示要向这些老教授学习，努力工作，做出成绩。

在1950年的暑期，燃料工业部在北京成立了水力发电工程建设总局，燃料工业部部长陈郁[①]和部人事司司长曾来清华和张光斗商谈，希望他能回部任水电总局的总工程师。因为张光斗离开总局到清华任教，当时总局是不愿意的，最后是按借调、请假一年的方式同意张暂时离开的，故一年后总局来清华要人了。张光斗表示，虽然原定的是请假一年来清华任教，但现在他投入的教学事业刚刚开始，而且到清华大学的时间还未满一年，手头的教材编写工作也未完成，而总局当时的业务工作尚不太多，他希望继续留在清华工作，暂不回部。经张光斗一再请求，最终陈郁部长同意他再续假一年，留在清华任教。

1951年10月，清华工学院院长施嘉炀决定成立水力发电工程系，经报请中央人民政府教育部批准，任命张光斗为该系主任，任命书原件现仍保存在清华大学档案馆（档案编号：2-271-007）。虽然1952年院系调整，学校决定取消水力发电工程系，将其并入水利工程系，但在此前，张光斗曾为建水力发电工程系请教过周培源教务长，对办系的方针和本科课程设置都做了构想和准备，这些工作也为后来水利工程系的建系打下了基础。1952年水利工程系成立后，张光斗被任命为系副主任，兼任水工结构教研组主任。

1952年4月16日，全国工学院调整的方案公布。此次的院系调整是参照苏联经验而进行的一个根本性改革高等教育的步骤。清华不仅在形式上从综合性大学转变为多科性工业大学，而且在教育方法、组织、内容等方面均发生了根本性的变革[②]。在这次调整和改革的大潮中，张光斗与水

[①] 陈郁（1901-1974），广东宝安县人，幼名陈旭贵，当工人时改名陈郁。新中国成立初期任职共和国首任煤炭部部长，1950年任燃料工业部部长时兼任中国矿业学院院长，后任广东省委书记、省长。

[②] http://www.ce.cn/xwzx/kj/201011/16/t20101116_21971633.shtml。

利工程系的教师一起，发挥了重要的带头作用。

院系调整，清华开始了全面学习苏联的教学改革。其中，教学计划的学制从原来学习美国的四年制，改为向苏联学习的五年制，教学内容上增加了许多生产实践环节。与西方的学制相比，张光斗对苏联的学制比较认可，他认为这样的学制设置相对更完整，对培养学生成为工程师的能力有很大的加强，因此时任水工结构教研组主任的他非常积极地投入到教学改革的工作中。

由于水利工程系在1952年底就分配了苏联专家来系协助进行改革，起步早，进行教改就自然更加主动、及时；同时也由于张光斗的积极工作，水利系的教改一直走在了清华的前列。从1953年初到1954年，在全校性交流教学改革经验的教学研究会上，张光斗代表水利工程系有过三次重要的发言和经验介绍。

第一次报告，张光斗介绍了水工结构教研组的工作计划。工作计划包括教研组的工作内容、制订计划的方法、工作组成员的工作分配等等。这项工作在苏联专家的带领和示范下，相比其他教研组启动地较早，完成的也比较好。

第二次报告，张光斗介绍了水工结构教研组的课程设计成果。课程设计是苏联教学计划里对学生进行实际锻炼的很重要的教学环节，指在课程内容中，要求学生练习真正的设计和生产，使得学生能够具备基础的设计能力。英美的教学，基本没有课程设计这个项目，包含的课程主要是讲授理论和考试；但苏联教学计划中，好几门主要的基础课程和专业课程都包含课程设计。水工结构教研组的课程设计也启动的较早，对如何进行课程设计、需要哪些准备、辅导人员如何安排、工作量等多个方面，都有了实际操作后的经验和体会。在报告会上，张光斗对此做了介绍。

第三次报告，张光斗介绍了毕业设计的经验。毕业设计如何做，内容包括什么，如何进行指导等，在教改之初无人知晓，教师们也一无所知。但水利工程系比较早地开始了试验。1954年底，水工结构教研组就在苏联专家和张光斗的指导帮助下，开始组织和带领一批年轻教师试行，整整用了半年的时间，让教师们自己先试做和体验整个毕业设计的过程。因此，55届的一百多名毕业生，在1955年上半年开始实行，最终每一个人都有了自己的毕业设计。水利工程系最先完成了当时清华学习苏联教改的"过河"任务，即至1955年把苏联的整套教学环节都"摸"了一遍。1954年底，张光斗对此在全校教改经验交流会上做了详细介绍，为其他院系的教改推广提供了宝贵的经验[①]。

在清华的教改过程中，水利系的各个步骤、各个环节都走在了全校的最前面。而作为第一线教研组主任的张光斗先生，功不可没。因此，1955年，清华大学授予张光斗学习苏联教改的"先进生产者"称号。1956年，国家召开全国劳动模范和先进生产者代表大会，清华大学推举两名教授出席，一名是自动控制系的钟士模教授，另一名就是水利工程系的张光斗教授，就是在这次代表大会上，张光斗教授被推举进入大会的主席团，并被全国总工会授予"先进生产者"称号，受到了毛主席、刘副主席、朱总司令、周总理的亲切接见。图5-4是1956年4月21日清华大学校刊《新清华》关于报导张光斗教授荣获全国先进生产者称号页面的照片。

图5-4 《新清华》1956年关于先进生产者代表张光斗的报道（采集小组成员王光纶2012年复制拍摄）

---

① 有关水利工程系教改这部分内容主要摘自于清华大学原副校长张思敬的口述访谈。见：张光斗资料。老科学家采集工程馆藏基地，档案编号：KS-002-004。

参加生产实践，坚持为工程建设服务

在清华大学任教期间，张光斗除了担任教学工作之外，还从事工程咨询和技术顾问工作，继续为祖国的水利水电建设事业服务，一刻也没有停歇。自 1949 年下半年张任教授介绍他担任官厅水库工程局的技术顾问开始，在接下来的 50 多年里，张光斗陆续为 52 座水利水电工程提供过设计咨询或顾问（详见本书附件一），成为我国担任工程顾问最多的水利水电专家之一，对我国的水电建设发展做出了巨大的贡献。尽管他的咨询意见和建议不见得全部都正确，也不见得全部被工程实际所采纳，但作为一名有良知的工程技术人员，他对每一项工程都抱着认真负责的态度，提出自己的看法。尽管在新中国成立初期，对于他们这些从"旧社会"过来的，尤其是留学美国的知识分子，有些"左派"总是不太放心，但张光斗心胸坦荡，仍然敢于直言。在 1949—1952 这几年时间里，他参与咨询、顾问的工程有：

（1）1949 年下半年，经张任教授介绍张光斗被官厅水库工程局聘为技术顾问。他参加了官厅水库枢纽布置、土坝、溢洪道以及泄洪洞的设计，特别是泄洪洞高压闸门的设计。而他对官厅水库的技术建议，有成功的，也有不成功的。

官厅水库是在日寇占领时期由日本人设计的，采用的是混凝土重力坝枢纽。张光斗认为坝址河床覆盖层很深，建议改用土坝，但一开始没有获得工程局领导的同意，直至苏联专家也提出相同的建议时，这一修改坝型的建议才被采纳。

张光斗想在覆盖层内做灌浆帷幕，经过试验，因为设备不行，技术上不过关，结果没有成功；后他又建议在覆盖层内挖深槽，做黏土防渗齿墙，而苏联专家认为，按土力学理论黏土齿墙在结构上是不安全的，他们主张用黏土防渗铺盖，张光斗坚持认为黏土防渗齿墙可以做好，结果取得了成功，防渗效果很好。

进入 1950 年后，张光斗在节假日还经常到官厅水库工地进行工程顾问，这期间，冯寅[①] 刚刚从美国回来，拿着美国爱奥华大学兰茵教授的信来找张光斗，信中请求张帮助冯介绍工作。兰茵与张光斗在美国垦务局共过事，此人也来华工作过，对中国很友好，他们俩很熟，于是张光斗就把冯寅介绍到官厅水库工程局工作，从此以后二人互相尊重、默契合作，结下了深厚的友谊。对于官厅水库工程，他们一起解决了许多工程技术问题，如高边坡稳定处理、隧洞混凝土衬砌等。后来张光斗对自己这段工作的经历也做过反思，认为当时对水库泥沙淤积的考虑还是不够周详的。

（2）1949 年寒假，张光斗随同施嘉炀教授到东北各地参观水利水电工程。首先到吉林省丰满水电站，水电站管理局欢迎两位教授的到来，带他们察看了大坝，发现大坝质量不好，坝体渗水，厂房内有两台机组在发电，但场地非常杂乱。由于看不到图纸和资料，也没有机会与前苏联专家会面商谈，因此他们也只能给出一般性建议：对坝体进行灌浆加固，同时准备混凝土施工系统，以便加高完建大坝。很显然，当时工程局的领导更信赖的是苏联专家，对他们这些从"旧社会"来的教授还是有所保留的，由于人们对国民党、美帝国主义的旧恨难忘、心防难卸也是可以理解的。随后，到申窝水库工地，察看了坝址的地形和地质条件，张光斗认为这是一个好坝址，可以修百米高的混凝土重力坝，并对当时工地采用的混凝土配合比提出了修改意见。当时工地在打碎卵石作混凝土粗骨料，张光斗说卵石是很好的粗骨料，混凝土和易性也好，不要费工打碎卵石，这条建议后来在许多工地他都提出过，因为"破碎卵石作骨料"的做法在新中国成立初期的水利工地很普遍。而这种做法实际上是"费力不讨好"的做法。

（3）1950 年下半年，应黄河水利委员会的邀请张光斗参与了引黄济卫工程的设计。经过现场查勘，引水闸址选在黄河北岸京汉铁路桥上游 1500 米的凹岸处，可保证常年引水，挖开大堤建渠首进水闸。张光斗亲自领导进水闸的设计，渠首闸五孔、每孔宽三米，进水深 2.15 米，闸体是钢筋混凝土结构，用梁系相互支撑闸墩和边墩，土基处理不用桩基而用钢板桩

[①] 冯寅（1914- ），水利专家，浙江嵊县人。1948 年获美国衣阿华州立大学研究院理科硕士学位，1950 年回国，历任水利电力部规划设计院副总工程师，水利部副部长等职。

一周防渗，在结构设计和地基处理上都是创新。建成后，进水闸运行很成功。此外，还指导了灌溉渠系和沉沙池设计，以及排水渠系设计。由于该工程进水口布置合理，渠道冲淤、排灌、防止盐碱化等问题解决得较为妥善，几十年来运行情况良好，为河南新乡地区农村彻底改变面貌提供了良好的水利条件。对于张光斗负责这一工程设计，黄河水利委员会黄河志总编辑室2001年编辑出版的《黄河大事记（增订本）》第243页有这样一段记载："1950年筹建引黄灌溉济卫工程……渠首闸为张光斗教授领导清华大学学生设计，工程处负责施工。"当年实际施工的一个场景让张光斗感慨万分，终生难忘。进水闸开始施工时，当地的农民都表示反对，害怕过洪水时大堤会决口。但当1952年4月12日进水闸投入运行后，农民看到渠道流过的清水，纷纷欣喜地用手捧着水喝进口中，高兴得老人甚至流下了激动的泪水。由于老百姓欢呼雀跃，像打了胜仗一样高兴，故将此引水渠定名为"人民胜利渠"。尽管后来因为进水闸用了钢板桩，违反了苏联规范，张光斗受到了批判，但每每想起农民欣喜捧水流泪的场景，他觉得受批判也是值得的。人民胜利渠进水闸的引水，这是中国人民几千年来首次大胆的尝试，在黄河下游成功地破堤取水，将滔滔黄河之水引入两岸肥沃的农田，此项工程为下游引黄灌溉开创了一条行之有效的道路。随后的几十年里，在黄河下游相继建成了70余座引黄灌溉进水闸。

（4）1950年寒假，张光斗奔赴了两个水利水电工程工地。第一个是安徽省的佛子岭工地。工地上，解放军战士负责连拱坝的钢筋混凝土浇筑，战士们对工作认真，严格遵守工艺规程规定进行施工的良好形象，一直印在张光斗的脑海里。认真和严谨的操作使得佛子岭的工程质量优良，这让多年以后的他，在看到如今有些工程质量远不如前时，总会想起当年按规范认真施工的解放军战士奋力工作的一幕。

第二个工地是四川省长寿县龙溪河水电工程处。故地重游，看见当年被国民党军阀杨森炸毁的下清渊硐水电站已经恢复发电，张光斗的亲切和感慨之情油然而生。这一次他到龙溪河水电工程处，是为了检查狮子滩水电站的工程。细心的他发现，大坝岩基有水平向黏土夹层，厚约一厘米，而工程处试验结果报告给出的黏土层的摩擦系数为0.4。张光斗对这个结果表示怀疑，到试验室查看后发现，试验室的试验方法是按照苏联专家规定的方法，将黏土样烘干后磨细成粉进行的。张光斗马上提出这个方法不对，并到现场，取黏土试样直接进行试验，得出的摩擦系数只有0.1。试验室表示不能改动苏联专家规定的方法，张光斗只好回到北京后将情况报告给水电总局。两名苏联专家随后也去了工地，最终将摩擦系数的采用值减小到0.2，并修改了设计。

（5）1951年初，应水电总局邀请张光斗到浙江省黄坛口水电站地址参加设计审查会。工程处选定的坝线，左岸是岩体，较为完整，有45度的坡，表面是土和石块，他们认为下面不深处就是岩石，坝址没有钻探资料，要修50米高的混凝土重力坝。张光斗认为，此坝线的地质调查和钻探资料较少，左岸山坡下面可能岩石面很深；建议把坝线向下游移动约100米，那里两岸都是岩石，较为稳妥。如要用现定的坝线，则必须做深入地钻探工作，查明左岸下面的岩基确实埋藏不深。工程处不赞成张的意见，张只好写成书面意见送交水电总局。后来，黄坛口大坝照原定坝线施工了，待修建左岸重力坝时，开挖后发现左岸土和石块覆盖层很厚，岩基在很深处，很难修重力坝，工程出了问题。这一经验教训再次警示张光斗，水利工程和工程地质条件是紧密相关的，必须落实地质勘探资料才能设计好水工建筑物。

（6）1951年上半年，黄河水利委员会决定修建石头庄分洪堰，以便遇到黄河来大洪水时，分洪到北岸北金堤内分洪区，邀请张光斗参与设计。黄委会为了节省经费，决定采用土石分洪堰，堰顶筑土埝，分洪时扒开。张光斗和黄委会赵明甫副主任等到现场选定了堰址，在石头庄黄河左岸大堤平直段。为了减小分洪溢流水头，分洪堰长度较长约800米。分洪堰采用印度式的，堰的上游坡为1∶2，下游坡为1∶10，铺设几排浆砌块石墙，墙之间填块石，堰两端裹头用块石保护，堰上下游侧大堤也要用块石保护，上游侧大堤保护长度约800米。当地干部认为大堤和堰体下游的保护太长，费工费料，赵副主任与他们争论，张光斗帮助解释为什么要这样做，争论了通宵才确定下来。石头庄分洪堰建成后没有用过，后来修了分洪闸，把石头庄分洪堰恢复为大堤。

（7）1951年年中，水利部须恺先生邀请张光斗帮助审查荆江分洪闸设计。张光斗在仔细审阅设计说明书和图纸后，提出闸墩放在底板上，是按飞机轮在跑道上着陆的条件计算底板钢筋的，而不是按多跨弹性地基梁计算的，而且底板内的钢筋层上下方向也放反了。经多次讨论，国务院长江流域规划办公室林一山[①]主任认为张的意见是对的，要求对工地的钢筋返工重绑，此闸建成后一直工作性能良好。

（8）1951年寒假中，张光斗与吕应三（注：清华大学水利系教师，张光斗的得力助手，英年早逝）到梅山水库工地。梅山水库挡水建筑物采用连拱坝，是当时世界上最高的钢筋混凝土连拱坝。岩基坚硬，但有黏土夹层，用各种方法冲洗，都不能把黏土冲洗出来。张光斗建议把有黏土夹层的岩层挖除，施工中这样做了，但左岸有部分含黏土夹层的岩层没有清除干净，后来左岸坝基向下游稍有移动，经用锚索加固才稳定下来。这一事例再次说明地质条件对水工建筑物稳定安全的重要性。

对于1953年以后，张光斗所参与设计和提供咨询服务的水利水电工程项目以及提出的顾问意见内容，已列于本书的附件一，这里不再赘述。

初结黄河情

黄河是中华民族的母亲河，张光斗参与水利工程建设以来与黄河最早的一次结缘，是在1950年，那是一次难忘的情缘，既有亲切欢乐，又有苦涩无奈。

1950年7月5日至11日，水利部邀请张光斗参加黄河干流潼关至孟津河段的查勘，研究开发方案，以发挥防洪、发电等效益。查勘团由傅作义部长带队，团员除了张光斗，还包括苏联专家布克夫、水利部的张

[①] 林一山（1911—2007），山东省文登市人。中国共产党的优秀党员，忠诚的共产主义战士，当代水利专家，曾任水利部顾问、长江流域规划办公室主任等职，毛主席称他为"长江王"。

含英[①]副部长和几位司局长，以及黄委会的赵明甫副主任等，一行共约五十人。

查勘从潼关开始，作为第一个查勘点，然后团员分乘约十条木船，顺黄河而下到河南省三门峡进行第二个点的查勘，途径王家滩，最后到达洛阳。一路上白天行船，晚上在岸上住宿，也遇到过岸上没有村镇，只能睡在寺庙里棺材板上的情况，条件很是艰苦。但这丝毫不影响张光斗对查勘工作的仔细和热情，他细心观察、认真思考，并且能够实事求是地提出自己的意见，甚至冒着被戴"帽子"的风险和专家"老大哥"进行争论。在第一个查勘点潼关，争论就爆发了。苏联专家布克夫提出要在潼关建坝，在关中形成大水库，可以发电和防洪。张光斗经过认真思考后认为此处建坝不妥，因为关中平原是富沃之地，养育着千百万华夏儿女，历史悠久，绝不能被淹没。新中国刚刚成立，千疮百孔，百废待兴，虽然中国需要电，但也不能以一个西瓜去换一个芝麻为代价在潼关建坝。而且潼关坝址的地质条件不好，不宜修坝。布克夫则不以为然，认为关中平原泥沙淤积了还是一片农田，建坝发了电可以生产化肥，用化肥可以生产更多的粮食，这位专家就是如此脱离当地实际的"异想天开"。布克夫专家还认为潼关的地质条件是可以修坝的，他特意向张光斗提问："你认为是土基上建的重力坝多，还是岩基上建的重力坝多？"

张光斗回答："当然是岩基上建的重力坝多，美国就是这样。"

"不对，是土基上建的重力坝多，我们苏联就在伏尔加河、顿河的土基上建了很多重力坝，有著名的列宁格勒、齐姆良等溢流坝。"布克夫用给不懂事的学生讲课的口吻告诉张光斗。

"各国的自然条件不同，中国和美国就是岩基上的重力坝多。"张光斗毫不示弱地回答。

"无论如何应该在潼关建大坝，而且潼关能够建大坝。"布克夫专家有些不高兴地下了结论。双方争论就以"专家做结论"暂告停止。

随后到了第二个查勘点三门峡，查勘了坝址的地形地质条件后，布克

[①] 张含英（1900-2002），山东菏泽市人，中国久负盛名的水利专家，中国近代水利的开拓者之一，早年曾从事黄河的治理和理论研究工作，长期担任水利部、水利电力部副部长等职。

夫和张光斗又有了相反的意见。布克夫提出这里不能修坝，因为溢流坝的单宽流量已超过 15 立方米／秒。布可夫还拿出苏联萨马林的书给张光斗看，书中确实写着溢流坝单宽流量超过 15 立方米／秒是不安全的。张光斗则认为三门峡可以修高坝，单宽流量不是问题，他还举出美国许多很安全的溢流坝单宽流量已接近 100 立方米／秒的事实，以此来反驳布克夫的观点（注：目前实际工程采用的单宽流量甚至已超过 300 立方米／秒），并说明萨马林书中的论断指的是灌溉系统土基上的小坝。两个人不免又争论了起来，连续的争论引来了水利部一些司局级干部的"警觉"，怎么能跟"老大哥"这么争论呢？！他们批评张光斗不虚心向苏联专家学习，还是抱着腐朽资本主义的一套不放，老拿美国的事例跟苏联专家争论，希望张光斗要端正态度，改正错误。张光斗想不通，水利工程是涉及人民生命和财产安全的大事，容不得半点差错，因此不同观点的争论应该是正常而必要的。在工程讨论中向来遵循"有一说一，有二说二"原则的张光斗，对此刻这个带有政治性的批评根本无法理解。

但在这个时候，傅作义部长支持并关照了张光斗。他悄悄地找张光斗单独谈话，说自己虽然不懂水利工程，但知道在潼关修坝是不行的，因为不但淹了关中平原，也淹了汾河下游，他是山西人，是不会同意的。他支持张光斗坚持自己的观点，并且说："只要你认为自己是正确的，就尽管说出来，百家争鸣嘛。你不要怕，有事我顶着！"这一番话让张光斗又重新坚定了对自己行为的信心。从某种程度上说，部长的这些话为张光斗推翻布克夫在潼关修坝的方案奠定了可以依靠的思想基础。这一点我们得承认，尤其是在我们这种国度，这次谈话如同一个保护伞一样，在历史长河的某一特定的时期内，保护着张光斗。张光斗遇上了一位好部长[①]。

查勘途经王家滩时，张光斗发现此处山势雄伟，河谷狭窄，是个好坝址，在这里可以建大坝拦蓄洪水，且水库淤积后不会影响潼关黄河水位和关中平原。但很可惜，后来进一步地勘探资料表明，这里的地质条件不

[①] 有关黄河查勘这部分内容，主要摘引自李志伟（笔名：林风）写的"缝补破碎的中国梦"，刊于《绿叶杯环境文学》征文。见：张光斗资料。老科学家采集工程馆藏基地，档案编号：BD-001-012。

第五章 初进清华任教 踏上新的征途

好，不宜建坝。

黄河潼孟段查勘之行，到洛阳正式结束。在结束宴会上，布克夫又提出想和张光斗争论，他列出潼关建坝的好处，以及三门峡不能修坝的理由。张光斗以当天是联欢为由，拒绝跟布克夫这位专家再争论下去。因为当时在查勘团的专家中不少人在称赞布克夫的水平高，能够看出他们多年没搞清楚的黄河问题的症结，真是好话说尽。张光斗发现，尽管有部长的暗中支持，但自己的观点在查勘团中，还是相对孤立的，争论也得不出一个结果。

查勘结束后，回到开封黄河水利委员会，傅作义部长对王化云主任讲，可以考虑请张光斗作黄委会的总工程师。王化云主任、赵明甫副主任都表示欢迎，并热情地做出邀请，还说如果生活不习惯，可以为他盖个小洋楼。张光斗很是感谢，也深感不安，他说："我不懂治河工程，做不了黄委会的总工程师，即使我来了，也不能住小洋楼。"就这样婉谢了做黄委总工程师的邀请，最后，黄委会请张光斗做了技术顾问。张光斗回忆这段经历："我留在开封写了两篇文章，一篇题为'黄河潼孟段开发方案的建议'，提出三门峡、王家滩、八里胡同三个坝址，其中三门峡坝址地质条件最好，但水库泥沙淤积将影响关中平原，只能修滞洪水库；王家滩坝址如地质条件好，宜修高坝，水库淤积不会影响关中平原；八里胡同坝址如地质条件好，也可作为一个梯级。……另一篇文章是'黄河治理的设想'，建议中上游进行水土保持，这是'根本'，黄河干流上修梯级水库，进行防洪和综合利用，下游进行河道整治。"[①]

回到北京后，傅作义部长还特意让在查勘途中批评过张光斗的那位司长到张光斗家表示慰问和道歉。后来，傅作义部长还两次设家宴招待张光斗，水利部召开全国水利工作会议时邀请张光斗参加，"五一"和"国庆"节天安门游行庆祝时以水利部的名义上报指挥部邀请张光斗上观礼台观礼。傅作义部长的关怀，令张光斗万分感动、情深难忘。

---

① 张光斗：《我的人生之路》。北京：清华大学出版社，2002年，第56页。

第六章
在"向科学进军"的号召下奋进

1956年初,党中央发出了"向科学进军"的号召,极大地调动了广大知识分子的积极性。张光斗与他清华水利系的同仁们,义不容辞地承担起了在水利方面向科学进军的重任,他们决心奋起直追,填补空白,尽快地使中国的水利科技事业兴旺发达起来。

当选学部委员,加入中国共产党

1955年初,中国科学院决定成立学部,推举学部委员,也即中科院院士的前身。首批学部委员的名单是由上级组织征求各方面意见,并进行实地调查后推举出来的,而且在报纸上公开刊登。从此,中国有了自己的科学家评定体系,体现了举国上下对人才、对科学的尊重,对当选者而言,也是一份巨大的荣誉。张光斗的名字也在首批推举名单之列,晚年的张光斗在回忆这段往事时,是这样表达自己当时想法的:"看到报纸上有我的名字,清华大学还有刘仙洲、梁思成、孟昭英、钱伟长、张维、章名涛。我认为这不可能是自己,可能是另一个同名者,因为我学识浅薄,德望不高，又少贡献，当不上学部委员。后来接到正式通知，才证实我被选为中国科学院学部委员，我感到很惭愧。"① 图6-1是张光斗接到的中国科学院院士（学部委员）证书的照片（原件现存张光斗家中）。被推举为学部委员不仅意味着国家对一个知识分子学术水平的最高肯定，也代表着一份重如泰山的责任，张光斗在高兴的同时，亦深感任重道远。1955年6月1日至10日，中国科学院学部成立大会在北京举行，周恩来总理、郭

图6-1 张光斗的科学院学部委员证书照片（采集小组成员张美怡复制拍摄）

沫若院长都在会上发表了热情洋溢的讲话，说明了学部的目的和任务，希望大家为中国科学技术的发展尽心尽力，积极做出贡献。留给张光斗先生参加这次会议印象最为深刻、铭记至今的是陈毅副总理的讲话，陈毅副总理讲："能当上学部委员是很光荣的，当然在学术上肯定有一定水平，但是要虚心，因为没有被选上学部委员的人，可能学术水平更高。所以没有被选上的人也要心安。"对于陈毅副总理这段富有哲理的讲话张先生在心底里默默地给出了这样的回应："我认为自己就是学术水平不够高的人，应该十分虚心，努力工作。"中国科学院学部委员是国家最高学术荣誉称号，中国科学院是国家在科学技术方面的最高咨询机构，并领导其下的各研究所。肇建之初，院长是郭沫若，副院长是张劲夫、吴有训、竺可桢、陶孟和。当时新成立的科学院学部设立了四个部：物理数学化学部、生物

---

① 张光斗：《我的人生之路》。北京：清华大学出版社，2002年，第67页。

学地学部、技术科学部和哲学社会科学部。张光斗所在的技术科学部，主任是严济慈，副主任是茅以升、赵飞克，可谓人才济济。技术科学部设立后，召开了多次会议，为了发展科技，建设国家，主要是讨论国务院即将进行的科学规划。张光斗每次都积极参加会议，还写文章，积极提出建议。

张光斗在学术成长的过程中，同时十分注重自己政治思想上的进步。早在1954年，水利系张任教授就曾找到张光斗，和他商量一同申请参加中国共产党。张光斗当时感到自己离共产党员的要求还差得很远，应当加强政治理论学习，待以后思想改造有了进步再考虑申请。1955年下半年，水利系党总支李恩元书记和张思敬副书记找他谈话，希望他加强思想改造，积极要求进步，争取早日加入中国共产党。张光斗当时表示，"自己过去在大学时代，革命性不强，也不敢接近地下共产党，新中国成立后，虽经过思想改造运动，但自己的世界观、人生观还远没有改造好，个人意识还不少，近年来，又没有很好学习，读了中国共产党党章和刘少奇同志的《论共产党员修养》，感到自己离共产党员的要求还相差很远。"[1] 所以这次谈话后还是没敢提出加入中国共产党的申请。又经过同事和组织的多次鼓励和帮助，直到1956年初，他才抱着试一试的想法，向其所在的水工教研组党支部递交了入党申请书。在申请书中，他向党组织如实汇报了自己的经历，也坦诚地承认自己在世界观、人生观上还存有诸多的不足，但对共产主义的信仰是真诚的，并着重提到他将恪守周总理的教导，"要学到老，改造到老，工作到老"，继续改造，接受组织上的考验。入党申请书送上去以后，得到了组织上的重视，党总支多次找他谈话，时刻关心他的进步。这些教育是和风细雨、触及灵魂的，使他的世界观、人生观逐步在向党员的标准靠拢。不久，水工教研组党支部开会，终于讨论通过了张光斗加入中国共产党的申请。当时的清华大学党委书记袁永熙还亲自出席了讨论他入党申请的党支部会，并在会上讲了话，鼓励他为共产主义事业多做贡献。会后，时任清华大学校长的蒋南翔也

---

[1] 张光斗：《我的人生之路》。北京：清华大学出版社，2002年，第69页。

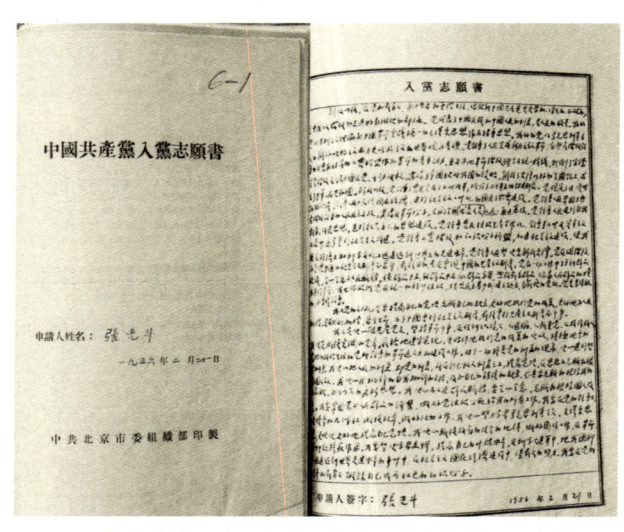

图 6-2 张光斗填写的入党志愿书（采集小组成员王光纶 2012 年复制拍摄）

向他表示了祝贺。图 6-2 是清华大学档案馆保存的 1956 年 2 月 21 日张光斗填写的入党志愿书。

1956 年的春节，在京的中科院学部委员受到毛泽东主席、刘少奇副主席、朱德总司令、周恩来总理的亲切接见，并且与各位学部委员们一一握手。这是张光斗第一次与国家最高领导人握手，他满怀敬意，心中充满了幸福和激动。

参与国家科技发展等重大条例、规划的制定

1956 年初，国内各界两百余位科学家齐集北京西颐宾馆，参加国务院召开的制订《1956—1967 年科学技术远景发展规划》（以下简称《规划》）的会议。周恩来总理、陈毅副总理、聂荣臻副总理都亲自到会，并且做了重要指示，指明了这次科学规划的目的和任务，特别强调要发展科技，关键是为了建设。所以，决定科学规划的方针是"任务带学科"。与会专家学者对规划方针进行了热烈地讨论，据张光斗院士回忆："在会上科学家们认为科技是学科，但对任务能否带动学科，有不同的看法。最后大家比较一致的意见是，当前首先的任务是要进行建设，为此来发展科技，科技为进行建设服务。科技需要有完整的理论体系，这就是学科，所以任务带学科是可以的。后来，会议又邀请了生产部门、高校、科研单位的专家参

与讨论，征求意见，并提出了许多为带动学科的任务要求。"[1]《规划》的领导小组由张劲夫、杜润生、武衡等人组成，在领导小组的指导下，按任务分了30余个组，其中水利组共有五位成员，张光斗任组长，另外还有严恺[2]、黄文熙[3]、谢家泽[4]、覃修典，他们经过认真讨论，制订了水利方面的科学规划草案。不久，国务院又邀请苏联科学院的专家来华指导和帮助制订科学规划。水利方面邀请了两位苏联专家，即格立申教授和明格利教授。在他们的帮助下，水利组确定了两个项目，一个是"水工建筑物的设计和施工"，另一个是"水资源和流域规划"。张光斗代表水利组向领导小组进行汇报和答辩，在汇报会上钱学森同志提问，这两个项目是否可以合并为一个项目。张光斗当场做了回答和解释，因为这是两个不同的任务，一个是水文、水资源和水利规划，一个是水工建筑物的设计和施工，任务和学科都不相同，故不宜合并。苏联专家也认为，应该分两个项目，最后领导小组批准了水利组提出的《规划》建议项目。在随后制订项目具体内容的过程中，格立申专家具体指导水工建筑物那个项目，明格利专家具体指导水资源项目。每个项目又分列出了十余个分任务，每个分任务写出了内容、要求、需要的科技、达到的成果目标、进度计划、需要的科技人员和设备等。根据领导小组的安排，编写提纲由苏联专家负责拟定，中国学者则分工写出《规划》文本的草案，要根据中国的具体情况和条件，写出具体的要求，既要在科技上实现高标准、高水平，又要能切实解决任务的需要。水利组的五位成员分头进行编写，并邀请了五位刚刚从苏联留学回国的副博士参与协助编写。各分项任务草案编写完成后，在水利组会议上进行讨论和修改，再次邀请生产部门、高校、科研单位的专家参加讨论，提意见。然后，向苏联专家报告《规划》文稿，最后向领导小

---

[1] 张光斗：《我的人生之路》，北京：清华大学出版社，2002年4月，第69页。
[2] 严恺（1912-2006），福建闽侯人，中国著名水利工程专家、科学家、教育家。中国科学院院士、中国工程院院士、墨西哥科学院外籍院士。长期担任河海大学校长。
[3] 黄文熙（1909-2001），原籍江苏吴江，出生于上海。中国科学院院士，水工结构和岩土工程专家，我国土力学学科的奠基人之一，新中国水利水电科学研究事业的开拓者之一。
[4] 谢家泽（1911-1993），湖南新邵人，1934年毕业于清华大学土木系。曾任上海交通大学水利系教授、中央水利部水文局局长、水利水电科学研究院副院长兼水文所所长等职。

组汇报，经修改后定稿。这项《规划》制定工作直到1956年秋季才正式完成。接着，张光斗又参加了武衡同志领导的仪器、设备、科技人员的总体规划制定工作，一直忙到年底才结束。晚年，张光斗在回忆这段制定《规划》如火如荼的经历时，他认为："科技规划中有两个最为重要的决策，一是提出了四项应急重点任务，即核能、导弹、电子、自动化，起了很大作用；二是增加了自然科学规划项，对自然科学学科进行了规划，因为自然科学学科不是任务能带动的。"①

其后，张光斗还参加了几次毛泽东主席在中南海怀仁堂主持召开的最高国务会议，直接参与国家重要条例、规划制定的讨论，体现了一个知识分子最高的责任感和使命感。其中有一次是讨论"农业六十条"，张光斗作为一名普通的知识分子，在如此高级别的会议上本不敢轻易发言，与他同时参会的蒋南翔②校长看出来了他的胆怯心态，就鼓励他，出于对事业的责任，只要自认为是对的就应该讲出来。于是，张光斗大胆地提出了在《农业六十条》中增加关于农村小水电内容的建议，他认为农村有了电，这样可以提高广大农民的生活和生产水平。据张光斗回忆，在会上也有的专家不同意他的建议，认为这样的想法落后了，应该要先进的，建议在太平洋上装鼓风机，哪里需要下雨，就把云吹到那里。对此意见张光斗真是无以作答。农业生产和农民生活离不开水，而又因为新中国成立初期基础建设的落后，覆盖中国人口组成最大比例的农民绝大多数还维持着古老的"靠天吃饭"的生产方式。建设农村小水电无疑是最有效、最快捷的提高基础设施建设水平，从而提高农业生产力和人民生活水平的方法。技术科学不同于自然科学，它不能依赖"天马行空"的想象力，而只能实事求是，一切必须从实际出发。自然，张光斗的想法更具现实性和说服力，于是，条例编写小组采纳了他的建议，在"农业六十条"中加上了农村水利建设的内容。这是科学思想又一次服务大众的力证。在最高国务会议上，张光斗先生还见证了一段令他始终未能理解的历史。他在电子版的自述回忆录中写道：

---

① 张光斗：《我的人生之路》。北京：清华大学出版社，2002年，第70页。
② 蒋南翔（1913-1988），江苏宜兴人，杰出的教育家、中国青年运动的著名领导者，"一二·九"运动的重要领导人之一；曾任清华大学校长、教育部部长、中央党校第一副校长等职。

在一次最高国务会议上，北京大学马寅初校长作了长篇发言，主要是讲必须大力实施节制生育，说当时全国人口众多，而生育率很高，农村尤甚，人口还会猛增，这样生产、生活、教育、社会福利等都难以负担，国家难以昌盛。他还举了许多实例和数据，他说的都是我心里想说的话。大家热烈鼓掌，当时领导上也肯定他的发言。我很高兴，有了节制生育政策，人口得到控制，国家的事就好办了。不料后来传来最高指示，决定批判马寅初校长，说他宣扬反动的马尔萨斯人口论，应该是人多好办事。我听了实在无法理解，节制生育与计划生育意义相同，节制就要计划。我政治水平低，但这个道理还是懂的。①

在这段制定科学规划的时间里，还有一件事情令张光斗院士终生难忘。有一天，周总理在中南海举行露天招待会。张光斗因忙于工作，参会前没来得及换呢绒制服，只好穿了一身平时工作穿的布制服去参加招待会。在与周总理握手时，总理看到他穿着布制服，忙问他"是不是经济上有困难，如果有困难的话，尽管开口。"张光斗回答没有困难，总理还不信，经旁边同志们说明这样的穿着是由于时间紧来不及换了，总理才会意地笑了。周总理日理万机，却能如此对人体贴入微，这份情谊，令张光斗感动不已，也为他们日后毕生的友谊埋下了情感的铺垫。

张光斗在参与制定科学技术发展规划方面，还做了一件很有意义的工作，就是积极推动国家《技术科学远景发展规划》的制定。张光斗院士曾先后在《人民日报》上发表文章"技术科学刍议"和"技术科学的特点及其任务"，在这些文章中他特别强调了技术科学的重要性，对一个经济实力并不雄厚的人口大国来说，注重技术科学的发展是至关重要的。他在文章中阐明了自己的观点：

科学技术一般可分为三个部分，即：基础科学、技术科学和生产科学。生产科学最接近实践，基础科学是一般基础理论，而技术

---

① 张光斗的自述：我的一生。张光斗资料。老科学家采集工程馆藏基地，档案编号：KS-001-001。

科学是二者之间的桥梁。从生产实践得到生产科学，进一步提高，成为基础理论；反过来，基础理论的发展推动了生产科学，进一步指导生产实践。这样反复作用，既促进了生产实践，也提高了科学技术水平。……生产科学是比较专门的，包括的门类很多。技术科学是各生产专业中的基础理论，从生产科学中提炼出来，同时又应用基础科学中一般基础理论的指导，加以发展。因此，技术科学是结合生产专业的具体化的基础理论。……生产科学是解决当前生产实践中迫切需要解决的问题的，与生产实践有直接关系。而技术科学则是解决较远期的生产实际问题的，有些是把问题解决得更好，有些是科学技术的发展，有些是新技术的专业基础理论，与生产实践的关系是间接的。至于基础科学，它是科学技术的储备力量，解决更远期的问题，与生产实践的关系更为间接。由于生产实践的复杂性，生产实践往往涉及几个基础科学的学科。因此，技术科学也往往是综合性的，要找出各个生产专业中几个学科之间的关系，得到综合性的规律，这也是技术科学与基础科学不同之处。……由此可见，技术科学的主要特点为：（1）结合生产专业，是生产科学的基础理论。（2）综合性的学科，解决生产实践中的综合性问题。（3）边缘性的学科，发展新的生产技术和生产部门。……近年来，我们在生产实践中取得了许多自己的经验，因此也在一定程度上发展了生产科学。但是，作为生产科学理论基础的技术科学，虽有很大进步，总的来说，却还跟不上生产科学发展的需要。要进一步开展生产建设，提高科学技术水平，如不在技术科学方面做极大的努力，是不行的。[1]

张光斗注重技术科学发展的呼吁在报纸上发表后，得到了当时国务院主管科技工作领导同志的重视。在1959年冬，国务院决定由中国科学院技术科学部负责，组织制订国家的《技术科学远景发展规划》，与自然科学规划平行，由时任科学院技术科学部主任的严济慈[2]主持。

---

[1] 《人民日报》。1962-08-09。

[2] 严济慈（1901-1996），浙江东阳人，著名的物理学家、教育家，法国国家科学博士、法国物理学会理事。曾任中国科学院办公厅主任兼应用物理研究所所长、中国科技大学名誉校长等职。

张光斗参与了该规划的制定，技术科学规划是以学科来制订的。技术科学在国际上也称为应用科学，或称之为应用基础科学，是有一定应用目标的科学理论，是认识自然的。技术科学介乎基础科学与工程技术之间。基础科学是根，技术科学是干，生产科学是枝叶。在严济慈主任的领导下，张光斗等科学家花费了近三个月的时间制订完成了《技术科学远景发展规规划》，并得到了国务院的批准。1960年初，国务院成立了国家科学技术委员会，在水利方面针对科学技术和技术科学两个规划成立了两个组，即水利组和水利科学组，由水电部主管科技的副部长担任两个组的组长，张光斗被任命为副组长。这两个组的任务是，负责制定每年的具体科研计划、各单位的分工以及检查年度计划的完成情况。

创建科学院水工研究室

1955年下半年，中科院技术科学部赵飞克[①]副主任与张光斗商量，拟成立一个水利方面基础性研究的研究所。经过技术科学部会议的多次讨论，决定先成立水工研究室，请清华大学水利工程系予以协助，研究室暂设在原中科院数学研究所在清华大学建的小楼内，一层作为中科院水工研究室的办公室，二层作为中科院动力研究室的办公室。水工研究室暂利用清华水利系的实验室开展研究工作。待将来水工研究室在其他地方建好办公室和实验室后再搬离清华，这样的安排得到了清华大学的同意。于是，张光斗就着手进行水工研究室的筹备工作，一方面是招聘研究人员，特别是聘请新从国外回来的研究人员，当然还要招收1955年刚毕业的大学生；另一方面是采购图书、资料等，工作很是忙碌。经过几个月的努力，中国科学院水工研究室终于在1956年初正式成立，张光斗被任

---

① 赵飞克（1909-1976），湖北鄂城人，著名的结构力学专家，中国科学院院士，曾任铁道部设计局局长、中国科学院技术科学部副主任等职。为中国教育事业的发展、工厂企业建设与技术的发展、中科院学部的建设和发展做出了重要贡献。

命为研究室主任。水工研究室正式成立前，中科院张劲夫副院长找张光斗谈话，强调成立水工研究室，表明中科院对水利学科基础性研究的重视，希望能通过努力工作取得有价值的理论成果。水工研究室筹备过程中，赵飞克副主任给予了大力支持和帮助，如出面聘请回国研究人员钱宁[①]博士、林秉南[②]博士、萧天铎博士、张有实副博士、丁联臻副博士、黄进副博士、冯启德硕士等，另外还招收了新毕业的大学生万兆蕙等十余人。中科院党组选派杨家德担任水工研究室的党支部书记，他是一位11级的干部（注：这个干部级别在当时是比较高的）。水工研究室下设三个组：泥沙组，夏震寰[③]任组长，钱宁任副组长；水力学组，张任任组长，林秉南任副组长；水工结构组，张光斗兼任组长。后来，在华东水利学院增设了一个水文组，刘光文[④]任组长。水工研究室开展了水利学科基础性研究工作，泥沙着重进行泥沙冲淤规律方面的研究，水力学着重进行高速水流机理的研究，水工结构着重进行结构理论的研究，水文着重进行陆地水文理论的研究。水工研究室还负责主办了新中国成立后中国水利学会的会刊——水利学报，这是新中国第一份水利学科的学术期刊，第一期创刊号就发表了张光斗的论文《重力坝的渗透压力计算》，自此，张光斗开始狠抓水利学科技术基础理论的研究工作。

关于水工研究室新建办公室和实验室的选址，科学院技术科学部和张光斗的意见是选在中关村，这样离清华大学较近，便于合作；而水工研究室的专职研究人员主张建在紫竹院，这样场地面积较大，环境较好，而且离清华大学远一些，可以保持独立性。两种意见争论不休，后来水工研究室并入水利水电科学研究院，故未再建办公室和实验室。

---

① 钱宁（1922-1986），浙江杭州人，著名的泥沙运动及河床演变专家，中国科学院院士（学部委员），长期从事泥沙问题及其治理的研究，为我国河流动力学与地貌学相结合研究河床演变做出重要贡献。曾任清华大学水利系教授。

② 林秉南（1920- ），原籍福建莆田，生于马来西亚，中国科学院院士，水力学与河流动力学专家，为中国水利科学基础研究和水力学试验室建设做出了贡献，培养了一批水利科学技术人才。

③ 夏震寰（1913-2001），浙江余姚人，1947年初从美国回国后，一直在清华大学任教授，长期从事水力学、流体力及泥沙运动力学的教学和科学研究。

④ 刘光文（1910-1998），浙江杭州人，我国著名的水文学家、教育家，新中国水文高等教育的奠基人，河海大学教授。

到 1957 年底，水工研究室成立近两年，完成了不少科研成果，取得了一些成绩。中科院技术科学部严济慈主任提出，是否可以将研究室改为水工研究所。张光斗认为，当时的力量还不够大，等建成了新办公室和实验室后再改为研究所较好。此时，水利部主管科技工作的部门提出，北京一地就有中科院水工研究室、水利部水利科研院、电力部水电科研院，机构太多，功能重复，认为应趁成立水利电力部之机，把三个研究单位合并，成为中国科学院、水利电力部合管的水利水电科学研究院。这个意见得到了水利部冯钟云副部长和中科院武衡副院长的同意。张光斗当时不赞成这样的合并，认为水工研究室是进行基础性水利科学研究的，与生产部门的科研机构结合生产任务进行技术开发和生产性试验是不同的。基础性研究很重要，务必要保持水工研究室，不宜与生产部门的研究机构合并。张光斗与水工研究室的研究人员钱宁、林秉南等再三向中科院领导反映上述意见。但当时中科院正忙于要成立一些新技术研究所，如原子能、电子、自动化、航天等研究所，为了便于集中精力办好这些所，所以决定把水利、土木、机械等基础工业的研究单位并入生产部门，因此没有接受张光斗等人的意见。1958 年，中国科学院、水利电力部合管的北京水利水电科学研究院正式成立，张光斗被任命为副院长，分工领导结构所的工作。但由于张光斗在清华的工作较忙，实际上没有到任工作。

开展水工结构模型试验、进行工程咨询顾问

1955 年上半年，张光斗在清华大学水利系主持建立了水工结构试验室，开展了结构模型试验研究。承接的第一个试验任务是广东省流溪河的拱坝结构模型试验。流溪河拱坝是我国第一座百米级的高薄拱坝，对如此高的拱坝进行结构模型试验，在清华水工结构试验室是首次，在国内水工界也是首次尝试。根据结构模型试验的结果，他们对拱坝体形设计提出了修改建议。另外，由于拱坝右岸有顺河向断层，他们还建议

做网格混凝土塞加固，并做了补充试验，证明了采取工程措施后的工程是安全的。清华的水工结构试验室，随后又完成了响洪甸拱坝的结构模型试验，也取得了较好的成果。在当时，这个试验室是很先进的，很多生产单位、科研单位的技术人员都到这里来学习、取经。据曹楚生[①]院士晚年回忆，50年代初刚开始做工程设计时，很多事不懂，有问题就跑到清华水利系去问，可见当时这个试验室在工程技术人员心目中的地位是很高的。后来，国内许多高校和研究院、所都相继建立了类似的水工结构试验室。

1955年寒假，张光斗与吕应三等水工教研组的教师同往新安江水电站，带领学生进行毕业前的实习，受到了工程局徐洽时局长和总工程师潘家铮[②]的欢迎。当时主体工程即将完成，但存在两个问题，一个是重力坝坝体混凝土有局部架空漏振点，需要灌浆加固；另一个是坝后厂房顶泄流，厂房顶与重力坝是分离的，在泄洪和地震时，厂房将会与大坝脱开，从而产生振动。张光斗建议在厂房顶与重力坝之间加钢丝索，使厂房顶不能与重力坝脱开，增强其刚度。工程局接受了他的建议，照此方案施工之后，新安江水电站厂房顶溢流运行情况良好。在新安江水电站工地张光斗等人也学到了很多新技术，张光斗教授深感作为一名工科大学的教师，不但要做好教学、科研工作，一定还要参加生产实践，向工程师和实际学习，不断提高理论和技术水平，这样才是一名合格的教师。

1956年暑期，张光斗应黄河水利委员会赵明甫副主任的邀请，到河南泾洛河参加选坝址。在陆浑选定了坝址和比较坝线，张光斗建议采用土坝和河岸溢洪道。在故县也选定了坝址和比较坝线，由于左岸岩坡较高陡，坝头连接较为困难，但可以开挖，张光斗建议采用混凝土重力坝，做好左坝头连接；而赵副主任建议采用定向爆破堆石坝，但张光斗认为河道太宽，定向爆破坝不易做好。两个人意见不能统一，为了慎重起见，决定对这两个方案做进一步的比选，后来设计中还是选用了混凝土重力坝方案。

---

① 曹楚生（1926-　），原籍江苏省无锡市，著名水利工程学家，中国工程院士，中国工程设计大师，曾任天津大学教授、水利部天津设计院专家委主任等职务。

② 潘家铮（1927-2012），浙江绍兴人，著名的水利水电工程专家，土木工程学家，中国科学院、中国工程院院士，2012年获得第九届光华工程科技奖"成就奖"，曾任中国工程院副院长、国家电网公司高级顾问等职务。

1957年下半年，张光斗应水电总局的邀请参加了刘家峡水电站现场选坝址会议。会议由水电建设总局李锐[①]局长主持，选坝委员中国专家六人，苏联专家四人。对大坝坝型选择大家意见一致，都同意采用混凝土重力坝，但对于坝址的选择有两种意见：苏联专家和部分中国专家认为应该选洮河口坝址，理由是该处河谷狭窄，宜修高坝，而洮河泥沙多，可修隧洞，把洮河多沙水流泄往坝的下游，不入水库。张光斗则认为宜选稍靠下游的红柳沟坝址，因为那里的河谷比较宽，溢洪道可放在右岸台地，水电站厂房放在河床，坝址地质条件较好，基岩较完整，下游施工场地宽敞，利于施工；洮河水进入水库，虽多了一些泥沙，但大大增加了水量。而洮河口坝址地质条件较差，河谷窄，施工场地布置较远，不利于施工。苏联专家认为，洮河口坝址地质条件可以修高坝，可以修地下厂房，而红柳沟坝址的大坝工程量大，经济上不合算。双方展开争论，会上还是苏联专家的意见占了上风，但张光斗仍坚持自己的看法，保留选红柳沟作为坝址的意见。苏联专家又提出，红柳沟坝址有新构造运动。后来经过一年多的勘测钻探，证明红柳沟坝址没有新构造运动。最终，水电建设总局经多方比较还是决定了选用红柳沟坝址。

　　1957年下半年，张光斗应水电总局的邀请还参加了岷江上游紫坪铺水电站的选坝址会议。经现场查勘后，苏联专家提出应修高坝，水库大、水头高，可以多发电。张光斗新中国成立前曾参与过紫坪铺坝址的勘测，对该坝址的地质条件有些了解，和苏联专家的看法不同，他认为由于坝基是页岩，较软弱，下游还有断层，因此不宜修高坝，但是可以修40至50米高的中坝。会议讨论认为，应听取苏联专家的意见，充分利用水能资源，修建高坝，张光斗只好又一次保留意见。

　　1960年4月，广东新丰江水电站发生水库诱发地震，致使大头坝顶部发生水平裂缝。水利部技术委员会在现场召开会议，讨论裂缝产生的原因和处理方法，在分析裂缝产生的原因时，各方意见分歧。有的专家认为用单振型计算，得出坝顶加速度为坝基的1.5倍，水平裂缝处拉应力只有2.0公斤/平方厘米，是混凝土施工质量不好造成的裂缝，要用钢筋加固。

---

　　① 李锐（1917— ），湖南平江人，毛泽东秘书，毛泽东研究专家，1936年春参加革命，曾任水电部副部长、中组部副部长等职。

而张光斗不同意这种看法，认为从现场坝体混凝土的实际情况看，混凝土的质量还不错，应能承受小于2.0公斤/平方厘米的拉应力，可能计算方法需要进一步研究。工程局也认为混凝土质量是好的，为此展开争论，且无法取得一致看法。为了解决分歧，张光斗提出做大比例尺的模型试验，以验证计算方法的合理性，此建议得到了水利部和工程局的大力支持，提供了试验经费和现场试验条件。张光斗指导其在清华水工结构教研组的研究生张楚汉（注：现为中科院院士）在现场进行了这项试验研究，试验结果表明，坝顶地震加速度放大倍数为7.5，比1.5大5倍，坝顶水平缝处的拉应力约为12公斤/平方厘米。为此，建议要加大坝体的刚度，把支墩间下部用混凝土填满，并加固大头。经过认真地讨论，最后决定按此方案进行加固，大坝至今运行良好。

赴苏学习考察科学技术

1957年11月初，中国科学院组织庞大的科学代表团赴苏联学习考察，代表团成员共有一百余人，团长是郭沫若院长，其中水利组除张光斗外，尚有张子林、张昌龄二位专家。11月7日，代表团参加了苏联十月革命庆祝典礼，在莫斯科红场观看了阅兵、游行。他们站在观礼台上，代表团见到他们，高声欢呼致敬。张先生在晚年写回忆录时，对于他当年看到这一场景时的想法是这样描述的：

> 看到苏联红军列队通过主席台，展示了各种新式武器，威武雄壮，想起苏联打退德国法西斯的进攻，取得胜利，又想起苏联十月革命成功，建立苏维埃政权，国家是很贫弱的，受到美英等资本主义国家的包围，经过社会主义建设，特别是重工业和武装的建设，现在强大起来，能与美英抗衡，令人钦佩。又看到苏联人民的游行队伍，兴高采烈，十分羡慕。想起苏联人民给我们的帮助，我们应该很好地学

习苏联，建设社会主义，苏联的今天，就是我们的明天。①

其后，他们拜谒了列宁墓，向列宁遗体致敬；参观了富丽堂皇的克里姆林宫；游览了红场周边的许多古建筑和摆放着琳琅满目商品的百货商场，当时的苏联还是一派繁荣景象。最令人兴奋的是毛主席在莫斯科大学对中国留学生的讲话，毛主席勉励青年学生"你们青年人，朝气蓬勃，正在兴旺时期，好像早上八九点钟的太阳，希望寄托在你们身上"。这一刻，张光斗又一次见证了历史，并且他深感自己作为一名教师，负有不可推卸的、培养青年人的责任。

中科院访苏科学代表团的主要任务是听取苏联科学院院士对中国新制订的《1956—1967年科学技术远景发展规划》的意见，并且商谈与苏联科研机构进一步合作的事宜。水利组主要听取了苏联科学院几位院士对《规划》中两个水利项目的意见，他们写了书面意见，对这两个项目的内容，以及每个项目的分项和规划，总体上是同意的。但也提了一些意见，主要是建议要增加实验室建设，重视原型观测，科研单位与生产部门要加强联系，要理论联系实际；对于《规划》的执行，每年应制定年度计划，确定研究课题、内容、预期达到的成果、负责单位、协作单位等，年末应进行检查。随后，水利组根据苏联科学院院士们的意见对《规划》做了修改，并且开始制定第一年的年度研究计划。

接着，水利组的成员又参观了苏联国家水文局，全苏的水文观测，包括地表水和地下水的观测都由该局负责，在全国设网布点，进行观测。除了水文以外，还观测降水、气温、湿度、风速等，每年把资料整理汇编成册。观测仪器设备力求现代化、自动化。水文是国家的基本资料，所需经费全部由国家拨发，资料无偿提供给使用单位。苏联这样重视水文观测，非常值得中国学习、借鉴。因此若干年后，当水利部进行机构改革，要取消水文司时，张光斗于1998年9月12日曾写信给温家宝副总理，请求国务院重视水文工作，在水利部下设立水文局，专门负责全国的水文观测业务。温家宝副总理于当年9月17日对张光斗的上书做了批示②，随后水

---

① 张光斗：《我的人生之路》。北京：清华大学出版社，2002年，第74页。
② 此份批示原件现保存在水利部档案处。老科学家采集工程馆藏基地保存有原件的复制件。张光斗资料。编号：DA-004-004。

利部成立了专门的水文机构。张光斗提出这个建议的思想基础，应当说和这次参观学习的经历有一定的关联性。

在参观水文局后，水利组的三个人还到水文局附近的水文站以及国立水利地质研究院参观。该研究院是进行水工、水资源、地质和地基基础的研究机构，有很好的实验室，业务范围较广，研究成果印发，还制定规范，编写手册。然后，他们又到全苏海洋工程局参观，这是负责建设海港的机构，苏联专家介绍了他们海港建设的情况和设计施工的经验。在负责设计伏尔加河上的古比雪夫、斯大林格勒等大型水利枢纽的苏联国立水工设计院，听取了设计情况的介绍，观看了模型。在莫斯科土建学院，见到了曾来中国帮助制定《规划》的老朋友格立申教授，他向中国的同行们介绍了苏联高等工科院校的教学和科研情况。关于开展中苏合作科研的事宜，他们也与相关单位进行了一般意向性的洽谈，未签订具体的协议。但有一件事还是进行了具体的联系，交通部总工程师在代表团出国前曾找过张光斗，由于位于渤海湾的天津市塘沽港，其进港航道被黄河泥沙淤积，急需研究防淤处理的措施，希望张光斗访苏时，能与全苏海洋工程局商谈，进行合作研究。故此，张光斗在参观海洋工程局时，与苏方领导谈及此事，得到了苏方的同意，后来苏方与中方交通部签订了合作协议，并取得了研究成果。

在访问莫斯科土建学院期间，张光斗应邀做了两次学术报告，主要是介绍中国正在进行的水工结构模型试验和混凝土施工质量的控制情况。当时，该学院的结构模型试验也刚开始不久，主要是做偏光弹性试验，而中国当时主要做脆性材料试验，当时中国的混凝土施工质量比苏联要好一些，互相在上述几方面交流了经验，格立申教授对张光斗的报告很感兴趣。有趣的是，一开始张光斗用中文讲，经翻译变成俄文，可能因为专业问题，有些词不达意，听众反而糊涂了，于是听众要求张光斗用俄文讲，张光斗只是在1952年学苏期间突击学习了几个月的俄文，讲话虽不流利，但由于专业精通，交流起来反而比通过翻译的效果更好。

根据苏联科学院的安排，水利组的三个人随后到高加索地区参观访问。先到格鲁吉亚共和国第比里斯城，参观了第比里斯水工研究所，该所主要研究高坝工程，在高速水流的防冲和消能领域有较高水平的科研成果。在研究所人员的陪同下，还参观了一个正在施工中的拱坝工程，机械化施工水平很高，施工质量尚好。接着，又访问了格鲁吉亚共和国科学技术委员会和科学院。然后到阿塞拜疆共和国巴库城，这是一座石油城。水利组一行人参观了油田，看到海岸边和浅海区到处都是"摇摆大头"的采油机，对此情景真是叹为观止，他们当时是多么希望中国也能有如此丰富的大油田呀。参观油田后，又访问了阿塞拜疆科学技术委员会和科学院。最后，一行三人来到亚美尼亚共和国埃里温城，这是一座古城，有许多文物古迹。在这里他们访问了亚美尼亚科学技术委员会和科学院、院属的研究所，还参观了名胜古迹，虽然并非水利工程，但也增加了不少知识。伏尔加河上的斯大林格勒水利枢纽，他们此行也见到了，工程很伟大，但混凝土工程的质量并不是很好。高加索之行结束后，水利组回到莫斯科，中国科学院访苏科学代表团的任务到此结束。

在苏联参观访问一个多月，让张光斗亲身感受到了苏联人民的友好热情。当时，苏联经济发展快，无论是教授，还是学生，哪怕是一般的群众，生活条件都比较好。十月革命之后，苏联人民的生活水平有了很大的提高，但还不是很富裕，张光斗能明显地感受到，苏联和美国还是有一段不小的差距，其根源正在于他们的轻工业始终得不到重视。

为了能够更深入地学习苏联在水工结构研究方面的经验，经中科院的批准，张光斗结束代表团访问后可以在苏联多留三个月，到列宁格勒全苏水工研究院学习。他在研究院结构所工作，得到罗苏诺夫研究员的热情帮助和指导。张光斗已经很久没有全时做研究工作了，这是一次很好的学习机会。结构所主要做偏光弹性试验和塑性材料模型试验，张光斗对二者都有所涉猎。也参观了混凝土结构所和水力学所，前者是进行混凝土构件试验的，后者主要做高速水流研究。三个月的学习，给张光斗留下的总体印象是，苏联对理论研究不够重视，他们对美国的科技了解得也比较少。

工作之余，张光斗曾在列宁格勒美丽壮观的城市建筑间徜徉，到过涅瓦河上十月革命时炮打冬宫的军舰，亦流连于冬宫典雅奢华的异国风情和珍贵精美的艺术品。他一方面惊叹冬宫的华美，另一方面也感到沙皇的奢侈，无视人民的疾苦。从列宁格勒回到莫斯科，在留苏学生的资助下，回国时还带了不少试验仪器和材料到国内。

第七章
设计密云水库　为首都献上一盆清水

勇担"缚住潮白蛟龙"的重任

1958年的夏天，一次洪灾袭击了京郊密云县，潮白河水位猛涨，淹没良田民房无数，整个密云县几成汪洋，给尚在恢复的经济形势带来了严峻的考验。这场洪水，坚定了清华学子治水抗洪的决心，唯有缚住奔涌澎湃的潮白蛟龙，才能化天堑为沃土，给密云人家安居乐业，给北京市民一捧甘甜。

国家早有在密云修造水库的构想，建成之后，这将是华北地区最大的水库，将成为北京市最重要的水源地，为北京、天津和河北廊坊地区的防洪、给水、发电、养殖和生态建设发挥巨大的效益。当时正值"大跃进"的年代，到处都是坚决响应党的号召、大干快上、万马奔腾齐跃进的局面。这年北京市先后建造了十三陵水库、怀柔水库，全国水利建设在一片跃进声中，到处都搞得轰轰烈烈。各行各业都在呼喊"敢想敢干"、"大放卫星"等口号，稍有迟疑就会被贴上"右倾"或"保守"的标签。然而水利工程毕竟不比其他民建工程，这是基础设施，关系到千千万万老百姓的生命财产，关系到千秋百代后世子孙的利益得失。清华大学作为工程师的摇篮、共和国的希望，清华水利人更不能违背自然规律一味地贪功冒进。既要敢于创新，又要实事求是，按科学规律办事，宁可背一顶"保守"的帽子，也要给老百姓一座放心的工程。既要顶住来自"左"的压力，又要保护好师生们的热情，还要高质量的按期完成密云水库的建设任务，这一个个费解的难题，都摆在了密云水库设计总工程师张光斗院士的面前，这是对他事业生涯的一次考验，也是对他才干升华的一次良好的机遇。

这年 2 月，张光斗刚刚从苏联考察学习回到清华大学，就被系领导找去，问他是否同意承接密云水库、三家店水库和昌平八个小水库的设计任务，此事已在系内引起了不同的反响和广泛的议论。从 1952 年到 1955 年，学习苏联进行院系调整和教学改革的成果已作为惯例被巩固下来，毕业设计也走上了轨道，在时代氛围的影响下，"真刀真枪做毕业设计"的口号喊起来了，这些水库设计任务就可作为实验基地。张光斗审时度势，权衡利弊，认为以清华师生的设计能力和工程经验，一次接许多设计任务恐怕难以胜任，不妨择一而为，全力以赴，既是为首都建设贡献力量，也可让学生得到适度的实践锻炼。在与师生、领导商讨沟通之后，清华水利系决定参与承接密云水库的设计任务。

张光斗和水利系领导前往水利电力部北京勘测设计院，拜见须恺院长，说按照北京市委赵凡同志的意见，希望清华水利系能承接一部分密云水库的设计任务。须院长对此表示欢迎，并说密云水库有白河和潮河两库，可由清华和北京院各选其中一库进行设计。张光斗表示，潮河水库坝址覆盖层较浅，大坝工程较易，且有溢洪道和泄洪隧洞设计，对师生锻炼实践能力较适宜，清华可以选做潮河水库设计。白河水库坝址覆盖层很深，大坝工程较复杂，还是由北京院设计为好，因为设计院的经验较丰富。于是双方就此签订了协议书，清华大学水利系负责设计潮河水库。

随后，水利系师生和相关院系的专家学者到密云实地进行勘察。经过现场初步查勘后，张光斗发现工程远比想象中的要艰巨复杂。本以为潮河水库坝址覆盖层较浅，大坝工程较易，溢洪道和泄洪隧洞的设计也没什么太大的困难，但实际上并非这么简单，况且清华的师生没有实际做过这样庞大工程的经历,因此这份设计的难度必然很大。张光斗亲自动手制定了一份"真刀真枪做毕业设计"的教学计划,包括潮河水库、三家店水库、昌平八个小水库的工程设计。水利系教师不足百人,还有低年级学生的教学任务,师资力量非常紧张。水利系几乎"全民动员",每位老师都分配到各设计组工作,难度和强度可想而知。经过层层讨论,凭借张光斗多年积累的丰富的教学和工程实践经验,进度分工以及每个学生的设计任务都得到适度的分配,既配合了建设的需要,又满足了教学的要求。计划出炉之后,师生们即刻投入到热火朝天的设计中。遵循保证工程安全、技术上可行、经济上合理的原则,确定出潮河水库设计的要点是:潮河主坝采用薄黏土斜墙砂砾石坝挡水,九松山副坝采用黏土斜墙风化石料坝挡水,薄黏土斜墙和风化石料土坝都是之前国内未曾应用过的。潮河水库主坝坝址选在了南碱厂,坝高约60米,地基覆盖层深15米,用防渗黏土齿墙。大坝施工导流采用位于上游约一公里处穿过薄山梁的隧洞,将来改作泄洪、供水或发电用,修建3000千瓦的水电站,两个溢洪道也修在薄山梁处。为了做好这份设计,师生们不知熬过了多少通宵,也不记得推翻了多少次饱含心血的设计方案,经过三个多月的奋战,水利系终于交出了一份完满的答卷,提出了潮河水库的初步设计报告。图7-1是1958年张光斗教授在指导学生做毕业设计[①]。

6月中旬,张光斗代表清华大

图 7-1 张光斗 1958 年在指导学生做毕业设计(采集小组成员王光纶 2011 年复制)

---

① 张光斗资料。清华大学档案馆,档案编号:2-271-007。

学水利系向北京市委、市政府汇报了潮河水库的初步设计,并很快得到通过。随后,市委通知张光斗等人1958年6月26日到密云潮河水库南碱厂坝址有接待任务。在现场,他们忽见一辆面包车驶来,周恩来总理走下车,亲自到密云水库坝址进行考察(这是总理第一次到密云水库)。总理沿着河滩,顶着骄阳、踩着滚烫的砂卵石,查看坝址地形。认真听取张光斗、吕应三等人有关潮白河历史灾害、水库可能产生的效益以及潮河坝址设计方案的汇报,总理边听边频频点头,表示满意汇报的内容,还不时地提出一些问题与大家磋商,最后还提出南碱厂大坝轴线能否上移200米的建议,因为那里的河谷稍窄,大家表示可以回去研究考虑。图7-2是当年周总理在密云水库现场听取张光斗等人汇报的照片[①],总理两眼注视着张光斗,饶有兴趣地在听取他的汇报。吃午饭的时候,总理和大家一样,吃的是馒头加咸菜,午休睡的是一样的硬板床。总理与人民同甘共苦的崇高形象,永远留在了张光斗的脑海里。

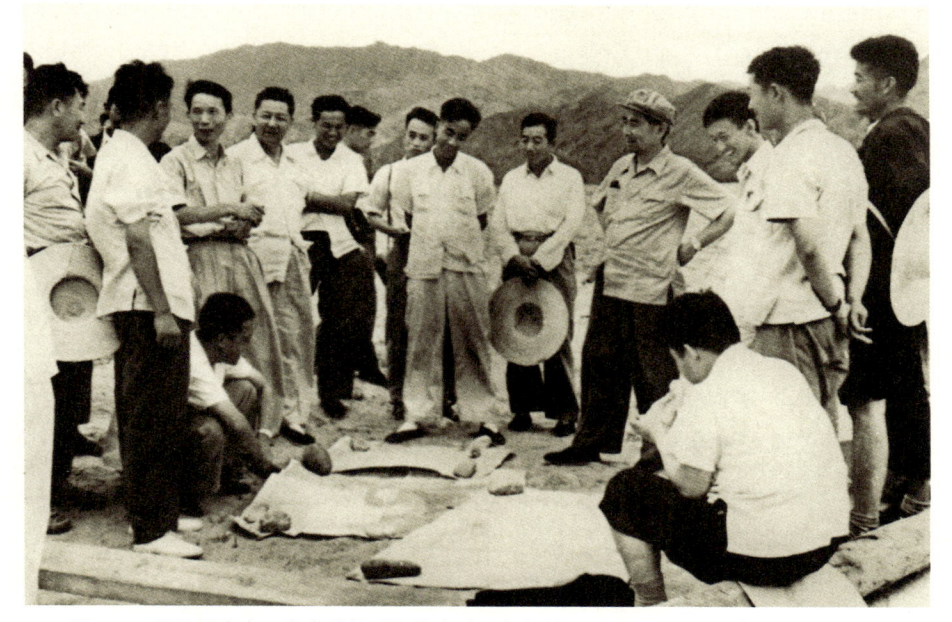

图7-2　周总理在密云水库现场听取张光斗(左起站立的第三人)等汇报(采集小组成员王光纶2011年复制)

[①] 张光斗资料。清华大学档案馆,档案编号:2-271-007。

随后，又到白河水库溪翁庄坝址查看，天空忽然飘来了乌云，下起了小雨，天气阴冷，总理看见张光斗只穿一件衬衫，马上叫人把上衣给他披上，总理和蔼可亲、平易近人的举止，让张光斗深受感动。张光斗向总理汇报了白河水库的情况，并说只有白河水库和潮河水库一起修建，密云水库才能发挥效益。周总理说，密云水库很重要，关系着潮白河下游防洪和北京、天津的供水，还有河北省和京津200万亩农田的灌溉，白河和潮河水库应该同时修建。北京市委赵凡同志说，北京市已把白河水库委托给水电部北京勘测设计院设计，但该院现在还没有完成设计。周总理提出，白河水库也应该委托清华大学水利系设计，充分体现了党中央对清华水利系的高度信任。总理说清华水利系设计密云水库，贯彻了党的教育与生产劳动相结合的方针，既可为水利建设做出贡献，又能使师生得到锻炼，意义很大。总理还指示，要做白河大坝坝址的比较方案。随后，总理又向张光斗询问国内外建坝的情况和现代工程技术的进展状况，张都一一做了回答。周总理听后斩钉截铁地说："我们一定要有赶超国外技术水平的思想，他们有的，我们要有，他们没有的，我们也要有，我们今天没有的，明天也要有。"[①] 总理这段铿锵有力的讲话，使在场的同志受到极大的鼓舞。总理的不辞劳苦、切切关怀、殷殷垂询，让张光斗这位从国外归来的知识分子由衷地敬佩。总理不但详细询问了许多工程上的专业问题，而且最关心的还是库区人民的生活，老百姓的一粥一饭，保暖寒温。为了落实移民问题，总理后来在7月又第二次到密云库区视察，看到大片农田将被淹没，农民将失去土地，对此十分关切，并深入到即将移民的农民家里进行探访，询问他们的生活和生产情况，总理指示一定要做好移民工作，安排好农民的生活和生产，要使农民安居乐业。接着总理还到怀柔县政府召开会议，再三叮嘱各级政府一定要做好移民工作。总理这种时时把人民放在心上的处事作风令张光斗大受启发和教育。还有一件事也让张光斗无比感动，午饭后，县里为总理安排了休息房间，但总理说要把房间让给张光斗几位设计人员，当然他们还是请总理休息，但总理的热情关切让张光斗等人内心感到无比的感激。

[①] 张光斗：《我的人生之路》。北京：清华大学出版社，2002年，第80页。

张光斗把周总理的指示带回学校，大家都很兴奋，表示一定坚决完成总理安排的这一重大光荣的设计任务。在技术上，白河水库要比潮河水库的难度更大。大坝坝址选在峡谷出口上游处，坝高 66.5 米，采用黏土薄斜墙砂砾石坝挡水，坝基覆盖层深 40 多米，不可能再用黏土防渗齿墙，也不可能用防渗铺盖，必须采用垂直防渗设施，但以当时的技术还无法解决，只能在施工中慢慢摸索。右岸修发电隧洞、调压井和装机九万千瓦的水电站厂房。导流隧洞修在左岸。在北白岩修副坝，坝高约 30 米，也采用黏土斜墙砂砾石坝型。在走马庄修副坝，共有五座，最高的约 40 米，有的用黏土斜墙土坝，有的用心墙土坝，坝壳料主要用砂砾石，在部分浸润线以上的坝壳用代替料。在南石骆驼修副坝，有三座，最高的约 40 米，坝型如走马庄副坝。在西石骆驼修副坝，高约 20 米，采用黏土斜墙砂砾石坝型。在走马庄修泄洪、供水隧洞和进水塔。白河水库初步设计在师生的共同努力下也很快地完成了，并向北京市委和市政府做了汇报，得到政府的批准（注：由张光斗作为总工程师和设计院院长审定、批准签字的密云水库总布置及各建筑物的设计图纸，目前均保存在清华大学档案馆）。1958 年 8 月，清华大学举办学生毕业设计成果展览会，周总理亲临指导，看到水利系学生完成了密云水库等实际工程的毕业设计，高兴地对学生们说，你们做了很好的工作，将来一定能成为祖国优秀的水利建设者。水利系的毕业设计得到了周总理的赞扬，在同学们的欢呼声中，张光斗终于露出了由衷的笑容。

在此期间，为了保证水库设计工作符合一定的规程，清华大学和水利电力部协商后决定在水利系设立清华大学、水利水电部清华大学水利水电勘测设计院，任命张光斗为设计院院长兼总工程师，全权负责该设计院所承担的设计任务。

坚持实事求是，按科学规律办事

水利系的师生初到密云实地勘察时，正赶上潮白河发大水，先到的同学们都被围困在小岛一样的工地上。设计队乘坐颐和园拉过去的木船，以及部队开去的水陆两用汽车才到了建库的坝址。设计队的到来，瞬间点燃了整个工地的建设热情，红旗到处飘扬，席棚里挤满了高大壮实、热血沸腾的清华水利系年轻学子，个个摩拳擦掌，跃跃欲试。年轻人冲天的干劲感染了张光斗，他开始相信也许清华能又一次完成这一看似不可能完成的任务，他知道自己的职责，就是当好这支队伍的技术领路人，让同学们的热情能真正投入到造福百姓的事业中去，而不是被那些没有科学根据的空喊口号引到歧途上去。

身处浮夸冒进的时代氛围之下，水利系的个别负责人以及一批涉世未深的年轻师生免不了提出许多不切实际的构想，给设计工作带来了不少的波折和坎坷，也令张先生倍感压力之大，责任之重。为了响应党中央"多、快、好、省，力争上游地建设社会主义"总路线的号召，有一位系党总支的负责人提出"要把密云水库白河主坝做成过水土坝，从而取消几座造价昂贵的溢洪道。依据是既然苏联已建成了几座过水土坝，我们为什么不敢做更大的过水土坝？他把是不是采用过水土坝上纲为是否执行多、快、好、省，力争上游地建设社会主义的'总路线'上来考虑，不执行'总路线'，自然就是反党、反社会主义了。"[①]他们轻易地将科学争论上升到政治价值层面，令张光斗感到十分困惑不解。他反复思量，过水土坝固然具有经济上的优越性，但在科学技术上，既无成功的先例，也有很多问题尚未解决。土坝建成之后，必然会有较大的沉陷，尤其是密云水库白河大坝地基的砂卵石覆盖层最深达44米之多，沉陷量将会很大。张光斗粗略地估算了一下，大坝最大坝高若为66米，水由坝顶溢流而下，最大流速可达30米每秒以上，坝面稍微有一点点不平整，肯定会发生冲蚀破坏，土坝坝身如果有水进入就危险了，这是土坝工程的大忌。一旦大坝失事，后果将不堪设想，因此绝不可贸然行事。做工程设计，尤其是这样一个极为庞大复杂的水利工程，绝不能单凭一腔热血，想当然的做设计。修一座水库，拦断一条河流容易，但要保证百年千载不出问题，难！所以必须加倍小心谨慎，绝不能因为一个数据的差误、一条虚线的疏错，酿成人

---

① 谷兆祺：张光斗先生与密云水库。载：《江河颂》。北京：清华大学出版社，2002年，第75页。

民生命安全和国家财产的损失。张光斗坚持实事求是,科学分析,抵制了这种"左"的狂想,顶住了不切实际的压力,坚持按科学规律办事。幸而教师队伍中绝大多数人都能保持清醒的头脑,在密云水库的设计中没有采用这种不可行的过水土坝方案。

1958年9月1日,密云水库正式开工,目标是一年拦洪,两年建成。这样大的工程,几千万立方米的填筑量,在当时仅凭少量的简易施工机械,全靠人力和干劲,要在如此短暂的时间内完成,难度可想而知。组织动用上千名技术管理干部,20多万民工和一万多名解放军官兵,在南北30多公里、东西20多公里的范围内,同时动工七座主副坝、两座电站、两条隧洞、两座大溢洪道,工程建设千头万绪,到处告急。这时"大跃进"的影响面越来越广,密云水库就是当时典型的边勘测、边设计、边施工的"三边"工程,参加设计的学子年轻气盛,也出过许多良莠不齐,不切实际的方案。作为总工程师的张光斗,因一座水库站在了时代的风口浪尖上,承受了许许多多不应由一位知识分子来面对的压力。为保障工程顺利安全地进行,张光斗和清华师生、设计人员常驻工地,日夜忙碌,吃的是窝头和咸菜,睡的是没有任何取暖设备的席棚,在最低气温达零下17摄氏度的冬天,也是泥里来,水里去,每天都要工作十几个小时。在工程开工后不久,同年的10月初,周总理又一次来到密云水库工地视察(这是第三次到密云水库),先后听取了设计和施工的汇报,总理听完汇报后,对设计提了一些改进意见,尤其是对20余万民工工区的安排、施工机械设备等十分关心,指示必须重视施工质量。总理还到各民工支队营地视察,指示必须做好生活后勤,保证民工的健康。最后,周总理又详细询问了移民进展情况,再一次指示要做好移民工作。总理的才智和为人民服务的精神,对正奋战在设计第一线的清华水利系广大师生是又一次极大的鼓舞和激励。他们终于在极其艰苦的条件下,在总工程师张光斗的带领下完成了密云水库薄黏土斜墙坝、白河大坝地下混凝土防渗墙,以及坝下导流廊道的技术创新设计。密云水库这三项技术创新,由张光斗审定、批准签字的设计图纸,目前均保存在清华大学档案馆。

大胆创新，道路艰难曲折

按照常规的隧洞导流，光是开挖和衬砌隧洞，一年也很难完成。张光斗仔细地研究密云枢纽现场的地形、地质条件后，决定在潮河选择一处单薄的分水岭打隧洞导流，洞长仅 240 米左右。对于隧洞进水口下游的区间小流域来水，在潮河大坝下面修建一条小廊道临时导流，事后用混凝土加以封闭。在白河地区，则利用东坝头山脚的一小条基岩，修建一条 5 米 ×6 米左右，长近 500 米的导流廊道来代替隧洞导流。廊道建在基岩上，用钢筋混凝土修建，与黏土斜墙连接好，就不会发生大的沉陷。廊道是露天作业，全部长度内可以同时开挖浇筑，进度很快，此方案可以抢出很多时间。当时在土坝下做廊道导流，国内外均不多见，方案一经提出，即刻遭到了工地总指挥部一些领导和现场工程师的反对。张光斗院士耐心地进行解释，说明以白河地区特殊的地质条件做廊道，只要布设有足够的钢筋，前面做好进水塔，以便能顺利地关门蓄水，在水力学和结构上都是安全的。经过反复交换意见、充分地论证，这个方案终于被总指挥部接受了。然而，就在开工后不久，这些对廊道安全至关重要的、需要配置的钢筋，却被水利系那位负责人异想天开地以"省"为由，轻易地下令抽掉了。

1958 年 12 月，结束了大江南北的奔波，张光斗顶着寒风回到了密云工地，惊诧地发现白河导流廊道的进水塔并没有如图纸设计的那样出现在眼前。立刻叫来他的几位助手仔细询问，才知道进水塔连同廊道里的钢筋都被"节约闹革命"的行动抽掉了。这一下他才猛然明白过来，原来此前之所以派他到外地去调查、去承接新的生产任务，只不过是个"调虎离山"之计，根本的原因是那位领导有意把他调离设计组，以便实施他的"革命"设想。因为之前在讨论设计方案时，就有人在这位负责人的指使下提出要抽掉廊道内的钢筋，张光斗坚决不同意，认为此举虽然可以节约成本，却大大增加了抗洪防汛的危险性。因为谁也不能保证白河大坝在第二年汛期来临之前就能够建成，一旦洪水压力超过了无钢筋廊道之上的大坝荷重，势必会给大坝本身造成巨大的威胁。大坝不保，何异于草菅人命，谁来为这千百万民工的性命负责，谁来为下游无数人家的生死存亡负责，如果出现此种情况又有何颜面再见对清华学子寄予厚望的周总理，当时经过充分讨论之后就曾明确做出结论：廊道要布设钢筋；要建造进水塔。谁知整个设计组的人员竟然都瞒着张光斗向那位只讲"革命"、不讲科学的领导低了头。他为几位助手的懦弱而痛心，但他也能理解他们艰难的处境，最令他愤慨的是那位领导竟然做出这样不顾老百姓安危的决定。

为国为民的理想，难道真的不能抵抗千古读书人的命运？新中国成立十年，动辄一场席卷天下的政治运动，这个国家将走向何处？学术的崇高，人民的福祉，与某些人的名利地位相比，真的不值一提吗？张光斗根本无暇找寻答案，只是一遍又一遍，沉默而机械地在河边低着头走来走去。

他的那位助手对他说：这是系总支的决定，不能告诉你，我们只能服从党的领导。

他对答：把人民的利益放在第一位，这才是真正服从党的领导。

助手提心吊胆地跟在他的后头，他喝道：跟着我干什么？！

助手答：我怕你跳河。

他说：我才不会跳河呢！

不会吗？他爱惜他的性命，是因为国家、人民、水利事业需要他，但如果国家遗弃了他，而偷工减料的水利工程给人民带来了无可挽回的灾难，他这条命，还有什么意义？

助手讷讷无言。

他接着说：我在想办法。

在这种紧要关头，他更不能轻言放弃，他要想尽一切可能采取的办法，力争挽救这个危险的局面。

首先要弄清楚，廊道安全泄洪的最高库水位是多少，如何加固进水口门槽。廊道已经过水，无法加固了，必须先弄清楚情况，再向上级汇报。他召集了几位经验丰富、学术作风严谨的教师，经过两天的测算，估计出廊道安全泄洪的最高库水位为130米高程，可是几个人绞尽脑汁，还是没能想出加固门槽的办法。这时，在那位系领导人的授意下，设计组突然掀起了对张光斗的批判，张光斗对此置若罔闻。反而是批判会之热闹"惊醒"了工地总指挥王宪同志（注：王宪后任北京市委副书记，是张光斗非常信赖的一位好领导）。因为经过多次和张光斗打交道，王宪深深了解了张光斗的为人，相信倔犟的张光斗执意坚持的一定是有道理的，于是他感到了事情的严重性，还请了几位苏联专家来工地帮助解决问题，但他们也是束手无策。能做的就是千方百计地补建进水塔，并在流量小的时候请工人在水中锚固门槽混凝土。待来年度汛时，让隧洞泄洪，使库水位不超过130米高程。

忙完泄洪廊道之事，张光斗已是精疲力竭，然而水库的建设却不容许他有一丝的松懈和后退。正是在这紧要的关头，1959年1月，周总理第四次来密云水库工地视察。当总理得知白河大坝导流廊道修改设计不够安全，事前没有得到张光斗的同意时，立即召集工地党政指挥机构领导人，当着张光斗的面约法三章："第一，施工期间，请张光斗先生常驻工地，随时解决各种疑难问题；第二，技术上要尊重张先生的意见，不得勉强他做他不同意的事情；第三，密云水库的重要设计图纸必须经由张光斗审查签字后才能生效，否则一律无效。"[1] 周总理的亲切关怀和无条件的信任、支持，使这位刚刚经历了一场风波的张光斗彻彻底底吃了一粒"定心丸"。张光斗借此机会，还向总理汇报了白河大坝地基处理措施的想法，对于深40多米的砂砾石覆盖层，漏水严重，准备做混凝土防渗墙和灌浆帷幕，这一技术在国外已有先例，但我们缺少经验。周总理鼓励张光斗要大胆尝试，可以先做施工试验，要有信心一定能够成功。

在设计中第二个要解决的技术难题就是向总理汇报的白河大坝基础处理问题。白河大坝基础中砂卵石覆盖层又深又宽，宽度在900米左右，最深处达44米。按常规开挖防渗槽回填黏土，在此是行不通的，一年之内下挖44米已属艰难，更谈不上还要回填上来足以拦洪的高度，而如果不在一年内完成，一旦洪水来袭，围堰挡不住，不但前功尽弃，还会造成严

---

[1] 谷兆祺：张光斗先生与密云水库。载：《江河颂》。北京：清华大学出版社，2002年，第75页。

重的生命财产损失。当时国外有地下混凝土防渗墙技术，但他们对中国技术封锁，根本让你接触不到它的核心内容。国内只有青岛月子口水库做过灌注桩式的混凝土防渗墙，但是施工速度慢，造价高。张光斗带领设计组的师生大胆地决定采用地下混凝土防渗墙这种先进技术，他们和工地的干部、工人一道进行研究、实践、改进，一是克服了泥浆循环所用材料和方法的难题，二是将单独打孔改成一次打宽六米以上的槽形孔，这已经超过了当时的国外水平，大大加快了施工进度，也改善了墙体防渗的效果，同时实现了上万平方米的地下混凝土防渗墙在一年内完工，质量优良，基本不漏水，保证了密云水库安全顺利地拦洪蓄水。当年在密云做混凝土防渗墙的这支施工队伍，后来发展成为我国水利水电工程、地基处理工程的一支非常著名的专业施工队伍，承担和出色地完成了国内外许多重要工程的基础处理工程任务，这是一个很好的"实践锻炼队伍"的实例。对于混凝土防渗墙这项技术创新能够在密云水库成功实现，和周总理的鼎力相助也是密不可分的。1959 年 5 月 19 日，周总理第五次到密云水库工地视察。当总理看到白河大坝工程量大，而开工又稍晚，为了确保汛期拦洪安全，当即决定调一万名解放军来支援施工，大家十分感激，因为这样肯定能在汛前把大坝建到 143 米度汛高程。随后，总理听到张光斗汇报混凝土防渗墙和灌浆帷幕施工试验已获成功，十分高兴；但是还存在一些困难，白河大坝的地下混凝土防渗墙必须在一年内完成，需要 200 多台冲击钻和岩心钻以及技工和配套器材，总指挥部无力筹措，总理听后二话没说，立刻指示国务院秘书长向有关部门调集设备器材。正是这调集来的 206 台冲击钻机和岩心钻机，起了决定性作用，保证了这项坝基处理工程在 1960 年汛前能高质量地完成，从而实现了拦洪蓄水。

在密云水库设计中，第三项技术上的创新就是大坝的坝型问题。按照当时的常规，对于较高的土坝一般是选做心墙坝，不敢做高薄黏土斜墙坝。心墙坝虽然在安全性上有一定的优势，但有一个严重的缺点，就是砂卵石坝壳必须与黏土心墙同步上升，而黏土心墙在雨季及冬季常因暴雨或冰冻问题无法施工，因而要在短时间内完成如此之高的大坝，几乎是不可能的。张光斗深思熟虑之后，认为改用斜墙坝型较好，雨季冬季可先填筑坝体的砂壳，不受气候条件的限制；旱季春秋季集中力量抢筑斜墙，这样可以保证大坝在两年之内完工。他定出黏土斜墙的允许渗透坡降和接触渗透梯度，从而决定了斜墙的厚度和斜墙与地基之间的接触长度。他还提出了斜墙和坝头连结的方式，视地形情况采用外铺盖或内铺盖。这些重要的决策，不仅保证了大坝长期运行的安全，而且大大减少了斜墙黏土的用量，是两年之内大坝顺利完工的保障。采用薄斜墙也一样能获得渗透稳定、运行安全的效果，从此国内许多高土坝都普遍采用薄斜墙这种坝型，也都取得了良好的效果。图7-3是当年张光斗和师生一起在密云水库现场讨论解决技术难题[1]。

图7-3 张光斗和师生一起在密云水库现场讨论解决技术难题（采集小组成员王光纶2011年复制）

众志成城，惊险闯关

在众人的忐忑不安中，1959年的汛期终于来临。潮河和白河来水量很大，为了使白河库水位不超过130米高程，张光斗建议在金沟修临时

---

[1] 张光斗资料。清华大学档案馆，档案编号：2-271-007。

土坝，使潮河来水不进白河水库，总指挥部同意了。同时，他又建议把走马庄已建的四号副坝挖掉，以便泄洪，降低库水位。密云水库任何一座大坝都是万千民工的血汗劳动，总指挥王宪不忍心同意。但为了水库安全，必须这样做。张光斗反复申明事情的严重性，最后总算说服了这位总指挥。设计和施工有不同的意见，发生争论是常有的事，但基本上都能在确保工程顺利、安全这个更高层面上取得一致。之前，对于密云水库白河水电站高压隧洞的设计，这两位设计和施工的负责人就曾发生过争论，张光斗坚持用钢板衬砌，指挥部没有一个人同意，连苏联专家也说没必要，最后还是按照周总理的"约法三章"办事，一切听从张光斗的意见，高压隧洞还是做了钢板衬砌。后来的事实证明，当时这个决定是正确的，因为永定河上马岭水电站高压隧洞当时没用钢板衬砌就发生了事故。王宪也是个光明磊落通情达理之人，经此一事，彻底敬服了这位"老先生"，而且两人结下了深厚的友谊。在泄洪时，由于当初廊道抽掉了钢筋，才导致了今时今日的资源浪费。指挥部紧急动员了一万多名解放军和民工把走马庄四号副坝挖掉，并修建了下游排洪道。1960年汛后，当年曾不赞成张光斗挖副坝降低库水位意见的北京市委万里，走进导流廊道，看到混凝土出现很多裂缝，才深感1959年汛前决定挖副坝是有道理的。

　　1959年汛期，在坝上修临时挡水的土围堰，因规定的土料过细，施工质量也不太好，造成土围堰决口，两位解放军战士跳入水中因抢险而牺牲，这一不幸的事故让张光斗抱愧终身。导流廊道内流速极大，出口冲刷严重，民工日夜抢险，不辞辛劳，不顾性命，张光斗和其他技术干部也寸步不离地守着。其时，适逢党中央在庐山开会，周总理在百忙之中，仍不忘每天命秘书给总指挥部打电话，询问水库的抗洪、安全状况，总理的每天来电令张光斗十分惭愧，他深感自己没有做好工作，使总理在千里之外的重要会场上还担心密云的安危。汛期一个月，指挥部成员每每通宵开会，白天四处奔走查看，一天也就只能和衣而眠两三个小时。军民齐心协力，众志成城，终于确保了密云水库平安度汛，张光斗高兴极了，但放松下来就大病了一场，被指挥部从工地送回清华的家中。女儿张美怡至今还记得那天晚上父亲被抬进家门时的情景。还在上小学的张美怡看到40多天没回过家的父亲两眼紧闭，神志不清，嘴角冒着白沫，手脚抽搐地被抬回家，吓得号啕大哭。大概是听到了女儿的哭声，父亲的眼皮动了动。紧接着张光斗又被救护车送往北医三院，在医院抢救后他当晚就清醒过来，手脚抽搐也止住了。医生说是由于疲劳过度而引起的昏厥，休息几天就能恢复。但张美怡却由于过度惊吓而发起了高烧，母亲只好又从北医三院赶回清华家中送她去医院。

幸福的回忆，难忘的情怀

　　1959年8月底，北京市政府在人民大会堂举行北京十大建筑庆功宴会。周总理把密云水库设计总工程师张光斗和建设总指挥王宪叫到面前，深情地对他们说，"密云水库胜利拦洪，谢谢你们！"张光斗听后非常感动，他深知真正应该感谢的是这位领导他们工作、帮助他们解决一个又一个困难的周总理。张光斗被安排在总理所在的主桌，他怕每个人都向总理敬酒，总理吃不消，于是就串通大家合起来敬酒，不要每个人单独敬酒，以免总理喝得太多，结果他的"串联"举动被总理发现了，于是总理就开玩笑地指着张光斗说，"你不让我喝酒，其实没关系，我今天高兴。"这是多么亲切、融合、欢乐的场面呀。

　　1959年9月7日，周总理第六次来到密云水库工地，看到白河和潮河大坝以及所有其他建筑物都已建到拦洪高程，很高兴，他听了余下工程的施工计划，指示一定要在1960年全部完成，不留尾工。

　　1959年9月10日，毛主席视察密云水库。清晨大家才知道毛主席要来视察密云水库，非常高兴，列队欢迎。毛主席来了，大家高呼毛主席万岁。王宪总指挥、水电部规划总院冯寅总工和张光斗三人陪毛主席到密云水库沙盘模型旁，听取他们的简要汇报。图7-4是当年三人向毛主席汇报

图 7-4　毛主席视察密云水库，听取王宪（左二）、冯寅（左三）、张光斗汇报（采集小组成员王光纶 2011 年复制）

的照片[①]。毛主席问了一些问题，如密云水库的效益、水库的移民安置等，王宪都一一做了回答。毛主席最后说，谢谢你们，谢谢全体民工，建成了密云水库。然后，毛主席视察了白河大坝、发电隧洞进水闸等。毛主席上了船去视察水库，在船上张光斗坐在毛主席旁边，听毛主席谈古论今。毛主席遥指长城，说过去封建王朝花了大量劳力修建长城，现在社会主义建设动员人民修建水库，为人民造福，你们要多修水库，修好水库。毛主席还讲了很多历史事件以及古代诗词，如数家珍。张光斗听后大胆地问主席，您日理万机，如何能记得住这么多历史和诗词。毛主席笑着说，这是中国的历史和文化，作为中国人应该知道。你是工程的脑瓜，应该学点历史和文化，张光斗听后自感惭愧。午饭后，毛主席在潮河水库游泳，

---

① 张光斗资料。清华大学档案馆，档案编号：2-271-007。

第七章　设计密云水库　为首都献上一盆清水

矫健自如，令人敬慕。毛主席要随同在船上的水电部钱正英副部长和张光斗一同下水游泳，但这两个人当时都不会游泳。毛主席说这可不好。钱正英当即保证一年后一定学会游泳，果不食言，一年后钱正英果真学会了游泳，而张光斗却始终未能学会。

1959年10月1日，是中华人民共和国成立十周年大庆。张光斗被邀请到天安门参加庆祝典礼，他站在观礼台上，看到新中国成立后中国人民真正站起来了，帝国主义再也不敢欺侮我们了，经济蓬勃发展，水利建设飞跃前进，密云水库胜利拦洪，他心情非常激动，今昔对比，发自内心地感到作为中国人很自豪。晚上，他又偕同夫人钱玫荫、女儿张美怡到天安门高位观礼台观赏广场烟火，儿子张元正当时正在广场上作标兵。一家人非常高兴，轻松愉快的笑脸，让人看了都美滋滋的。在旁边一起观礼的水电部程副部长羡慕地说，你们一家在此欢庆，真是幸福。次日晚上，一家四口又参加了北海游园晚会，夫妇二人携手漫步在湖边，看着花灯、游船和烟火，孩子们尽情地欢跳、歌唱，张光斗在《我的人生之路》回忆中将这几天的经历赞美为是"我们结婚以后最幸福的日子"。

1960年9月密云水库全部建成，开始蓄水，在工地举行庆祝大会，谭震林副总理代表国务院参加大会并做了重要讲话。密云水库建成后，周总理曾多次陪同外国首脑到水库参观，说密云水库是华北地区第一大水库，有巨大的防洪、供水等综合效益，是20余万民工奋力拼搏创造出来的一年拦洪，二年建成的奇迹，是奉献给首都人民的一盆清水，是社会主义建设的伟大胜利，这其中凝结了中国人民的不朽智慧，总理对此十分自豪。

后来，周总理还两次把张光斗和王宪找到中南海西花厅，听他们汇报密云水库后期工程情况和北京市水利建设情况。总理一再指示要"鲧禹结合，蓄泄兼顾"，除了修水库拦洪蓄水外，还要整治下游河道以泄洪水。每次汇报之后，总理都要留他们俩吃顿午饭。在那段困难时期，每人一块烤白薯、一个馒头、一个窝头、共用一个火锅，四碟小菜，这就是周总理待客的标准。那情那景，一直清晰无比地留在张光斗的记忆里，激励着他完成了一项又一项高难度的工程，创造了一个又一个举世瞩目的奇迹。总理的知人善任，倾心相交，更让他在此后一番几乎颠覆中华的凄风苦雨里，始终坚信中国是有希望的。为了深切表达和怀念他和周总理结下的这段"密云情怀"，后来张光斗在他居住的清华大学11公寓客厅的正面墙上特意在中央部位悬挂了一幅能够充分显示总理广阔胸怀的照片，在总理照片的周围簇拥着一幅幅水利工程的照片，以示他作为一名水利人对总理的衷心敬爱。即使到了耄耋之年，张光斗登上密云水库白河坝顶，站在右坝头建立的工程纪念碑前，仍指着碑上刻的许多工程负责人的名字（注：包括张光斗的名字）对随行的年轻师生们说，其实最该刻在碑上的是两个名字：一个是周恩来，一个是20万无名民工的名字，至于我们这些人只是做了自己应该做的事情，没什么了不起。

谨慎从事，不留隐患

1960年水库基本建成以后，大队人马陆续撤离工地，返回学校上课。张光斗十分了解，在"大跃进"氛围中用"三边"赶出来的设计难免有不周到之处，如果留下隐患，则后果将不堪设想。因此，他要求谷兆祺几位年轻的骨干教师留下来常驻工地，嘱咐他们对全部设计从计算到图纸、直到实际施工的结果，都要做全面仔细地核查，务求不留一点儿隐患。这几位年轻教师没有辜负张先生的期望和嘱托，在生活条件极其艰苦的情况下，用了大约三年的时间，查出了工程设计中存在的十项重要问题，都逐项地向张光斗先生做了汇报。张光斗每次都认真地听取汇报，不怕揭短，不掩盖矛盾，对这十个遗留问题都一一进行了妥善处理，消除了隐患，从而确保了密云水库能够长期安全地运行，能够源源不断地向首都供应优质的饮用水，成为奉献给北京人民的、一盆宝贵的清水。

尽管张光斗对工程是尽心尽力了，而且确实做得很好，经受了历史和实践的考验，但他仍不忘要记住"教训"，他深知世界上的事情绝没有十全十美的，尤其是工程的事情总会有不足之处，工程师的成长，从某种意义上讲就是在失败中成长起来的，经验和教训同样宝贵，而且教训往往比经验更宝贵，因为它是付出了更大的代价而得到的。在张光斗撰写的《我的人生之路》一书中，就有这样一段深刻自我反省的话：

> 白河大坝上游坝面保护层砂砾石与黏土斜墙间的反滤层含细砂过多，后来唐山地震时细砂液化，保护层发生滑坡事故。这是我不很懂细砂液化问题和不重视保护层所犯的错误。走马庄副坝即将建成，进行岩基防渗帷幕灌浆，因压力大、漏浆多，仍继续灌浆，结果造成黏土心墙裂缝，这是由于我事前未规定工艺规范所致。由此可见，在工程中稍有不慎，就可能造成事故。石骆驼副坝原在南石骆驼，因石骆驼盆地有一亿吨铁矿，被迫将坝址移至北石骆驼，后来发现副坝上料困难，而且盆地查明没有铁矿，结果又把副坝位置改回到南石骆驼，形成内外两库，造成很大损失，这是由于我未弄清矿产资源情况就轻易决定迁移坝址之故。副坝下泄水廊道进水塔，设计中没有正确考虑冰荷载，后来进水塔被冰挤倒，改建为斜坡进水闸，可见我还缺少这方面的经验。①

这段"自我检讨"，从一个侧面让我们看到了一位科学技术人员的成长往往是需要正反两方面的教育，正如张光斗经常对他的学生所说的，我们一定要按周总理生前经常告诫我们的去做，要"活到老、学到老、改造到老"，只有这样才能对得起供养我们成长的老百姓。

---

① 张光斗：《我的人生之路》。北京：清华大学出版社，2002年，第86页。

第八章
"文化大革命"爆发　逆境中尽显真情

"反动权威"

　　1966年6月初，张光斗和清华水利系的教师们正在四川渔子溪水电站工地紧张地修改完善工程初步设计报告。6月1日中央人民广播电台根据毛主席指示，全文播发了聂元梓等七人签名的大字报，全国震惊，张光斗他们这些"老运动员"敏感地意识到政治运动又要开始了。但这次运动发展的速度之快，采取的方式如此之激烈，是他们万万没有想到的。6月中旬张光斗忽然接到水电部西南办事处的电话，要他速回北京。张光斗匆忙赶回清华大学，一进校门就被扣上了"反动分子"的帽子，挂上了"资产阶级反动学术权威"的牌子，游街示众，并站在台子上接受革命群众的批判，批判他执行了资产阶级反革命教育路线，既有美帝国主义的资产阶级教育，又有苏联的修正主义教育，还有蒋南翔17年的封资修教育。那时的张光斗对眼前所发生的一切根本不理解，昨天还在工地作为总工程师指挥着上百人的队伍奋战在"设计战场"，今天回到学校就一下子变成了

"反动权威",成为了批判对象,变化反差为什么如此之大?但他只能是不理解也要执行,每天硬着头皮去接受革命群众的例行批判。那时候,身为"资产阶级反动学术权威"的张光斗,还真是在真诚地试图理解这场史无前例的政治运动,深刻反省自己反动路线的错误,希望这一场革命能彻底斩断那些"美帝"、"苏修"和"十七年封资修"伸向革命教育路线的魔爪,给教育打上红色中国的烙印。直到1966年8月初的一个雨夜,并不是中央"文化大革命"小组成员的周恩来总理,到清华参加群众大会,传达了毛主席发动"文化大革命"是要肃清资产阶级反动路线的指示,教导学生要团结搞革命。从那以后斗争会减少了,改为对反动分子的劳动改造,张光斗被派去打扫卫生,每天埋头于淘粪坑、洗便桶等体力劳动。在政治领域,张光斗自认一向是个迟钝的人,但当他看到陷在群情激奋、热血沸腾的造反派学生当中同样被边缘化的周总理,听到总理字里行间的维护,煞费苦心的劝导,才后知后觉地意识到这场运动潜在的危险。所幸,在随后十年漫长的噩梦中,有一些东西、一些人始终未变,支撑着单纯而诚恳的张光斗挺了过来。一样,是那些平凡普通劳动者的慧眼;一样,是对科学真理不懈的追求。是非曲直,公道自在人心。

这点不变的信念第一次得到验证是一段颇具戏剧性的际遇。"文化大革命"开始两个月,熬过第一波声势浩大的攻击批斗,张光斗稍感轻松,每日里专心阅读大字报和毛主席著作,进行所谓的自我改造。而造反派内部则忙着明枪暗箭争权夺利,明显是各有后台的。一时间党派林立,内耗不断,人人自危,教师之间、师生之间的关系恶劣到了道路以目的程度。只有在那些文化不高的汽车房司机和水利系工人的脸上,才能看见熟悉的微笑。一天晚上,他在大礼堂区看完大字报,回家时走到胜因院桥边,几次三番被红卫兵拦住,说教师宿舍区有革命行动,不能进去。无处可去的张光斗只能在大字报区来回走动,消磨时间,忽然听到广播喇叭大叫,命令值勤的红卫兵把"反革命修正主义分子"都抓起来。张光斗当即就被两个红卫兵抓到了二教楼革命造反司令部。张光斗心知肚明,无数老同事、老干部前阶段经历过的"惩罚"遭遇,今天终于要落到他的头上了,挂重牌子、坐飞机,甚至拳脚教训,他无言以对无可奈何,打定了主意听之任之。想到教师宿舍区的所谓革命行动，必定也是炒家和批斗，张光斗担忧着家人的安危。这时突然有两位工人怒气冲冲地闯进了二教，口口声声要狠狠地惩罚一下张光斗，强烈要求司令部把张光斗交给他们，让这个反动权威好好接受一下工人阶级的教育，司令部欣然批准。张光斗被这两位工人单独带走，然而让他没有想到的是，等待他的并不是唾骂毒打。两位工人师傅带他走出二教楼，进到了新水利馆一间极为简单的房间，屋内还有一张干干净净的床。两位工人师傅和和气气地让他在这里休息，并说等革命行动结束了再送他回家。张光斗被这一幕惊呆了，内心受到了极大地震撼，这些看似最易受蒙骗、最易被煽动的普通工人，就是以如此"拙劣"的演技，不惜"阳奉阴违"，保护了他们心目中的无罪人。那天晚上是清华红卫兵的一次大规模行动，校园里到处是红卫兵的身影和批斗的口号声。张光斗的夫人和儿女担心张光斗的安危，在校园里到处寻找，却不见他的影子。眼看半夜了，一家人心急如焚，正在这个时候，他们突然看到张光斗在两位工人的陪伴下走过来。两位工人师傅把张光斗交给张的家人，并低声对他的女儿说以后不要让你父亲随便在校园里走动，然后就默默地离开了。两位工人师傅的保护令张光斗意识到自己大概并没有犯什么十恶不赦的政治错误，但这场运动肯定是汹涌波涛，绝不会是"请客吃饭"。张光斗居住的9到12公寓宿舍区住着一些校领导和教授，是当晚红卫兵抄家行动的主要目标之一。果然，当晚回到家，在这个区恣意施暴大肆抄家的红卫兵刚刚撤走，门前的小路上还留有被毒打过的几位校领导流下的血迹，左邻右舍一片狼藉。仗着张家大门上贴着中央办公厅禁止炒家的告示，这样才使张光斗家幸免于难。周总理又一次保护了他。张光斗惊魂初定，静坐在窗前，蓦然想起中南海西花厅的清粥小菜和两个大白薯，还有那位不顾风雨、不辞辛劳，七次亲临密云水库建设工地的周总理，现如今总理也只能到处"救火"，万般无奈，这到底是怎么回事？他百思不得其解。

"文化大革命"如脱缰的野马席卷中国的各行各业，张光斗也背负了许多莫须有的罪名，大到批判他整个学术主张，说他技术挂帅，专家路线；小到揭发他在巴黎不用中国钱吃中国饭，而爱吃西餐，花外汇（注：

当时在巴黎中国餐馆很少,其实吃中餐比吃西餐还贵,而且吃中餐也不可能用中国钱)。指鹿为马,颠倒黑白,强词夺理,无事生非,种种欲加之罪,反而令张光斗看清了某些人的真面目,让他在扭曲的价值观中找回了正确的自己。

在那段混乱的日子里,令张光斗感到最为痛心的是停滞的科学研究。一切都在倒退,不管是脆弱的民主法制,还是方兴未艾的中国工业。由他一手设计的密云水库白河电站因为政治的原因无法使用外国设备,生产效率大大下滑。张光斗在"文化大革命"前花费几年的业余时间,几乎每天工作到深夜,整理从国外搜集带回的资料,编写完成了专著《水工建筑物》,并已送交科学出版社准备正式印刷出版。"文化大革命"不准再出版反动权威的书了,出版社只好把全部书稿送回清华大学,结果被工宣队付之一炬,由于出版社要从参考书中描绘原图,所以随同书稿送到出版社的全部参考书也一并被毁掉了,这个损失几乎是无法弥补的。安静的清华园成了战场,科学馆被烧,武斗中学生丧生。张光斗被迫放弃钟爱的水工科技,闭门学习马列主义和《毛泽东选集》,想提高政治觉悟,却收效甚微。甚至为了不卷入政治派系的斗争而避走上海,把时光消磨在街头的一张张大字报上。1968年夏,他从上海回到清华园,武斗的硝烟未散,又迎来了工宣队。7.27工宣队进入清华大学后,领导他们学习毛主席著作和中央"文化大革命"领导小组的文件。张光斗唯有随大流地检讨、检讨再检讨,一次次地接受批判、批判再批判,对于头上那顶"资产阶级反动学术权威"的帽子,他已不在乎能不能摘掉,反正就是个挨批吧。

而令张光斗最感痛苦和愧疚的,是看着儿女因他的牵连受到的歧视和打击,前程无望。儿子元正尚在清华力学系念大四,看着父亲挂牌游街受批判,承受着很大的精神压力。他后来也加入了造反派,完全荒疏了学业。元正先天性血小板缺乏,曾在高中参加劳动时因腿部受伤而导致肌肉萎缩,休学一年。他后来通过游泳恢复了腿部功能,考上了清华,但一直免体育课和劳动锻炼。"文化大革命"中元正受到父亲牵连,被下放到锦西化工厂从事重体力劳动,每天从早到晚搬运200斤重的电石桶,身体健康受到很大摧残,导致日后的英年早逝。女儿美怡在清华附中预科班学习成绩优秀，1966年秋天本将保送进清华，但"文化大革命"不仅断送了她的清华梦，还让她受父亲牵连在学校遭受批判，成为同学们避之不及的黑帮子弟，精神到了崩溃的边缘。由于出身不好，美怡没有资格分配工作，张光斗夫妇鼓励她争取去黑龙江省建设兵团，以为起码可挣工资。万万没有想到的是，当张光斗夫妇到北京火车站送女儿赴北大荒时，女儿却被兵团发来的一纸命令连人带行李轰下了火车，理由是黑龙江建设兵团地处中苏边界，张美怡是反动权威的子女，有叛逃的危险。张光斗看到女儿受到他的牵连，连曾是劳改农场的北大荒都没有资格去，不禁老泪纵横。万般无奈之下，1968年秋天，女儿作为清华附中第一批下乡知青，赴内蒙古白城地区一个条件极其艰苦的蒙古族小山村插队，一去就是五年，种种苦楚，无法言说。令人欣慰的是，那里纯朴的老乡们，用他们善良的心给美怡带来温暖和鼓励，让她又重新恢复了对人生的信心和希望。

在三门峡工地，幸运地遇到了"小伯乐"

到了1968年冬天，形势突变，开始清理阶级队伍，制造了无数冤假错案。张光斗在新中国成立前的一切行动都遭到了歪曲的清算，加入资源委员会被说成加入国民党，为抗日远赴四川修建水电站被说成与共产党为敌，与美国人共事即成为美国特务，与苏联人共事又成了苏联特务，特别是1943年赴美前成立的那个"卅一学社"，更像是一个具有专门名称派到美国学习的特务组织了，子虚乌有，张冠李戴，一个个却言之凿凿。有的教授实在顶不住压力自杀了，而张光斗坚信正义，绝不妥协。共事多年的同侪手足，或别有用心或迫于无奈地相互攻讦，张光斗却恪守信义，决不为了自身安危而胡言乱语，出卖朋友，落井下石，他能做到的就是咬紧牙关，缄默以对。既不能逼他就范，又无法屈打成招，他"油盐不进"的态度令工宣队和造反派束手无策，在1969年的夏天，不由分说只好把他丢到三门峡开门办学基地，想在那里借助社会的条件来设法清理他的"罪行"，对他进行劳动改造。这时，张光斗已年近六旬。

三门峡水库始建于20世纪50年代，由于设计指导思想的错误，水库建成后造成严重的泥沙淤积，库区生态系统紊乱，土地盐碱化，无数百姓背井离乡。军宣队正是借助于当地群众中存在着这种不满的情绪，在批斗会上一股脑把设计错误的责任全加到这位"反动权威"的身上，千错万错全是他的错，群众当然义愤填膺。其实这座工程设计是水利部委托苏联列宁格勒水电设计分院完成的，他们对设计全权负责，对于中国专家的建议他们有不接受的权利，如当时中国年轻工程师温善章就对设计院的360米方案提出不同意见，建议降低水库正常高水位到335米，水库只起防洪和在下游部分地区进行灌溉的作用，不建水电站。这一正确指导思想的方案，被苏联专家指责为是一个狭隘利用三门峡水利枢纽的新方案，违背了综合利用的原则，不予采纳。中国专家对苏联设计方案讨论最集中的一次，是1957年6月10日到24日（10至17日为大会发言，18日以后为专题讨论发言）在水利部召开的三门峡水利枢纽讨论会上，参会的专家有70多人，会议由张含英副部长主持。在这次会议的大会上有36人次发言，除温善章、叶永毅、黄万里少数人不赞成设计方提出的360米蓄水拦沙方案外，多数发言人认为苏联方案是可行的，张光斗没有在大会上发言，只是在专题讨论中做了如下的简短发言："综合利用不一定非要面面俱到，如果某一项不合算就可以不考虑，但这仍然还是综合利用。清水下泄有什么坏处？还想不出有什么坏的地方。现在讨论中感到未知数太多，说不出一定怎么样就最妥当，有人提出排沙，如果不会使下游河道淤高的话当然可以多排些，水库寿命也可以延长一些。拦沙排沙那样好？排沙的话能排多少？虽然经过计算或是模型试验，但都还不能使人完全信服，因此在这些方面不要把自己束缚得太死，要有充分的活动性，近期计划要不妨碍将来的发展。所有问题不一定全能用计算说明，还要靠一定的判断，在总目标之下慢慢抬高水位走着瞧，利用运用中的事实去修改计划，由于关于泥沙问题的未知数太多，我们的工程措施也要有弹性才好，例如坝下可以留些低孔，有备无患。有了计划也不一定全能照计划办，要看发展的情况而有所调整。看上去上述这种想法似乎是摇摆不定，这是由于我们还不能掌握它的规律。关于水土保持工作把握性不大，工作也非常艰巨，所以希望越早进行越好。"① 上述会议记录内容清楚地表明，张光斗既不是三门峡设计方案的制定者，也不是这个方案的积极支持者，可是在批斗会上却被错当成了这次错误设计的始作俑者，成为苏联设计方的替罪羊，但对于这种张冠李戴手法的批判，张光斗早就见怪不怪、习以为常了。

在初到三门峡的这段时间里，对于张光斗来讲几乎是每天要承受无休止的审讯和批斗，而且还要参加繁重的体力劳动，尤其是精神上受到很大刺激，在当地人和新入学的工农兵学员看来，这位"反动学术权威"简直就是"怪物"，从来没见过，感到很稀奇，因此时不时会受到一些冷眼和讥讽，再加上营养不良，1970年初，张光斗的身体终于支持不住了，患上了肺结核，一病就是半年多，在留医治疗期间依旧是不断地被逼问和诬陷。万念俱灰之下，他曾提笔给周总理写信，倾诉自己的不公正待遇，此举如同找到精神支柱，尽管明知可能得不到一点回音。

1971年他病好之后，回到三门峡开门办学基地，参加基地培训的工农兵学员，终于要出师了，海本静等几位工农兵学员被派到陕县张卞公社帮助农民进行水利建设。到了现场他们才知道所学的那点知识根本不够用，随行的教师又都是教技术基础课的，没有实际工程的经验，面对工地现场根本不知所措。于是这些学员凑在一起，想出了一个"妙招"，他们要变个花样做一回"伯乐"。于是派几个学员回三门峡开门办学基地，对工宣队说，基地的条件太好了，不利于对张光斗的改造，他们那里条件艰苦，要把张光斗带到他们那里，让他接受贫下中农的再教育，更有利于对他的改造。工宣队觉得还是工农兵学员想得周到，于是就把张光斗交给了他们，并训斥张光斗要好好改造。可离开了三门峡基地，一路上学员们对他却恭敬有礼，照顾有加。原来一年的朝夕相处，时不时地悉心点拨，这位戴着反动学术权威、苏联特务、美国特务三大罪状的花甲老人，在他们眼中，早已是一位和蔼可亲、满腹经纶的饱学之师，所以在无奈之

---

① 1957年《中国水利》第七期、第八期，总第19、20期，这两期刊登了1957年6月这次会议的全部发言记录，张光斗在专题讨论中的发言刊登在第八期。

时，他们挑选了这匹"确有实学的老马"。到了张卞公社，山区人民的生活确实很苦，水含氟，喝多了会得软骨病，所以才要修水库和饮水工程，这是一件实实在在为民造福的工程。当时水库坝址尚未选定，张光斗就带领学员查勘坝址，在两岸爬山，看岩层土质。没有钻机，勘探只能靠挖试槽和试坑，因为别人不懂，他就亲自跳入试坑，检查土层。经过近一个月的查勘，选定了坝址。然后根据当地仅有的水文资料，估算出年水量和洪水流量，粗略地计算水库库容，进行规划，确定了坝高。坝型只能用土坝，还选定了河岸溢洪道的地址，指导学员做了设计。约一公里长的输水隧洞，通过岩石山岭，全靠当地青壮年用劳力挖成。在隧洞的塌方地段，由于覆盖层较浅较薄，采用了在覆盖层中挖坑，下到隧洞，衬砌隧洞，加强顶盖，然后把坑回填的方法，避免了隧洞改道。几个月的艰苦奋战，同甘共苦，吃的是高粱米饭和盐水萝卜，睡的是没有门没有床只有一堆稻草的破窑洞，张光斗在这样艰苦的生活条件下，非但没瘦反而胖了，因为他为民造福的追求得以实现，精神上得到了极大的安慰。他和质朴的工农兵学员以及当地的农民建立了深厚的感情，他们尊重他，相信他，尽其所能在艰苦的条件中照顾他，高粱米煮得烂透一点，甚至还特意给他加了点糖精，就怕他嚼不动，咽不下去。这份危难中的真情，令张光斗终生难忘。水渠落成，他要回三门峡继续劳动改造了，张卞公社的书记备下水酒和谢礼，感谢他给当地农民做了一件好事，而且还坚持要派拖拉机专门送他，与他来时凄凉的境遇判若冰火。对于谢礼当时他不敢收，而这份情意却延续到了"文化大革命"以后，那位公社书记在 70 年代末，曾不远千里把那次没有送出的土特产特意送到了张光斗清华园的家中，张光斗这次欣然接受，然后让助手送到学生食堂，请大家共享。

直到 1972 年初，他才从三门峡回到北京，面对一次又一次的污蔑清算，张光斗已经习惯了，听之任之，不再理会。因为上一年林彪的败亡，"四人帮"气焰有所收敛，那年秋天，这场对张光斗旷日持久的"审判"得出了个似是而非的结论——"解放"，但他头上那顶"反动学术权威"的帽子却没有明确摘掉，不管怎么说不再对他批判和审讯了，给了他一个

图 8-1 "文化大革命"期间张光斗全家合影（张美怡提供家庭照片）

暂歇的机会。图 8-1 是张光斗一家在"文化大革命"喘息期间，一张难得的全家福合影留念照片。更有幸的是 1973 年春，还让他带队赴西班牙马德里参加了第十一届国际大坝会议。

一位受欢迎的"反动学术权威"

轻松的好景不长，1973 年底清华大学又别出心裁地掀起了反右倾的"三个月运动"，以此作为 1974 年"四人帮"发动批林批孔运动的先行。批判林彪，是为批林，打倒孔夫子，名曰批孔，指桑骂槐，矛头实为对着周总理。周总理声望极高，又在"文化大革命"中保护了一大批老干部和知识分子，自然成了"四人帮"夺权最大的阻碍。运动一来，学校中又有一大批教授被打倒，张光斗亦在其列。这次运动不是清理反动历史，而是清理反动思想。学校为此还举行了一次对教授的考试，试题包括数学、物理、化学，其中主要是近代物理和有机化学，都是张光斗不常用的，自然考不及格。因此，一顶既无能，又有反动思想的帽子重新扣了上来，真是欲加之罪，何患无辞。

从1973年下半年到1976年，张光斗被辗转送到国内各大水利水电工地开门办学点进行思想清理，"四人帮"的爪牙以为借此就能把他彻底边缘化，殊不知这个可爱的"洪水猛兽"，精深的学术造诣、高尚的道德情操早已深入人心，甚至为了他，许多工农兵学员与工地的负责人不惜"欺上瞒下"，也要好好地照顾他。原本是想好好给张光斗一点苦头儿吃的，但各开门办学点工地的领导根本不听那一套，反而按照自己的意愿进行接待，二者大相径庭，这就是当时的现实情景。

1973年底，张光斗被带到郑州黄河水利委员会。黄委会不仅给他安排单独的住所和饮食，还把小浪底工程的设计送给他，征求他的意见。张光斗针对当时工程设计中存在的一些技术难题，给黄委会留下了许多宝贵的意见。水利系军宣队眼见张光斗在外的声望又一次"水涨船高"，连忙把他调往黄龙滩水电站工地。而他离开郑州时，却得到了黄委会和工程师们的设宴欢送。

1974年初，他在黄龙滩。工程局党委为了照顾他，专门盖了条件较好的临时房屋。同住的工农兵学员尽管名义上是被派去监管他，却很快和他亲近起来。被蒙蔽叫来批判他的工农兵学员，很快也成了和他无话不谈的学生。工程局请他顾问工程问题，中南勘测设计院设代组请他指导设计，他都尽心竭力。黄龙滩水电站混凝土重力坝右坝头是高山坡，由于施工对安全不够重视，发生河岸塌坡，死了多名工人，令人痛心，是他帮助工地制定了岸坡加固方案；对于闸墩设计图纸，张光斗发现有些错误，及时向工程局党委做了汇报，并在工程局党委张书记的指示下，设代组修改了设计图纸，施工后的闸墩工作性能果然很好。张光斗在黄龙滩水电站工地近半年，水利系军宣队认为对他思想清理效果不大，于是又把他调往滦河大黑汀水库工地。离开黄龙滩水电站工地时，工程局党委张书记亲自陪他坐汽车到丹江口，安置他住在高级旅馆，又请他到自己家中吃饭，还给他买了火车卧铺票送到汉口。真是"怪"了，你越批判，越说他"反动"、"无能"，人家越是信任他，越是对他好，越是对他表示欢迎。

1974年下半年，张光斗又被送到了滦河大黑汀工地。虽然军宣队指示带队的教师对张光斗要严加监管，进行批判，但这位教师心里非常清楚，什么是对，什么是错，凡事"睁一只眼，闭一只眼"，从不干预张光斗的工作，实在没办法需要做做样子时才敷衍着批判一下。学员们与张光斗同甘共苦，时常深入工地，他们之间的关系很快就融洽起来，同学们缠着他讲工程技术，替他洗衣服。就连军宣队亲自来工地批评了这位带队教师，亲自组织学员批判，也无济于事，仍然是表面上划清界限，实际上还是融合相处。张光斗在工地帮助工程局解决了大坝右岸接头问题，这里岩石较差，他建议做深截水墙；坝基岩面开挖后起伏度较大，他建议减少起伏度，少用基础钢筋；混凝土重力坝温度横缝用的沥青油毛毡也被他建议取消了，既节省了费用，又减小了施工难度、加快了施工速度。他还帮助工地设计了混凝土粗骨料冷却水塔，对于这件事，在这里还要多说几句。当时工地没有技术参考书，对于冷却水塔的圆筒计算，张光斗全凭昔日工程力学硕士的功底，全套计算公式就是靠扎实的力学基本功推导出来的，"文化大革命"结束后，他把当年推导公式的草稿交给了他的科研助手，经整理、校核全部公式正确无误，于是送到出版社出版。1978年12月水利电力出版社出版的《圆筒钢筋混凝土薄壁池的内力计算》一书，就是张光斗院士这段工作的成果，可见他的力学基础知识是非常扎实的。此外，在这段时间里张光斗还被邀请去潘家口参加水库选坝址，原来选定的坝址河谷虽然较窄，但地质条件差，不宜修高坝。于是他建议将坝址向下游移几百米，岩基条件优越，虽河谷较宽，大坝方量较大，但有利于布置溢流坝和水电站厂房，总的来说，比上坝址更经济。经过反复讨论，最后会议决定了采用下坝址。引滦入津的渠道选线也邀请他前往查勘，他也诚心诚意地提出了自己的意见。总之，在滦河的半年多，张光斗的心情还是比较愉快的，最主要的是工作充实，虽也受到了一些不得已而进行的批判，但更多的却是群众间不变的温暖，工程界朋友们对他的信任。

1975年8月淮河流域普降暴雨，酿成洪灾，史称"758"大洪水，有几座水库洪水漫坝，土坝溃决，造成了大量人民生命财产损失，举国震惊。水电部在郑州召开会议，讨论发生水库溃坝的原因和防止今后发生类似事故的办法，虽然张光斗的"帽子"还没摘，但水电部还是邀请他去参加会议。经过勘察研讨，认为事故的主要原因是水库设计防洪标准偏低，另外也有管理水平太差，缺少降雨和洪水预报，闸门启闭不灵等原因。痛定思痛，水电部领导提出，经会议通过，所有水库的防洪标准都要按最大可能洪水设计。张光斗当时尽管戴着"帽子"，但还是"自不量力"地直言，这样要求是不现实的，水库的防洪标准应按库容大小、下游的人口和经济情况以及水库的重要性来确定。中小水库如果都按最大可能洪水设计，造价太高，根本修不成。他因此受到了指责，说他不关心人民的安全。由于这次洪水损失严重，张光斗理解这种指责，只好把委屈藏在心里，他仍然坚持认为规定这种防洪标准根本做不到。1975年冬，水电部规划院通过清华大学革委会，邀请张光斗去山东、河南检查水库安全。在山东省水利厅副厅长的陪同下，张光斗随同检查团去了十多座大型水库检查。这些水库大都是在1958年大跃进时修建的，一般防洪设防标准偏低，要提高到最大可能洪水标准，根本不可能。张光斗根据水库库容的大小和重要性，建议提高防洪标准到100—500年一遇洪水，规划院带队的曹副院长也同意了这个建议。当然，即使达到这样一个标准，也要加大溢洪道，工程量大，有不少困难，张光斗就帮助设计出主意，但坚持必须提高防洪标准，以保安全。这些水库的建筑物质量普遍不高，有的漏水较多，甚至有的地基已有管涌现象，有的溢洪道闸门和下游消能设施不安全。他和检查团都予以指出，强调必须加固。实践证明，提高水库防洪标准和加固的任务的确很重，即使能够照着检查团的意见做了，但仍远远达不到郑州会议水电部规定的防洪标准。

检查团到了河南郑州，河南省水利厅郭副厅长陪同，又检查了十余座大型水库。这些水库也是在1958年大跃进时期修建的，也和山东一样，防洪标准较低，工程质量较差。与山东不同的是，山东多为平原水库，而河南都是山中的河道峡谷水库，所以河南水库加大溢洪道更困难。由于坝高，工程量更大。张光斗根据水库的库容和重要性不同，提出防洪标准200—500年一遇洪水，最高不超过千年一遇洪水的建议，规划院曹副院长也同意了这个建议。这里加大溢洪道更困难，张光斗尽量帮助解决设计中的难题，建议必要时增建泄洪隧洞。在检查中还发生了这样一件事，有一座水库，由于老坝的质量严重不好，当地领导决定在下游另修一座较高的坝，并且已经开工了。张光斗在现场发现对岸山坡高处有一片偏白色的条带很不正常，就询问设计工程师和地质师，大家都说没有问题，但未去看过。于是张光斗按照他的"老规矩"，凡事都要掌握第一手资料，请地质师带路亲自爬到对岸山坡，经仔细查看发现那条白色的东西竟然是断层，需要进行专门的处理，而且从保证安全的角度考虑，坝轴线必须稍做移动。就这样，一个可能造成重大损失的安全隐患被排除了，对此当地领导对张光斗非常感谢。

类似的事情还有许多，张光斗一面承受着不公正的待遇，一面却赢得了极高的业界声誉。"文化大革命"蒙蔽了大多数人的眼睛，却无法掩盖科技的光辉。工程科学就是这样，有一分说一分，说一分做一分，在这场全中国都迷乱了的浩劫里，张光斗和许多默默无闻的工程技术人员，是最脚踏实地的一群人，他们是中国最后的良心。

1976年1月，周恩来总理逝世，噩耗传来，张光斗悲痛欲绝，恸哭失声。他失去的不仅是一位国家领导人，一位革命先师，更是一个肝胆相照的知己。风雨十年，他们没有见过一次面，张光斗却时刻记挂着总理的安危，每每"四人帮"又有新动作时，他都忍不住在心底痛斥鞭挞。可惜他看得穿"四人帮"的黑心，却无力与之抗衡，只有独自日夜悬心的那一点点权利，而且连总理的追悼会都不让他参加，他只能躲在一旁的角落里默默地悼念、伤心。周总理的辞世激起了全国人民的悲痛和愤慨，天安门广场万朵白花，十里长街百姓夹道送别，为"四人帮"敲响了末日的丧钟。

忍辱负重，一心为民，终于苦尽甘来

1976年7月28日，唐山发生震惊世界的大地震，随后不久的一个深夜，正在黄河小浪底工地开门办学点接受教育、参加设计工作的张光斗突然被人从睡梦中叫醒，告之清华大学急电，命其速到密云水库报到。张光斗怀着忐忑的心情星夜兼程乘火车往北京赶，到北京站已是隔天的深夜11点多，乘111路无轨电车赶到动物园时已过12点，332路回清华的末班车早已过去。一个64岁的老人，旅途劳顿，万般无奈，拖着三件笨重的行李，艰难地在夜空下往回清华的方向边走边停。多亏遇到了一位好心的大货车司机，见老人行走实在困难，就顺路将他带到了中关村，那时的中关村还很僻静，由中关村到老的清华西南小门还有相当长的一段路程，这段路上的车辆和行人很少，张光斗带的行李较多，一次拿不动，只好分批搬，沿着路边的电线杆子先搬一件放到前面电线杆子的下面，然后再空手返回去取第二件，就这样一件、一件行李倒着往前挪，几经周折回到清华园家里时已是凌晨三点多，此时年迈的老人已经精疲力竭。可天一亮就又赶公共汽车去了密云。到了水库才知道，是因唐山大地震波及北京，引起了坝址地区烈度为6度的地震，白河大坝上游坝坡保护层发生大面积滑坡，有人甚至认为大坝随时有溃决的危险，要求下游居民搬迁，弄得人心惶惶。近20年来，密云水库为北京城源源不断地提供生命的源泉，对一手将它设计出来的张光斗而言，更是将其视为自己的亲生孩子。他顾不得伤心忧虑，一头扎进了勘探查验之中。

经过查看，张光斗发现，白河大坝只是保护层滑坡，黏土斜墙和砂砾石坝体并无损伤，大坝应当说是安全的。还未等他开口讲话，兜头就泼来了一盆冷水，由于张光斗当时还处于受审查阶段，军宣队向他明确指出，这次密云水库加固工程的安全，他要全权负责，但不允许在图纸上签字。这种蛮不讲理、毫无逻辑说法的含义就是，如果工程失败了，你张光斗要负全责；如果工程成功了，没有你半点儿的功劳，真是欺人太甚。但对于经过七年颠沛流离磨炼的张光斗，对此种伎俩早已见怪不怪，更何况他根本不是为了这一星半点的功劳，更不是为军宣队服务而来的，他只想保住自己一手建造起来的大坝，是为保证人民生命财产安全而来工作的，因此让不让签字无所谓，关键是要保证工程质量和安全。而且，这次现场总指挥北京市委王宪同志再次作了张光斗的坚强后盾，王宪不顾军宣队的所谓规定，宣布张光斗要参加指挥部的党委会，实际上仍赋予了他参与水库加固工程决策的权利。

滑坡的根本原因，是保护层与黏土斜墙之间的反滤垫层含砂量过高，且颗粒过细，致使在地震时发生液化。由于当年设计时对细砂液化的理解不深，对保护层也不够重视，张光斗对此始终心怀愧疚。对于白河大坝如何抗震加固，水电部和北京市的领导和专家一起开会讨论。绝大多数专家主张把白河水库放空，进行检查，然后修复保护层。而张光斗认为大坝黏土斜墙和砂砾石坝体能抗8度地震，是安全的，保护层只起防水库波浪冲击黏土斜墙的作用，所以建议不要放空水库，在水中抛填砂砾石来修复保护层即可。这样不仅能避免浪费白河水库十余亿立方米的蓄水量，也可节省工程费用，在发达国家一般也是采取此种做法。但多数人不同意张光斗的建议，认为密云水库位于北京，安全第一，效益第二，必须放空水库，而且可以检查大坝是否还有其他损坏，以便加固。最后，水电部领导决定听取多数人的意见放空水库。后来水库放空了，大坝果然没有其他损坏，大家也就放心了。只是在混凝土防渗墙前的库底有一表面直径约2米的漏斗，表示混凝土防渗墙下面"开叉了"，细砂被渗流带走，但渗流量很小，在防渗墙下游砂砾地基内扩散，故测压管内水位没有升高的反应。为了安全起见，还是在漏斗处加做了三米宽的混凝土防渗墙，把"开叉"封起来。

在讨论如何放空水库的方案时，多数人主张打开导流廊道，在廊道混凝土塞左侧挖旁通隧洞，绕过混凝土塞。这一方案施工困难，而且高速水流经过绕旁通隧洞流动，会引起廊道破坏，是不可行的。张光斗主张在左岸挖导流隧洞，因为廊道已抽掉钢筋，不宜用于泄流，而且如果次年汛前来不及关闭廊道进口闸门的话，廊道将泄洪过汛，不安全，水库也不能蓄水，又要空库过一年。个别专家则认为挖左岸导流隧洞的方案虽然好，但需要的时间太长，怕不能及时修复大坝保护层。经过反复考虑，张光斗最后建议挖开廊道内的混凝土塞，用人工挖，不用炸药，混凝土塞是能安全挖掉的，这样廊道只在非汛期内过水，水流条件还好。但必须同时挖左岸导流隧洞，在次年汛前较早挖成，可及早关闭廊道进口闸门，导流隧洞汛期过洪，修好进水闸，可安全运行。这一方案安全可靠，只是多花些工程费用，最终指挥部党委开会通过了这一施工方案。

抗震加固施工正式开始以后，张光斗即使蒙受了"不准在工程图纸上签字，又要对工程负责"如此不公正的待遇，他仍然是全身心地投入到工程加固的工作当中去。他每天奔波在大坝工地，爬上爬下检查施工质量，对设计图纸仍然是一张、一张地仔细审查。用张光斗自己的话说，"我是为人民工作的，不是为哪一位军宣队负责人工作的，让我签字也好，不让我签字也好，反正我要对老百姓负责。"他整天坚守在施工现场，有一天他去查看导流隧洞的施工，发现闸门井已挖深近十米，井口岩石破碎，但没有做井口圈保护，而当时井底还有十余位民工在劳动，一旦井口掉下土石，必将发生人身事故。见此危险情景，尽管他当时没什么"头衔"，没有管这份"闲事"的职责，但他还是出于对民工生命安全、对事业的责任心，当即严词要求立即停工，加固井口圈后再施工。民工队长是海淀区公安局的一位副局长，他说没有指挥部的命令，他不能停工。张光斗立刻打电话给王宪总指挥，请求他立即下令停工，王宪出于对工期的考虑，开始时不同意停工，张光斗急了，对着电话大吼"不停工进行加固处理要死人的！"王宪深知这个"老头儿"的脾气和为人，不到万不得已，他是不会这么发火的，于是立即下令停工加固井口圈。那位民工队长何尝不知现场的危险，到头来却是这位被隔离审查的"反动权威"把民工的生命安全时刻挂在心上，为弟兄们据理力争，避免了伤亡事故的发生，这位队长接到停工命令后，激动得连连给张光斗鞠躬道谢，并指着他说"你是真心关心民工的。"

那年秋天，毛主席逝世，张光斗一个人在水库旁坐了很久，五味杂陈。他很伤心，中国失去了一个伟大的领导人；也很迷惑，对于"文化大革命"，他怎么也想不明白，一位能支持修下眼前这座水库的英明领袖，怎么会用一场运动、一纸反动思想的判决把他挡在追悼会的门外。他只能对着密云水库的滔滔逝水，默默地表达自己的哀思。

在设计室内，工农兵学员正在赶工设计白河大坝导流隧洞钢筋混凝土衬砌，要求在"十一"之前完成，作为国庆献礼。学员们不会做，教师也不敢太多的指导，甚至有一位正在闹情绪的教师，连学员送给他校核的图纸看都没怎么看就签了字。张光斗见此情景，劝那位教师还是校核一下为好，他说没空，而且还说他相信工农兵学员，表示拥护"文化大革命"。张光斗对此回答深表无奈，只好自己看，结果发现设计说明书和图纸都存在不少错误。张光斗认为这不能怪学员，因为衬砌计算很复杂，他们没有深入学过这方面的知识。导流隧洞衬砌是很重要的，如在运行中发生事故，将危及下游人民的生命财产安全。张光斗只能自己重新做，日夜赶工，做了五天才做完，然后手把手地教学员改图纸，最后再请那位教师签字，因为图纸必须有负责人签字，而张光斗没有签字权。不料过了几天，军宣队领导来工地检查工作，知道了这件事，这可是严重的政治问题，"反动学术权威"擅自改动工农兵学员的图纸，是反对工农兵学员，是反对教育革命，反对"文化大革命"，是严重的反革命政治行为。于是又开始了一天三班轮流的批斗会。此后类似的事情依旧时有发生，但张光斗并没有因为这些批斗而撒手不管，而仍然是兢兢业业地继续行使他"无冕把关"的职能。就在紧锣密鼓的施工中，传来了粉碎"四人帮"的喜讯。一天傍晚，王宪偷偷打电话给张光斗，告诉他王张江姚"四人帮"垮台了，让他暂时保密，先别外传。张光斗听后高兴极了，终于拨云见日了。举国同庆之际，张光斗却因长年劳累和营养不良，患了严重的急性肝炎，军宣队不管，还是老领导王宪把他送到了北京第二传染病医院住院治疗。

出院后的张光斗盼来了迟到太久的一家团聚，女儿美怡和交往多年的男朋友几番辗转终于都回到北京工作并准备结婚。身体刚刚恢复健康，"工作狂"的称号又回到了张光斗身上，即使在女儿婚宴的当晚，他还因和清华设代组的同志一起向水电部汇报密云水库白河大坝保护层的设计方案而迟到。但这一次，他是清清白白，堂堂正正，没有任何美帝苏修的污点，不用背负任何批判指责地去汇报，恢复了昔日的张光斗。他还是他，一个两袖清风、一身正气的知识分子；一个心系百姓、情系山河的水利专家。

第九章
科学大会启新章　喜迎事业第二春

1978年3月18日至31日，中共中央、国务院在北京隆重召开了全国科学大会，这是一次改变中国科学命运、具有非凡历史意义的大会。在开幕会上，邓小平同志发表了重要讲话，指出四个现代化的关键是科学技术的现代化，重点阐述了科学技术是生产力这个马克思主义的观点。全国科学大会给中国知识分子带来了福音，使他们重新振奋精神，全身心地投入到科学事业中去。张光斗参加了这次大会，听到邓小平同志的报告后，深受感动，决心奋发努力，力争在新的历史条件下有所作为。全国科学大会让十年"文化大革命"和两年徘徊中迷茫困惑的知识分子看到了黎明的光亮，也让历经磨难但理想未改的张光斗迎来了事业上的第二个春天。

重踏访美之旅，开展国际交流

1972年2月21—28日，美国总统尼克松正式访华；2月28日中美两国发表了《上海公报》，奠定了两国关系正常化的基础，中美科技学术界的交流活动也随之逐渐活跃。

美国哈扎工程顾问公司的雷汉成夫妇1977年来中国访问，张光斗院士与他们相见甚欢，成为好友。1978年初，中美建交的趋势已明朗化，雷汉成先生即刻邀请张光斗访美，并为他安排了日程，一方面请美国明尼苏达大学斯蒂芬教授邀他参加美国土木工程学会在旧金山召开的美国水力学会议，并请他在会上做专题报告；另一方面，又为他安排了访问美国水利工程机构和高校的日程，为期约一个月，以便他能深入了解美国近年来的水利水电建设和科技发展情况。

1978年暑假，张光斗与清华大学刘光廷教授一起出发赴美。友人徐怀云的夫人徐芳到旧金山机场迎接，30余年不见，老友重逢分外高兴。次日清晨，在斯蒂芬教授的陪同下，张光斗见到了美国水力学会议的主席。会议开了四天，主要是学术论文报告和讨论。张光斗宣读了《中国高坝水力学》的论文，主要是介绍工程设计和施工。这篇论文引起了美国专家的重视，从中他们知道了中国正在修建许多高坝。张光斗通过这次会议深切地感到，美国水力学的发展非常重视理论研究，大力发展计算机的数值模型分析，有替代物理模型试验的发展趋势。

会议结束后，张光斗接到清华大学转来的中国对外友协的电报，通知他已被选定为"中国访美友好代表团"的团员，他不得不暂时中止旧金山之旅，赶往加州洛杉矶城与代表团会合。随后，访美友好代表团先后访问了夏威夷、旧金山、洛杉矶、丹佛和芝加哥等城市，每到一地，不仅有市长盛情款待，也受到了美中友协分会、商会、华侨等人民团体的热烈欢迎。代表团也借此机会，参观美国的大学，力求建立起学术交流的纽带。在波士顿城，代表团访问了东北大学，王炳南团长请张光斗在宴会上讲话，他介绍了中国大学的情况，并表示愿意与美国大学合作，进行学术交流，增进中美友谊。最后到了底特律城，结束了随代表团的访美之旅，随后张光斗返回了旧金山。

张光斗回到旧金山与刘光廷汇合，重新开始学术参观访问。他们先到加州大学伯克利分校（UC Berkeley）访问，由克劳夫教授（R. W. Clough，美国工程院、科学院两院院士，后来与张光斗有良好的科研合作，结下了深厚友谊）接待，会见了工学院葛守仁院长，了解了当时美国工程教育的发展情况：重视理论课程，压缩工程课程，推广计算机应用，加强科研工作。张光斗认为，这样的工科教育适应美国工业的需要，因为美国工业企业的研究开发力量很强，有自己特长的工程技术，不要求学校教授工程课程；虽然中国的国情和美国不同，但还是要向美国学习重视理论，加强科研，推广计算机应用的经验。在土木工程系张光斗还做了"中国水利建设"的学术报告，参观了设在郊区的实验基地，包括抗震实验室、土力学试验室和船舶试验水槽。

在科罗拉多州丹佛城，他们访问了垦务局，由规划部高级工程师杨思德接待，并会见了垦务局的韦伯副局长。韦伯很关心中国的三峡工程，因为过去垦务局在萨凡奇博士领导下，曾帮助设计三峡工程，他们希望今后还能参加这项工程。张光斗介绍三峡工程正在勘测设计中，欢迎垦务局来华参与。然后，他们带领张光斗和刘光廷参观了实验室，包括水力学、结构、抗震和材料实验室，最后还参观了深水抽水机进水管的反滤材料试验。接着，张光斗一行访问了科罗拉多州立大学水利系，据系主任介绍，该系主要从事水文和水力学的教学、科研工作。他们参观了正在进行流域集流试验的水文实验室和采用先进传感器和计算机采集试验数据的水力学实验室。然后，在系主任的陪同下，还参观了大汤普逊引水工程，该工程是用抽水机和输水隧洞跨流域引水，是美国早期的跨流域引水工程，很成功。

随后，张光斗一行来到伊利诺伊州芝加哥城，访问了哈扎工程顾问公司。在公司的水力学主任工程师雷汉成的引见下，公司的董事长哈扎亲自出面接待，并请张光斗给公司员工做了"中国水电建设"的学术报告，介绍了中国已建的工程，还讲了今后的发展，反响很好。哈扎还亲自陪同张光斗参观了该公司设计的芝加哥地下排雨水工程和西弗吉尼亚州的一座100多万千瓦的抽水蓄能电站。在参观过程中，张光斗先生还依据自己的经验向哈扎先生提出了一些对工程改进的建议，哈扎先生对这些建议表示赞同，并让设计人员按照张的建议修改图纸。

其后，张光斗和刘光廷来到密西西比州杰克逊城，访问了密西西比河委员会。这个机构是属于美国陆军部的，委员会主任是位将军，非常热情。委员会拥有全世界最大的全流域河流洪水传播模型，主要用于试验洪水如何集中和行进，以便调度防洪。做试验时要乘汽车，一次实验很是费力、费钱，故平时很少启用。委员会主任还安排轮船，陪同张光斗一行到密西西比河河口观看分洪道。然后又乘轮船顺河向上游，观看河势和两岸堤防。他们的堤坡保护做得非常考究，用的是钢筋混凝土面板，2米×2米的钢筋混凝土板用钢筋连起来，做成面板。这种保护造价非常昂贵，他们很少用中国常用的横堤挑水来保护险工。张光斗认为，中国的河工经验有优越性，省工有效，适合中国的国情。而且密西西比河泥沙很少，没有河道淤积问题。而中国的河流泥沙多，尤其是黄河，所以整治黄河要比整治密西西比河难得多，不能完全照搬，必须靠自己的科技。

回到纽约，张光斗见到了美国国家工程院外事秘书亨内和执行办公室主任米勒，二人介绍了美国国家工程院的性质和任务。工程院的设立是为了促进国家工业建设和科技发展，进行国际合作和交流也很重要，因此他们很希望中国也成立国家工程院。张光斗很赞同他们二人的意见，"成立工程院"的构想自此开始在张光斗的脑海中孕生，机缘巧合下促使他做出了一生中另一件对国家发展有重要意义的事情，关于"成立工程院"的这件事情将在本报告第十三章中阐述。在纽约访问期间，清华大学校友会对张光斗的到访举行了热情的欢迎会，图9-1是在欢迎会上部分老校友和张光斗的合影照片。

图9-1 1978年张光斗在纽约参加清华同学会欢迎会的合影（张美怡提供家庭照片）

这次访美的最后一站是明尼阿波利城的明尼苏达大学，在斯蒂芬教授陪同下，张光斗一行参观了该校的土木采矿系，明尼苏达州多矿产，与地质密切相关，可见院系的设立与当地的需要是息息相关的。他们还参观了密尼阿波利瀑布水力学实验室，利用密西西比河的流量和瀑布的水头，作为实验室的水源，是美国很负盛名的水利实验室。实验室除做基础性研究外，多数是做水工模型试验和环境水力学模型试验，承接顾问工程公司和政府的委托任务。因此理论紧密联系实际，既能提升理论水平，也能更好地解决工程问题，设计和顾问所得还可用于改善实验室的经济条件。张光斗认为，这些经验是值得我们学习参考的。张光斗在实验室还应邀做了"中国高坝水力学问题"的学术报告。至此，这次访美之行圆满结束。

张光斗此次访美的愉快历程更加促进了中美科学技术的交流活动。美国麻省理工学院（MIT）、加州大学伯克利分校、加州理工学院（Caltech）三所美国最负盛名、也最顶尖的理工科研究型大学随后都由校院长率领代表团来清华大学访问，商谈合作，成为姐妹学校，教授互访，互派访问学者，交流科技，进行科研合作等，对清华大学改革开放后的发展起到了良好的促进作用。

担任清华大学副校长，为高教事业建新功

"文化大革命"后的清华大学，面临凤凰涅槃一般的新生。张光斗在此关键之际，先后被任命担任清华大学水利工程系主任和清华大学副校长职务，为清华的教育复兴和发展贡献了一份力量。

1978年3月，张光斗参加全国科学大会回校不久，张健同志（时任清华党委副书记）找张光斗谈话，要求他担任水利工程系主任。第二天，张健就在水利系内宣布了此任命事宜，当时张光斗毫无思想准备，甚至让他讲话时，他都不知道应该讲什么。但是，坐在这个位子上之后，他却是尽心竭力，想方设法把水利系办好。其中，促成和邀请钱宁和黄文熙两位知

名教授到清华任教，对"文化大革命"后清华水利系的发展壮大起到了重要的作用。钱宁和黄文熙都是中国科学院学部委员，原都在北京水利水电科学研究院工作，在"文化大革命"中受到冲击，"文化大革命"后期水科院解散，他们都愿意来清华任教，清华党委也表示欢迎，来清华后分别担任了水利系泥沙研究室主任和土力学教研组主任，带领这两个学科取得了飞跃地发展。当时水利学科的科学院学部委员（即后来的科学院院士）全国只有七位，清华水利系就聚集了三位，可见其学术队伍的实力。

1978年6月27日，中共中央组织部［78］干通字547号文批准任命张光斗为清华大学副校长[①]，按照分工他和副校长何东昌一起协助刘达校长主管教学工作。张光斗倡导的大学工科教育思想是，培养目标为工程师，必须适应中国的国情；要培养学生又红又专，热爱祖国，热爱社会主义；由于目前中国工业企业的研究开发力量不强，所以在学校的教育必须理论结合实际，既要重视基础科学和技术科学理论，又要学习最基础的专业工程技术，进行设计和生产实习，还要学些经济和管理。张光斗针对中国具体国情倡导的高等工科教育思想，得到了教育部和刘达校长、何东昌的支持。

1978年，由于张光斗重新工作后在各方面的贡献突出，他被推举为全国政协第五届委员和北京市政协第五届副主席。从此，他有了参加政治活动的机会，了解国家大事，参政议政。他暗自下定决心，当尽可能反映实际情况，做结合实际的议政。

1979年春，张光斗在学校负责检查了土木、水利、电机、热能、精密机械等系的教学工作，包括教学计划、讲课、设计、实习等，在教学工作中他一直坚持重视培养工程师的观点，强调要培养学生的动手能力和创新精神。由于生产部门的实际要求，当时专业划分的过细，渐渐埋下了知识面窄的隐患。张光斗同时兼任学校英语教学委员会主任，与外语教研组和各系的委员开会讨论，强调要增加英语教学时间，要购置先进的教学设备，提高大家对学习英语重要性的认识。因为我们要进行科技国际交流，

---

① 教育部下发的该任命书原件，现保存在清华大学档案馆，档案编号：2-271-007。

第九章　科学大会启新章　喜迎事业第二春

学习外国的先进科技，没有良好的英语是不行的，当然一些小语种的外语也很重要。他年轻时留美，精通英文，对外语教学也有自己的一套想法。他认为，外语的文法和语法虽然重要，但基本文法语法不能搞得过多、过细，花费太多的时间，应着重在读、听、讲上，文法语法有点小错不要紧。外语教研组教师承担本科一、二年级的基础外语教学，各系外语教师要重视专业外语的读、听、讲训练，也要练习写作。这些意见在讨论中得到了绝大多数教师的同意和支持。

1979年4月，清华大学决定派访美代表团，作为对来华访问大学的回访。这次访美，张光斗担任副团长，刘达任团长，团员有高景德、邢家鲤、王和祥、吴懿、李卓宝、王积康等八人。代表团首先访问了加州大学伯克利分校，受到了校长的热烈欢迎。随后访问了加州帕萨迪纳城的加州理工学院，这是一所私立大学，但国家给予了大量资助，故而成为以培养研究生、教授出科学成果为主的大学，共有学生2000人，大部分是研究生。这两所美国最负有盛名、且最顶尖的研究型大学都表示了愿意与清华加强合作，进行交流。

在首都华盛顿，刘达向柴泽民大使汇报了访美工作，柴大使指示要做好大学合作交流工作，学习美国的长处，但要结合中国的国情。另外，合作交流是对等的，不要想单方面占便宜。柴大使之意，张光斗非常赞同，并且深有体会。

代表团到了纽约，由清华留美校友会孙增爵会长主持接待，北京清华和新竹清华校友聚在一起，举行了一天的欢迎会，兼祝贺校庆。刘校长先做了介绍学校发展情况的报告，然后请杨振宁、李政道、贝聿铭、孙增爵等学者校友作学术报告，讲美国的科技发展，让代表团了解美国的科技情况。代表团还参观了位于新泽西州的著名的贝尔实验室，美国国家工程院外事秘书亨内请张光斗做了一场学术报告，题为"中国的高等工程教育"。

之后，代表团到了麻州剑桥城，访问麻省理工学院，这所大学也是私立的，国家也给予了大力扶持，也是美国著名、且顶尖的研究性大学。麻省理工学院教学、科研成功的关键在于，非常适应美国经济建设的需要。访问期间，代表团还受到了麻省理工学院美籍华人教授林家翘、施瑞璜、梅强中等人的款待，他们多数是清华校友，一心希望清华取得巨大发展。一行人还看望了赵元任老教授，听到他动情欢唱亲自谱曲的《叫我如何不想她》，爱国之心让人动容。张光斗也顺便回到了母校哈佛大学，看望了老师卡萨格兰地教授。这位年逾八旬的老人退休后每天还坚持到校办公，精神矍铄。这时，哈佛大学的工学院已改为应用科学院，原有工学院转到了麻省理工学院。应用科学院在原工学院披亚司楼，学院给已退休的卡萨格兰地在该楼地下室设了一间办公室，有一台打字机，没有雇秘书。他是国际土力学权威，退休后让出原有的办公室，这就是美国大学的传统习惯。到此，代表团访问结束。图9-2为代表团部分团员在美合影。

图 9-2 1979年清华大学访美代表团部分团员（左起：李卓宝、刘达、高景德、张光斗）在美访问期间合影（张美怡提供家庭照片）

回校后，代表团进行了总结，对美国工科教育重视理工结合、重视科学理论教学、重视科研工作、实验室仪器设备现代化、发展计算中心和计算机应用等，都值得清华大学学习借鉴。张光斗依旧认为，高等工程教育要适应国情，美国工业企业研究开发力量强，学校偏重科学理论教学，适应美国的需要，中国的国情不同，不能照搬美国的经验。教学要理论联系实际，高等工科教学的科学理论基础要扎实，还要有最基础的工程教学，有设计和生产实习，科研工作要有科学理论研究，也要有技术开发。要培养学生的自学和动手能力以及创新精神。张光斗的意见得到了刘达校长和何东昌的同意，但是清华过去受美国的影响很深，教师多数是科学型的，对于张光斗的教育思想不是完全赞同。

十年废弛，两次访美，让张光斗认识到发展有中国特色的工科教育的紧迫性，工科的科学研究终究是要满足本国工业建设的需要。所以考察外国工科教育，除了知道其现状外，还要了解其工业企业的情况、大学与工业企业如何结合，以及大学发展的历史。终归工业企业应该是研究开发的主体，教育要为工业企业提供人才和研究成果。

在担任副校长职务期间，张光斗还一直坚持上教学第一线，身体力行，亲自实践教学改革，提高教学质量。从1980年起，张光斗指导博士和硕士研究生学习，要求他们加强基础理论，同时要重视工程技术，做与工程实际结合的研究论文。同时，张光斗还亲自为研究生开设《高等水工结构》选修课，他原设想将这门课办成讨论班的形式，由他自己先做开题的引论、提出可开展研究的问题，介绍参考文献，然后请同学们阅读文献，进行探索研究，在班上讨论，并由他做引导和总结。为此，他还亲自动手专门为选修课的研究生编写了讲义，图9-3是他当年手写的部分讲义稿的复印件。他开设这样课程的目的是想增强培养研究生的自学能力和创新精神。但实践的效果并不理想，同学们阅读的文献少，也很少开展研究，所以在课上讨论发言的人很少，学生还是习惯于听教师讲课。水工结构是综合性的学科，包括水力学、岩土力学、结构力学等，但选课的学生主要还是结构方面的研究生。由此可见，进行教学改革是很艰难的，习惯势力的影响很深，长期的"灌输式教育"阻碍了学生进行独立思考和参与讨论的积极性。尽管这次改革

图9-3 张光斗1980年为研究生编写的讲义稿影印件（采集小组成员王光纶复制拍摄）

并不十分成功，但尝试一下总还是有意义的。而且，作为 70 多岁的老教授，在古稀之年仍锐意改革，其精神是难能可贵的。

出任水科院院长，为该院的发展打下良好的基础

"文化大革命"之后，百废待兴。1978 年的春天，解散多时的北京水利水电科学研究院复建，水电部向清华大学发出了一封措辞诚恳的信函，邀请张光斗出任水利水电科学研究院院长一职。张光斗事前并不知情，事后水电部钱正英部长找张光斗谈话，说请他担任水科院院长，事前没有跟他商量很抱歉，但是由于复建水科院难度较大，考虑到他与水电部关系密切，猜想他一定会同意，便冒昧地向清华提出邀请。同时，钱部长还告诉张光斗，他的主要任务是掌握水科院的大方向，把水科院的科研骨干队伍建立起来。（78）水电党字第 30 号文，任命张光斗为水利水电科研究院院长，兼党组副书记[①]。同时任命鲁平为水科院的党组书记，于忠为副书记；覃修典、谢家泽、沈崇刚、李维质、田孝忠为副院长。

张光斗到水科院上任之初，抓的第一件事就是确定水科院的机构和人事班子。水科院成立时，确定为中国科学院和水电部合办，由水电部负责行政领导，张光斗得到水科院院党组的同意后，去中国科学院重新确定合办的领导关系。然后，召开水科院党政联席会议，商量确定院的组织机构。设立水文水资源、水利、泥沙、水力学和环境水力学、岩土、结构材料、自动化、水力机械八个研究所，另设计算中心和机械工厂。管理科室有：院办公室、科研计划、科研管理、财务、器材、基建、外事等。由于科研人员尚待招聘，所以研究所和科室应逐步设立，他又主持了各个研究所和管理科室的编制确立，广泛吸纳人才，为水科院的壮大奠定了基础。经院党组向水电部申请，报请国务院批准水科院增加科研编制 200 人，此

---

① 该任命书的原件，现保存在中国水利水电科学研究院的档案室，档案编号：2-014。

举对水科院的发展至关重要，真可谓"雪中送炭"，因为完成高质量的科研工作首先是要有高质量的科研人员。

在解决完"人"的问题以后，张光斗接着是解决"物"的问题。1978年的美国之行，令张光斗深感计算机应用对科研现代化的重要性，所以向水电部申请引进大型计算机，得到了一百余万美元的经费。于是，计算中心盖起了机房，订购的计算机也及时到货，组装完成并添置了空调等配套设施后，新的计算中心开始运行，预示着中国的水利科研事业进入了一个崭新的历史阶段。

到1981年，北京水利水电科学研究院各研究所的工作都已开展，获得了许多成果。这时，水电部在讨论是否分为水利和电力两个部，多数人特别是电力方面的领导人赞成分部。少数人包括张光斗在内主张不要分，因为水电与水利、电力都密切相关，水电部可统筹规划，如分为两个部，则水电难以分工协作。尽管有不同的意见争执，最后水电部还是分成了两个部。这样水利水电科研院就有属哪一个部管的问题。两个部的领导都对张光斗说，要求水科院归他们的部管，使张感到很大的压力。当时一位主管电力方面的部领导找张光斗谈话，希望张光斗赞成水科院归电力部，两个人的谈话开始还好，越谈越不投机，到了最后这位领导甚至不耐烦地向张光斗发问："你到底是想姓水，还是姓电？"张光斗也有些激动，立即反驳道："我既不姓水，也不姓电，我姓共。"谈话就这样终结了，可见当时的压力有多大。张光斗的意见是，水科院属于哪一个部都行，两部合管也行，只要水利水电科研院不分为两部分就好。因为水科院在"文化大革命"时解散，损失很大，现在复建，元气刚刚恢复，水利和水电的科学研究很多是共同的，如各所对半分，则实验室破坏了，如整个院对半分，则学科不齐全，难做研究工作，结果必然是两败俱伤。对张光斗的意见他们听不进去，还是坚持要像所有部属单位一样"一分为二"。院内的领导和科研人员也有些犹疑，拿不定主意。于是，张光斗请院党组召集党政领导联席会议，在会上经过张光斗院士耐心地说理分析，大家同意不要分院，并形成了决议书，大家签字。随后，张光斗亲自写信上书中央，请求允许水科院不要分院，说明理由，并把信抄送水利、电力两部。最终，李先念副总理做了批复，同意水利水电科研院不分为两院，至此才算定案。水科院没有分，避免了损失，有利于科研发展，实践证明这个决策是非常正确的。现在该院有了巨大发展，并且已改名为"中国水利水电科学研究院"。

在水科院复建工作中，张光斗抓的另一项重要工作就是对外学术交流。1980年5月，美国加州大学伯克利分校地震工程研究中心克劳夫教授来华讲学，张光斗邀请他到水科院参观，参观结束后，克劳夫表示对水科院很有兴趣，提出与水科院共同进行坝体抗震科研协作。克劳夫回国后，于6月16日给张光斗写信，信中提到，他回国后已就此项合作研究工作初步征得美国国家科学基金会的同意，当年先列一个"坝和地基的相互作用"的研究课题，1981—1982年再扩大，并建议利用水科院的同步起振器做坝体现场激震试验。7月4日，张光斗给克劳夫回信，表示完全同意立即开始一个小的研究项目，题目可以定为"基岩和拱坝的相互作用"。美国方面，加州大学地震工程中心将做计算机数值模拟方面的研究工作；中国方面，水科院将利用新的旋转式起振器进行坝体振动的现场测量，清华大学水利工程系配合做分析计算工作。7月21日，水科院给电力工业部发了一封题为《关于与美国加州大学地震工程研究中心进行坝体抗震科研协作事》的请示信函，并得到批准[①]。此次与美国加州大学地震工程中心的合作研究打开了改革开放后中美在水利水电方面学术交流的大门，为中国水利水电科学研究的进步起到了很好的促进作用。随后克拉夫三次来中国进行现场试验，并到张光斗家中做客，图9-4为张光斗夫妇与克拉夫夫妇的合影留念。

张光斗在促进水科院开展国际学术交流方面，还做了一件有意义的工作，即促成在中国召开了一次防御自然灾害的美中双边学术会议。1981年1月20日，刘恢先院士给张光斗写了一封信函，信中说到，美国伊利诺大学的洪华生教授曾经在1979年写信给刘，告之关于防御自然灾害的会议已在东南亚范围内举行过数次，洪教授建议1984年最好能在中国举办一次，当时刘没有做出积极反应；1980年11月7日，洪教授又给刘恢先写信，这次来信中建议会议改为美中双边会议，但可邀请东南亚各国学者参加，而且对美方参加的学者和中方参加的学者和单位进行了初步提名。会议规模

---

① 有关上述信函均保存在中国水利水电科学研究院档案室，档案编号：（80）水科抗字第03号。

图 9-4　张光斗夫妇与克拉夫夫妇的合影（张美怡提供家庭照片）

不太大，美方会来十多人，中方参会人员可以多一些，再邀请部分其他国家的学者，计划共 40 多人参会。此前，刘恢先已请示了国家科委外事局负责人，他们表示国家科委鼓励这一类的学术活动。因此，刘恢先特地来信询问张光斗对举行这次会议的意见。张光斗收到这封信后，十分重视，于 1981 年 2 月 10 日做出批复，并转呈钱正英部长和水利学会理事长，张光斗的意见是："我国水旱自然灾害频繁，对中美学术交流会议，是有意义的，所以表示赞成。水利部哪些单位参加为宜，请示。我认为以科研单位、学校或水利学会名义参加为宜。"2 月 14 日，水利部对外司赵传绍司长对张光斗的请示做了回复，"拟同意张院长意见，我部以科研单位、学校和水利学会名义作为参加单位。请科技局批阅提出意见，一并请部领导及张老批示。"收到水利部的回复之后，张光斗于 3 月 18 日给刘恢先回信，信中写道："关于明年在中国举行防御自然灾害的中美双边学术会议的事，我报请水利部钱正英部长指示。兹根据她的意见，回答问题如下：召开这样的会议是有益的，表示赞成；如召开，似以中国科学院工程力学所或建委建筑科学研究院主持为宜；时间安排同意您的意见，以便及时准备；水利部方面以水利水电科学研究院、华东水利学院和中国水利学会作为参加单位，参加的学者，以上三个单位各出一、二人，具体人员需要酝酿一下，是否候国家科委做出决定后，请通知，再行推荐。"① 随后，这次中美双边防御自然灾害学术会议，于1982年如期顺利在中国举行，促进了中美在自然灾害防御方面的学术交流。水利水电科学研究院作为参加单位，参与了学术交流，提升了自己在这一研究领域的学术水平和学术地位。

担任水科院院长期间，张光斗尽心竭力，终将停办多年的水科院重新推上历史舞台，背负了各方的压力，经受住了一个又一个的考验。尤其是在水利和电力分家的事情上，顶住各方压力，坚持水电一体，反对水电分家。这是造福后代的一件事情，因为这样保存了水利水电科学研究的实力，能够集中全力干实事、干大事；也大大提升了在国际上的竞争力。截至2012年，水科院已有八位专家被遴选为中国工程院或科学院的院士，为我国水利水电事业发展做出了巨大贡献。在张光斗百岁诞辰的庆祝会上，现任中国水科院院长匡尚富还特意为当年"水科院未被分开"一事，对张老先生的贡献再次表示钦佩和感谢。图9-5是匡院长（左侧站立者）在庆祝会上向张光斗赠贺礼和致词。

图9-5　2012年4月30日在301医院举行张光斗百岁诞辰庆祝会（张美怡提供家庭照片）

---

① 有关上述信函均保存在中国水利水电科学研究院档案室，档案编号：办004。

为重大水利水电工程设计献策、把关

张光斗担任清华大学副校长、水科院院长之后，尽管在日常工作中要完成大量的行政和教学、科研工作，但他仍然没有忘记自己为祖国水电建设应承担的那份责任，在重大工程设计咨询和审查把关方面继续燃烧释放着自己的能量。在20世纪80年代，张光斗先后关注的重大水利水电工程有：五强溪、二滩、小浪底、隔河岩、引黄济青、东江等，有关张光斗对这些工程所提出的咨询建议内容，可参见本书附件一，这里不再赘述。其中，倾注力量较多、极具代表性的应属小浪底水利枢纽和二滩水电站工程，下面将摘引这两座工程设计总工程师依据他们各自经历所写的，对张光斗在工程建设中所做贡献的评价意见，这些评价内容从另一个侧面客观地反映出张光斗的工作态度和工作成就。

林秀山（原黄委设计院院长，曾任小浪底枢纽设计总工程师），对张光斗当年悉心指导小浪底工程建设的事迹是这样记述的。

早在上世纪五六十年代，张光斗先生应邀不下十次。查勘了小浪底坝址，他赞成修小浪底，认为小浪底是黄河出峡谷最下游的一个水库，高坝大库必须保证安全，但诸如深覆盖层、单薄山体等工程技术问题十分复杂，不易解决。20世纪70年代，张先生就参与了小浪底工程的论证研究，当小浪底的论证研究从一坝线、二坝线转移到三坝线，要以隧洞群作为主要泄洪方式后，张先生指出，小浪底的地层能否打成如此多的大直径隧洞是关键技术问题，应进行论证研究。按照张先生的意见，黄委设计院会同89002部队，选择有代表性的地层打了一个跨度15m、长50m的半圆形试验洞。试验洞深入穿过F236断层，并预埋了各种应力、位移等观测设备。还采用了包括预应力锚索在内的合理的喷锚支护方式。通过试验洞的成功实践，为后来洞室群的设计施工取得了可贵的第一手资料,也增加了设计人员的信心。

在小浪底中美联合轮廓设计中,中方项目组多次听取了张光斗先生的意见。张先生提出不同意河床深覆盖层大开挖及左岸包山方案和孔板泄洪洞方案等意见都被接受了。在当时情况下,有权威专家的支持,无疑增加了我们的信心。自然,反对也好,保留也好,都是对工程负责的态度,作为设计者当时推荐这种消能方式,也确实缺乏深入的研究和具有说服力的论证。

小浪底工程开工后,张先生对小浪底工程的设计和建设十分关心。1995年我们在《人民黄河》上出了一期"小浪底工程设计专辑",张先生对每篇文章都仔细阅读,并给我写了一封长达七页的信。信中对小浪底的泄洪能力是否足够,温孟滩放淤安置移民是否考虑将来小浪底高浓度输沙可能引起的影响,以及大坝分区及防渗设计,反滤设计原则,大坝深覆盖层基础的地震液化,孔板洞、排沙洞、明流洞设计,地下厂房支护等10个方面的问题进行了批讲。指出在我们文章中关于反滤设计原则的论述不够全面,所说"按照发生集中渗漏的运用条件设计关键性反滤"也不够清晰;认为孔板泄洪洞设计一文未抓住大家关注的重点——孔板空化未阐述清楚;认为对于明流洞考虑抗磨措施说的不够确切。先生在信中还指出,地下厂房支护施工时应加强原型观测,及时在现场调整支护参数十分重要。我对上述10个问题在给先生的信中一一做了解释,并诚恳接受了先生的批评,作为项目设总我对这些文章未仔细审查把关。先生对这些文章的详细批阅,确实使我们大受裨益。张先生眼力不济,百忙中写此长信,反映了先生对工程负责的敬业精神及诲人不倦、一丝不苟的一贯作风,令我们十分感动,也是我们学习的楷模。

最近这些年来,张先生以小浪底建设技术委员会顾问的身份对小浪底工程的质量问题、水库漏水处理问题以及水库运用方式问题发表了很多精辟的见解。特别是对小浪底水库运用方式的研究十分关注,指出小浪底水库运用同样是极具挑战性的课题,从尽可能提高小浪底水库不可替代的减淤效益出发,主张初期运用水位不宜太高,并应充分发挥水库的调水调沙作用。

小浪底水利枢纽已于2002年底全面竣工,枢纽运行社会经济效益十分显著。工程总体质量良好,解决了许多挑战性的技术难题,在坝工史上创造了多项国际国内的领先技术。回顾小浪底的建设历程,正是由于有像张光斗先生这样的多位老专家的悉心指导,才取得如此巨大的成就[①]。

图9-6为1983年张光斗到小浪底工地现场考察的照片。

张超然(原成都设计院总工程师,曾任二滩水电站设计总工程师)、高安泽(原成都设计院副院长,曾任主管二滩水电站设计的水工处处长),对张光斗当年悉心指导二滩水电站建设的事迹是这样记述的。

图9-6 1983年,张光斗在小浪底工地现场指导工作(张美怡提供家庭照片)

二滩水电站的混凝土双曲拱坝高达240m。由于它的泄洪流量大,河谷相对较宽,地质条件较为复杂,无论是它承受的水压荷载还是泄洪功率,在当时世界上已建成的双曲拱坝中均居首位。因此,在工程设计中,有不少技术难题都需要勘测、设计和科研人员去努力攻克。在20多年前的技术条件下,如何评价坝址和库区的区域地质问题,能否具备建设高坝的条件,我国是否有能力自己来设计这样的高坝,是国家对这个项目进行立项决策首先要解决的基本问题。早在1980年

---

① 林秀山:张光斗先生的黄河情结。载:《江河颂》。北京:清华大学出版社,2002年,第65页。

11月，时任清华大学副校长、中国科学院学部委员、北京水利水电科学研究院院长的张光斗老师，在听取二滩首任设计总工程师殷开忠同志的汇报后，就亲临电站坝址进行查勘，与成都院领导深入交换意见。回北京后，又就查勘二滩坝址的情况和意见向清华大学党委做了书面汇报，并写信给成都院领导，就二滩设计中的一系列关键技术问题，提出了系统的意见。他以自己的丰富经验和渊博的知识，首先肯定了二滩可行性研究工作的主要结论，明确指出二滩坝址的地质条件总的说来不错，具备修建高坝条件；双曲拱坝的下游消能防冲问题，可以采用分散消能的方式予以解决；采用地下厂房方案，对解决施工导流和高边坡稳定问题有利，可以作为主要方案继续深入研究。与此同时，他也提出了一系列非常中肯和重要的指导性意见。例如，对于高水头大泄量下的泄洪消能设计，他强调"鸡蛋不能装在一个篮子里"，强调泄洪建筑物的布置首先要最大限度地保证常遇洪水的安全下泄。他的这点重要建议，为日后部署水工模型试验，最终采用拱坝坝身泄洪表孔、泄洪中孔和右岸泄洪隧洞联合泄洪，坝趾下游设钢筋混凝土水垫塘的泄洪消能方案指明了方向。工程建成后，经1999年汛期的原型观测，表明该方案是成功的。现在，分散消能已成为我国窄峡河谷中高水头大泄量水电站的泄洪消能模式，为后来的许多高坝工程设计提供了经验和借鉴。

1983年3月，作为中科院主席团成员和技术科学学部副主任委员的张先生，受国家计委和中国科学院聘请，担任了由中国科学院承担的《雅砻江二滩水力开发可行性若干问题综合研究》报告的评议委员会主任。这次评议是二滩水电站建设史上具有里程碑意义的重要会议，要对能否修建二滩水电站从技术上做出结论，因而备受各方关注。中科院的《综合研究》是组织了院内外22个研究所（校）分36个专题进行深入研究后提出的。《综合研究》围绕区域构造稳定性和坝址工程地质条件评价展开，涉及电站的泄洪消能、基础稳定和工程抗震等一系列关键技术问题，还涉及库区的山地灾害、自然资源评估和生态环境保护等许多跨学科的重要课题。针对一个国家重点工程项目开展如此庞大的综合科研论证，这在中国科学院的历史上还是第一次。评议委员会在张先生的主持下，发扬民主，尊重科学，通过对《综合研究》的全面而又系统的评议，在一些长期以来存在不同意见和争论的问题上，最终取得了一致认识。评议的结论是：二滩技术上的主要情况已经查明，建设大型水电站在技术上是可行的，建议可以将二滩水电站工程列入国家"六五"、"七五"建设计划。这个结论，为此后国家审批二滩可行性研究报告和继而开展初步设计，提供了基本的技术依据。如今二滩水电站的顺利建成投产，已完全证明了这次评议结论的正确性和科学性。作为评议委员会主任的张先生，在评议过程中，每天都工作到深夜，亲自审核文件，多方协调，做了大量深入细致的工作。

1986年1月，原水电部在北京召开《四川雅砻江二滩水电站初步设计》审查会。张光斗先生作为审查领导小组成员参加了审查会。会前我们陪同成都院总工程师王洪炎同志去看望张先生，发现他不但已经仔细地阅读和研究了初设报告，而且在报告的综合说明书上写下了很多批语。一位75岁的老人，工作已十分繁忙，还患有青光眼，看书离不开特制的放大镜，竟然逐字逐句地审阅了60多万字的报告，并对报告中每一个重要数据和关键结论都一一做了复核，写下了批语，不知老人家熬过了多少个不眠之夜。面对此情此景，我们都有说不出来的激动。会后，张先生将他精心审改过的报告《综合说明书》和《工程总布置及主要建筑物》章节文本，亲手交给了张超然同志，并在报告的扉页上写着醒目的批语："精心设计，既要安全又要精心节省，做到又快又好又省，还有许多潜力可挖！"在两本厚厚的报告上，几乎每页上都有他的评注意见。他的这种高度负责、一丝不苟、科学严谨的敬业精神使我们深受感动，倍受教育。在批语中，他对初步设计提出了很多优化建议，例如拱坝坝基和两岸坝肩的开挖深度可以适当减少，以有利于减少开挖卸荷引起的地应力释放对岩体结构的损伤，同时也有利于减少开挖量和混凝土量；三套泄水建筑物的泄量分配要作适当调整；对地下厂房、主变压器室和尾水调压室三大洞室的布置及支护设计要进行局部调整等等。这些意见在后来的招标设计和施工图设计中都得到了贯彻，取得了显著的经济效益。

1986年12月，中国国际工程咨询公司受国家计委委托，对二滩水电站的初步设计进行评估。张光斗先生又一次来到成都，担任评估组组长。在这次评估中，他对于初步设计和设计优化成果给予了充分的肯定，同时要求我们进一步重视工程的外部建设条件。他说，二滩的优点是开发目标较为单一，但是也要高度重视外部协调问题。为此，他除了主持会议外，还亲自过问了对外交通的设计方案和水泥、粉煤灰等主要建筑材料的当地生产条件。在评估中，他非常尊重相关行业专家的意见。二滩原来有木材过坝的任务，会上对过木建筑物的规模和形式问题发生了分歧，他专门安排听取了一次林业专家的汇报。会后有些专家给他写信，提出了一些补充建议，他也都一一转给成都院，要求我们认真考虑。

1987年2月，二滩水电站的筹建工作开始启动。由于工程的部分建设资金利用世界银行贷款，要实行国际竞争性招标，成都院承担了国际招标文件的编制任务。在当时情况下，由于我们缺乏经验，二滩水电站又是世界银行在中国的最大贷款项目，故通过议标聘请了国际一家著名的工程咨询公司，重点对商务条款和施工技术规范进行咨询。张先生对招标文件的编制工作十分关心。当年8月，张先生又风尘仆仆来到成都，听取招标设计方案汇报。凭借他的丰富经验，他要求我们从国情出发，同时适应国际招标规则，努力编制出一套好的国际招标文件。他还对拱坝轴线调整、导流工程标准、施工总进度、工程建设分标，特别是质量控制问题，都提出了具体意见和建议。他特别强调，设计单位承担拱坝标的建设监理，有利于控制施工质量，一定要熟悉合同，严格规范，完善手段，精心组织。1989年4月，二滩水电站的土建工程招标文件向国内外承包商公开发售，获得普遍好评，随后被世界银行推荐作为东南亚地区世界银行项目招标文件的范本。成都院随后在业主单位的大力支持下，也出色地完成了拱坝标的监理任务。

1991年9月14日，二滩水电站正式开工建设。此后，张先生又三次来到现场指导。1994年3月，正值基坑和地下工程开挖进入高峰，承包商在开挖爆破控制上出了一些问题。这时张先生来到工地，冒雨下基坑查看开挖质量，随后又仔细查看了电站进水口的高边坡开挖和地下厂房开挖的掌子面。在与业主单位和设计院领导交换意见时，他非常严肃地指出，建设管理和设计，都要把质量控制放在首位。他说，建基面是拱坝的最关键部位，现在坝基开挖起伏差较大，且岩体有爆破震裂损坏的现象，必须加以处理，并建议了灌浆处理的具体技术要求和工艺措施；混凝土浇筑的高峰就要到来，要对施工全过程进行质量控制，抓住仓面取样检查这个重要环节，取样数量不得小于出机口取样的10%。进水口的开挖边坡高达150米，地质条件复杂，水库蓄水后高边坡还将出现不利的荷载工况，也要考虑补做固结灌浆，同时加强原位观测，局部还要采用预应力锚索予以加固。此外，他还对地下厂房如何防止过多超挖，如何保证吊车梁岩座的稳定和土石围堰的防冲保护问题等，均提出了具体意见。此后，二滩的业主单位和工程师单位都进一步加强了质量管理，并对存在的质量缺陷一一做了认真处理。张先生在临离开工地前，还曾专门给成都院在工地从事设代和监理工作的年轻同志做了一次报告。他非常动情地说："你们能有机会参加这样一个工程的建设，是很幸运的。人生几何，能参加这样巨大的工程，也不枉一生，我若能年轻20岁，我也一定来参加。希望同志们要树立远大的理想和志气，发挥自己的光和热。"张先生这些语重心长的话，使大家深受教育和鼓舞。

1995年9月，张先生又来到二滩施工现场。这时正值进入混凝土浇筑高峰。张先生对大坝施工机械设备先进、配套齐全，场地布置紧凑，井然有序，管理有方，感到由衷的高兴，给予了高度的评价，同时也就施工中存在的一些技术问题提出了意见。这些意见，包括对拱坝水平工作缝处理，岩基的固结灌浆工艺，两岸拱座的混凝土贴角与岩石面的接触和粘结，地下厂房洞室的岩爆处理，以及坝基混凝土浇筑层层厚、坝体横缝的缝面处理、相邻坝块间的高差限制和水垫塘边墙钢筋混凝土级配选择等等，可以说都是细致入微，针对性很强，给了我们很大的帮助。事后我们才知道，张先生为准备这些意见，事先已通过各种简报资料对现场实际情况做了全面的了解，同时又查阅了国内外大量的资料。成都院的设计人员都被张先生的这种认真负责和科学求实的精神深深感动。

1998年5月，张先生再度光临二滩现场。此时大坝混凝土已浇筑到坝顶附近，地下厂房已在全面安装水轮发电机组和其他机电设备，首台机组发电在即。张先生这时已是86岁高龄，不顾年老体弱，一到工地，就执意要到每个重要部位检查。从坝后公路1080米高程的观测廊道，到最低的980米排水廊道，足足有100米的高差。这个高差对于一个青年人来说，上下一趟都要出一身大汗，何况他是一位86岁的老人。在场的业主单位和设计院的领导非常担心他的身体，都劝他不要下到排水廊道去了，他却开玩笑地说："你们是否想捣鬼，不敢让我看啊！"在这种情况下，就只好同意他下去了。他沿着狭窄坡陡的坝内廊道，一直下到了正常蓄水位以下220米的排水廊道，沿途仔细观察了廊道有无裂缝和渗水现象。当他看到廊道周围混凝土浇筑平整，没有发现裂缝，几乎没有渗水，底板都是呈干燥状态，非常高兴地说，二滩的混凝土质量的确是一流的，来之不易啊[1]！

图9-7为1982年张光斗到二滩工地考察，在现场查看设计图纸的照片。

图9-7　1982年，张光斗在二滩水电站工地查看设计图纸
（张美怡提供家庭照片）

---

[1] 张超然，高安泽：张光斗先生与二滩水电站。载：《江河颂》。北京：清华大学出版社，2002年，第69页。

第九章　科学大会启新章　喜迎事业第二春　　175

在科学大会召开后的两三年里，命途多舛的新中国在一点点找回她迷失的方向，举国上下齐心协力，拨乱反正。张光斗亲身经历了这一天翻地覆的巨变。1979年，中国科学院召开"文化大革命"后的第一次学部大会，张光斗被选为主席团成员和技术科学部副主任；1979年，国务院学位委员会成立，他被任命为第一届土水建学科组副组长，后来又被任命为学位委员会副主任；1979年冬，国家教委成立直属高等工科大学教育研究协作组，他被推选为第一任组长；1981年，他又被教育部任命为世界银行贷款《中国大学发展项目》中方审议委员会主任。很快地他就从一个"文化大革命"中的边缘人物走到了引领改革的大浪潮头，一个埋头学术的单纯的知识分子从此获得了举足轻重的影响力。这些光鲜的名称并没有使他忘记自己的初衷，相反，职位越高，责任越大，这份责无旁贷舍我其谁的使命感，必然将令他在人生的第二个春天获得更为丰硕的收获。

第十章
突遭老年丧子之痛　敬业精神感人

痛失爱子，含泪写下万言书

　　1980年的夏天，宜昌还是一如以往的闷热。太阳毒辣辣的，地面蒸发着灼人的暑气。在葛洲坝工地，混凝土仓面的温度已高达四五十度，浇筑工人各个挥汗如雨，工作一两个小时后，脱下工作服就可拧出汗水来。即便是坐在办公室里的人们，也顾不上文雅，只愿往身上套一件背心、手里拿一把大蒲扇，这就是最常见的抵暑装扮。

　　张光斗就是在这样的天气中再次来到了葛洲坝。在酷暑天气中作业，对他而言早已不是什么新鲜事，不久前他才来过此处，对现场进行设计审查。但这一次却有些"不寻常"，尽管此时的他还完全不能预料。他仍然如以往一样，正正经经地穿上他的白衬衫，白天大汗淋漓地参加工程的讨论会，晚上则准备材料熬到深夜，甚至工作通宵。

　　不寻常的消息总是来得很突然。8月2日，陪同他到工地的科研助手王光纶忽然来到张光斗跟前，告诉他学校来电话了，有一个紧急的会议要他参加，需要他立即返回学校。张光斗有些疑惑，此时的他已是清华大学的副校长，学校在这个时候能有什么如此紧急的会议需要他立即回校参加，而他事先又毫不知情？从王光纶的话里，他听不出端倪，但王光纶脸上带着掩饰的似乎是凝重的神情，还是让他决定立即放下手上的工作，赶回清华园。

王光纶当时的心情确实非常复杂、非常沉重。当陈赓仪副部长（水利部副部长，时任水利部驻葛洲坝现场负责人）把他叫到会场外，把学校领导来电话通报张元正突然病逝的消息告诉他，他听到这个令人悲痛的消息时，感到非常的震惊，并且很快地想到，应如何保护好那位年事已高的老父亲，把老先生平平安安地送回北京。因为他与张光斗老先生及其家人素有来往，张元正是张先生唯一的儿子，而且从小患有先天性疾病，深得父母的疼爱。因此他深知这个消息对老先生这样一位年近七旬的老人而言，打击必然是非常大的，如果怀着这样的心情长途跋涉返回北京风险太大了。无论如何不能把实情在工地告诉张光斗，于是他和陈部长就商量了一个"紧急会议"的转移视线之计。陈部长将张老先生返校的行程安排的十分紧凑、有序，当天下午派汽车将他们二人从宜昌送到武汉市火车站，并事先让驻汉办事处的工作人员买好当晚到北京的火车票。王光纶还特别打电话叮嘱学校的办公室，第二天早上不要特别安排人到北京站接站，只要派那位经常接站的汽车房司机前来即可，以免引起老先生的怀疑。王光纶的任务，就是要将张光斗安全地送返家中。

被蒙在鼓里的张光斗，对王光纶开会的说法将信将疑，一路上总是问学校里究竟是什么会议让他这么匆匆忙忙地必须赶回去。王光纶也只是支吾，说大概是"什么重要的会议"来搪塞应对。问得多了，总得不到答案，张光斗也就不再问了。第二天早上到达北京，学校只派来了一位熟悉的司机，说是先让他回家休息。张光斗也感到旅途疲倦，没有多想，便上车回家了。

打击是在张光斗到家后来临的。清华大学党委领导何东昌与李传信一同来到张光斗家中，向这位风尘仆仆、面带倦色的老人简述了他儿子张元正病发身亡的经过。7月31日在家吃完晚饭后，张元正开始出现呕吐现象，并伴有腹泻，他自己和家人都以为是普通的吃坏了肚子，也就没太在意，直到第二天早上到医院检查，才发现是脑溢血造成的消化系统异常，而此时再进行抢救已来不及了。当日（1980年8月1日），37岁正值壮年的张元正就离开了人世。

事情经过说完以后，无论是陪同的王光纶，还是前来报告的何东昌和李传信，都只能眼看着老人呆坐在椅子上一声不吭，他们极力劝慰，却也明白此时的劝慰根本无用。张光斗的夫人虽早已知道这个噩耗，而且她是亲历了儿子离去的整个过程，深深明白这样短短的一段描述包含了多少痛苦和悲凉，她坐在丈夫身旁泪流满面，悲恸不能自己。惨剧来得短暂而突然，而如今"老年丧子"这人生三苦之一就重重地落在了两位老人身上。张光斗没有哭声，也没有说话，他只是静静地、呆呆地坐着，或许他想到了和儿子生前的点滴，想到了儿子留下的六岁的孙女，也或许什么都没有去想，脑子一片空白。

张元正出生于1943年10月。在他出生时，张光斗正远在大洋彼岸的美国进行考察实习，没能陪在他和他的母亲身边，这或许是张光斗先生在儿子离世后感到愧疚的起点。张元正没有能够拥有一个健康的身体，他先天性血小板缺乏，普通的一次摔跤擦破皮肤会让他血流不止，一场寒冷的大雨就足以让他皮下出血变得浑身通红；当时偌大的北京城里，登记在案的与他有相同病症的人也不过几十个。但这些都没有使张光斗变成一名"慈父"，恰恰相反，正是爱子心切，让张光斗对儿子的要求分外严格。

1968年，张元正毕业于清华大学工程力学系，后在中科院空间中心工作，正处于年轻有为的时期；又恰逢中国航空航天事业发展的起步阶段，张元正整日埋首于工作，在事业上投注了大量的心血。即便如此，张光斗还是一直认为儿子不够努力，对儿子也从来没有停止过高标准、严要求的鞭策。甚至平时晚上家人一起看电视，看的时间稍长一点，张光斗都要敦促儿子别看了，年轻人要抓紧时间"多读书"、"多用功"。

或许正因为如此，当儿子死后，张光斗在儿子的抽屉里发现了一摞医院给儿子开出的全休假条时，他才意识到自己以前竟是那么地错怪了儿子，真是追悔莫及，儿子为了争取有更多的时间去从事自己所热爱的航天事业，把所有全休假条都藏匿了起来，其实儿子也和他一样，是在忘我地、拼命地工作，没有偷懒休息啊！过去的错怪与现实的落差像一把钢钎深深地杵到了张光斗的心窝，而那厚厚一摞的全休假条仿佛一把盐巴，撒在了他丧子之痛血淋淋的伤口之上。

在接下来的两天里，张光斗总是一言不发地呆坐在家中。夫人钱玫荫焦虑地对他说"你说说话"、"你说说话"，得来的仍是沉默、沉默。白发人送黑发人，而且噩耗来得如此突然，他怎么能够不心痛呢。两天后，张元正的追悼会在八宝山举行，因为张光斗年事已高，怕他在现场出现意外，亲友和校系领导都劝慰他不要去参加了；但张光斗执意要与儿子见上最后一面，到了八宝山，悲痛的他双腿无力，被人架扶着来到儿子遗体前，只一眼，已是身体抽搐，几近瘫软在地。即便他无泪、无言，此情此景使在场的亲友谁能不感受到他内心的极度苦痛！因为他太爱这个儿子了，直至晚年的张光斗，他依然坚持每年清明节都要亲自携孙女一起去为儿子扫墓，在儿子墓碑前默哀。每回忆起儿子去世一事，他依然会伤心，会情不自禁地落泪。老年丧子之痛，确非常人所能想象。

逝者已逝，生者如斯。深爱的人离开人世，我们却还是得继续好好生活。心怀着对儿子的深深追念，张光斗平静下来，他马上想起来了他人生中的另一个"儿子"——他对水利水电工程事业执着的追求和热爱。

张光斗没有忘记自己对葛洲坝工程的责任，对这个国家、对人民的责任。尽管满腹悲痛，张光斗还是在追悼会后短短的几天时间里，用工工整整的字体手书了一份上万言的对葛洲坝工程的意见书，作为工作报告呈交给清华大学党委，这份报告的落款时间清楚地写明是1980年8月11日（图10-1）[①]。由于葛洲坝枢纽计划1980年底，即当年的冬季进行大江截流，这次会议是为截流前验收做准备的。在报告中，张光斗不掩其对工期紧张的担忧。他认为一期工程还存在许多工程质量问题，这些问题如果不能解

[①] 张光斗资料。清华大学档案馆，档案编号：校1-8010。

决,大江截流后,滔滔长江水将经过二江和三江的第一期工程下泄,出了事故后果将不堪设想,因此是否能够进行截流,他实事求是地提出这取决于工程质量事故是否能够完全处理好,并通过11月份的验收检查。在这份报告中他详细描述了当时葛洲坝存在的14条具体工程问题,并一一给出了建议的解决方案。这份报告体现了张光斗对国家和人民无限的忠诚和爱,即使是在丧子之痛中依然心系工程,这份包含悲痛写就的意见书,字字浸透着他对事业无私奉献的滴滴心血。"先天下之忧而忧,后天下之乐而乐",张光斗用行动实践了古人的寄托。

时任清华大学校长的刘达在读完张光斗的意见书后深受震动。他亲手起草了一封给主管工业副总理余秋里的信,图10-2是刘达校长反复推敲写这封信的手稿原件照片①。信中表达了刘达同志对张光斗敬业精神的钦佩,信的全文如下:

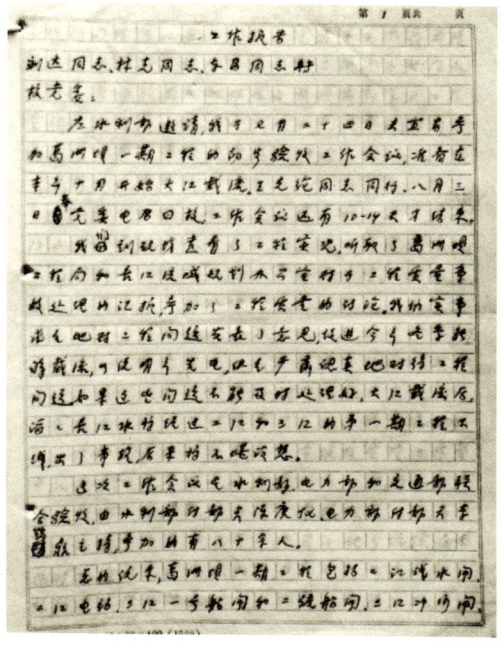

图 10-1　张光斗手写的工作报告首页(采集小组成员王光纶复制拍摄)

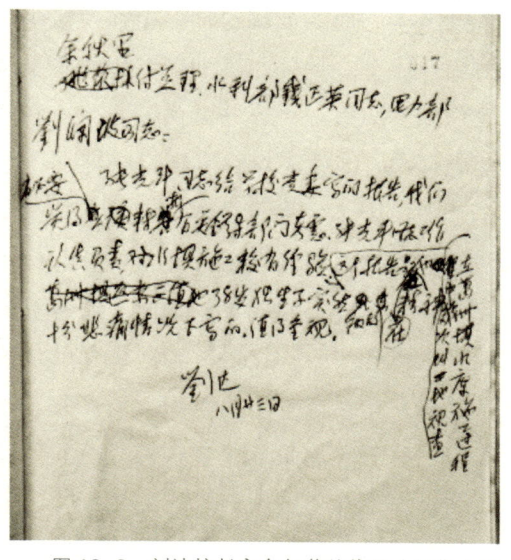

图 10-2　刘达校长亲自起草的信函(采集小组成员王光纶复制拍摄)

---

① 张光斗资料。清华大学档案馆,档案编号:校1-8010。

第十章　突遭老年丧子之痛　敬业精神感人　　*181*

余秋里副总理、水利部钱正英同志、电力部刘澜波同志：

　　张光斗同志给学校党委写的报告，我们觉得有必要转报有关领导部门考虑，张光斗同志工作认真负责，对水坝施工较有经验，在葛洲坝水库施工过程中曾多次到工地视察，这个报告是在他38岁独生子突然病故，精神十分悲痛的情况下写的，值得重视。

刘达　八月二十五日

难以忘怀的葛洲坝情缘

　　张光斗在万分悲痛的心情下对葛洲坝枢纽工程还如此分外牵挂，并非事出无因。早在1972年葛洲坝工程启动初期，张光斗就对这个工程投入了巨大的心血。如同对待一个在襁褓中的婴儿，张光斗一步一步地扶持它成长、成型。另外，葛洲坝工程实际是国家是否有能力运作三峡工程的一次预演，成败与否，非常关键。如今它的第一期工程即将验收，孩子即将落地奔跑，他能不对它满怀牵挂嘛。

　　1972年冬，长江流域规划办公室主任林一山刚刚得到"解放"，就受周总理委托对葛洲坝工程进行检查，林主任马上想到了老伙伴张光斗，尽管当时张光斗还没有"解放"，仍力邀他一同前往工地。这是张光斗与葛洲坝工程的第一次接触。考察和了解情况后，张光斗与林一山主任都认为坝址从河势和地形上看，稍向下游移动些更好，但彼时大坝已动工，且此工程已有毛主席批示"赞成修建此坝"，在那个特殊的年份坝址不宜再做改动。张光斗还发现，当时的葛洲坝工程在施工质量与设计上都有比较大的问题。部分已浇筑的混凝土质量极差，已不能用通常所说的"蜂窝狗洞"来形容了，简直快成"鸟窝牛洞"了。而且在设计上也存在着两个比较严重的问题：一是二江泄洪闸太偏左岸，离大江较远，河势不顺，将来水流流态不好，会引起折冲水流，不利于航运，且会冲刷河岸；二是过坝船闸靠近左、右两岸，将来航船如何顺利进入船闸，上、下游航道如何不被泥沙淤积，都没有把握。这两个问题不解决对于截流施工和将来的枢纽运行都将造成极大的困难。为此，张光斗和林一山主任商议，针对第一个问题提出"挖掉葛洲坝岛加大二江泄洪闸"的建议，此言一出立即遭到了工程局和部分原有工作人员的强烈反对，他们说葛洲坝工程必须有葛洲坝岛，工程的命名就由此岛而来，不能挖。随后这里还发生了一段"有趣的小故事"，葛洲坝岛是有象征性的岛不能挖，这只不过是表面的推辞，其根本的原因是挖岛后还要回填混凝土，一挖一填工程量将会增加，因此葛洲坝工程局不同意挖葛洲坝岛。于是，工程局廉荣禄副局长连续三天晚上都自带一瓶白酒来找张光斗，名曰借酒谈心交朋友，实为劝说张光斗放弃挖岛建议，强调水下开挖葛洲坝岛岩石有困难，影响工期。张光斗的态度也很有趣，酒可以一起喝，话可以推心置腹地谈，但建议是决不能改，因为不挖岛加大二江泄洪闸，大江不能截流，工程不能完成，将来运行泄流流态不好，会产生很大危害，最后廉局长也觉得他的建议有道理，只好表示同意照办。对于第二个问题，在林一山主任的启示下，经过大家讨论提出在两侧修建防淤堤的建议，以造成航道内静水通航，动水冲沙。

  张光斗等人的建议得到林一山主任的赞同和支持，随后林主任向周总理详细汇报了对葛洲坝工程的检查情况。周总理听取汇报后，经过仔细认真地研究，最后决定对葛洲坝工程停工两年，进行返工加固、重新设计。在新修改的设计方案中，采纳了挖掉葛洲坝岛，加大二江泄洪闸的建议；并根据模型试验研究的成果，修建了下游航道防淤堤，实行静水通航，动水冲沙等。建成后的工程运行实践表明，这次修改后的工程枢纽布置是成功的。

  时间瞬息而过，很快就到了1979年，张光斗应水电部邀请，再次来到葛洲坝工程现场进行设计审查。这次张光斗主要是帮助解决泄洪冲沙闸设计中的问题，他对工程认真负责的态度和对工作一丝不苟的精神一如以往，他对工程提出的许多意见都获得了采纳。在检查中，他发现二江泄洪闸的横缝设在闸孔底板的中间，而不是设在闸墩内，由于这里岩基软弱且有构造，而闸门又是双层的，下部是弧形闸门，上部是平面闸门，共计20

多米高，如岩基有不均匀沉降，弧形闸门将不能启闭，所以横缝应设在闸墩内。但现场设计代表工程师则表示，这个设计是经过他们计算的，岩基不会产生不均匀沉降。而且他们的设计主任工程师曾到巴基斯坦考察，参观过塔贝拉水闸和曼格拉水闸，那两个水闸的高度和岩基与葛洲坝相类似，他们的横缝也都是设在闸孔中间的。张光斗一向对自己的判断很有信心，但他更相信工程实践，既然塔贝拉和曼格拉都成功地这样做了，而自己又没去过巴基斯坦的这两个水闸现场，本着实事求是的原则，他也就不再说什么了。不过还是感到有些奇怪，为什么他们采取这种非常规的做法，这样设置横缝的闸门运行安全怎么保证？带着疑惑的心情，他请在长办资料室工作的清华1958年毕业生小方帮他找了一些有关巴基斯坦这两座水闸的资料，以便好好学习一下他们为什么能够这样做的经验。

在由武汉返回北京的火车上，张光斗迫不及待地翻阅小方送给他的资料，当看到一篇塔贝拉工程的参观记录时，其中有塔贝拉水闸的草图，他马上就认真地阅读起来，由于年事已高视力已经衰退，立即找出放大镜仔细查看那张图，发现图中闸墩的厚度并不是完全相同的，塔贝拉水闸每两跨闸孔有一个较厚的闸墩，显然水闸的横缝是设在这个较厚闸墩内的，只不过是两跨一分缝，并不是像那位设计主任工程师所描述的设在底板中间，心中的疑惑顿时得以解除。回到北京后，张光斗就写信给林一山主任和钱正英部长讲述了详细情况，建议为了将来运行安全葛洲坝二江闸的横缝应放在闸墩内，后来设计接受了张光斗的意见，将横缝设在了闸墩内，确保了闸门运行安全。

1980年的暑假，张光斗在炎热的天气中再次来到葛洲坝，这一次来葛洲坝是为了参加一期工程验收的准备会议，准备年底开始大江截流，也就是说进行了十年的工程终将迎来第一个节点，因此这次会议的重要性和意义就不言而喻了。正因为张光斗先生深深理解这次会议的关键所在，如同一颗精心设计、制造的卫星，在准备发射前的最后检查，怎么能不牵连从总体布置构思到细部结构设计都投入了巨大精力设计者的心呢，因此对本章第一节所记述的，张先生强忍老年丧子之痛，仍要写下对葛洲坝工程万言书的感人之举，他为什么要这样做的意图就十分清楚了。因为独子和事业都是张先生割舍不掉的亲情，他视这"一双儿女"为至宝，视工作为生命——如今儿子已逝，他能做的便只有振作起来，投入到为国家、为人民的工作当中。那份对葛洲坝一期工程验收前质量检查意见的万言书，其实也是他对儿子的一种别样的悼念。

葛洲坝一期工程验收的准备工作仍在紧张地继续。1980年11月21日上午，张光斗应邀参加了赵紫阳总理主持召开的国务院院务会议，会议的议题就是"三三〇工程"（注："三三〇工程"是当时葛洲坝工程的代号）能否在年内截流。首先由钱正英和沈鸿两位部长做了工程进展情况的全面汇报，随后赵紫阳总理请张光斗发言，张光斗讲了四点意见：

（1）二江泄水闸的安全是关键，有质量事故，有些是严重的。在截流以前必须把已发现的质量事故按照设计处理好，特别是闸底板架空事故要处理好。目前闸孔下的底板架空正在处理，闸墩下的底板架空要查清，因难于处理，故必须千方百计做好，必要时打斜孔灌浆，如质量事故没有处理好，不能截流，目前工程局表示能及时处理好，必须抓紧按要求进行。（2）二江闸下游护坦采取封闭式，要求护坦板和接缝不漏水，地基不漏水，少量漏到护坦板下的水必须通畅排出。护坦地基四周做了灌浆帷幕，有些地段灌不进去，在运用时期帷幕可能被渗流冲蚀，排水孔也有可能被泥沙堵塞，要经常补做帷幕灌浆和清理排水孔，必须十分重视这个问题。回过头来看，护坦采用封闭式也许不是最好的方案，但如维护检修好，还是安全的。（3）二江泄水闸可供导流用，也是永久性建筑物，可正常运用。在设计流量80000秒立米时，过二江闸的流量约50000秒立米，二江闸消能防冲应该是安全的。有些同志对封闭式护坦不放心，认为二江闸作为导流用是安全的，但作为永久建筑物正常运用是不安全的。这种认为不安全的意见，其理由不够充分，只是顾虑，而不能证明是不安全的。而且目前是既成事实，除非把二江闸重修（这是不可能的），则现有二江闸必然是永久建筑物，因为二江闸有27孔，是主要泄洪闸。如不用它作为永久建筑物，则大江要修27孔闸，不能修水电站厂房，这也是不现实的。但是，二江闸必然需要检修，而检修需要时间，所以要适当加大大江泄水闸的泄流能力,尽可能使二江闸有较长的检修时间,同时可经常用大江泄水闸泄水,少用二江闸泄水,减小二江闸的应用时间和压力。必须充分留有余地,不要算得太紧。(4)三三〇工程通航船闸与国外已有工程相比有不同的特点,一是水流每年输沙五亿吨,可能淤积航道,而国外河流是清水;二是长江在南津关突然扩宽,还有九十度转弯,河势复杂,而国外坝址河道宽度变化不大,也无转弯,河势平顺。虽然我们做了大量模型试验,找到了设计方案,可保证通航,但这毕竟是模型试验,将来实际情况可能有所不同,发生困难时,需要采取措施,对这点要有思想准备。①

张光斗发言后,陈宗基②、张昌龄两位专家也做了发言,然后国务院各部委领导相继表态。最后,赵紫阳总理汇总各方的意见,决定同意"三三〇工程"今冬明春截流,具体截流时间授权第一线指挥部决定,截流与否都要向国务院报告。

1980年12月,葛洲坝一期工程已全部完成,准备在1981年元月初开始大江截流,二江泄水闸过流,左岸电站开始发电。技术委员会开会最后讨论大江截流的具体时间问题,会议由林一山主任主持,钱正英部长等各部委的委员都到了,张光斗作为特约专家列席会议。在讨论中多数人同意立即截流,认为工程质量问题经过处理已满足设计要求。但也有一些人不赞成立即截流,主要是担心二江泄水闸护坦下的抽排不可靠,怕排水失灵,底板被顶起,因此建议加打钢筋混凝土桩,把护坦锚固在岩基内;也有人担心高速水流夹带砂卵石冲过二江泄水闸,会把闸底板冲坏,必须设法拦住砂卵石使其不随流而下,才能截流。对于这些担心张光斗认为大家都是为了工程安全,是可以理解的,他尽力解释劝说,并力主大江可以年内截流,在会上他阐述了其赞成截流的理由为:一是二江泄水闸护坦下的抽排是可靠的,不需要打锚桩,而且打桩将损坏护坦,还要耗费较长的时

---

① 张光斗资料。清华大学档案馆,档案编号:校1-8010。
② 陈宗基(1922-1991),原籍福建安溪,生于印度尼西亚爪哇岛,土力学、岩石力学、流变力学和地球动力学家,中国科学院学部委员,时任中国科学院地球物理研究所副所长。

间；二是南津关河床有深潭，砂卵石不会下来；三是大江截流水头只有2.5米，20年一遇流量为7000秒立方米，做过很多模型试验，应该是有把握的；四是提前发电，经济效益很大。讨论意见不能统一，湖北省委王任重书记也来了。张光斗为了表示对截流工程的信心和责任感，还写了一份书面意见，送交会议，表示愿意对截流负责。这里还有一段"小插曲"，会议休息期间，大家在一起议论，如果葛洲坝工程截流后出现问题，应该谁去监狱坐牢，七嘴八舌的结论是林一山、刘书田（时任葛洲坝工程局局长、党委书记）、张光斗、陈宗基四个人应是首当其冲，林是设计的负责人、刘是施工的负责人、张和陈分别是结构和地基方案的拍板专家，故这四个人应当首先去坐牢，虽然这是一个带有开玩笑的议论，但也从一个侧面反映了大家对工程责任者的一种认同。会议最后决定1981年元月3日大江截流。后来截流时，流量是3000秒立方米，截流水头不到2米，非常成功，终于胜利地完成了大江截流任务，二江泄水闸正常过水，提前发电。

截流后，1981年7月19日葛洲坝工程经受了长江百年罕见的72000秒立方米特大洪水的考验，工程安然无恙，二江泄水闸运行正常。即使如此，对于一向工作认真负责的张光斗来说，还是不放心，怕护坦表面过水后有严重的冲蚀情况，因已淹没于水下而未能发现。于是1982年1月10日他再次来到工地现场，一定要到水下亲自看看护坦表面混凝土过水后的情况，大家劝阻他已年近七旬了，老年人乘压气沉箱下到水底危险。张光斗的"犟"劲又来了，为什么工人不怕危险敢下去，我就不能下去？！于是工地只好同意他的要求，采取一些措施后将他送入了压气沉箱，驾驶沉箱的工人师傅说，从来没见过这么大岁数的老人还敢坐沉箱潜到水底来工作。沉箱降到水底抽干底面的积水，露出混凝土表面，经他亲手触摸、仔细查看，护坦混凝土过流表面总的情况还是好的，但仍有局部冲蚀现象，需要安排检修，这也是他事先预料到的，正如他在国务院会上发言所说的"二江闸必然需要检修"。至此，他才把悬着的心放了下来。

张光斗对葛洲坝工程从1972到1982十年的点滴经历，包括遭受丧子之痛后的经历，充分显示了一位"水利人"对自己所从事的事业的无私奉献精神。

第十一章
积极促进高等工科教育的发展

　　张光斗作为一位资深的高等工程教育专家，不但从教 50 多年来一直坚持上讲台、自己动手写教材，面对面地向学生传道授业，为国家培养了大批高质量的水利科技人才；而且先后发表了 60 多篇有关高等教育的研究论文，极大地丰富了我国高等工科教育的思想宝库。另外，在 20 世纪 80 年代，张光斗还做了两件对促进中国高等工科教育事业发展具有全局性意义的事情：一是，在世界银行向中国大学发展项目贷款中担任中方审议委员会主任，殚精竭虑，多方协调，最终使项目顺利完成，为我国高等教育的发展创造了良好的条件；二是，担任国家教委直属高等工业学校教育研究协作组首届组长，带领协作组努力创新，为我国高等工科教育的发展提供了思想和技术上的支持。

在世界银行贷款支持中国大学发展项目中力挑重担

　　1980 年 7 月，在中华人民共和国恢复世界银行合法席位和权益之后的两个月，世界银行有意向中国提供一笔贷款，当时主管东亚及太平洋地区事务的副行长萨赫德·侯赛因来中国进行访问，并与包括教育部在内的中国政府有关部门展开会谈。经过认真地讨论，他们最终选定中国的大学发展项目作为世界银行在中国内地的第一个贷款项目。而当时中国由于经济发展水平的限制，高等教育事业的发展急需强大资金的支持，如果能够得到世界银行的贷款，这对中国高等教育事业的发展将是一个十分难得的机遇。

国家教委对世界银行贷款之事非常重视，决定派教委党组成员张健和清华大学副校长张光斗、大连理工学院院长钱令希去美国华盛顿世行总部进行商谈协议。临行前，他们特意请示国家教委领导：如果条件不合理，是否可以不借？领导回答可以，一定要坚持原则。得到领导批示后，张光斗一行便启程前往华盛顿。到达华盛顿之后，世界银行副总经理接见了他们，还派负责人与他们商谈贷款协议。在商谈会上，首先确定贷款数额为二亿美元，贷款是作为中国第一个大学发展项目，主要是通过实验基本建设、购置设备和技术援助，用来资助北京大学、清华大学等28所国家教委直属大学加强师资力量，改善教学科研条件，提高教学科研水平，增强现代化管理能力，适当扩大办学规模[①]。具体措施包括派遣访问学者到国外大学学习、邀请外国教授到中国大学讲学、购买仪器设备和图书等。他们提出中方要成立专家审议委员会，负责审查各大学提出的年度计划；此外，还要成立外国专家咨询组，帮助监察项目的执行情况，负责到中国考察各大学，然后与审议委员会主任、副主任开会审定年度计划；审委会和咨询组还要检查计划执行情况。在谈判中，双方对以上内容都表示同意。然而，之后世界银行又提出项目的年度计划要得到美国国家科学院的同意，张光斗对此表示反对，因为中国是向世界银行贷款，与美国无关，年度计划不需要得到美国国家科学院的同意。对方坚持该意见，中方又坚决不妥协，以致形成了僵局。最后，张光斗表示，如果世界银行坚持项目年度计划必须得到美国国家科学院的同意，我们就不借款了。对方及时请示世界银行副总经理，终于同意了张光斗等人的意见，此事方得解决。之

---

① http://www.mof.gov.cn/zhuantihuigu/cw30/ZWC/201009/t20100903_337296.html。

后，对方提议，请康奈尔大学原校长考尔森教授担任外国专家咨询组组长，张光斗等人了解他的经历后，表示赞同。咨询组的其他成员由张光斗和考尔森商聘。至此，贷款协议内容初步达成一致意见，由中华人民共和国驻美大使与世界银行副总经理签字认可。

张光斗等人回国后，向国家教委汇报了此次商谈协议的事宜，教委任命张健同志主管这个项目，成立审议委员会，成员约30人，聘请各校教授担任，分成若干学科组。请张光斗担任委员会主任，副主任有五位，其中谢希德管物理，查全性管化学，陈德明管生物，陈学俊管工程，钱令希管计算机。世界银行于1980年9月和11月先后派出两个由东亚及太平洋区教育处处长和高级官员组成的工作组，帮助教育部进行项目准备工作，并对项目进行评估。由于世界银行和政府的工作人员以及各项目院校人员的热情、勤奋和密切合作，所有相关工作进行顺利，如期完成。经中国政府和世界银行执行董事会批准，贷款协定和信贷协定于1981年11月4日在北京签字，协定从1982年2月4日起正式生效。

1981年12月2日教育部正式发文给清华大学，聘请张光斗担任教育部该世界银行贷款项目中方"审议委员会"的主席，图11-1是《教育部文件（81）教供字093号》文的影印件（注：虽然聘书上写的是主席，但后来的文件和报告中均称之

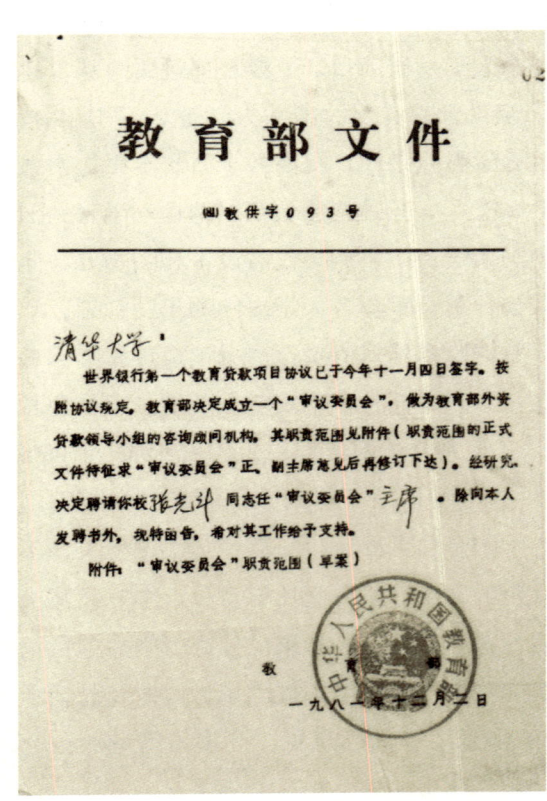

图11-1 教育部文件致清华大学聘请张光斗的信函
（采集小组成员王光纶2012年复制拍摄）

为主任）[1]。

  为了充分利用世界银行的这笔贷款，促进中国高等教育事业的发展，中国审议委员会从成立之日起就开始了全面、谨慎、细致的工作。张光斗作为委员会主任，更是前后周全，既要统筹接受贷款的各大学的项目情况，又要及时与世界上先进的大学开展交流，积极学习他们的先进经验。经过各方面的评估和谈判，最终确定该项目的目标为：通过对下述各方面提供技术援助、设备和土建来支持政府的加强高等理工科教育和科研工作的计划：

  （1）通过提高人员和校舍的利用率，并建立研究生学位制度，扩大中国政府选定的26所（在项目实施期间增加到28所）项目院校的毕业生人数和科研工作的规模。

  （2）通过加强教学和科研计划，提高师资质量和使实验设备及用房现代化，提高26所项目院校的毕业生质量和科研工作水平。

  （3）通过改进项目院校的簿记和更综合的会计处理来加强院校的管理；通过改进教育统计、更综合的会计处理，改进检察和评价能力，以及对今后的教育投资的更好的准备工作来加强教育部的管理。

  项目计划采用先进的管理技术和程序，预期可以把教师的教学工作量增加到平均每周8至12小时，教室的利用率平均增加到60%—80%，实验室的利用率平均增加到50%—70%。随着人员和校舍利用率的提高，计划增加项目院校的理工科学生人数和教学用房。计划到1985/1986学年度在项目院校至少建立50个硕士点，理工科研究生将由6000人（1980—1981学年度）增加到10000人。同时，要提高实验研究各方面的质量[2]。

  部署完项目的执行任务后，1982年上半年，张光斗与张健、钱令希等

---

[1] 张光斗资料。清华大学档案馆，档案编号：2-271-007。

[2] 这部分内容引自国家教委外资贷款办公室1986年12月编写的《中国大学发展项目（贷款2021CHA-信贷1167CHA）项目竣工报告》第2-3页。该报告原件保存在教育部档案处，档案编号：98-35-468。

人去国外考察高等教育和实验室仪器设备，并商聘外国专家咨询组成员。张光斗一行人先到日本东京，受到了许多仪器设备厂商的接待；他们参观了几家电子、仪器工厂。参观期间，张光斗向张健建议，不接受厂家的宴请、旅游、礼品等，后来行动中确实是按此建议做的，保持了廉洁正气的好作风。他们所购买的仪器设备都是通过招标投标确定的。他们还参观了东京、京都等大学。咨询组的考尔森教授建议请东京大学塔库教授作物理方面咨询组成员，张光斗等人通过与他交谈，他表示很愿意参加，于是双方商定了工作任务、时间、待遇。至此，对日本的访问便告结束。然后，到美国旧金山和洛杉矶进行第二站的考察访问，参观了仪器制造工厂，访问了加州大学伯克利分校和加州大学洛杉矶分校，两校领导都表示愿意接受中国的访问学者，也可以派教授来华讲学。随后到纽约，参观了仪器工厂，访问了哥伦比亚大学，见到了李政道教授，他很支持中国的大学发展项目，还说他所进行的中国访问学者项目，都由美国教授给予资助，而且不限于理科，也可为工科。张先生对李先生的此举表示感谢。张光斗和张健还去了纽约州立大学石溪分校，受到了杨振宁教授的热情接待，他对这一项目也表示非常支持，并表示二亿美元是很大的款项，希望执行过程中能精打细算，充分发挥其效益；还说有些仪器不要买整套的，可买关键部件，自行装配，这样可以节省。钱令希教授在纽约生病，只好提前安排他回国，张光斗和张健二人前往德国进行第三站的考察访问，他们先到了法兰克福，然后转至科隆，参观了几所大学的实验室，和教授们进行了座谈。并在科隆与从英国赶来的、外国专家咨询组计算机方面的成员英国斯璜西大学辛克维奇教授进行了面谈，由于辛克维奇的要求较高，张光斗先生只能按照既定的条件商谈，经过三个多小时的交换意见，最终才就咨询组的工作任务、时间、待遇等达成协议。实际上，张光斗从纽约到科隆，已有20多小时未曾合眼，非常疲劳，只能提前告退。在德期间，他们还参观了一些仪器制造工厂，并访问了慕尼黑大学和阿亨大学。考尔森教授建议请德国汉诺威大学原校长佩斯脱教授为外国专家咨询组工程方面的成员，张光斗也与他进行了细致的交谈，商定了他的工作任务、时间和待遇。访德结束后，张光斗和张健又到了此次考察的第四站法国巴黎，他们参观了巴黎、里昂的仪器工厂和高等学校。考尔森教授建议邀请巴黎第三大学梅尔教授为外国专家咨询组化学方面的成员,张光斗也与之交谈,商妥了工作任务、时间、待遇。至此,他们结束了此次出国考察访问的全部任务。回到北京后,向国家教委领导汇报了出国考察的工作,并将已商定好的世界银行贷款第一次大学发展项目外国专家咨询组的成员名单,报请国家教委批准聘请。

1982年下半年,大学发展项目审议委员会在京召开会议,审查第一年度的计划。从各校报送来的计划看,有以下情况:高档的大型仪器设备较多,访问学者去美国的较多,各大学请的专家时间较长,而且有重复。经过会议讨论,由主任、副主任商定按以下原则对年度计划进行审批,并得到了张健同志的同意。各校都要购买计算机,其容量和型号征求各方面意见后决定;高档大型仪器只能买极少数,每一地区至多一台,各校共用;大部分仪器设备应是中档中小型的,以有利于应用和发展;访问学者不要集中于美国,宜适当分散到其他国家;请专家来华讲学时间以一个月为宜,这样水平高的教授能来,教授的学科尽量少重复,各校可合起来听讲,当然有些主学科各校可分请。就这样,审议委员会初步审定了项目第一年度的计划。

审议委员会会议结束后,接着外国专家咨询组成员于1982年11月21日来到北京,以配合审议委员会的工作,监察项目的执行情况。到京后,首先召开咨询组和审委会主任、副主任联席会议,由国家教委领导给咨询组成员发聘书,进一步说明咨询组和审委会的工作任务。随后,咨询组成员和审委会主任、副主任分赴各大学考察,然后再回北京开会,审查年度计划,会议由张光斗和考尔森主持。咨询组基本同意审委会的初审意见,只是对于从哪家公司购置计算机,意见不一致。主要是各位咨询组成员都在为本国的利益考虑,审委会认为,最终应按对中国最有利的原则选择产品。会议审定年度计划后,报请国家教委批准。

1983年下半年,世界银行贷款大学发展项目外国专家咨询组成员再次来到中国,和中国审委会主任、副主任先分头到各大学考察,然后到日本东京开会,由东京大学的塔库教授安排接待。会议由张光斗和考尔森主持，主要是审议一年来项目的执行情况。会议认为，各项目大学都在认真地进行各项工作，派遣了访问学者、邀请了外国教授讲学、订购了仪器设备。总体评价：项目用款是严格的、合适的。咨询组还提出，中国的大学专业设置要放宽，要加强基础理论课程，也要有工程专业课程、设计和生产实习，要适应中国的国情。会后，参观了东京大学和京都大学。

1984年上半年，世界银行贷款大学发展项目的外国专家咨询组和中国审委会主任会议在英国伦敦召开，由辛克维奇负责安排会议日程，会议在英国皇家学会的会议室举行。会前咨询组成员和审委会主任、副主任先分头去各大学考察，然后到英国伦敦开会。会议由张光斗和考尔森主持，主要是讨论年度计划，按照以往确定的原则审议执行情况。对过去一年来项目的执行情况，与会者表示满意。会后，张光斗和陈学俊留下来考察了英国的高等工程教育。他们先后参观了伦敦皇家帝国学院、剑桥大学工学院、曼彻斯特大学。在剑桥大学参观期间，张光斗他们住在丘吉尔学院，这不是一个教学学院，而是学生宿舍，有辅导教师住在这里，规定一位教师负责若干学生，辅导学生学习、思想、生活，这是剑桥大学特定的制度。张光斗认为，教师关心学生的学习、思想、生活是值得我们学习的，但要办这样的学院需要相当的条件。

回到伦敦后，经皇家学会联系，张光斗等人访问了土木、机械、电机三个工程学会的高等工程教育部。学会对大学的专业设置、教学计划、课程内容等都经过审查并提出意见，还要检查学生毕业时的教学质量。本科毕业后，得学士学位，由学会分配到工业企业进行技术培训两年和经验培训两年，经学会检查合格后获得学会副会员资格，高等工程教育才算完成，英国的高等工程教育模式适应英国的国情。此外，他们还访问了土木、机械、电机三个企业，了解了企业的培训工作情况。他们的培训工作很认真，有培训计划和教材，既上课，又工作。最后，经皇家学会联系，他们还访问了国家工业委员会高等教育局，高等工程教育是由该局负责管理的。英国的工程教育分三个层次：本科以上培养工程师，本科三年，高中多一年，硕士一年，博士三年以上，本科、硕士毕业后进行培训四年；高专培养技术工程师，高中毕业上高专，学制二年或三年，毕业后培训三年；中专是高中层次的，培养技术员，由工业企业办。三个层次可以转学，但必须满足各层次的要求。

这次考察英国的高等工程教育，张光斗等人访问了大学、学会、工业企业、国家工业部门，较全面地了解了情况。考察结束后回到北京，写了详细的考察报告报送国家教委。

1985年，世界银行中国大学发展项目外国专家咨询组和中国审委会主任会议定在德国汉诺威召开。会议日程由汉诺威大学佩斯脱教授负责安排，会议由张光斗和考尔森主持。在会上讨论了年度计划，咨询组的意见认为：各项目院校安排的访问学者和讲学教授过于集中在美国，应分到其他国家，中方审委会同意这个意见。咨询组还认为，大学图书馆开馆的时间要加长，实验室利用不够充分，课程实验要重视学生的自主性，教师要做科研工作，少做生产性试验。这些意见都是对的，指出了我们项目院校存在的弱点。会议认为，总的来说，项目执行是成功的。会后，组织参会成员参观了汉诺威大学和附近的一所著名大学。参加汉诺威会议之后，张光斗还应荷兰德尔夫脱大学的邀请，到该校进行了访问。

1986年春，世界银行要对中国大学发展项目执行情况进行检查，要求外国专家咨询组组长和中国审委会主任到世行总部汇报工作。张光斗和考尔森到美国华盛顿世界银行总部，向贷款负责人汇报了中国大学发展项目的执行情况，主要汇报的内容如下：贷款完全是按照咨询组和审委会审定的年度计划使用的，专款专用；派出访问学者、请国外讲学教授、订购仪器设备等情况；至于项目的效益，各大学的教学和科研水平已有提高，但只是初步的，效益的发挥需要时间。世行负责人对项目的执行情况很满意，并且问张光斗，项目是否需要请外国专家咨询组，因为这部分费用较大。张光斗回答，外国专家咨询组还是需要的，可以帮助项目更有效地执行，但成员可以减少，需要时可另请专家参加。咨询组工作主要在中国国内，必要时与审委会主任一起出国考察，这样工作效率高，费用省。考尔森对张光斗的意见表示赞同。汇报结束后，应考尔森的邀请，张光斗到康奈尔等大学访问，专门考察了美国综合性大学与多科性工科大学的情况。

1986年的世界银行中国大学发展项目外国专家咨询组和中国审委会主

任联席会议，决定上半年在法国巴黎召开，由巴黎第三大学梅尔教授负责安排会议日程，会议仍由张光斗和考尔森主持。这次会议时间较短，讨论了最后一年的年度计划，对派出访问学者，请讲学教授，订购仪器等工作做了补充审议。会后，参观了巴黎第三大学、法国师范大学、巴黎多科性高等工科学校。

1986年下半年，世界银行贷款中国大学发展项目外国专家咨询组成员和中国审委会主任、副主任分头到各项目大学考查，并在北京召开联席会议。这次会议是项目的总结会议，首先由国家教委贷款办公室向联席会议报告了整个项目派出的访问学者、邀请的外国讲学教授、订购的仪器设备、购买的图书、贷款支出等情况的资料数据。会上，对项目的执行情况做了评论，总的说来项目是成功的，不足之处在于：访问学者回国后要进一步发挥作用，传授科技；实验室仪器设备尚未充分利用，要多做科研，少做生产性试验，有少数仪器是不必要的；图书馆开馆时间要加长；要充分发挥学生的主动性，培养能力和创新精神。咨询组还提出，今后要加强与国外大学的交流合作，教师要与国外大学教师继续保持联系。会后，审委会要求贷款办公室将历次联席会议的评审意见汇总，写入项目的总结报告。

1986年秋，考尔森在美国康奈尔大学召开世界银行贷款中国大学发展项目外国专家咨询组工作总结会，邀请中国审委会主任、副主任参加，考尔森主持会议。咨询组总结了几年来所做的工作，取得的成绩，工作中的不足，中国大学发展项目所取得的效益，以及对今后中国大学发展工作的建议等。张光斗代表中国审委会对咨询组的工作表示肯定，称赞咨询组对中国大学发展有很大帮助；不足之处是在中国国内的时间较少，如时间较多，帮助将会更大。咨询组写了总结报告，其内容与历次联席会议的意见基本相同。随后，考尔森来华，把总结报告送呈国家教委李鹏主任，并做了口头汇报。中国审委会也写了工作总结报告，一并报送国家教委。

1986年12月，大学发展项目的执行单位，即中华人民共和国国家教育委员会外资贷款办公室，根据项目档案的文件和记录，特别是中国审议委员会和外国专家咨询组的联合评价报告，以及对28所项目院校实地考察的结果，正式编写和报送了《中国大学发展项目（贷款2021CHA-信贷

1167CHA）项目竣工报告》，该报告对项目实施情况的评价结论为：

总的说来，中国第一个大学发展项目已经成功地实现了帮助28所项目院校增加产出和提高教学科研水平，以及加强项目院校和教育部/国家教委的管理能力的目标。

《报告》认为，通过项目的实施得到了以下几方面的效益：

（1）教师队伍的质量已经明显提高。理工科专业教师中掌握计算机知识者的比例已提高到大约90%，据不完全统计，在项目实施期间，大约发表了教师的工作论文和著作21700件。（2）使用购进的设备开出了很多本科或研究生课程的新实验，同时更新了大量的旧实验。两者合计，相当于教学大纲要求开出的实验的90%。本科学生会用计算机的人数已经增长到95%。（3）大约80%的研究生已经在购进的设备上进行教学实验和/或做研究论文或设计。基本上所有研究生正在不同程度地从项目的支援中获益。……因为所有项目院校都是中国的领先的重点院校，且大多数是理工科院校，它们的成就，特别是质量的提高，已经对中国的高等理工科教育产生深远影响并且继续促进其提高。当然，高等教育的发展及其对国家四个现代化建设的贡献必须是国内外各方面努力和支持的综合结果。本项目在推动其前进方面肯定起了重要作用。通过本项目，世界银行不仅提供了财力和物质的支援，而且提供了技术援助，介绍了教育计划和管理的先进技术和程序，而后者也是更有价值、有用的。

这个项目不仅是中国的第一个世界银行教育贷款项目，而且是所有世界银行贷款项目中的第一个。由于缺乏项目实施的经验，在实施过程中不可避免的，但不是毫无道理的，出现一些缺陷，并将有些问题留到项目竣工后再解决。①

---

① 摘自国家教委外资贷款办公室编写的《中国大学发展项目（贷款2021CHA-信贷1167CHA）项目竣工报告》。报告原件保存在教育部档案处，档案编号：98-35-468。

作为世界银行贷款支持中国大学发展项目的中方审议委员会主任，张光斗教授在该项目的实施过程中付出了极大的心血，不仅要与世界银行进行谈判，竭力维护国家的利益，还要对中国 28 所项目院校做好执行情况审查工作，同时又要保持与外国专家咨询组的沟通和交流，接受他们的意见和建议，并到世界先进院校进行访问和学习。也正是由于张光斗教授带领下的中方审议委员会与各院校和外国专家咨询组的通力合作，才使得该项目能够取得如下令人欣喜的成就：28 所项目院校的本科生总数，除去文科和社会科学、人文科学各系不计，1985—1986 学年已经达到 147567 人，超过了评估总数的 18%，研究生的数量增长更快。到 1985—1986 年，各项目院校共有 200 多个研究生点，有硕士和博士共 21915 人，超过评估总数 120%。同时，教师、大讲堂和实验室的利用率平均增长了 84.2%、84%、82.1%，图书馆的开放时间平均也增长到每周 78.7 小时。……作为全国前列和重点高等学校，项目院校质量的提高不仅对本身的发展起着主要作用，而且对整个高等教育，特别是理工科专业的加强也起着重大的作用[1]。应当说，张光斗教授完成这项工作，为我国高等工程教育的发展是做出了开拓性和历史性的贡献。

创建国家教委直属高等工业学校教育研究协作组

1981 年冬季，国家教委成立直属高等工业学校教育研究协作组（HEES），当时正式参加的学校有清华大学、浙江大学、西安交通大学、上海交通大学、天津大学、大连理工大学、华南理工大学、华东化工学院、成都科技大学、东南大学、华中工学院、重庆大学 12 所教委直属工科大学，是一个民间性的组织，得到国家教委高教二司的支持和指导。这个协作组的成立会议是在清华大学召开的，会上确定了协作组的章程，协作组的主要作

---

[1] 摘自国家教委外资贷款办公室编写的《中国大学发展项目（贷款 2021CHA-信贷 1167CHA）项目竣工报告》。报告原件保存在教育部档案处，档案编号：98-35-468。

用是探讨高等工程教育的改革和发展，交流经验，讨论和咨询国家教委将出台的工科教育的规定和办法，目的是通过教育科学研究为国家教委制定政策提供咨询意见。张光斗被推选为协作组的第一任组长，任期三年。各校设教育研究所，作为联系单位。

1983年冬季，协作组在四川成都召开会议，东道主是成都工学院，清华大学参加会议的有张光斗、李传信、王森、罗福午等。会议讨论的主题是"高等工程教育的层次和规格"，会议由组长张光斗主持。国家教委高教司提出的教育层次为高专、本科、硕士、博士四个层次，这是英美式的，很多人认为是合适的，但也有不同的看法，认为培养目标是工程师，高专、本科、硕士都是工程型的，只有博士是科学型的。然而，也有人认为应当按美国式培养，本科、硕士、博士都是科学型的，只有高专才是工程型的。会议讨论无法完全统一认识，最后张光斗和高教司商量后，将总结意见定为：高专和本科是工程型的，博士是科学型的，硕士则两者都有。关于学制，意见也不统一，最后多数意见认为还是保持现状为好，本科的学制四年是多数，也有五年的，至于研究生的年限，定位硕士二年，博士三年，有人提出宜有弹性，但未做结论。对于规格，应是多种规格，即同一层次，应有不同的规格，这是因为各用人单位要求不同。这次会议讨论的总体结论是，高等工程教育要多层次、多规格。

1984年下半年，协作组在杭州开会，浙江大学是东道主，会议仍由组长张光斗主持。这次会议的主题是"专业设置问题"。与会者认为专业应放宽，但生产部门为了能分配到毕业生，也为了所学的课程更对口，所以使得某些专业放宽不了。国家教委高教司不同意专业设专门化，怕分得过细。实际上有的学校在本科生的最后一年是分了专门化的，所以张光斗提出一个解决的办法，最后一年可设选课组，不作为专门化，实际上是想放宽专业。此外，张光斗作为协作组组长的任期届满，由西安交通大学庄理庭校长继任组长职务。

国家教委直属高等工业学校教育研究协作组的创建对我国高等工程教育的发展做出了重要贡献，协作组在张光斗的带领下形成了一支专兼职结合的研究队伍，在国家教育科学重大课题研究、为国家教育有关决策提供咨询意见等方面发挥了重要作用。在这些贡献中，有三件事尤为突出：一是创办了《高等工程教育研究》学报，二是召开了一次国际高等工程教育学术讨论会，三是编辑出版了《中国高等工程教育》一书。

创办《高等工程教育研究》学报

协作组于1981年在清华大学召开成立大会时，曾决定创办《高等工程教育研究》学报，推举华中工学院负责出版，该院的院长任主编，张光斗担任编辑委员会的荣誉主编，是这份学报的创办者之一。学报于1983年正式创刊，20多年来，学报一贯坚持探讨教育规律、开展学术讨论、反映研究成果、交流教育信息、推动教育改革、促进国际交流的宗旨；以其工程应用性、学术前沿性的鲜明特色，深受高教界、工程界的好评——1992年、1996年、2000年、2004年连续四届被评为"全国中文核心期刊"。

《高等工程教育研究》是国内第一份面向工程教育研究的全国性权威学术期刊，现在已成为教育界的理论刊物，同时也是中国工程院教育委员会会刊和中国高等教育学会工程教育专业委员会会刊。

召开一次国际高等工程教育学术讨论会

国家教委直属高等工业学校教育研究协作组一直关注国际先进工科教育的发展，并于1987年成立了国际高等工程教育学术讨论会（ISHEE）的会议委员会，张光斗担任委员会主席，副主席有浙江大学校长路甬祥、美国麻省理工学院前教务长罗森布赖斯、东南大学王荣年以及西安交通大学校务委员会副主任庄礼庭。国务委员、国家教委主任李铁映担任委员会名誉主席。委员有来自国内外的专家、学者共36人。会议组织委员会主席是路甬祥，论文委员会主席是张光斗。经过长期的准备和酝酿，"国际高等工程教育学术讨论会"终于在1990年4月17—21日，在中国杭州的浙江大学如期召开。这是新中国成立以来，在中国举办的一次极为成功的高等工程教育国际会议。

协作组主办此次国际会议，从 1987 年 2 月发起至 1990 年 4 月召开，前后整整花费了三年的时间做筹备和组织工作，特别是在 1990 年初那时的国际环境下，能够召开这样一次国际会议是非常不容易、非常有意义的。与会的代表有 115 人，他们分别是来自中国（含台湾）、美国、苏联、英国、德意志联邦共和国、日本、澳大利亚、丹麦、芬兰、埃及、泰国、印度、南朝鲜以及香港等 15 个国家和地区的学者、专家，汇聚一堂，以浓厚的兴趣讨论当前各国高等工程教育面临的共同课题。会议收到各国代表的论文 102 篇，其中外方代表的论文 37 篇。大会宣读论文 17 篇，分会宣读论文 64 篇。会议伊始，张光斗作为 ISHEE 会议委员会主席致开幕词，首先对参加会议的各国代表和来宾表示衷心的欢迎，之后，对本次国际高等工程教育学术讨论会的筹备情况做了介绍，揭开了会议的主题。图 11-2 为张光斗会前与参会各国代表和来宾的合影留念照片。

这次学术讨论会的主题是"高等工程教育的现状、改革和发展趋势"，下设三个分题："高等工程教育与社会、经济、科技"、"高等工程教育人才培养的现状与改革"、"高等工程教育评估"。会议上代表们就这个主题和三个分题，互相交流了各国高等工程教育的经验，互相借鉴，有助于提

图 11-2　1990 年国际高等工程教育学术讨论会参会人员合影照片（张美怡提供家庭照片）

第十一章　积极促进高等工科教育的发展

高人才培养质量，促进社会发展进步；会议扩大了中国的对外交流，各国代表也广交了朋友；会议的组织工作也得到了各国代表的肯定。会议获得了各国代表的好评，取得了圆满的成功，在 1990 年当时的历史背景下，能够成功地举行这次国际会议，可谓是我国改革开放政策的又一胜利。

会后，浙江大学出版社出版了《国际高等工程教育学术讨论会论文集》，收录了会议论文 86 篇，其中很多论文都是从本国实际出发，既有基础数据，又有理论深度的高水平论文，为国际高等工程教育的发展提出了创造性的意见。张光斗在会上发表的论文《中国高等工程教育的发展方向》被收录在"高等工程教育与社会、经济、科技"主题栏目下，张光斗在文中提出了高等工程教育要为国家培养高级工程科技人才的观点，论文从六个方面展开，全面分析了中国高等工程教育的现状和当前的国情，提出高等工科教育必须为国家服务，为社会发展服务的要求，而且提出了高等工程教育的目标、方向和具体措施，指出了中国高等工程教育的发展方向，是一篇具体的、务实性的论文。

编辑出版《中国高等工程教育》一书

1995 年 9 月，由张光斗和王冀生二人主编的《中国高等工程教育》由清华大学出版社出版，该书的出版不是集一时之力，而是国家教委直属高等工业学校教育研究协作组自成立以来十多年坚持努力的结晶。在该书的前言中写到，自 1982 年以来，国家教委（原教育部）高教二司和直属高等工业学校教育研究协作组共同承担了国家教育科学"六五"规划重点课题"高等工程教育结构改革的研究"和国家教育科学"七五"规划重点课题"新时期高等工程教育人才培养规律及其应用的研究"，取得了一批重要成果，为国家教育管理部门的宏观决策提供了科学依据，推动了我国高等工程教育事业的发展、改革和提高，深化了对中国特色社会主义高等工程教育规律的认识，为编写《中国高等工程教育》奠定了基础。《中高等工程教育》一书实质上是上述两项研究成果的理论总结，是高等工程教育的一般规律同中国具体国情结合起来取得的初步成果。

1990年4月,张光斗、王冀生、庄礼庭、王荣年等人完成的《高等工程本科教育的研究与改革》(报告)荣获了国家教委颁发的全国首届教育科学优秀成果一等奖。这是协作组的研究工作的重要成果,也为《中国高等工程教育》一书的编著提供了动力。在此报告的基础之上,经协作组各成员单位历时两年多的努力,终于在1991年9月形成了《中国高等工程教育》一书的初稿。

1991年12月,全国教育科学规划领导小组办公室组织了由原教育部副部长黄辛白为组长及国内著名学者、专家参加的鉴定组,对国家教育科学"七五"规划重点课题及其重要成果《中国高等工程教育》(初稿)进行了鉴定,对该书给予了较高的评价,同意经修改后出版。会后,主编又根据鉴定会提出的意见和国家新的发展形势,对《中国高等工程教育》(初稿)再次进行了修改、充实,直到1994年10才正式定稿,交付出版。

张光斗为该书写了序言,题名为《对高等工程教育的体会》,这篇序言是一篇长达17页的论述性文章,与《中国高等工程教育》一书的成长一样,张光斗的这篇序言初稿是1991年6月10日写成的,于1994年5月17日才最终修改定稿。在这篇序言中,张光斗对我国高等工程教育应如何进一步改革、发展,从以下十个方面展开了论述:第一,高等工程教育的目的和任务。第二,高等工程教育要多层次、多规格。第三,高等工程教育的专业和学科设置。第四,高等工程教育的教学计划。第五,高等工程教育的思想政治教育。第六,高等工程教育的理论联系实际。第七,高等工程教育中重视能力和创新精神的培养。第八,高等工程教育的因材施教。第九,高等工程教育的继续教育。第十,加强高等工程院校与工业企业的合作和结合。

《中国高等工程教育》这本书是在认真总结中国高等教育发展、改革的实践经验基础上编写的,是以邓小平同志建设有中国特色社会主义理论为根本指导思想,以"工程师及其形成"为逻辑起点,以高级工程科技人才培养和成长的规律为主干线索,以高等工程本科教育为重点,立足中国实际,着重阐述高等工程教育一般规律的一本教育学的著作。这本书为中国的高等工程教育的发展提供了强大的理论和技术支撑。

张光斗为中国高等教育事业做出了卓越的贡献。教育理论家潘懋元对张光斗参与创建的"高等工业学校教育研究协作组"曾赞誉到:"高等工科院校的同志们在高等教育研究领域中最为活跃,研究成果也最丰富。这其中,协作组10年来所发挥的发动、带动、组织、协调的作用,功不可没。"[1] 罗福午在回忆协作组的相关事宜时也提到,协作组的工作在教育界得到了很高的评价,它的顺利成长和斐然成绩与张光斗先生的努力是密不可分的。

---

[1] 王孙禺、田慧君:浅谈张光斗工程教育思想。《高等工程教育研究》,2012年,第3期。

第十二章
为水资源的战略决策进言献策

直面水资源的战略定位问题

1989年底至1990年上半年，张光斗在他事业的生涯中完成了另外一件大事，他上书中央，为确立水资源在国民经济发展中的战略地位，发挥了一位水利人应发挥的作用。

通常一位科技工作者之所以能够被称为"大师级"的专家，或称之为"大家"，往往是因为他不但在具体学科技术上能够做出卓越贡献，而且能够对学科的总体发展、对国家应采取的发展战略进行思考，进而提出可供决策层参考的关键性建议，这才是"大家"的风范。张光斗作为我国水利界公认的一位"大家"，他确实在水利水电工程具体技术上做出了不少贡献，为避免重复，这些建议的内容请参见本书附件一，这里不再赘述。但几十年奋斗拼搏的经验告诉他，作为一名人民需要的水利工作者，绝不能仅仅把眼光局限在具体的工程技术上，必须要注重我国水问题的总体发展，认清我国水资源面临的局面，明确水资源的战略定位。他经常告诫自己,对于解决我国水资源问题在具体工程上做出贡献固然重要,然而,确立水资源在国家总体发展中合理的战略地位才是根本,这也是具体学科能否可持续发展的重要保障。

众所周知,水是生命之源,是人类赖以生存的基础性自然物质,社会经济发展的战略性资源,地球生态环境的控制性关键因素。我国的水资源总量虽然不少,但人均占有量仅为世界平均水平的四分之一,而且地域分布和季节分布严重不均衡,这就使得我国水资源必然面临十分严峻的局面。随着人口的增长和国民经济的迅速发展,工农业用水和生活用水都在不断地增加,我国水资源紧缺的矛盾越来越突出,再加上旱涝灾害的威胁、生态环境的恶化、污染物毫无节制的排放,水资源的问题越来越引起人们的忧虑和关注。然而,水资源问题在20世纪90年代之前一直没有得到社会和国家应有的重视,我国经济发展战略的重点基础产业中更是没有它的一席之地。我国水资源危机日益紧迫,这也使得水利在国民经济发展中应如何定位问题更加突出,张光斗敏锐地察觉到了这个问题,热切地盼望我国的水资源问题能够引起国家的重视,能够将其上升到战略高度来看待。对此,张光斗一直焦虑不安,忧心如焚,他到处奔走呼吁,希望日益紧迫的水资源危机能够引起国家领导人和高层决策者的重视。因为他深深懂得,如果水资源上升不到国家战略的高度,水资源日益短缺的危机就不能得到很好的重视和解决,这对我国国民经济的持续发展是非常不利的,甚至会成为阻碍国民经济发展的制约因素;另一方面,不论在具体学科上研究得如何精细透彻,在学科技术上操作得如何精湛绝伦,没有战略地位的支持,这些具体学科技术很可能找不到驰骋沙场的机会,甚至可能会导致学科知识的荒废。这样一来,国家的前途堪忧,人民的幸福堪忧!这是张光斗最为担心的。

因此,张光斗的视野渐渐地从具体的水利工程技术转向了宏观的水利经济,决心要让水资源和水利事业走出具体学科的限制,走向国家战略的高度。然而,要让一贯不受重视的水资源成为与农业、能源、交通和原材料等并列的经济发展战略重点基础产业,并不是一件容易的事情;要让它体现在国民经济发展规划和中央文件中,更是难上加难。但张光斗毫不畏惧，即使再难也要尽力争取，他把"为国家水资源战略定位"进言献策作为人民赋予自己的一项责任，到处奔走呼号，直至最终使其实现。

抓住学部大会的有利机遇

1989年下半年，中国科学院召开学部大会，这次会议将对两个重要议题进行讨论，一个是水资源问题，一个是钢铁问题，这两个问题都是事关国民经济发展的重要议题，因此受到了学部委员（1993年10月后改称中国科学院院士）的高度关心和重视。1978年5月中国水利水电科学研究院复院后，张光斗担任该院的院长，我国的水资源研究工作是该院承担的一项重要工作任务；再有，张光斗时任中科院技术科学部副主任，国家的水资源状况理应是技术科学部关注的课题，因此关于水资源问题的会议报告顺理成章地就委托他来主持。这正是张光斗多年来追求的、提升水资源地位的重要机遇，抓住这个机会，就离"战略高度"的奋斗目标更近了一步。因此，张光斗十分重视这次学部大会的委托，竭尽所能将此大任担当好、落实好！

陈志恺时任中国水利水电科学研究院水资源研究所所长，正致力于全国水资源的评价研究，并且通过第一次全国水资源的调查评价掌握了一些最新资料。于是，张光斗找到了陈志恺，从他那里详细了解了我国水资源的评价状况，包括我国水资源总量有多少、质量如何、使用量有多少、存在什么问题等等。在这种情况下，陈志恺首先根据自己掌握的材料，起草了一份报告初稿提交给张光斗，张光斗对此报告做出了详细的修改，提出了补充修改的意见，并根据水资源开发利用中的一些情况提出了自己的看法，陈志恺根据这些意见和建议继续搜集资料，对报告进行修改。经过一遍一遍的修改之后，定稿的报告在深度和广度方面都有了很大的改进，成为一份内容精深、可读性强的正式报告。这份报告就是后来在我国水资源发展建设中发挥了里程碑式重要作用的《我国水资源的问题及其解决途径》。

  报告首先指出水资源问题的重要性，希望能够引起社会的高度关注：当今世界正面临人口、资源、环境三大问题，水属于资源又和其他两个问题有密切关系，因此水资源的开发、利用和保护已为世界各国所重视。随着人口的增长，经济的发展，以及人类物质文化生活水平的提高，人类社会对水的需求日益增长，特别是目前世界上不少国家和地区，已经不同程度地发生了水资源危机以后，水资源日益成为不亚于能源和粮食不足的一个严重问题，并已成为当今世界各国社会经济发展的重要制约因素[①]。接下来，报告从我国水资源的特点、水资源利用现状和问题、解决华北缺水的途径三个方面展开，陈述了我国水资源面临的严峻形势：每年约有三亿亩农田遭受不同程度的旱灾，全国有三百余座城市缺水；而水污染严重，更减少了可用水资源量；在另一方面，工农业和城市生活用水又极其浪费。我国洪涝灾害十分严重，每年受洪涝灾害的面积达三四亿亩，大江大河大湖防洪标准较低，每年都有可能遭受大洪水的威胁。解决的对策应是，水资源的开发利用要开源节流，首先是节约用水，办成节水型社会：农业灌溉是用水大户，要搞好渠系配套、渠道防渗衬砌、管道输水、平整土地、田间工程、地下管道灌溉、喷灌、滴灌、微灌、渗灌等；要利用地下水，使地面水和地下水联合调度利用；工业要采用节水生产流程，多次重复用水；城市生活也要节约用水。在开源方面，要广修水库、水塘、水池，回灌地下水，必要时进行跨流域调水，如南水北调，利用海水、人工降雨等；要进行污水处理，使污水水资源化，既增加可用水量，又可改善生态环境。同时，要加强防治洪涝灾害，对大江大河大湖进行整治，修建防洪水库，整治河道，加固堤防，设分洪区和行洪区，设排涝闸和抽涝站，提高防洪防涝标准。要进行水土保持，防止水土流失，保护土地，减少入河泥沙，以利于河道整治，并改善生态环境。应当说开源节流都需要大量投资，当然也会有巨大效益。水是工农业和生活不可缺少的，而水资源是有限的天然资源，要用水就要投资，所以投资是不可缺少的。然而节

---

  ① 张光斗、陈志恺：中国水资源问题及其解决途径。《水利学报》，1991年，第4期，第22页。

流，节约用水充分利用当地水资源，一般来说所需的费用比开源为少，时间也快，涉及地区间的关系也少，所以应该优先实行节约用水，国外的经验也是如此。要理顺水利经济，防洪除涝等除害建设是公益事业，应由政府进行无偿投资，受益户投资投劳；灌溉、供水、发电、航运、旅游等兴利建设是产业，应由多渠道有偿投资，水价、电价、服务价，要能偿还投资本息、折旧费、大修费、运行费、管理费、税金、赢利等。灌溉水价由于农产品价格低，政府应给予补贴。

《我国水资源的问题及其解决途径》的报告修订好之后需要到学部大会上汇报。由于报告是由张光斗和陈志恺二人合力完成，虽然报告的主旨、结构等都是由张光斗确立的，但陈志恺在材料的收集和评价等方面也付出了很多努力。有着大学教授身份的张光斗惯于发现和培养有才干的年轻人，他对陈志恺严谨细致、踏实肯干的品质十分欣赏，希望他能在水资源领域发挥更大的作用，因此要对其多加历练，再加上张光斗本人年事已高，当时身体又不是太好，便向学部申请委托当时还不是学部委员的陈志恺到学部大会上就水资源报告的情况进行讲解。陈志恺因此得到了首次在学部大会上作报告的机会，他十分珍惜这些难得的机遇。由于面对的都是学部委员，陈志恺做了精心的准备，制作了很多图表，以便更加精确和生动具体的展示相关信息。学部大会上，陈志恺讲了两个小时，把报告的内容详实地介绍给了在座的学部委员，并引起了很大的反响，不少学部委员也从这个报告中第一次了解到我国水资源的状况。陈志恺在本次学部大会上的报告是对他自己的一个挑战，也是一次成长的机遇，陈志恺先生后来成为工程院院士，与张光斗的欣赏和这次提携是分不开的，这是后话。总之，学部大会上的报告发挥了非常大的作用，引起了学部委员的高度重视，也为提升水资源的地位赢得了宝贵的机会。

正是因为这份报告把我国当时水资源问题的重要性、水资源污染和浪费的严重性、建立良性运行机制的紧迫性详细地进行了陈述，并提出了改善当前水资源矛盾的具体可行性措施，使得水资源问题引起了人们的关注，并为水资源问题上升到国家战略高度地位奠定了基础。

上书中央"宁未雨而绸缪，毋临渴而掘井"

学部大会的强烈反应，各界专家委员的热情支持，使张光斗受到了极大的鼓舞，进一步增强了要呼吁提升水资源在国民经济发展中战略地位的决心。张光斗决定以《我国水资源的问题及其解决途径》这份报告作为基础，向中央领导进言，阐明水资源对国计民生的重要性和我国水资源问题日益严重的实际情况，以及我国在水资源建设方面缺乏良性运行机制的危害性，希望政府能够尽早采取有效的对策。1989年11月21日，张光斗怀着款款之心给江泽民总书记写了如下信件：

江总书记：

您好！

水利是农业的命脉，水利也是人民生活和工业的命脉。我国水资源紧缺。华北、西北、东北都缺水。农业时遇干旱，北京、天津、太原、大同、青岛、大连等几十个城市缺水，工农业争水现象已很突出，形成水资源危机。南方水量较多，但城乡和工业也缺水，农业也遇干旱。为此，必须抓紧进行水源建设。宁未雨而绸缪，毋临渴而掘井。我国水利经济政策，水源建设主要由国家和地方投资，低偿或无偿供水，目前既难于筹集资金进行水源建设，又不能促进节约用水，也不利于水源工程的管理。必须把水源建设纳入有计划的商品经济。谁用水，谁负担费用。此外，我国大江、大河防洪标准较低，如遇特大洪水堤防决口，损失浩大，难于估计。为此我恳切呼吁：

1. 把水利列为我国经济建设的战略重点，与能源、交通等并列。
2. 调整水利经济政策，把水源建设按有计划的商品经济规律办理。

是否有当，请指示。

附上我与水利水电科研院水资源研究所所长陈志恺合写的"我国

水资源的问题及其解决途径"一文仅供参考。

　　此致

敬礼！

张光斗敬上

清华大学　教授

中国科学院学部委员

1989 年 11 月 21 日

　　张光斗在信中指出了水利在我国国民经济建设中的重要性，我国水利现状的严重性，并坦言我国在水源建设上缺乏一个良性运行机制，提出应当尽早采取有效对策，"宁未雨而绸缪，毋临渴而掘井"。张光斗提议"把水利列为我国经济建设的战略重点，与能源、交通等并列"，从决策上重视；并提出了建设性意见，即"调整水利经济政策，把水源建设按有计划的商品经济规律办理"，从社会主义市场经济的角度有规律地进行水利建设。并附上了与陈志恺合著的《我国水资源的问题及其解决途径》报告，作为其书信内容的依据。

　　江泽民办公室在接到来信后，很快就给出了回复意见："请信访局复张光斗同志一信，告诉他来信及论文均已送总书记处阅过，谢谢他。并请将此件转报水利部杨振怀部长阅。江泽民同志处 12 月 1 日。" 1989 年 12 月 16 日，当时的水利部部长杨振怀得到江办的批复意见后也批阅了该信件，并给予了高度关注[①]。

　　1990 年 6 月初，时任国家科委主任的宋健在一次会议上见到张光斗，宋健告诉张光斗中央顾问委员会主任陈云对水资源的开发利用问题十分关注，建议张光斗能够将有关情况向陈云同志做一汇报。于是在 1990 年 6 月 4 日，张光斗又满怀激情地给陈云主任写信，信的内容与上述写给江泽民总书记的信件内容基本一致，希望能够得到陈云主任的关切和指导。

---

①　江办和杨振怀部长批复张光斗该信的原件现存水利部档案处。档案编号：振怀 89 年 1875 号收文。

这封信及随附的报告受到了陈云的高度重视，随即 1990 年 6 月 6 日陈云就在张光斗的信上做出批示："请泽民、李鹏、宋健同志阅。张光斗、陈志恺同志就我国水资源问题进行了认真研究之后，提出很重要的意见。水的问题始终是一个大问题。要从战略高度来认识水的问题的严重性。各级领导部门，尤其是经济、科技领导部门，应该把计划用水、节约用水、治理污水和开发新水源放在不次于粮食、能源的重要位置上，并列入长远规划、五年计划和年度计划加以实施，以逐步扭转目前水资源危机的严重状况。"陈云并建议将信件送江泽民总书记、李鹏总理和宋健主任，请他们批阅。江泽民 6 月 10 日在此信上做出批示："亦请家华同志阅。在考虑'八五'计划时得认真研究一下水的问题。人无远虑，必有近忧。是应该未雨绸缪。"并且提出在制定"八五"计划中要对水利建设做好安排，并将信和报告转给了国家计委（邹家华时任国家计委主任）。李鹏 6 月 18 日也做出批示："可专题听一下汇报。"见图 12-1[①]。

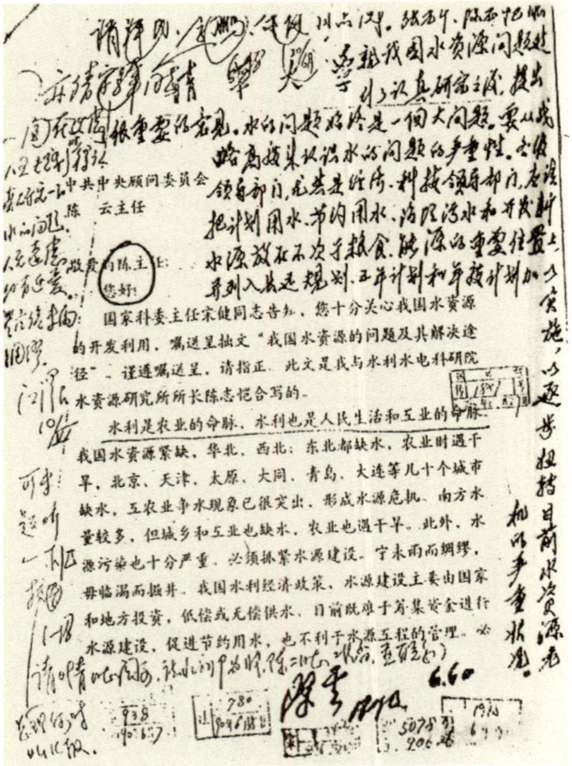
中共中央顾问委员会
陈 云主任
敬爱的陈主任：
您好！
国家科委主任宋健同志告知，您十分关心我国水资源的开发利用，嘱送呈拙文"我国水资源的问题及其解决途径"。谨遵嘱送呈，请指正。此文是我与水利水电科研院水资源研究所所长陈志恺合写的。
水利是农业的命脉，水利也是人民生活和工业的命脉。
我国水资源紧缺，华北、西北、东北都缺水，农业时遇干旱，北京、天津、太原、大同、青岛、大连等几十个城市缺水，工农业争水现象已很突出，形成水源危机。南方水量较多，但城乡和工业也缺水，农业也遇干旱。此外，水源污染也十分严重。必须抓紧水源建设。宁未雨而绸缪，毋临渴而掘井。我国水利经济政策，水源建设主要由国家和地方投资，低偿或无偿供水，目前既难于筹集资金进行水源建设，促进节约用水，也不利于水源工程的管理。必

图 12-1　陈云、江泽民、李鹏同志批复意见的复印件照片（采集小组成员王光纶 2012 年复制拍摄）

得到中央领导的肯定和重视之后，张光斗于 1990 年 7 月 20 日又给水利部部长和副部长写信，恳请水利部能够重视水资

① 中央领导批复张光斗此信的复印件现存水利部档案处。档案编号：张光斗就水资源问题给陈云主任的信。

源问题，向中共中央和国务院建议将水资源列入国家经济建设战略重点，该信的内容如下：

水利部
杨部长
张副部长：

您们好！

今年初，我写信给江总书记和陈云同志，附去拙文，提出解决我们国家水资源问题的途径。得到他们的复信，表示肯定我的建议。今得到他们二位对拙文的批示，给国家计委等，可能您们已经知道。

江泽民同志的批示："在考虑'八五'计划时，得认真研究一下水的问题。人无远虑，必有近忧。是应该未雨绸缪。"

陈云同志的批示："水的问题始终是个大问题。要从战略高度来认识水的问题的严重性，各级领导部门，尤其是经济、科技领导部门，应该把计划用水、节约用水、治理污水和开发新水源放在不次于粮食、能源的重要位置上，并列入长远规划、五年计划和年度计划加以贯彻，以逐步扭转目前水资源危机的严重状况。"

目前是良好时机，可否请水利部正式请求党中央和国务院将水资源列为国家经济建设战略重点之一，与农业、能源、交通、原材料等并列，并在远景规划、五年计划和年度计划中列入急需的水资源项目。至于把水利的兴利事业逐步纳入有计划的商品经济，困难很大，但迟早必须实现，要加快速度，制定各种办法，使水利的兴利事业在财务上能达到良性循环，来加快水资源开发利用，为四化服务。

是否有当，请指示。

此致

敬礼！

张光斗

1990.7.20

直接给水利部上书，言明水资源问题的严重性，并说明中央领导对此问题的肯定和重视，希望水利部能够在紧要关头把握住机会，向党中央和国务院提议将水资源列入国家经济建设的战略重点之一，以加快水资源开发利用，为四化服务。水利部部长杨振怀7月23日对张光斗的此信做出批示：

> 张教授信很重要，请部领导阅。请办公厅将中央领导批语整理核实请示后，争取在中国水利报公布，并分送计委、科委、财政部等有关部委领导。①

1990年9月1日，国务院总理李鹏在与全国农业水利建设会议代表座谈时则明确提出：

> 要重视水利的发展，从战略高度来认识水利的地位和作用，要把水利作为国民经济的基础设施和基础产业，并从"八五"计划安排中加以体现。②

张光斗的上书得到了中央领导的高度重视，从中共中央总书记、国务院总理、中共中央顾问委员会主任、国家科委主任、国家计委主任到水利部部长都表示了相当的关切，指出水资源问题的重要性，并应将其列入国家经济战略的重点。此后，党中央的文件中，水利就被列入了经济建设的战略重点，与能源、交通、信息等并列。

1990年12月30日，中国共产党第十三届中央委员会第七次全体会议通过了《中共中央关于制定国民经济和社会发展十年规划和"八五"计划的建议》③，讨论了今后十年和第八个五年计划时期我国国民经济和社

---

① 张光斗呈送水利部领导的原信及杨部长批示此信的原件均保存在水利部档案处。档案编号：振怀90年1225号收文。
② 杜跃进、邓泽辉：在一个重大决策的背后。《瞭望》海外版，1990-11-19。
③ 该《建议》以及下文相关引用参见网站http://china.findlaw.cn/fagui/jj/23/58967_10.html。

发展的基本任务和方针政策,其中第二部分"经济发展的产业重点和地区布局"下"加强基础工业和基础设施的建设"条目中明确指出:"这是今后十年和'八五'计划期间经济建设的一个重点。我国基础工业和基础设施的发展滞后,严重制约着国民经济的发展。应该采取适当的投资倾斜政策,少搞一些一般加工工业,严格控制楼堂馆所建设,筹集必要的资金,加强能源、交通、通信、重要原材料以及水利等基础工业与基础设施的建设。"并特别强调:"水利是基础设施的重要组成部分,不仅关系到农业,而且关系到工业建设和人民生活,中央和地方都要充分重视和认真抓好。"第三部分"发展科技教育文化事业的任务和政策"中提出,今后十年科学技术的主要任务的第一项任务就是"紧紧围绕解决工农业生产技术和装备现代化问题,特别是为解决农业、水利、能源、交通、通信、原材料、资源综合利用,以及人口控制、生态环境保护和国防建设等方面的重大课题,组织实施科技攻关计划并提供科技保证。"将水利放到了仅次于农业的第二位。

1991年3月25日,李鹏总理在第七届全国人民代表大会第四次会议上发表了《关于国民经济和社会发展十年规划和第八个五年计划纲要的报告》[①],在"加强和发展农业,促进农村经济全面发展"一段中,明确提出要"增加对农业的投入,加强大江大河治理,开展农田水利基本建设,坚持植树造林,搞好防汛抗旱",并特别强调"切实加强管理、十分珍惜和合理利用土地和水资源,对于农业生产和整个社会经济的发展都具有重要意义,必须高度重视。"这是我国国民经济计划中第一次将水利列入重点发展的基础工业,而此前的"七五"计划中,所提出的集中财力物力重点建设的基础工业和基础设施,只提到了能源、交通、通信、原材料等,没有水资源。这样的变化应当说与张光斗及其同行的不懈努力和争取是分不开的。

2011年的中央一号文件中,首次提到了水资源和水利资源管理制度问题。2011年1月29日发布了《中共中央国务院关于加快水利改革发展

[①] 《报告》以及下文的相关引用参见网站 http://www.npc.gov.cn/wxzl/gongbao/2000-12/06/content_5002537.htm。

的决定》，这份文件从新形势下水利的战略地位，水利改革发展的指导思想、目标任务和基本原则，突出加强农田水利等薄弱环节建设，全面加快水利基础设施建设，建立水利投入稳定增长机制，实行最严格的水资源管理制度，不断创新水利发展体制机制，切实加强对水利工作的领导等八个方面进行了阐释和说明，这是新世纪以来中央关注"三农"的第八个"一号文件"，也是新中国成立62年来中央文件首次对水利工作进行全面部署。

在张光斗及众多水利工作者的共同努力下，水资源建设取得了在国民经济发展建设中应有的战略性地位。1991年制定的国民经济和社会发展十年规划及"八五"计划中，水资源成为与农业、能源、交通和原材料等并列的经济发展战略重点基础产业，2011年中央一号文件中也首次提到水资源和水利资源的管理制度。而事实证明，将水资源列入国家经济战略重点，对于我国经济建设的健康稳定发展有着非常重要的作用，这是水资源的幸运，更是国计民生的幸运。张光斗高瞻远瞩，既在具体的学科领域做出了突出的贡献，又为国家水资源战略进言献策，提出将水资源提升到经济发展战略高度的建议，为具体学科知识发挥作用提供了平台，为国家经济的长远发展提供了保障，为千千万万中国百姓带来了福音，这是值得历史铭记的光辉！

研究符合社会主义市场经济规律的水利经济

在党中央和国务院把水利确立为基础产业和基础设施之后。张光斗又把目光集中到如何才能使水利这个基础产业能够健康可持续的发展上，正如他给中央上书所言的第二条呼吁，要"调整水利经济政策"。他多次在《水利经济》等学术刊物和会议上发表对水利经济的认识，阐明自己的观点：强调水利建设要实现两个根本性转变，一是转变为社会主义市场经济，二是转变为集约生产。对水源建设要按有计划的商品经济规律办理，只有这样才能健康可持续的发展。张光斗有关论述水利经济的观点如下[①]：水利经济包括防洪、除涝、灌溉、排水、供水、发电、航运、水土保持、养鱼等。水利经济涉及面很广，其中最关键的是投资和收益。水利建设中有勘测、设计、施工、管理、经营等，都需要资金投入。水利建设必须有社会效益，然而水利建设要符合社会主义市场经济，就必须有财务收入来支付费用，包括偿还投资本息或折旧和红利、大修费、维护费、运行费、管理费、税金等，使水利建设得到良性循环、持续发展，以满足经济和社会发展的需要。

水利经济有两个方面，一是水利经济本身的问题，二是与国民经济其他部门在经济上的协调问题。

对于防洪、除涝、水土保持等除害水利建设，如大江大河大湖的防洪、中小河湖的防洪、低洼地区的除涝、自然水土流失地区的水土保持等除害水利建设，是社会公益事业，要由政府投入修建，是无偿的。大江大河大湖的防洪建设，主要由中央政府投入，当地人民投劳。每年的维护防汛费用，仍需由中央和地方政府投入，当地人民投劳；还可向工农业收防洪维护费，沿堤进行种植生产等，得到效益，即所谓以堤养堤。但主要还是靠中央和地方政府的投入。

对于灌溉、排水、城市和生活用水、发电、航运等兴利水利建设，应由多渠道投入修建，是有偿的。包括中央和地方政府的拨款或入股、银行贷款、发行债券和股票、外资贷款等等。供水、供电、通航等都是商品，要收费，其价格应大于或等于成本，包括偿还投资本息或支付折旧和红利、大修费、维护费、运行费、管理费、税金等，使水费年收入等于或大于年费用。有盈余，水利建设才能得到良性循环，持续发展。

水利建设一般是综合利用的，也就是多目标开发利用的。水利经济要研究投资分摊到各个目标的方法，然后分别计算各目标的成本。防洪、除涝等除害工程的投入应是无偿的。

由于水资源紧缺，要大力提倡和发展节约用水。经济和社会的发展，

---

① 张光斗：对水利经济的认识。《水利经济》，1997年，第3期。

使用水量增加，水资源开发利用的难度将加大，费用增加，成本也增加，水价会提高。节约用水的水平提高，难度增加，所需节水投资也增加。城市和工业用水能承担高水价和高节水费用，农业用水承担水价和节水费用的能力较弱，需要中央和地方政府补贴，或其他来源补贴。水利经济要研究水价和节水方面的问题。

  国家规定收水资源费，包括地表水和地下水。水资源费用来补贴水利建设的费用。水污染应该按《水污染防治法》规定办，谁污染谁治理。凡排放污水不处理的，应交排污费，用以处理污水。

  水利建设与其他经济建设紧密联系，水利是基础产业和基础设施，要优先配置资源和生产力，国家应给予优惠政策。为此，水利经济要研究水利建设投入占据国家和地方政府财务支出的份额。还要研究各项兴利水利建设投资的利率和偿还年限、折旧率、红利率、税金率等，以保证水利基础产业和基础设施的持续发展。

第十三章
尽心竭力提高工程界的地位

积极建议成立中国工程院

1992年4月21日,张光斗联合王大珩、师昌绪、张维、侯祥麟、罗沛霖六人联合起草了《关于早日建立中国工程与技术科学院的建议》①(以下简称《建议》)上书党中央,该《建议》作为重要文件于1992年5月8日被中共中央办公厅《综合与摘报》第54期收录,并向上呈报。《建议》首先指出了技术没有得到应有重视的历史原因,即在近代科学技术发展的初期,科学是在社会上层结构中产生的,被视为高层次的知识;而当时的技术大都产生于工匠,多是经验性的,被视为低层次的知识。同时,历史的遗留也有一定的影响,例如,在中国,古代称技术为"雕虫小技";在西方,从古希腊罗马时期直至文艺复兴时期,科学和哲学属于自由民,沿称"自由层知识",技术属于奴隶,沿称"奴隶层知识"。因此

---

① 这份《建议》呈送前的打印原件保存在清华大学档案馆。档案编号:252-92025,第32—37页。

许多国家的科学院建立较早。然而,第二次世界大战以来,经济的飞跃发展带动工程技术的日益发展和提高,首先是工程技术活动规模以极高的速度扩大;其二是工程技术工作大大突破了经验的指导,扩大到了规律性和理论性的范围,并在世纪之交出现了应用研究;再有,世界上已出现了许多高层次的工程技术人物,与大科学家并驾齐驱,出现了许多耀人耳目的重大工程技术成就,并形成了强大的工程科技队伍和强有力的工程技术机构。这些都说明工程技术已经成长壮大,并被充分认识到是与自然科学同等的高层次知识,与技术科学一起,是对社会、经济和文化直接产生重大影响、具有巨大决定意义的因素。之后,《建议》列举了瑞典、美国、英国、苏联等国家重视工程技术的实际行动,以及由澳大利亚,墨西哥,瑞典,英国,美国的工程科学院发起,现已有13个国家的工程科学院参加的国际工程与技术科学院理事会(Council of Academies of Engineering and Technological Sciences,缩写:CAETS)的情况。《建议》还特别指出,中国的中科院技术科学部因为不是工程与技术科学的院,缺乏工程方面的代表性,不能成为国际工程与技术科学院理事会的正式成员,只能派委员列席会议,在国际间科技和经验交流方面受到很多限制,这是非常可惜的。

同时,面对中国是发展中国家、工程技术和技术科学的发展还很不够,产业技术水平还很差的国情,张光斗等人建议:当从速建立中国的工程与技术学院,以促进经济建设与国防建设的发展。并指出,这个院的中心任务应当是:为国家、为政府的重大工程技术和技术科学决策以及技术经济问题提供具有权威性的咨询、论证和评议,对特别重大的工程技术和技术科学成果作鉴定。该院的成员应当是:经过挑选的,属于国家水平的工程科技人才和对工程技术发展有重大贡献者,这也是给这些杰出工程技术工作者的最高荣誉。同时他们还建议工程与技术科学院应当是虚体,即不管辖任何研究所、学校或工厂,与世界接轨。成立这样的工程与技术科学院,可以为国家在技术、经济方面决定重大方针政策,审议重大工程技术项目的设想、计划和成就时提供一个强有力的参谋和助手。同时也一定会对科学技术面向经济建设,经济建设依靠科学技术,和解决好产业基础结构薄弱、技术与管理水平低、质量差、投产慢起巨大的作用,还可促进科技成果迅速转化为生产力。这也必然对中国国力的增强，国家经济、社会、文化、国防的现代化，人民生活水平的提高起巨大的作用。另一方面，成立工程与技术科学院后，中国就可以成为国际工程与技术科学理事会的正式成员，从而加强国际间科技和经验交流，防止台湾地区捷足先登，这也是他们提出迅速建院建议的一个紧迫因素。图13-1为1992年提出该《建议》的六位院士在工程院建院五周年座谈会上的合影留念。

《建议》呈送党中央后，受到了领导同志的高度重视，纷纷做出批示。江泽民总书记首先于5月11日批示到："家宝同志：此事已提出不少次，看来要与各方面交换意见，研究决策。请酌。"温家宝时任中央书记处书记兼中央办公厅主任，因此，江总书记将此事委托温家宝筹办。翌日，温家宝也给予批示："宋健、罗干、光召同志：此事可否请中科院牵头，商有关方面提出意见。请酌。"宋健时任国务委员兼国家科委主任、党组书记，同时是中科院技术科学部学部委员，熟悉各方面的情况，因此温家宝将此事的具体事宜委托于他。宋健于5月14日批示："送光召并罗干同志。

图13-1　1992年提出《建议》的六位院士（左起为：师昌绪、张维、侯祥麟、张光斗、王大珩、罗沛霖）合影（张维院士的儿子张克澄提供照片）

第十三章　尽心竭力提高工程界的地位

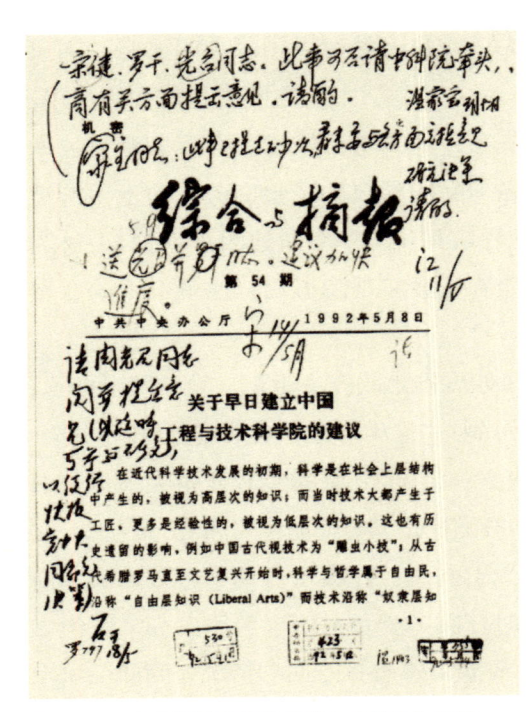

图13-2 中央领导对张光斗等人《建议》的批示复印件（采集小组成员王光纶2012年复制拍摄）

建议加快进度。"罗干随后于5月18日写道："请周光召同志阅并提出意见（我随时可参与研究，以便尽快报党中央国务院决策）。"这样建立工程与技术科学院的使命终于有了具体负责人，各项筹备工作也开始落实。图13-2是中央领导同志对《建议》批示的复印件照片[①]。

1993年，党中央和国务院经过一系列的筹备工作后，审时度势，批示成立中国工程院筹备组，由原国家科学技术委员会主任宋健担任组长，钱正英、周光召、朱光亚担任副组长，后来又追加林汉雄为副组长，科委选聘组员，全部组员约50人。筹备组1994年3月召开会议决定：院名为"中国工程院"，工程院为虚体，成员为院士，是工程科技专家，首批院士拟为90人，其中30人请中国科学院从现任科学院院士中选出在工程科技方面有专长的人员作为工程院院士，其余60人由筹备组新推选产生，请国务院有关部委和国防科工委推荐候选人，不通知各省区市和全国科协，因为时间紧，不能广为推荐，实际上这90人是创建院士。院长、副院长由首批院士会议选举院士担任，不能是部长等政府官员，年龄不超过75。在推选会议上，张光斗反复提议，推选的院士必须在工程科技上有专长，同时在工程建设中应有杰出贡献，而不是工程部门的领导，这个意见得到了很多人的赞同。筹备会结束后，共选出工程院院士57人，当选的大部分都是工程技术有专

[①] 中共中央办公厅"综合与摘要"第54期，中国工程院档案室。

长的第一线科技人员,只有少数是部领导,但他们也都是工程科技专家,在工程建设中做出过贡献。当所有院士人选都确定后,召开了首批院士会议,中国工程院正式成立。会议通过了中国工程院章程;选举了朱光亚为院长,朱高峰、师昌绪、卢良恕、潘家铮为副院长;成立了机械运载、电子信讯、化工材料、能源矿产、土木水利、农业环境等六个学部;并成立了主席团,由院长、副院长、六个学部主任和六位院士组成,张光斗当选为主席团成员。至此,中国工程院正式开始运转工作。

工程院的建立、院名和工程科技专家的遴选,大都符合张光斗最初的建议,他对此深感欣慰。因为他为了促进我国工程院的成立,已付出了大量的精力,下面让我们回顾一下张光斗为此所做努力的历史进程。

早在1980年11月5日,张光斗和张维经过长期的思考和精心的准备,就曾撰写完成了一份《关于成立中国工程科学院的意见》(以下简称《意见》)[①]。在这份《意见》中,他们从中国工程科学院的性质和任务、成立中国工程科学院的理由、中国工程科学院的组织、中国工程科学院的筹备办法、成立中国工程科学院需要的条件等五个方面进行了详细说明。《意见》对拟新成立的中国工程科学院性质的界定是,在中国共产党领导下的民间的国家工程科学技术咨询机构,其法律地位与中国科学院相同。中国工程科学院的任务是,建议国家在各个时期工程科学技术研究的方针、政策、方向、任务、重点、条件等方面的规划,审查工程科学技术研究计划,包括重点项目、经费分配、重大仪器设备的设置等,为党和政府的决策提供咨询意见。同时,中国工程科学院将与外国工程科学院进行学术交流以及合作。

两位张先生之所以建议成立中国工程科学院,是因为随着近代科学技术的发展,工程技术在促进国家发展和强大方面所起的作用,越来越重要。科学技术一般可分为三大类:基础科学、技术科学和工程技术。三类学科按适当比例进行研究和发展对一个国家的生产发展是十分重要的。工程技术直接关系到生产,人员和经费的比重一般来说是最大的;技术科

---

① 原件现保存在清华大学档案馆。档案编号:校1-81010。

学往往涉及两种以上的工程技术，并为工程技术提供理论和实验技术，以供工程技术人员使用来发展其基本学科的研究和生产，所占比重比工程技术小；而基础科学侧重于研究物质世界的基本运动规律，其成果往往需要较长的时间才能影响到生产发展，因此所占比重在三者中也是最小的。其中技术科学与工程技术也可以合并成为工程科学。《意见》指出，大力发展工程科学是20世纪内实现四个现代化的关键，因为这是实现我国独立自主、自力更生，减少引进外国装备，实现工业生产大发展，增加我国工业产品在国际市场上竞争力的基础和必要条件。《意见》分析了我国工程科学与国际先进水平的差距及其原因，并指出了成立中国工程科学院的必要性和迫切性。目前中国科学院偏重于研究基础科学，对工程科学不够重视，而且与生产部门联系不够密切；各生产部门任务繁重，对科学研究也不够重视，而科研院又重生产研究而轻工程科学研究；各生产部门的科研往往互不联系、互不通气，割裂了工程科学的综合体，这既影响了工程科学的发展，也增加了重复开支；高等工科院校虽然大都设有研究所、室，但经费和设备缺乏，与生产部门和中国科学院的联系也不够密切。以上现状对我国实现生产的发展和实现四个现代化是十分不利的。工程科学是一个综合体，各学科之间是互相配合、互相渗透的，因此要加强各学科之间的密切联系才能健康而迅速的发展，工程科学院可以很好地发挥这方面的作用。

1982年下半年，中国科学院技术科学部在长春召开年会，讨论学部工作，并请院外专家做学术报告。为了提高中国工程科技和工程师的地位，促进中国工程科技的发展，张光斗联合吴仲华、师昌绪、罗沛霖，四人在年会上提出了成立中国工程科学院的建议。张光斗在会议上代表四人小组做了《建议成立中国工程科学院》的报告，说明成立工程院的意义和必要性。虽然当时他们四人都主张成立工程院，但四个人的意见并不完全一致，在具体模式上有各自不同的想法。吴仲华和师昌绪主张工程院是实体，把中科院技术科学部的研究所转入工程院，由国家给专项经费进行工程科学技术的研究；张光斗和罗沛霖主张是虚体，下面不设所，因为不可能把各部门的工程研究机构都转入工程院。

当时会上大部分学部委员对此建议的反应不是很积极。科学院的学部委员重视科学，对工程院兴趣不大，而且习惯于科学院实体，认为工程院搞虚体有困难，也没有必要；生产部门的学部委员也不赞成，因为他们顾虑将来工程院成立后会干预他们单位的工作，所以也不积极；高校的学部委员认为自己是搞科学的，与工程院关系不大，因此也不发言。张光斗也理解，在科学一直压倒工程技术的传统文化氛围影响下，要成立中国工程院绝不是一次两次会议所能解决的，需要长期的宣传、说明。因为国际上工程院的发展经历也是如此，很多国家都是先有科学院，然后才分出工程院，例如美国科学院很早就成立了，可直到1964年，工程科学院才从科学院分出来单独成立。但单独成立工程院的趋势是发展方向，截至1980年底，世界上已经有十四个国家成立了工程科学院，而且数量还在继续增加，可见各国都十分重视工程科学。此后，张光斗多次参加国际、国内科学技术的会议，都宣传工程科技的重要性，促进成立中国工程院，而且他坚信中国工程院在不久的将来一定会成立。

1988年9月，邓小平根据当代科学技术发展的趋势和现状，提出了"科学技术是第一生产力"的著名论断。党中央的决策也是以经济建设为中心，而经济建设需要工程科技的支持，这样就提高了社会上对工程科技重要性的认识，对张光斗等人倡导的要提高工程界地位的请求很有帮助，也使他们更加增强了信心。

1992年初，多位政协委员酝酿在全国政协会议上提出成立中国工程院的议案，社会上科技界也开始呼吁。张光斗认为这个机遇应当很好地把握，于是在1992年1月他就撰写了一份《建议早日成立中国工程及技术科学院》[1]的文稿，这份文稿也就是后来4月21日六人所提《建议》的雏形。在这份文稿中，强调了技术科学和工程技术的重要性，说明了中国工程及技术科学院的性质和任务，指出了成立中国工程及技术科学院的意义和必要性，并介绍了中国工程及技术科学院的组织和成立步骤。他仍建议中国工程及技术科学院是虚体，由全体委员会选举出常务委员会，在常委

---

① 该文稿现保存在清华大学档案馆。档案编号：252-92025，第38-42页。

会的领导下设办公室，办理行政、财务、计划项目、咨询事物、委员人事等工作；他建议的工程院成立步骤是，以中国科学院技术科学部为基础，从中国科学院中分离出来，成立中国工程及技术科学院；由技术科学部代拟组织章程、实施办法、委员选举办法等，并增选若干委员，再举行成立大会。可以看出，张光斗为4.21《建议》的出炉做了充分地准备，做了大量的铺垫工作，奠定了良好的基础。

张光斗为成立中国工程院所付出的十多年的努力和心血终于有了结果，这是中国科技工程的幸事！也是我们国家和人民的幸事！中国工程院的成立，大大提高了国内工程界的地位，对促进国家工程科技的发展起到了重要作用，同时也为中国参与工程与技术方面的国际会议，加强国际间的技术交流与合作提供了一条重要的渠道。

张光斗不但在国内积极倡导成立工程院，提高工程界的地位，而且还为中国工程领域的学术机构能在相应的国际工程学术组织内取得合法席位，提高中国工程界在国际上的地位做出了积极的贡献。使中国先后加入了国际大坝委员会、国际工程师联合会、国际工程与技术科学院理事会三个重要的国际工程界的学术组织。

加入国际大坝委员会

1973年春，因为上一年林彪的败亡，"四人帮"的气焰有所收敛，"文化大革命"期间对张光斗的批判暂时告停，并宣布对他"解放"，但对他头上的那顶"反动学术权威"帽子却没有明确摘掉，不管怎么说这是给了他一个喘息的机会。当时的水电部科技司正准备组团参加第十一届国际大坝会议，并初选了几篇论文邀请张光斗参加评选，最终选定了两篇：《中国的大坝建设》和《新丰江大头坝的抗震加固》，请张光斗负责修改前一篇论文。由于是经历七年批斗后首次承担这么重要的任务，他非常认真和重视，他认为，应该在国际上宣传新中国成立以来在大坝建设方面所取得的伟大成就，以说明社会主义的优越性。新中国成立以来，中国修建了七万多座高度 15 米以上的水坝，最高的大坝高达 130 米。修建了土石坝、混凝土坝等多种先进坝型的大坝，如溢流双曲薄拱坝、钢筋混凝土连拱坝、厂房顶溢流重力坝、腹拱坝等，表明中国有能力修建各种大坝。特别是中国在修建大量较低的水坝工程中有许多创新，如水坠坝、水中填土坝、溢流土石坝等。张光斗满怀信心地修改、充实这篇论文，相信这篇论文一定会引起国际上的重视。另一篇论文《新丰江大头坝的抗震加固》，则主要介绍了该坝抗震加固设计研究的成果。两篇文论经过修改后得到了水电部领导的赞赏，同意向国际大坝会议提交。

论文的事宜商定后，水电部决定派代表团赴西班牙马德里参加这次会议，张光斗被任命为团长。水电部做出如此决定，可能基于两方面的考虑：一是张光斗对两篇参会论文的内容都比较了解，还负责了其中一篇的修改工作，便于在会议上讨论和答辩；二是他英文讲得流利，这次参会要争取恢复中国在该学术组织的合法席位，要和各方进行交涉，英文较好便于开展工作。张光斗为此次任命感到非常高兴，因为早在二十年前，他就曾想参加在英国召开的第六届国际大坝会议，但由于种种原因没能实现，如今终于有机会实现自己当年的愿望了，因此他感到非常振奋，同时也感到责任重大。代表团的成员还有沈崇刚、陈椿庭、李桂芬、刘德仁、张楚汉、王思敬等八人。出国前，水电部党组钱正英副部长等领导同志找代表团一行人谈话，指示此次参加国际大坝会议要宣扬中国的水利建设和科技成果，学习外国经验，广交朋友；要争取让中国加入国际大坝委员会，成为成员国，同时必须驱逐出台湾，不能让其作为成员国。随后，代表团对水电部党组的指示进行了专门的学习和讨论。那时能够出国参加国际学术会议的人很少，所以代表团的每个成员都十分慎重。

张光斗带领代表团到国际大坝会议会场报到时，国际大坝会议主席托伦先生对他们非常热情，对中国也十分友好，将张光斗介绍给包括美国在内的各国代表团的团长，张光斗与他们进行交谈，同时也为中国加入国际大坝委员会做宣传工作。参加这次会议的代表有二千余人，会议规模较大。西班牙的卡洛尔皇储参加了会议的开幕式，并做了讲话，更增加了会议的隆重气氛。大会总共召开了五天，都是采用大会形式进行论文报告和讨论，不分小组。托伦主席安排张光斗在大会上做了两次论文报告，报告内容就是上面提到的两篇论文，各国代表对中国大坝建设所取得的成就和新丰江大头坝抗震加固的设计研究都十分感兴趣，提了许多问题，张光斗都一一做了回答，最后大家都很满意。后来，张光斗报告的两篇论文都被收入了会议论文集，以张光斗为团长的代表团很好地完成了宣传中国大坝建设和科技成果的任务。

随后，国际大坝委员会召开理事会，张光斗应邀在理事会上讲话，并代表中国水利学会申请加入国际大坝委员会，成为成员国。张光斗在会上阐明理由，指出中国水利学会早已提交了入会申请书，中国完全符合国际大坝委员会章程中成员国的要求；并特别指出和坚持，台湾只是中国的一个省，必须驱逐出国际大坝委员会。会上有辩论，也有争论，张光斗进行了有理、有据的答辩。张光斗离席后，理事会进行闭门讨论，由于中国申请书写的理由充分，张光斗答辩的内容合情合理，最终理事会通过了接纳中国为国际大坝委员会成员国的决定。随后，又请张光斗参加理事会会议，托伦主席宣布了理事会的决定，台湾代表退出大坝委员会。张光斗做了即席发言，表示中国将积极参加国际大坝委员会的工作，并向各理事国代表表示感谢，全场响起了热烈的掌声。广场上升起了中华人民共和国国旗，在会议进行过程中没有挂台湾的旗帜，这是张光斗事前请托伦主席特意安排的，这中间体现出了张光斗的严谨细致、前瞻意识和必胜信念。至此，代表团圆满完成了肩负的艰巨任务，大大提高了中国工程界在世界工程界的地位和作用。

当然，会议的过程并不是完全顺风顺水，也有逆风之境。其中一件事需要提一下，那就是，韩国代表在会议上做论文报告时，将中国东北说成是满洲里亚，中国代表团团员表示极度愤慨，要求大会命韩国代表道歉，大会要做出纠正文件。张光斗为此还向会议负责人写了抗议信，说明韩国代表的用语是错误的，请大会负责人在会议上予以说明。会议负责人对中国代表团进行了道歉，表示要在论文集中加以书面说明。

会议结束后，中国代表团到各地参观工程，参观了很多高坝。张光斗对这次参观考察还做了书面追记：

> 西班牙的高坝建设很有成绩，有许多高度超过120米的双曲薄拱坝。有些坝址岩基不很好，经过处理后，也修成了高拱坝。有一处坝址岩岸是片岩，岩片可用手剥下来，坝肩处理用网格式钢筋混凝土梁放在岩岸表面，梁的间距约5米，在梁的交点用长约30米的钢丝索锚固在岩岸内，而且在拱坝两岸坝头上、下游侧的岩岸都用几排钢丝索锚固在岩岸内。在地基处理中，他们十分注意排水，在防渗帷幕后做好排水孔幕，有的拱坝在坝基下修排水隧洞，钻排水孔幕。拱坝高速水流消能设计也有创新，但在消力池中用消力墩是失败的。还看了几座正在修建中的沥青混凝土面板堆石坝，高60—70米，面板厚仅10厘米左右，分成10米宽的垂直条。沥青混凝土拌合料加温到摄氏180度，在坝面进行铺料和碾压，机械化施工，这些设备和技术都是从德国引进的。我们还参观了一个跨流域调水工程，在一条多水的河道上修水库，作为水源工程，挖隧洞输水，总长约一百公里直到马德里。中间有调节水库，有渠道，有预应力钢索混凝土渡槽。马德里四周是高山和小河，在各个小河上修水库，用渠道收集起来，送水到马德里城。我们看到一条钢筋混凝土输水管，直径约3米，管壁厚约10厘米，是分段用离心机预制的。此外，还参观了马德里的水资源调度所，全国布设了很多地下水观测井，在河道设水文观测站，以便控制各地区的年用水量，使地下水不超采。西班牙有许多水利科技值得我们参考。[①]

这是张光斗此次参会的另一大收获，从张光斗记录的这一些数据中，我们也可以体会到他虚心学习的品格和严谨细致的作风。

回国后，代表团向水电部领导进行了汇报。由于代表团很好地宣传了中国的高坝建设成绩，学习了外国高坝建设的经验，并且成功地加入了国

---

① 张光斗：《我的人生之路》。北京：清华大学出版社，2002年，第110页。

际大坝委员会，得到了部领导的表扬。他们还在水利部向专业同行做了参加会议的技术报告，受到大家的热烈欢迎。可以说，代表团参加国际大坝会议的活动取得了圆满的结果。这是张光斗院士第一次作为中国学术代表团团长参加国际会议，通过各方努力，使中国加入了该国际学术组织，并把台湾地区驱逐出成员国。

此外，本次参会的前后也有一些"小插曲"。在启程出国时，水电部对外司、科技司的领导和学校领导、水利系领导及军宣队负责人都到机场送行，张光斗非常感谢，一一握手告别，态度极为谦虚。可是到了后来清华搞"三个月运动"时，却造谣批判张光斗，说他翘尾巴了，出国时在机场公然不理睬军宣队负责人。可见，"文化大革命"期间，人们的思维都已经换了一种方式，总想在某件事情上搞出点事端作为批斗的理由，黑白颠倒，冤屈了一大批为国为民的人才。

那时出国开会的科技代表团都不带翻译，要求团员都掌握英语。但实际上，有很多团员英语听说都有困难，于是张光斗这位团长同时兼做了翻译，不但在业务上要做翻译，在生活中如联系旅馆、雇出租车等等也都得他来招呼。有个别团员受极左的思想影响，对张光斗的一些做法经常提出异议，说他思想右倾。比如，在处理韩国代表报告中误把中国东北说成满洲里亚一事时，有的团员对张光斗仅仅要求负责人在会议上进行说明的做法表示不满，认为他犯了右倾错误；又如，在中国代表团参观西班牙南方某一城市时，正好遇到宗教游行，市政府邀请他们观礼，张光斗认为这是外交礼貌，应当去，这并不等于我们相信宗教，有的团员却坚持反对，说自己是共产党员，不应当去观礼，还指责张光斗思想右倾；再如，有一次在公交车上，张光斗给两位持拐杖的外国老夫妇让座，有团员又说他丧失政治立场。后来在法国巴黎，中国驻法李大使举行欢迎代表团的宴会，在会上有的团员汇报了这些事，想揭张光斗的这些"短儿"，没想到李大使竟然批评了那位"告状"的人，说在外交上应有中国人的礼仪风度，张光斗这样做是对的，可见那时极左思潮盛行到了什么程度！

中国代表团在西班牙参观大坝时，西班牙人们对他们极为友好，托伦夫人和两个女儿还带领他们游览名胜古迹，两次观看斗牛表演。他们到各工地参观，负责人都热情接待，跨流域调水工程的总工程师还接待他们到家中做客。在参观工程的途中，张光斗结识了美国哈扎顾问工程公司董事长哈扎先生，他父亲是有名的工程师，曾在哈佛大学教过张光斗，因此他们谈得很投机，后来成为好朋友。张光斗从美国垦务局工程师处，得知萨凡奇博士已不幸病故，很伤心，因为那是他的好导师、好朋友。由于那时出国开会的人很少，所以代表团出国和在国外的活动，曾在《人民日报》上发布了三次消息，还特别提到张光斗是团长，表示他已经被解放。正因为如此，张光斗的女儿张美怡才能在1973年从农村考取吉林大学化学系，张光斗为此感到十分高兴，认为总算松了一口气，并下决心更加努力学习和工作，把丢失的时间抢回来，做更多利国利民的事情。

然而，好景并不长，此事过后不久，迟群、谢静宜就在清华大学掀起了反右倾运动，称为"三个月运动"，作为1974年批林批孔运动的先行。张光斗又一次被卷入"泥潭"，接受批判。然而，在"文化大革命"那段黑暗的岁月中，张光斗能够作为中国代表团团长参加国际学术大会，放弃个人恩怨，任劳任怨，不辱使命，完成了展示中国大坝建设和科技成果、并使中国成为国际大坝委员会成员国的光荣任务，也算是张光斗院士在接受批斗生涯中的一小段光辉历程吧。

加入世界工程师联合会

1980年秋，中国科学院代表团应日本学士院邀请到日本进行访问，张光斗作为科学院技术科学部副主任担任副团长。代表团回到北京时，在机场遇到中国科协的同志来接机，张光斗被告知，即刻准备去阿根廷参加世界工程师联合会会议，出国手续都已经办好。张光斗由于刚下飞机，思想上一点儿准备都没有，但也无法推辞，只好回去迅速准备，一周之后代表团即出发去阿根廷参加会议。

中国科协有意参加这个世界性的工程师组织，参会的一个最大任务是要把台湾地区驱逐出该组织。科协已与世界工程师联合会取得书信联系，提出了这一请求，联合会回信表示有可能成功，但要经大会审议通过，如此看来，还需要有一番周折与交涉。

此次参加世界工程师联合会，张光斗被任命为代表团团长，副团长是北京钢铁学院院长张文奇，团员共八人，其中吴甘美女士能力很强，肯实干，英语水平也高，担任代表团的秘书长，在代表团的活动中发挥了很大作用。

张光斗一行飞抵阿根廷首都布宜诺斯艾利斯时，阿根廷工程师协会接待了代表团。会议开始之前，张光斗等人在饭店遇到了台湾地区代表团的成员，王国琦是团员之一，与张光斗是旧相识，他们交谈甚欢，但当台湾代表团团长荣军到了之后，他们便不再交流了，可见个人感情在政治因素面前还是微弱的。会议开始后，各国代表轮流发表科技报告，交流经验，张光斗代表中国做了题为《中国的水利水电建设》的报告，受到与会人员的欢迎。图13-3是张光斗参加此次会议组委会举行的欢迎酒会时的留影。

张光斗和吴甘美一起，与会议主席和阿根廷工程师协会主席进行商谈，表示中国愿意参加世界工程师联合会的意愿，并指出，中国是一个大国，参加联合会进行交流经验和国际合作，这对各国都是有利的。而台湾只是中国的一个省，联合国已通过恢复中国在联合国一切合法权力的决议，所以必须将台湾从工程师联合会中驱除出去。会议主席表示，他本人是很赞成的，但是还有些国家持反对意见，所以需要在理事会上进行讨论，做出

图13-3 张光斗参加世界工程师联合会欢迎酒会的照片（张美怡提供家庭照片）

决定。阿根廷协会主席热心支持中国加入联合会。召开理事会时，张光斗在会上做了申请入会的说明，又两次写信给理事会各成员，吴甘美也在会上做了发言，英国等发达国家的代表终于表示同意接受中国加入该联合会，但对逐出台湾尚有不同意见。代表团向中国驻阿根廷陈大使请示，多数团员坚持将台湾驱逐出去，张光斗和张文奇主张，台湾作为成员国必须逐出，但今后台湾可派代表作为专家参加会议，陈大使同意这个意见，称其符合外交部的意向。代表团把这个意见告知理事会，理事会同意这样安排，最终通过了中国加入世界工程师联合会的决定。联合会召开大会，主席宣布中国科协成为世界工程师联合会新的成员，台湾代表团退场，张光斗代表中国在大会上即席发言，感谢各国代表的支持，并表示将会积极参加联合会的活动，并说明中国科协已派张维副主席参加联合会理事会。

代表团经纽约回到北京，向中国科协主席团汇报了参加会议的情况。中国科协已有周培源主席代表中国参加了世界科学组织，本次又参加了世界工程师组织，堪称双喜临门，大家也不免喜形于色。张光斗欣喜中不忘理性，乘机向周培源主席提出建议，说周主席作为中国科学技术协会的主席，一向提倡科学，是十分正确的，但是还请他同时也要提倡工程技术。周主席考虑片刻后未予正面回答。张光斗明白，对于工程技术的地位问题有争论，这一问题的解决绝非一朝一夕的事。这是张光斗第二次作为中国代表团团长参加国际学术会议，为中国加入国际工程界的学术组织，并把台湾驱逐出成员国而做出的贡献。这次会议结束后也让张光斗更加思考中国的工程技术地位问题，开始酝酿成立中国工程科学院的建议，以提高工程界在国内的地位。

加入国际工程与技术科学院理事会

国际工程与技术科学院理事会（CAETS）成立于1978年，是工程技术界非常有影响的国际组织，也是国际工程科技界最重要的学术组织。加入CAETS是中科院长期以来的愿望，但最终还是在成立中国工程院后，以中国工程院的名义才得以加入该组织。申请加入该组织的历程更是充满了艰辛和曲折，其中张光斗所做的努力功不可没。

1980年4月，国际工程与技术科学院理事会邀请中科院严济慈副院长和张光斗院士去参加在澳大利亚墨尔本召开的第二届大会，主题是"技术改革的管理"，这是美国国家工程院外事秘书亨内先生推荐大会邀请的，他希望中国成立工程院。这是一次很好的了解CAETS活动和外国国家工程院情况的机会，以便筹建中国的工程院。但由于当时经费问题无法解决，因此未能成行，第一次直接接触国际工程与技术科学院理事会的机会就这样错过了，可谓一大憾事。

1981年9月，国际工程与技术科学院理事会又邀请中科院严济慈副院长和张光斗院士参加在墨西哥召开的第三届大会，会议主题是"发达国家及发展中国家的工程教育"。这次参会得到了中科院领导的批准，张光斗以技术科学部副主任的名义代表中科院参加大会，严副院长因事没有去。张光斗乘飞机经美国到墨西哥首都墨西哥城，由墨西哥国家工程院接待。他先参观了墨西哥大学，随后由墨西哥工程院一位院士陪同到开会的瓦哈卡城。参加会议的有CAETS五个成员的国家工程院院长和被邀请的来自七个非成员国家的专家，共一百余人。会议总共开了三天，各国代表讲述了本国的工程教育情况，张光斗也讲了《中国的高等工程教育》，表示工程教育要理论联系实际，要适合国情，要培养爱国精神和职业道德，受到大家的赞同。总的说来，各国工程教育的模式不同，但都适应本国国情，也与工业企业有密切的结合。会议谈到了互派留学生，但又指出技术保密，还讲到继续工程教育。张光斗也借此机会结识了各国工程院的领导，他们都表示希望中国成立工程院。

会议结束后，张光斗回到墨西哥城，他想请墨西哥工程院联系参观墨西哥水电站的大坝工程，电力局表示欢迎他去参观，但因事前没有计划，要自备差旅费。于是，张光斗由墨西哥工程院一位院士和电力局总工程师陪同，参观了许多水电站的高坝，其坝高都在100米以上，设计新颖，质量很高，对于基础处理很有特色。给张光斗留下印象最深的是，契柯森黏土心墙堆石坝，坝高约 200 米，是世界第六高的堆石坝。契柯森坝的堆石坝体是用碾压法填筑，这是近代新发展的施工技术，大坝两岸岸坡较陡，为了防止坝两端顶部产生裂缝，在该处填黏土的含水量稍高，以增加土的塑性，他们的这些经验都是值得借鉴的。在参观各大坝工程的过程中，张光斗给他们提了一些建议和意见，以提高工程的安全性，工程的总工程师对张光斗的意见表示赞赏和接受。后来，总工程师对张光斗说，你提出了这么多宝贵的意见，电力局要向你付顾问费的，你认为应当如何收费，张光斗一开始还以为是自己提意见多了，显得不够礼貌。电力局副总经理却说，他们是真诚的。张光斗这才知道他们是认真的，但觉得自己收顾问费不合适，便说这次顾问不用付费。副总经理觉得不付费实在有些过意不去，于是就说这次张光斗在墨西哥的所有费用都由电力局来承担，张光斗对此表示了同意。回到墨西哥城后，墨西哥国家工程院通知张光斗，经推荐他被选为该院的国外院士，张光斗向陈大使请示，陈大使打电报给国家教委，得到了同意，于是张光斗接受了墨西哥国家工程院国外院士的聘请。这次到墨西哥参加国际工程与技术科学院理事会，张光斗向与会各国展现了中国在高等工程教育方面的特色和成就，同时认识到中国工程界必须尽快地强大和发展起来，这又再次坚定了他提高中国工程界地位的想法。就有关上述参加这次墨西哥会议以及接受墨西哥国家工程院国外院士聘请等情况，张光斗于 1981 年 10 月 7 日向清华大学党委领导写了书面工作报告[①]。

1983 年 5 月，国际工程与技术科学院理事会在瑞典斯德哥尔摩召开第四届大会，由瑞典工程技术科学院主办，邀请张光斗参加。中国科学院与瑞典工程技术科学院有合作协议，中科院派张光斗和沈阳自动化研究所所长蒋新松作为代表，前往参加。这次会议的主题是"技术的重要动向"，各国工程院代表在会上介绍了航空航天、机器人、计算机等方面的发展动向。蒋新松所长对机器人的发展作了发言。张光斗了解了世界新技术的发展动向，同时意识到学习国外新科技需通过互通信息，交流合作，单方面

---

① 报告原件现保存在清华大学档案馆。档案编号：校 1-81021。

获取新科技是不现实的。中国参加这个组织能够了解工程科技的发展动向，有选择地进行合作交流，可以提高中国工程界的国际地位。在这次会议上，前苏联科学院代表要求参加国际工程与技术科学院理事会，当场被拒绝，说不符合条件。会后，CAETS 负责人对张光斗讲，他们希望中国参加 CAETS，但反对苏联参加，张光斗不知这其中是否有政治因素存在，于是很有礼貌和尊严地做了表态，我们愿意参加，但不勉强。

回国后，张光斗将会议和参观情况向有关部门做了汇报。此次参加国际工程与技术科学院理事会，提高了中国在国际学术组织中的地位，也与世界各国进行了经验交流，并且，中国加入 CAETS 的事宜在此次会议上被提出，对日后的工作很有指导性。关于这段参加会议的经历，后来张先生在回忆中写道："此次出国开会，向蒋新松所长学习了很多，他是一位才德俱备的学者。"① 可见，见贤思齐也是张光斗身上一种可贵的品德。

1987 年春，国际工程与技术科学院理事会在美国首都华盛顿召开第六届大会，邀请中国科学院参加。张光斗作为技术科学部副主任，与中科院副院长滕藤和副主任师昌绪一同前往参加。这次大会由美国国家工程院主办，主题是"技术与世界经济"。会议采取大会作报告和讨论的形式，总共进行了三天。报告内容主要是近代工程科技的发展与经济密切相关，经济的发展依靠科技，列举了许多实例；又指出目前通讯飞跃发展，科技发展已经实现国际化了，由此世界经济也走向了国际化，从此各国经济共同发展，各国可相互到别国境内办工业企业，并发展国际贸易；报告中又讲到了国家的科技保密问题。张光斗认为：

> 如此这般的"发展模式"，发达国家科技和生产力水平高，可以到别国办工业企业，推销其产品，而发展中国家科技和生产力水平低，就不能到别国办工业企业，推销产品，只能出土地、基础设施、资源和劳力。在这样的世界经济和经济国际化潮流中，发展中国家将处于劣势，也就是只能处于被剥削的地位。国际工程与技术科学院理

---

① 张光斗：《我的人生之路》。北京：清华大学出版社，2002 年，第 153 页。

事会成员除墨西哥外都来自发达国家，他们当然不会讲到这个本质问题，但是我们必须清楚地看到，在此科技和经济国际化时期，中国必须发展工程科技和生产力，还要对引进科技和生产力进行消化、吸收、创新，成为中国自己的科技和生产力，这样才能参与国际竞争，除此之外，别无出路。[1]

在这次参会期间，张光斗还和滕藤讨论了中国成立工程院的问题，滕副院长赞成成立中国工程院，但也说中国科学院可能不会同意成立中国工程院，问张光斗是否可由国家教委来筹建中国工程院。张先生认为，由国家教委筹建中国工程院不现实，目前仍需要做工作，待时机成熟了，由国家科委来筹建中国工程院为好。此次参加国际工程与技术科学院理事会，张光斗清醒地认识到中国在工程技术方面与世界先进国家存在着差距，在国际竞争中处于劣势地位，更加意识到成立中国工程院的必要性，但同时也知道，这并不是轻而易举的事情，需要长期的努力才能实现！

1988年10月，国际工程与技术科学院理事会在澳大利亚悉尼召开第七届大会，邀请中国科学院参加。中科院派张光斗参加，国家教委派蒋景华司长同往。这次大会是澳大利亚技术科学和工程院主办的。主题是"未开发区域生活所需的技术"。会议举行了三天，形式有大会报告和讨论，也有分组发言和讨论。在会议中，美国国家工程院院长怀脱告诉张光斗，法国科学院技术科学部已参加了工程和技术科学理事会，有了先例，中国科学院也可申请参加 CAETS。张光斗表示中国科学院可考虑这个建议。怀脱即找 CAETS 秘书长阿纳斯坦兴前来谈这个问题，阿纳斯坦兴表示可以考虑，答应把 CAETS 的章程、空白入会申请书、申请说明书等寄给张光斗。这也算是张光斗此次参加会议的一个收获。

1990年11月，国际工程与技术科学院理事会在墨西哥阿卡普尔科市召开第八届大会，邀请中国科学院参加。中科院派张光斗和电工所所长严陆光前往参加。这次大会由墨西哥国家工程院主办，主题为"利用技术促

---

[1] 张光斗：《我的人生之路》。北京：清华大学出版社，2002年，第172页。

进发展",会期三天。大会做主旨报告,分组发言和讨论。主要议题是近代技术发展迅速,经济发展必须依靠技术,为此要加强技术的研究开发,进行中间试验和生产试验,把科技成果转化为生产力,所以科研机构必须与工业企业结合,而中间试验和生产试验主要由工业企业进行,科研机构出成果并参加试验。会议又讨论了发达国家如何用技术帮助发展中国家发展经济,这是发达国家的热门话题。但当被问到如何把技术传授给发展中国家时,发达国家代表又都说有技术保密和知识产权问题。原来发达国家只是要利用发展中国家的土地、资源、设施和劳力。所以发展中国家必须对引进的技术进行消化、吸收、创新,成为自己的技术和生产力,同时要进行研究开发、中间试验、生产试验,发展技术和生产力。邓小平同志指出"科学技术是第一生产力",所以科技工作必须面向经济建设,经济建设必须依靠科学技术,主要是靠自己的努力。在会议期间,张光斗从美国国家工程院怀脱院长及国际工程与技术科学院理事会秘书长阿纳斯脱兴处得知,CAETS没有通过中国科学院作为成员加入CAETS的申请,也没有说明原因。有关这次到墨西哥参加国际工程与技术科学院理事会第八届会议的情况,张光斗于1990年11月15日向清华大学党委领导写了书面工作报告[①]。

1991年7月25日,张光斗在美国访问并参加女儿张美怡博士毕业典礼期间,在女儿的陪同下来到美国首都华盛顿美国工程科学院,与国际工程与技术科学院理事会秘书长阿纳斯脱兴会面,商讨中国科学技术部申请参加CAETS的事项,在座的还有国家科委大学发展项目Ⅱ(世界银行贷款)国际咨询组秘书比墨。张光斗在面谈中介绍了中国科学技术部的基本情况,包括组织结构、工作范畴、成员背景等等,澄清了很多模糊的问题。张光斗还特别强调了台湾工程科学院没有资格参加CAETS,因为只有一个中国。有关这次访美,与国际工程与技术科学院理事会秘书长会谈的情况,张光斗于1991年7月28日向清华大学党委领导写了书面工作报告[②]。

---

① 报告原件现保存在清华大学档案馆。档案编号:252-91034,第1-12页。
② 报告原件现保存在清华大学档案馆。档案编号:252-91034,第13-19页。

1992年夏，国际工程与技术科学院理事会在丹麦首都哥本哈根召开第九届大会，邀请中国科学院参加。中科院派胡启恒副院长和张光斗院士前往。这次大会由丹麦国家工程院主办，主题是"高新技术的发展"。会议共举行三天，有大会专题报告以及分组会议的发言和讨论。近代以来，高新技术发展很快，高新技术产业蓬勃发展，传统产业需要用高新技术进行技术改造。由于通讯和交通的进步，科技国际化和产业国际化是必然的趋势，各国都在抓紧研究开发高新技术，发展新产业。但是又存在技术保密和知识产权问题。张光斗又一次深深地认识到，发展中国家必须对引进技术和设备进行消化、吸收、创新，同时自己进行研究开发，发展自己的科技和生产力。这是一条很艰难的道路，但又是必由之路。在会议中，张光斗见到美国国家工程科学院怀脱院长，表明中国科学院技术科学部愿意参加国际工程与技术科学院理事会。怀脱院长再次介绍张光斗同阿纳斯坦兴秘书长交谈，秘书长也表示希望中国能够继续申请。这次参加国际工程与技术科学院理事会，张光斗争取到了继续申请加入CAETS的机会。

1994年中国工程院成立后，朱高峰副院长到各国工程院进行访问，介绍中国工程院的概况，这标志着中国工程院开始与世界接轨。1996年9月16—20日，国际工程与技术科学院理事会代表组应中国工程院的邀请，访问了北京和上海。代表组组长是福斯布，他是CAETS主席、瑞典皇家工程院前院长。代表组成员有：戴维斯，CATES下任主席、英国皇家工程院院长；阿纳斯坦兴，CATES副主席兼秘书长。CAETS代表团由中国工程院院长朱光亚接待，张光斗院士也参加了这次接待活动。张光斗过去曾参加过六次CAETS举行的大会，与福斯布和阿纳斯坦兴是老朋友，他们相见甚欢。代表组了解完情况后，感到非常满意，表示欢迎中国工程院加入CAETS，他们将会建议CAETS通过中国的申请。这次代表组来访，是进行考察，以便明年CAETS会上讨论中国工程院加入该组织的问题。中国工程院同国际工程与技术科学院理事会代表组会谈，参加的有朱光亚院长、朱高峰和师昌绪副院长、张光斗院士和秦伯益、王震西院士等。首先，由朱光亚介绍中国工程院的基本情况，希望早日成为 CAETS 的成员。福斯布主席介绍了此次访华的目的，主要是了解中国工程院的组织和活动，明年 CAETS 将讨论中国的申请。阿纳斯坦兴也指出，过去张光斗先生为中国科学院技术科学部加入 CAETS 做了许多工作，希望他的努力能够成为现实。会后，阿纳斯坦兴提交给工程院一份信函，说明中国工程院是一个非常优秀的组织，现在就可以提出加入 CAETS 的正式申请，代表组支持中国工程院的申请，并将提请明年 CAETS 全体会议讨论。至此，中国加入国际工程和技术科学理事会的事宜终于被提上了议事日程。

1997 年 5 月 20 日起，张光斗作为中国工程院代表团成员，赴英国爱丁堡参加国际工程与技术科学院理事会第 12 届会议。中国代表团团长是工程院副院长朱高峰，成员还有高从堦院士、工程院国际咨询合作部钱左生副主任、清华大学邵学军博士。会议由英国皇家工程院主办。参加会议的 CAETS 成员有澳大利亚、比利时、加拿大、丹麦、芬兰、法国、匈牙利、日本、荷兰、墨西哥、挪威、瑞士、瑞典、英国、美国等 15 个工程院的代表共 79 人，另外，还有中国等 14 个非 CAETS 成员国家工程院的代表 25 人参加会议。这次会议的主题为"工程、创新与社会"。

当然，中国工程院代表团参加这次会议，还有一项重要的任务就是实现加入 CAETS 的申请。张光斗曾多次参加 CAETS 大会，认识 CAETS 成员各工程院领导人，如澳大利亚、丹麦、日本、墨西哥、瑞典、英国、美国工程院的领导人，便向他们介绍中国工程院的情况，并表示中国愿意加入 CAETS，希望得到他们的支持。CAETS 主席戴维斯说，他个人非常欢迎中国工程院加入，但要 CAETS 全体会议通过。5 月 23 日下午召开 CAETS 成员会议，CAETS 讨论的最终结果是令人鼓舞的：CAETS 成员的 15 个国家工程院代表一致通过中国工程院加入 CAETS，成为 CAETS 的第 16 位成员！在当天晚上的 CAETS 宴会上，CAETS 主席戴维斯宣布这一决定，朱高峰副院长表示感谢，并承诺今后将积极参加 CAETS 的各种活动。得知这个好消息后，张光斗更是格外高兴，因为他自 1979 年与美国国家工程科学院亨内先生接触后，便开始酝酿倡建中国工程院，至今已有 18 年，而加入国际工程与技术科学院理事会，也是张光斗先生十余年来奋斗与努力的一个目标，这是他人生中一段重要的经历。加入 CAETS 可以提高中国工程院的国际地位，进行国际合作和交流，了解国际工程科技和工业发展的新动向。

1997 年 6 月 23 日，中国工程院向国务院发送了中工发［1997］020 号文件：《关于我院顺利加入国际工程与技术科学院理事会的报告》，图 13-4 是这份简报首页的影印件[①]。文件首先汇报了这一喜讯：

国务院：

今年 5 月中旬，我院常务副院长朱高峰和张光斗、高从堦院士等组成代表团，出席了国际工程与技术科学院理事会（CAETS）在英国爱丁堡召开的第 12 届年会，在 5 月 23 日的全体理事大会上，经过表决，一致同意接纳我院为 CAETS 正式成员。

随后，文件介绍了中国工程院加入 CAETS 的长期努力过程。文件最后说明：

此次顺利加入 CAETS，能够更好地扩大中国在国际工程技术界的影响和作用，提高中国在国际科技界的地位，特别是避免了该组织中可能出现的“台湾问题”，可以充分利用这

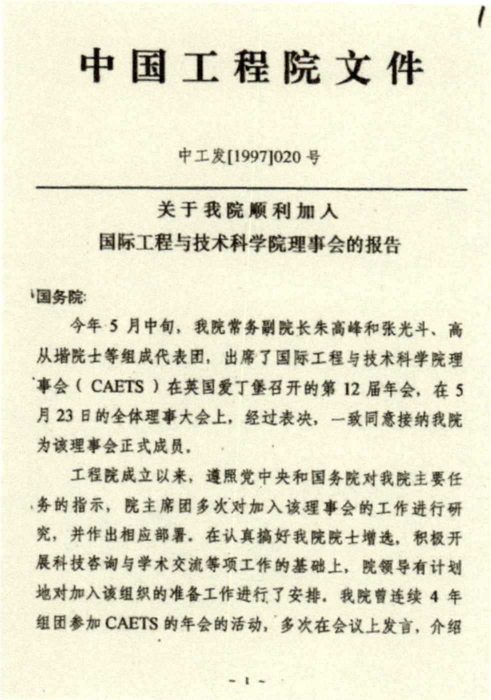
1

中国工程院文件

中工发[1997]020 号

关于我院顺利加入
国际工程与技术科学院理事会的报告

国务院：

今年 5 月中旬，我院常务副院长朱高峰和张光斗、高从堦院士等组成代表团，出席了国际工程与技术科学院理事会（CAETS）在英国爱丁堡召开的第 12 届年会，在 5 月 23 日的全体理事大会上，经过表决，一致同意接纳我院为该理事会正式成员。

工程院成立以来，遵照党中央和国务院对我院主要任务的指示，院主席团多次对加入该理事会的工作进行研究，并作出相应部署。在认真搞好我院院士增选、积极开展科技咨询与学术交流等项工作的基础上，院领导有计划地对加入该组织的准备工作进行了安排。我院曾连续 4 年组团参加 CAETS 的年会的活动，多次在会议上发言，介绍

- 1 -

图 13-4　中国工程院 1997 年 020 号文件影印件（采集小组成员王光纶 2012 年复制拍摄）

① 原件保存在中国工程院档案室，档案编号：联合发文简报 /W97-7。

个阵地为配合我国的外交斗争和对台工作的需要发挥应有的作用。同时，加入 CAETS，也意味着中国工程院作为正式成员将要承担相应的义务和责任，将有资格承办 CAETS 国际学术交流活动，这也必将对我国的综合实力产生一定的影响。

从中国申请加入国际工程与技术科学院理事会，经历了近 10 年的沧桑岁月，张光斗经历了从中科院技术科学部首次申请到成立中国工程院再次申请的历史变迁，最终成功被该组织接纳为成员，提高了中国工程界在国际上的地位，并加强了国际间的交流与合作，可以说是历经磨难，终成正果。张光斗多年的操劳和辛苦也算终有了回报，可以毫不夸张地说：提高中国工程界的地位，他确实做到了尽心尽力！

第十四章
六十余载难以释怀的三峡情

昔日力劝不要建　今日力荐早日建

1992年4月3日,"关于兴建长江三峡工程议案"在中华人民共和国全国人民代表大会第七届五次会议上,以比三分之二还多11票的多数票得以通过。

长江,是张光斗生命里的一个情结。生在长江尾,年轻时在川渝,而他生命最后的几十年,留给了举世瞩目的三峡。

三峡,建还是不建?

本书第四章已介绍了在20世纪40年代,张光斗从那时的国情出发曾力阻修建三峡工程,理由有三,其一,没有需求,即当时的工农业落后,三峡生产的巨大电能没有使用者,只能被浪费;其二,没有财力,从美国贷款并全权交给美国开发,将会导致主权沦丧和安全危机;其三,那时,没有一个人详细了解三峡坝址区的地质条件,即便是萨凡奇先生也只是坐船远远地遥望了一下坝址的地形地貌,如果在坝址地质情况不明的条件下强行修坝，可能会带来极为严重的后果。但国民党当局认为修建三峡为国家大事，岂是一介书生可知晓的？根本听不进他的劝阻，强行推动工程进展，但后终因国家财力不足和国内战事频发而不得不停止。

但张光斗确实是有一个三峡梦的，早在1937年他第一次乘船经过长江三峡，看到山高谷狭，水流湍急，气势雄伟，就曾感叹这是一个优越的水利水电地址！并相信将来总会有一天中国国力强大了，一定要兴建宏伟的三峡工程。1949年南京解放后，张光斗到清华大学任教。不久，长江流域规划办公室（简称长办）开始勘测设计三峡工程，张光斗被长办聘为技术顾问，积极支持对三峡工程进行前期研究工作。1958年，党中央成都会议，决定勘测设计三峡工程，为修建做准备。此后，张光斗曾多次去三斗坪坝址查勘，参加长办关于三峡工程的设计和研究工作的讨论。

有趣的是这期间和美国咨询组专家的一次争论。1978年，水电部邀请美国陆军工程师团总工程师华伦、坦河流域局佩奇等人作为咨询组来华咨询川江水利开发。美国专家不赞成三峡工程，主张梯级开发。张光斗在与美国咨询专家组交谈中发言：

> 20世纪40年代，萨凡奇先生以及美国政府曾力主修建三峡工程，并愿意贷款给中国；在发言中他还比较了美国四条河流的开发方案，第一个，密西西比河干流上确实是梯级开发，是为了改善航运，各级枢纽没有防洪库容，不起防洪作用，因为沿干流没有高山峡谷，不可能修建防洪水库；第二个，坦河是梯级开发了，也是为了改善航运，由于沿干流没有山谷，故在支流上修建了防洪水库；第三个，在科罗拉多河上修了波尔图大坝，没有梯级开发；第四个，在哥伦比亚河上，下游修建了邦尼维尔枢纽，有船闸；上一级大古力坝，就没有通航建筑物。因此，是否梯级开发要因地制宜。而中国的三峡有高山峡谷，修三峡工程有巨大的防洪效益，又能发大量的电能，还可大为改善川江航运，是中国宝贵的水利水电资源，不能梯级开发。①

---

① 张光斗自述：我参加三峡工程工作的经过。老科学家采集工程馆藏基地，档案编号：KS-001-002。

美国专家听后无言以对。

1979年,美国垦务局魏佰副局长提出垦务局想参加三峡工程设计。美国政府反对,并做出规定美国政府机构和私人企业不得参加三峡工程的工作。理由是:水库淹没将破坏生态环境;水库污染;泥沙淤积水库,抬高重庆洪水位,影响航运;投资巨大。张光斗对此曾针对性地发表文章,申明美国政府提出的问题,都需要研究,而且是可以解决的。在文章中,他还提出质疑,为什么在新中国成立前,资料短缺、情况不明、研究不深、仅仅为了发电,美国政府就决定帮助国民党政府修建三峡工程?为什么今天,经过多年的勘测研究,已积累了大量的资料,考虑了防洪、发电、航运,研究了水库移民和生态环境,而美国政府反而由支持变为坚决反对?这样的变化是不是发人深思[①]。

进入20世纪80年代,三峡工程进入实质性的研讨和勘测设计阶段。在讨论中主要有三个方面的问题。

第一,挡水位与通航。1983年,长江委提出三峡工程正常挡水位150米方案。国务院副总理姚依林主持三峡工程讨论会,张光斗被指定为核心组成员,他认为正常挡水位150米偏低,但为了减少水库淹没损失,只能如此;水库泥沙淤积是否碍航,要进一步研究。最终,国务院批准了长江委的设计方案,三峡工程正常挡水位暂定为150米。

但在会上,也有不少专家对此方案持不同的看法,认为正常挡水位150米太低,没有充分利用三峡的潜在资源,库容较小,对下游防洪不利,装机容量偏小,没有充分利用水电资源,万吨船队不能到达重庆,没有充分发挥黄金水道的作用,主张正常挡水位提高到200米。会后,重庆市委、市政府向国务院提出不同意三峡工程正常挡水位150米,主张提高到200米,以便万吨船队可到重庆。湖北、湖南等省政府也提出三峡工程正常挡水位应提高到200米,以满足下游防洪的需要。不少专家也提出了类似的意见,这样还可以多发电。于是国务院决定成立三峡工程论证组,帮助长江委修改三峡工程预可行性报告。水电部部长钱正英任组长,下设水文、

[①] 张光斗自述:我参加三峡工程工作的经过。老科学家采集工程馆藏基地,档案编号:KS-001-002。

泥沙、地质、防洪、发电、航运、大坝枢纽、水库淹没、生态环境、投资预算、经济分析等十余个专业组。张光斗任枢纽组顾问。水库正常挡水位拟定160、170、180、190、200米五个方案，进行比较论证。

第二，库区移民问题。张光斗曾于1988年随同长江委主任魏廷铮乘小火轮，从重庆出发向下游沿江查勘了库区经济和生态环境状况。他看到沿岸棚户区，人民生活十分艰苦。还深入到很多支沟里，看到居民衣不蔽体，住在木棚里，开垦坡地，生产杂粮每年只够吃七八个月，需要救济，砍树木作燃料，造成水土流失，破坏生态环境。经与当地领导座谈得知，这些地区之所以经济不发达，人民生活贫困，是由于半个世纪以来，总是说要建三峡工程，将淹没库区，故政府不鼓励投资经济建设，怕将来建水库被淹没了，投资白白浪费；而人口却不断增加，生活水平不能提高，生态环境恶化。所以人民说："若要富，向水库"。并不像有些人想象的，库区人民都已经生活得很好，安居乐业，故土难离。这次查勘，使张光斗受到很大教育。

第三，水库泥沙淤积问题。张光斗曾就此问题向泥沙专家钱宁院士请教。钱宁认为长江三斗坪年来沙量5.3亿吨，不可能都淤在水库内，汛期泥沙多，应尽量泄洪排沙。所以，三峡水库要有独创的运行方式。他们二人讨论后一致认为，如正常挡水位定为175米，则汛限水位宜尽可能降低，如145米，以增加防洪库容。在汛限水位时，最大泄洪流量应是荆江河段加固堤防后，百年一遇洪水能安全通过的流量。这个运行方案没有考虑城陵矶调洪，遇到特殊情况，不增加水库淤积时，可考虑城陵矶调洪。这个运行方案是经过反复研究得出的。经过模型试验研究和数学模型分析，三峡水库经过80年运行后，达到冲淤平衡，重庆百年一遇洪水位将比目前的水位高出约三至五米。重庆港码头将被淤积，需要改建和采取工程处理措施。在上游金沙江和嘉陵江修建水库后，部分泥沙会被拦截，重庆港淤积可以缓解。

还有其他问题，如国防安全、环境问题、财力能否承受等，相关部门都做了研究和方案。论证组曾多次召开大会，多数专家赞成修建三峡工程，也有少数专家坚决反对，在会上双方充分交换看法，展开了激烈的争论。

在三峡工程研讨论证过程中，有一次重要的座谈会对决策起了很大的作用，这就是1991年2月17日（农历正月初三），王震和王任重邀请张光斗和长江委的负责同志到深圳座谈三峡工程。张光斗向两位老同志做了"长江三峡工程如国家财力允许宜早日兴建"的汇报，汇报的内容包括三峡工程的论证情况以及他自己的意见，为了防洪、发电、航运，为了解决库区人民生活的艰苦状况，避免生态环境恶化，三峡工程宜早日兴建。两位王老同意张光斗的看法，认为应尽早兴建三峡工程。时任全国政协副主席的王任重还要求作为政协常委的张光斗，在下次全国政协常委会上做有关三峡工程的大会发言，以便使更多的人了解三峡工程的真实情况。

在三峡工程论证期间，还有一件重要的专项审查工作，就是审查《长江三峡水利枢纽环境影响报告》，这项审查是否能够通过，将直接关系到工程可行性的成立，因此是至关重要的。1991年下半年，国家环境保护总局聘请张光斗担任审查组的组长，全国人大常委会的一位常委和水利部的姚榜义为副组长，组员有50余人。这份环境影响报告是由长江水利委员会和中国科学院合写的，虽然所依据的基本资料大体相同，但由于二者看问题的角度不同，竟出现了两种截然相反的评价结论。长江委的评价是"利大于弊"，中科院的评价是"弊大于利"，对各分项目的环境评价意见也基本上是对立的，而且争论起来互不相让，根本无法统一看法。这让作为审查组组长的张光斗实在是左右为难。

为了解决双方的分歧，统一认识，张光斗发挥他的才能和智慧，既然在总体上无法得到统一的结论，就"分而治之"，采取分段逐项审议的办法，即按三峡工程对水库上游的影响、对库区环境的影响、对长江中游环境的影响、对长江下游的影响，分段逐项的进行实事求是的"利"、"弊"分析评价，经过反复的协商讨论，本着求大同存小异的原则，最后审查组终于取得了对这份《环境影响报告》审查评价的一致结论：三峡工程对环境的影响有利有弊，应该采取措施把不利影响减少到最低限度；三峡工程的环境问题不影响三峡工程的决策，并将讨论中的各种不同意见附后。审查报告经国家环境保护总局批准后，呈送国务院。最后得到国务院的批准，环评报告的通过确保了三峡工程可行性研究能够按程序继续进行。

为了配合对三峡工程修建的舆论宣传，张光斗撰文"长江三峡工程宜早日兴建"，发表在1991年12月21日《人民日报》的第一版，并且加了"编者按"。文中首先介绍了三峡工程简况，接着论述了国内外关心的几个问题：（1）创新的水库运行方案，能持续利用。（2）水库泥沙淤积问题。（3）地质和库岸滑坡问题。（4）水库诱发地震问题。（5）工程建筑物问题。（6）施工导流问题。（7）水库淹没和移民问题。（8）生态环境问题。（9）投资问题。（10）工程效益分析。（11）库区人民生活艰苦，三峡工程再推迟，库区人民不能承受。结论是三峡工程应早建。随后，为了配合全国人民代表大会的召开，让与会代表能更多地了解三峡工程，1992年初在北京展览馆还举办了大型的三峡工程展览，对外公开展示三峡工程的论证结论。图14-1是当年张光斗亲自到展览会作"讲解员"，向人大代表、参观的群众和媒体朋友详细介绍三峡工程的情况。

新中国成立前，张光斗反对在当时的条件下修建三峡工程。新中国成立后，他力推三峡工程勘测设计和研究；半个世纪后，到90年代，他认为时机已经成熟，可以考虑兴建三峡了，主要原因有三个：首先，国家经济发展，相对应的电力需求在不断地翻番，三峡的水电可以弥补缺口；其次，相关单位做了50多年的勘测设计和科研工作，积累了大量地质、水文、泥沙、环境的资料，满足了工程设计的需求；最后，也是最关键的一个因素，就是国民经济的飞速发展已为修建三峡工程提供了经济基础。

图14-1 张光斗在展览会上向媒体介绍三峡工程（三峡集团总公司提供照片）

但国家财力是否真的能够满足三峡工程建设的要求,张光斗坦诚地说,这最终还需要财政部给出研究论证结论。

1992年,党中央、国务院批准了水利部审查通过的《长江三峡水利枢纽可行性研究报告》,送全国人民代表大会审议,得到大会的投票通过,决定修建三峡工程。

1992年,张光斗正好80岁。

对于张光斗从40年代开始接触三峡工程到最终决定兴建三峡,王家柱和刘宁(注:王家柱和刘宁在90年代前后,曾先后担任过长江委设计院总工程师,后王家柱调任三峡总公司副总经理,刘宁调任水利部总工程师、副部长)对张光斗在这个历史时期对三峡工程的总体贡献是这样评价的[①]:

> 早在1944年,当时供职于国民政府资源委员会的张先生,上下奔走联系,促成了世界著名大坝设计专家、美国垦务局设计总工程师萨凡奇博士的三峡考察之行。其后萨凡奇博士编制的三峡报告,即所谓的萨凡奇方案,是三峡工程第一次形成的、比较具体的建设规划设想方案。根据萨凡奇博士的建议,当时的国民党政府与美国垦务局订立合约,委托美国垦务局负责三峡工程设计,中国派遣了约五十名工程师赴美参加设计工作。显然,以中国当时的条件,是无法承担建设三峡这样巨型工程建设的,1945年国民党政府决定中断合约,三峡工程设计被迫暂停。1997年年底三峡工程大江截流胜利完成后,三峡总公司曾邀请一批当年参加美国垦务局三峡工程设计的工程师重访三峡,这批年逾古稀的老工程师们面对浩大的工程建设现场,均感慨不已。美籍华人徐修惠先生深情回忆了当年的往事。他说,是张光斗先生以三峡工程鼓励他,他才选读水利工程专业,并参加了当年的合作设计。
>
> 三峡工程规模、效益特大,技术复杂,所需投资庞大,党中央和国务院一直对三峡工程建设采取积极而又慎重的方针。自新中国成

---

① 王家柱、刘宁:不尽长江水 悠悠报国心。载:《江河颂》,北京:清华大学出版社,2002年,第59页。

立后开始,各种不同意见的争论和论证一直持续了整整半个世纪。张光斗先生是这一论证过程的主要参加者,又是历史的见证人,三峡工程的每一个重大决策、每前进一步,都倾注着张先生的心血。例如1986—1989年间,按照党中央、国务院的要求,组织了有412位著名专家参加的三峡工程的深入论证。作为论证领导小组的顾问,张先生以他渊博的学识、丰富的工程实践经验,以及对三峡工程的熟悉和深入了解,提出了很多宝贵的意见,他的意见受到专家们的推崇和领导小组的充分重视,为论证工作的顺利进行和取得圆满的成果,做出了重要贡献。

严谨的设计审查和把关

全国人民代表大会通过兴建三峡工程的决议后,国务院成立了"三峡工程建设委员会",李鹏总理任主任,郭树言任副主任兼办公室主任,并立即开始组织初步设计审查。1993年上半年,由国务院三建委组织,在北京怀柔召开了有一百多位专家参加的《长江三峡水利枢纽初步设计报告》审查会,会议聘请张光斗院士为核心专家组的组长,严恺、潘家铮两位院士为副组长。会议先进行分组专项审查,设水文、泥沙、地质、规划、水工、施工、航运、机电、经济、概算等十个分组。上设综合组,由各分组的组长及少数专家组成,最终协调统一审查组的意见。

在这次审查会上,一个争论比较大的问题是施工导流布置问题,有的专家提出应采用二期导流,在右侧导流明渠内建坝,设很大的导流底孔,用两个临时船闸和升船机通航。缺点是导流底孔太大,闸门启闭没有把握,通航量过小,升船机不易短期内建成。也有的专家提出宜采用三期导流,用右侧导流明渠和一个临时船闸在施工期通航。缺点是要两次截流,工期稍长,优点是利于通航,施工有把握。

会议决定采用明渠导流，三期施工。关于导流明渠截流和135米水位围堰发电，长江委的建议方案是在已建左岸重力坝中，靠近导流明渠设不同高程的几个大导流底孔，以便明渠截流；在一个泄洪坝段留109米高程的缺口，用闸门控制泄流，维持135米水位发电。

张光斗同意三期导流方案，但对采用左侧重力坝109米高程留缺口，设平面挡水门来控制流量的建议方案不同意。张光斗认为，缺口门宽15米，高26米，是无法操作启闭的，此预留缺口的方案不可行；他提出，应改为在溢流坝段设22个导流底孔，底坎高程55米，用弧形闸门做工作闸门，进口设检修闸门，与23个深孔一起控制流量，才能维持135米高程水位，而且能使碾压混凝土围堰如期完成，与会人员认为这个导流底孔方案很好，应在设计中予以采用。张光斗提出的这个方案对工程建设顺利进行，起到了重要作用。

另一个重大安排是三峡枢纽工程的工期：总工期17年。何时将库水位提高到175米，视水库淤积和移民情况而定，估计在2013年。具体安排如下：

1992年开工，1997年导流明渠开始导流，大江截流，修建大江围堰，此为一期工程，工期五年。

2003年左岸大坝建成，导流明渠截流，修建碾压混凝土围堰，6月15日库水位提高到135米，双线船闸通航，8月左厂房第一批机组发电，导流底孔和深孔控制库水位在135米，此为二期工程，工期六年。

导流底孔工作水头80米，孔内流速约34米/秒，易发生空蚀，且卵块石可能进入孔内，运行风险较大，所以只运行三年，2005年汛后封堵，此时右岸大坝已浇筑到160米高程，2006年汛后右岸大坝基本建成。2006年汛限水位提高到145米，这样可以多发电，必要时可提高库水位到156米，利用防洪库容，提高下游防洪标准，汛后库水位提高到156米，还可减少导流底孔运行风险。到2009年三峡工程完成，此为三期工程，工期六年。

投资预算，按1992年物价计算为970亿元。但效益很大，估计发电后15年可偿还全部投资本息。

张光斗提出把大家同意的各分组和综合组专家的审查结果写成纪要。同时他提出，由于三峡工程重要、巨大、复杂，所以需要由业主分项进行技术设计审查；他还提出，茅坪溪防护工程有高 100 米的土坝，在三峡工程枢纽的范围内，很重要，建议业主对茅坪溪防护工程设计进行审查。大家同意把这两条意见也写入纪要。

最后，参会人员举手通过了审查会议纪要，然后报送国务院三峡工程建设委员会审批。不久，国务院三建委批准了三峡工程初步设计审查会议纪要，于是三峡工程开发总公司按照通过审查的初步设计进行施工。

张光斗对这份初步设计报告的审阅是非常认真、非常严谨的，在采集资料的过程中，采集小组从清华大学档案馆采集到了一份当年张光斗对这份报告批改意见的原文本，报告的正文页是黑色的印刷体字，而在每页的边框、字行间却密密麻麻地布满了张光斗用蓝色圆珠笔手写的字体，蓝黑相间，二者在整个页面内所占的比重，几乎是"平分秋色"。面对这样一份审阅意见的文本，不得不让人对这位审阅人的工作作风和工作态度表示钦佩和敬仰。图 14-2 展示的就是张光斗审改这份报告文本的影印件。

对于张光斗在三峡枢纽工程初步设计审查工作中的贡献，王家柱、刘宁在《江河颂》注释 158"不尽长江水，悠悠报国心"一文中是这样评价的：

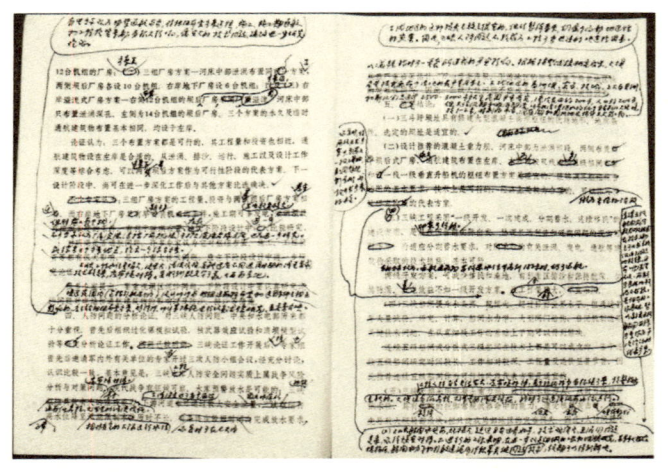

图 14-2　张光斗审阅批改三峡工程初步设计报告的原件影印件
（采集小组成员王光纶 2012 年复制拍摄）

1993 年 5 月，张先生被国务院三峡工程建设委员会聘为《长江三峡水利枢纽初步设计报告》审查核心专家组的组长，主持了三峡工程初步设计的审查，在汇集 10 个专家组、126 位专家意见的基础上，慎重研究、反复推敲、逐字逐句地核定了最终审查意见。面对总字数达 300 万字的三峡工程初设报告，张先生特别强调要抓住设计中的"大问题"，即关键性问题。他说："一方面我们大家对搞这么大的工程经验都嫌不够，另一方面各位同志又都是我国经验很丰富的专家。我们要这样辩证地看问题，我们有信心、有志气建好三峡工程，我们又要如履薄冰地对待三峡工程，所以我们一定要抓住关键问题，只要是关键问题，千万不要放手。"张先生不仅提出了这一指导原则，而且身体力行，亲自研究和指导研究、审定了一系列重大方案。审查意见提出了对初步设计的一系列重大修改，包括水电机组单机容量和总装机规模、水电站排沙布置、船闸高边坡和充泄水系统，以及三期导流建筑物结构和布置方案等。按照审定的初步设计方案实施建设的三峡工程，已经历了实践的考验，证明审定的初步设计方案是可行的，也是可靠的。张先生一贯重视工程设计，说张先生是三峡工程设计的主审和把关人，是恰如其分的。

大江截流前验收，质量检查建体制

1997 年 9 月，明渠导流，大江截流，三峡一期工程如期完成。

三建委召开大江截流前验收领导小组会议，全体成员出席，张光斗担任验收领导小组组长，潘家铮为副组长。验收组成员经过听取汇报、查阅资料、现场考察，对工程质量评价、是否同意验收展开了认真地讨论。最后领导小组开会，主要确定了以下问题：

（一）纵向围堰中两个挡水坝段的质量。长江委郑守仁总工认为导流明渠过流和大江截流是可以的，大坝坝前的那段碾压混凝土纵向围堰可以加固；但碾压混凝土坝身段有贯穿性裂缝，不能保证水库正常蓄水位时的安全。张光斗与潘家铮两位组长分析认为，这两个坝段有贯穿性裂缝，已经灌浆处理。为了确保安全，必须进一步钻孔检查，如发现问题，应严格处理，而且相信能够处理好，可以满足永久性建筑物的要求，所以对目前质量评定为合格，可以截流。验收组成员毛亚杰等三位专家认为一期工程不合格，但同意截流。张光斗认为现在的工程开挖质量是好的，碾压混凝土质量不好，但主要是临时工程，可满足设计要求；所以一期工程应该是合格的，可以验收。

（二）会议同意张光斗和潘家铮的意见，认为大江截流的条件已经具备，同意在1997年11月上旬大江截流，并最后通过了一期工程验收意见，对这次验收的工程质量，部分是优良，部分是良好，部分是合格，所以专家组同意评为"总体上良好"，今后在工程整体完工验收时，再正式评定质量。验收组向三建委汇报，李鹏主任同意，并表示总体上良好，说明还有不良好的，今后一定要注意提高工程质量。

自从三峡工程开工以来，特别是进入二期工程以后，总公司经常请钱正英、张光斗、潘家铮等工程院院士和陈赓仪等专家来工地检查工程质量。1999年上半年，专家们在工地检查时发现大江基坑内的开挖起伏度过大，局部区域的陡坡高差甚至达5—8米，如此之大的高差对未来的坝体应力不利；还看到在基岩高处浇筑的混凝土，与低处的混凝土高差加大，这也是不对的；而且施工工艺不好，质量不高，必须改进。对于永久船闸的高边坡，开挖锚固滞后，有岩块滑落，不安全，要加快锚固……总之，急需加强工程的质量控制和质量检查。

最后，专家们决定由陈赓仪起草这次质量检查的报告，张光斗定稿。而且在报告中，还根据三峡总公司总经理陆佑楣的意见加上了请三建委成立"三峡枢纽工程质量检查专家组"的建议，报告经钱正英核定后，呈送三建委。三建委批准了成立"三峡枢纽工程质量检查专家组"的建议，任命钱正英为组长，张光斗为副组长，组员有潘家铮、陈赓仪、谭靖夷、梁应辰和梁维燕共七人。

张光斗奉组长钱正英之命起草"三峡枢纽工程质量检查专家组"的工作任务书。任务书的内容是，三峡工程建设委员会成立"三峡枢纽工程质量检查专家组"，专家组在三建委领导下工作。主要任务如下：检查

（1）工程质量保证体制是否建立。（2）工程质量体制落实情况。（3）工程质量。（4）工程质量事故的原因及处理情况。（5）工程进度。专家组每年去工地检查两次，11月检查后上报检查工作简报，次年4月检查后报上一年度的质量检查工作年报，呈送三建委。必要时可增加检查次数。钱正英组长同意《任务书》的内容，并报送三建委。后三建委副主任吴邦国批准了该《任务书》，专家组正式开始工作，由国务院三建委直接领导。

此后，年近九旬的张光斗每年至少两次到三峡工地，每次到工地，必到施工现场。2000年4月那次在工地检查导流底孔施工质量时，他深知高速水流对底孔过水表面平整度的要求极为关键，为了掌握第一手材料，他坚持从基坑顺着脚手架爬到55米高程的底孔，检查混凝土表面的平整度，当他用手摸到表面仍有钢筋露头等凹凸不平的麻面时，当即要求施工单位一定要按照设计标准返工修复。对于一位已近耄耋之年的老人来说，爬40多米高的脚手架，其难度可想而知。张光斗个性好强，在脚手架上还不让人搀扶，坚持自己走。对于当时的情景，陪同在他身边的一位清华大学教师如是说："我知道他当时已经精疲力竭了，因为他不时碰到我胳臂上的双手已是冰凉，艰难迈出的两腿也已在微微发颤，在由底孔向下返回的爬梯台阶上，为了怕他腿软撑不住，滑下去，我只好成心在他前面慢慢走，挡着他。即使如此，他仍然还是坚持查看了两个底孔。"当质量检查专家组组长钱正英在质量检查汇报会上，把张光斗为了严把三峡工程质量关，硬是爬脚手架，直爬得两手发凉，两腿发颤，最后回来告诉钱"我实在是爬不动了，要是还有力气能爬，我一定再去多检查几个底孔"，到会的三峡参建者听到这一生动的事例后都深深为之感动。时任三峡总公司总经理的陆佑楣院士，在答谢专家组的发言中谈及此事时，甚至都情不自禁地流下了眼泪，他哽咽动情地说："老先生为了三峡工程能如此尽心，我们这些在第一线工作的人员怎么能不把三峡工程做好呢！"真情动人的场面实在令人难以忘怀。这种敬业精神充分体现了我国老一辈水利工作者的优秀品质，永远是后辈学习的榜样。图14-3是2000年张光斗在三峡工地检查工程质量由工人搀扶从脚手架上走下来的情景。

除了对工程设计、工程施工关心、指导外，张光斗还特别关注和重视

图 14-3 张光斗 2000 年在三峡工地检查工程质量（三峡集团总公司提供照片）

三峡库区移民和三峡工程的环境保护建设。2001 年 7 月 22 日张光斗在致《中国三峡工程报》编辑部的一封信中曾写道（此信已在该报刊登）："朱总理在多次会议上都再三强调，要抓紧库区生态环境整治和保护，要落实城镇农村污水处理，要整治地质灾害，要倒计时进行。国外反对三峡工程，都以破坏库区生态环境为理由。国内有些科学家认为库区环境容量很小，对库区移民会使生态环境恶化有疑虑。我们必须抓紧努力，把库区生态环境整治保护好。我们有信心，但不能掉以轻心，更不能辜负朱总理的多次指示。"张光斗对三峡库区生态环境的关注，直至他生病住院期间，一直都念念不忘。

2002 年 11 月，专家组再次到三峡工地检查。这一年，张光斗 90 周岁整！但就是在这次检查期间，张光斗因病提前返京住院治疗。2003 年 4 月的质量检查，他也因病未能参加，尽管如此，他还是提交了一份翔实的书面意见：

（1）二期工程混凝土浇筑质量总体上是良好的，要总结经验教训，浇筑好三期工程混凝土，并且提出具体要求。

（2）处理好二期工程的事故和缺陷，不留隐患。

（3）碾压混凝土围堰二期工程两端都是高垂直壁，要做好止水和接缝灌浆。

（4）围堰帷幕顶部灌浆压力用等于堰前水深 2 倍的压力。

（5）左非溢流坝发生很多垂直裂缝和水平工作缝裂缝，是因为混凝土浇筑质量不好和没有保温造成的，要很好处理。

（6）泄洪大坝纵缝灌浆后仍张开，最宽2—3毫米，是由于岩基高陡坡，上游混凝土坝段高，干缩和温度变形引起的，由于底部有水平钢筋，上部纵缝并缝，也用水平钢筋，所以纵缝在两端没有张开。纵缝张开影响坝的整体性，水库蓄水后，坝上游面可能会产生裂缝。所以宜将纵缝补灌浆。

（7）永久船闸中间输水宽隧洞，中间隔开，分成左右两个输水隧洞。在有水调试时，一边有压力水，一边无水，左右隧洞混凝土衬砌顶拱中间和底板侧端都发生很长的顺流向裂缝。这是设计和施工不当引起的。因为已加了很多钢筋，只要衬砌后面不架空，把裂缝灌浆处理好，是安全的。但会漏水，所以要做好水平排水。

（8）永久船闸有很多直井，混凝土衬砌是漏水的，靠围岩固结灌浆不能防渗，要做垂直排水孔与底下的水平排水相接。

（9）永久船闸第五闸室泄水涵管出口要修闸门，以便将来维修涵管使用。

采集小组在本章中将上述九点详细列出，不是想说技术与专业，而是想表达一位90多岁的老先生用自己的人生践行着清华大学"为祖国健康工作五十年"的承诺。诠释着他对祖国，对水利事业的热爱，以及踏踏实实，行胜于言的工作作风。也正是这样一批老科学家严谨求实的工作和奉献，才保证了三峡工程的良好质量。

三峡工程千年大计，质量第一。

2003年5月29日，温家宝主持召开三建委会议，张光斗在会上发言，"百余年来，中国人民希望修建世界最伟大的三峡工程，现在将蓄水、通航、发电，说明我国的实力，值得庆贺，值得自豪……"

这是工程师的语言，朴实厚重。

对于张光斗先生在三峡枢纽工程开工后，对确保工程质量方面所做的贡献，王家柱、刘宁在"不尽长江水，悠悠报国心"一文中是这样描述的：

三峡工程开工时，张先生已是八十多岁高龄。但他每年必来三峡工地，每至工地，必到施工现场。我们考虑先生年事已高，总是力图劝阻他不要到高空和可能发生危险的地点去。但是，这些劝阻总是无效，有时甚至遭到张先生的"责备"。他的一句口头禅是："工人能去，我为什么不能去?!"。张先生把人们对他本人身心康健的美好祝愿和祝福，都倾注给了三峡工程！由于张先生深入到施工的前沿，加上他具有的渊博学识和经验，往往可以发现许多尚未发现的问题，使我们受益匪浅。张先生来工地，每次谈得最多的就是施工质量问题。1998年，张先生受任国务院三峡建委三峡工程质量检查专家组副组长（组长为全国政协钱正英副主席），每年至少两次来三峡工地，深入现场进行具体指导。张先生反复强调："必须十分重视现场的施工工艺控制，如果这一道关把不好，所有的设计和技术要求都会落空……"。张先生对三峡工程质量的严格要求和一系列改进意见，得到了朱镕基总理的充分肯定和表扬。一双套鞋、一顶安全帽，灵敏的思维，瘦弱而苍劲的身影和总能看出问题、看透问题实质的目光，深刻展现着张先生的品格、斗志、作风、追求和顽强。"明白了没有？"这句他常说的话，熟悉而严格，我们都会永远记得。正是在专家组和张先生的指导和帮助下，三峡工程制定了一整套比较完备的质量控制体系，确保了三峡工程的质量。

张先生是著名的学者、科学家，也是经验丰富的工程技术人员、总工程师。他重视理论，更重视理论和实践的结合。他常常告诫我们："理论计算、设计图纸，必须在实际中得到落实和验证，如果现场施工控制得不好，再好的设计也是白费"。因此，他每次在三峡工地的讲话，都特别强调各级施工的组织者和工程技术人员，一定要把很大的精力和注意力放在现场。他最厌恶不结合实际的夸夸其谈，对一些不切合实际的汇报，他的一句口头禅是："你别唬我，我是当过总工程师的。"他常对我们说，工程师必须确切掌握现场情况，总工程师更应这样。他不仅这样说，而且自己也身体力行，为人表率。

第十五章
水资源可持续发展的战略研究

为水资源战略研究立项申请积极做好铺垫

张光斗对水资源的情愫是自始至终的。在水资源问题得到党和国家领导人的高度关注,并将其列入"八五"计划和十年规划中,与能源、交通、信息等产业一起作为国家经济战略重点的基础产业之后,张光斗并没有就此停止前进的步伐,他清楚地意识到,在水资源问题得到高度重视,解决了战略地位问题之后,还需要研究如何通过具体的措施来解决实际的问题,以保证战略目标的实现。因此他及时把握住这个机会,希望在水资源利用方面再为老百姓做件实事,为中国的水资源可持续发展再贡献自己的一份力量。

从1997年开始,张光斗就打算联合一部分中国科学院和中国工程院院士,向两院申请关于水资源开发利用的咨询项目,建议设立一个"中国可持续发展水资源战略研究"课题,将此课题研究作为解决水资源问题的第一个国家级咨询项目立项。张光斗作为奋战在水利战线的老专家,与旧中国他作为学生实习时见到的国内各水利工地的情景相比,他很欣慰地看到,新中国成立以后水利建设已经取得了巨大成绩,主要江河都已初步建成了蓄泄兼筹的防洪体系,大部分地区已能初步控制常遇的水旱灾害,使得农业产量得到了很大的提高,同时提供了水源、电力和航运,也支持了工业和城市的发展,这是十分可喜的成就。然而,现实存在的一些问题也绝不能忽视,中国水资源自然条件的不利之处依然存在,而且随着国民经济的快速发展和一些地区水土资源的过度开发,甚至还带来了一些新的问题和挑战。

正如钱正英院士在"互相学习,共同提高——十二年跨学科研究的体会"[1]一文所指出的:"公正说来,张光斗先生是水资源研究项目组这个团队的创始人。"钱正英作为项目组的组长为什么在总结评价对项目的贡献时,称副组长张光斗是项目团队的创始人?这是因为在前期,张光斗先生为申请项目的立项做了大量铺垫工作,为立项申请创造了良好的条件。

早在1995年,张光斗就在中国工程院第二次院士大会上做了题为《中国水资源的持续开发利用》的学术报告。与上书中央的那份《我国水资源的问题及其解决途径》报告一样,也是由张光斗和陈志恺共同完成的。当时,张光斗是工程院能源与矿业工程学部的院士,陈志恺还不是院士,是中国水利水电科学研究院的高级工程师。报告从中国水资源的特点、水资源开发利用现状、持续发展面临的问题、对策措施四个方面展开。在报告中,首先指出了中国水资源时间和空间分布不均匀、旱涝灾害频繁的特点使我国的农业生产很不稳定。我国水资源总量2.81万亿立方米,但人均占有量很低,仅居世界108位,水土资源地区上的组合也不相匹配,导致水资源的供需矛盾十分突出。报告通过对国土面积、多年平均降雨量及与世界其他国家的对比,通过对各大河流域的降水量、径流量、地下水和总体水资源量,全国多年平均径流量、地下水补给量、河川径流量,平均每年流入海洋和流出国境的水量,以及在陆地上的水量等详细全面的数据分

---

[1] 此文刊登于中国工程院《院士通讯》2011年第7期,是钱正英院士作为"中国可持续发展水资源战略研究"项目组组长为该项目撰写的总结。

析，总结出了中国水资源的三大特点：第一，人均可利用的水资源量偏低；第二，水资源地区分布极不均衡，并且与人口、耕地的分布不相适应；第三，水资源的年内分配集中在汛期，年际变化很大。对于中国水资源开发利用的现状，报告列举了十分具体的数据，详细分析了1949年新中国成立以来，在水资源利用方面修建的大量蓄水、引水、提水和输水工程，为灌溉、发电、供水和航运等事业的发展提供了水源，开发了水电，发展了航运，增强了防洪治涝能力，有力地促进了国民经济的发展和人民生活水平的提高，但与世界发达国家和世界平均水平相比仍有一定差距。对于中国持续发展所面临的问题，报告首先肯定了中国经过40多年的建设，取得了在仅占世界7%的耕地上供养了占世界22%人口的举世瞩目的巨大成就；黄河、长江等大江大河没有发生过决口，基本保障了城乡人民和工农业生产发展的安全。

同时，报告也指出了中国持续发展所面临的严峻挑战：第一，人口过多；第二，耕地有限，灌溉缺水；第三，城市缺水日益突出；第四，用水浪费，水污染日趋严重；第五，防洪除涝标准偏低，洪涝威胁还很严重；第六，电力紧张而水能资源的开发程度极低；第七，航运里程较少，内河航运的潜力没有充分发掘；第八，资金不足。面对中国水资源的特点、水资源开发利用的现状和持续发展所面临的问题，报告提出了相应的九项主要对策措施：（1）全面节水；（2）合理调整工农业结构和城镇布局；（3）积极开辟新水源；（4）污水资源化、海水利用和地下水回灌；（5）巩固提高江河湖海防洪除涝标准；（6）加速水电建设、发展航运事业；（7）按经济规律开发水资源；（8）把开发水资源列为国家经济建设战略重点之一；（9）开展多学科联合攻关、妥善解决中国水资源问题。这份《中国水资源的持续开发利用》[①]的报告就是后来《中国可持续发展水资源战略研究》项目立项申请书的雏形。

到了1997年，经过反复协商、修改，张光斗、陈志恺二人最终完成了《中国可持续发展水资源战略研究》立项申请书的初稿，并得到了国务

[①] 这份报告的原件，现保存在中国工程院档案处。档案编号：W95-4。

院相关部门的支持。考虑到这个咨询项目关系到各个行业，需要多方面的协调和组织，是一个多学科的立项，张光斗与陈志恺商量，邀请当年新当选为中国工程院院士的钱正英担任项目组长（当时陈志恺还没有加入中国工程院）。张光斗认为钱正英曾长期担任水电部部长，对水利专业的情况非常熟悉，而且组织能力极强，善于把握全局，钱正英担任项目组长对项目的开展和运作有利。于是张光斗正式和钱正英商谈，邀请她担任项目组长。钱正英表示自己刚刚进入工程院，各方面的情况还不太熟悉，希望由张光斗提出项目组以下各课题组长的人选，并出面邀请。于是，张光斗把与水资源有关的院士都组织起来，包括了各方面、各专业的专家，还聘请了部分非院士的专业人士负责课题组的研究，尽量集中所有的"专业精英"，统一协调，分工合作，深入研究。上述事实表明，钱正英对"张光斗先生是水资源研究项目组这个团队的创始人"的评价是实事求是、恰如其分的。

"中国可持续发展水资源战略研究"项目正式立项

有了张光斗和陈志恺合写的"中国水资源的持续开发利用"报告作为基础铺垫，"中国可持续发展水资源战略研究"项目的立项申请书很快就顺利完成了。1998年6月张光斗到中国工程院向王淀佐、沈国舫副院长正式提交了该项目的立项申请书，两位副院长都表示赞同，并答应将向宋健院长汇报，经宋院长同意后可作为工程院的咨询项目向国务院报告。正式提交的项目申请是由钱正英、张光斗、陈明致、林秉南等人建议的，建议由钱正英和张光斗担任项目负责人，钱正英任组长，张光斗任副组长，项目组成员还包括文伏波、石元春、石玉林、卢良恕、卢耀如、关君蔚、刘昌明、陈明致、林秉南、张宗祜、张蔚榛、胡海涛、钱易、黄秉维、潘家铮、陈志恺和徐乾清，其中陈志恺和徐乾清当时是院外专家，其余都是中国工程院院士。项目拟定于1999年初正式启动，计划在6月召开一次中间成果交流会和学术报告会，8月底之前提出课题报告，2000年6月在院士大会上提出总报告，也以此作为正式完成项目的标志。

"中国可持续发展水资源战略研究"[①] 立项申请书在立项理由中明确指出，影响我国水资源的三个最大的问题是，缺水、水质污染和洪涝灾害。首先，中国是一个水资源紧缺的国家。虽然全国拥有的水资源总量不少，但人均水资源占有量仅为2300立方米，是世界平均水平的四分之一；就与土地的关系来说，亩均占有量只有1400立方米，是世界平均的五分之三。中国水资源在地区分布上极不均匀，约80%以上分布在长江流域及以南地区，这与中国的人口和耕地资源的分布不相匹配，形成了"南方水多、人多、耕地少，北方水少、人多、耕地多"的局面，其中北方有九个省（自治区、市）的人均水资源占有量少于500立方米，常年干旱缺水，这使得中国水的供需矛盾十分突出。就城乡水资源各自的情况来看，中国有许多地方的农村严重缺水，灌溉面积只占耕地总面积的一半左右，即使在灌溉地区，一些地方的水源保证率也很低，每年全国有三亿多亩耕地受旱，这成为中国农业发展的一大障碍。在一些干旱的山区和牧区，水资源尤其匮乏，经济落后，给居民的生活带来了很大困难，甚至有6000多万人和几千万牲畜处于饮水困难的状态。在城市，从20世纪70年代末，水资源短缺的现象开始出现，最初是北方和沿海城市，逐步蔓延到内地，到1995年，全国的620座城市中有320座城市缺水，其中有110多座严重缺水。城市缺水问题包括水源性缺水、设施性缺水、污染性缺水以及用水浪费。水资源的供需矛盾又出现了城乡之间争水、地区之间争水、地下水超采、河流来水衰减、黄河断流等更严重的问题。

其次，当前中国水资源供需矛盾又出现了一些新问题，那就是水资源的严重浪费和污染。中国灌溉渠系的利用系数还不到50%，大水漫灌的方式造成了很大的浪费；工业方面，水的重复利用率仅为50%左右，与先进国家差距非常大；水质污染几乎遍及全国，很多江河湖海的污染已经达到了极其危险的程度，严重制约了经济发展，也严重威胁了人民的健康；有

---

① 该咨询项目的立项申请书原件现保存在中国工程院档案室。档案编号：W99-16。

些地方地下水质的污染也开始加剧。这种情况如果继续任其发展下去，许多地区今后必将面临无可用之水的绝境。

再有，中国是一个旱涝灾害频发的国家，而旱涝灾害是各种自然灾害中危害最大、损失最严重的灾害。例如1998年长江和嫩江的大洪水、90年代以来黄河断流及北方地区沙尘暴日趋严重，给人民的生活带来极大的威胁。长江、黄河等七大江河的中下游以及沿海平原地区的洪涝灾害，东南沿海的台风暴潮，广大山区的山洪、泥石流、岩崩、滑坡等灾害虽有一定的整治，但标准较低。水土保持方面虽有一定成绩，但破坏也比较严重，水土流失加剧，生态环境恶化。这些情况对社会经济的可持续发展带来了潜在的威胁，而且随着经济发展水平的提高，这种威胁的程度也势必加大。这些问题都迫切需要采取相应的对策进行防治，才能保障广大人民的生命财产安全，减少经济损失。而且，贫困与水资源有着密切关系。在西部地区，扶贫的任务仍十分繁重，而水是西部经济发展和生态环境的最大制约因素。因此，水资源的整治与保护有着既迫切又长远的需求。

在项目申请书中还提到，根据当时的预测，进入21世纪之后，中国的人口将会继续增加，到2030年前后，全国人口将达到16亿高峰，其中城镇人口将占一半左右。要满足这些人口的基本用水需求，还要达到中等发达国家的水平，对水资源的需求量必将大大增加。从当前的世界科学技术发展趋势来看，大力提高水资源的利用效率是最好的解决方法。就中国当前的状况看，也应研究采用各种高新技术和相应的经济政策，通过节约用水、污水处理回收再利用、雨水利用以及海水利用等途径来提高工农业用水效率。立项书指出，如果在充分有效利用当地水资源后还不能满足需要，则需要进行跨流域调水。当时新担任水利部部长的汪恕诚是来自水电工程界的专业人士，对水利工作中存在的问题感觉比较敏锐，他上任后不久就提出要将水利工作从"工程水利转向资源水利"，将水看成一种资源来对待，但是这一重要观念当时没有得到所有水利界同仁的理解，尤其是一部分老同志接受不了。汪恕诚看到张光斗写的这份《"中国可持续发展水资源战略研究"项目申请书》后非常高兴，有志同道合之感。他对张光斗的见识也表示佩服，并发出感叹之言："张光斗老先生不仅是水利界的权威、工程界的权威，在可持续发展理论方面还有这么深的研究！"

根据项目书的分析和论断，中国可持续发展水资源战略研究项目组拟分课题进行分析研究，抓住缺水、水质污染和洪涝灾害三个重点问题，来分析中国 21 世纪水资源合理开发利用的国家行动政策。主要有以下几个方面的研究内容：（1）根据国民经济发展和人口发展的不同时段对水资源提出的需求，预测水资源供需矛盾发展的趋势，提出高、中、低多层次的水资源可持续利用的对策和措施。（2）分析工业、农业和城市水资源的供需矛盾，研究工业节水、水质保护和污水处理，农业需水与节水高效农业建设的途径。（3）探讨大江大河流域洪水的基本规律，研究大江大河综合整治、防洪减灾的对策。（4）通过对北方地区水资源的需求分析和南水北调跨流域引水的东、中、西线等方案的对比分析，提出水资源合理配置，南水北调分步实施方案的技术经济分析和政策建议。（5）研究水土保持、生态环境、林业建设、干旱及岩溶地区的水资源开发。（6）研究水资源管理的经济和技术手段、政策措施、法规制度等。预期达到的目标就是通过多学科的联合调查提出一份总报告和七份课题报告：即中国水资源现状及需求的预测；农业需水量及节水高效灌溉农业的建设；城市和工业的节水、水质保护和污水处理问题；中国大江大河 21 世纪防洪减灾对策研究；水土保持和林业建设问题；北方地区水资源的合理配置和南水北调问题；北方干旱、半干旱及岩溶地区的水资源开发利用与环境效应研究。

1999 年 1 月 18 日，钱正英作为组长代表"中国可持续发展水资源战略研究"项目组向当时的温家宝副总理就开展这项研究的意义和基本情况进行了专题汇报。钱正英在汇报中首先指出，该项目是由张光斗建议，集合了中科院和工程院两院部分院士，并邀请了部分院外专家共同进行的咨询项目。经工程院批准，此项目被列为工程院 1998—2000 年首批重点咨询项目，同时得到了中科院的通力合作和水利部的全力支持。随后，钱正英从项目提出的缘由、项目的组织、工作原则、工作时间和需要的条件五个方面进行了汇报。项目提出的缘由方面，主要围绕水资源问题所面临三大问题（缺水、水质污染和洪涝灾害）的严重性，和中国人口数量大、人口增长快的国情两个方面，结合中央对此问题的重视，以及专家学者的意见，希望该立项能够提出方向性和战略性的建议。项目的组织方面，该项目将成立七个课题组和一个综合组，其中七个课题组分别为：中国水资源现状评价和供需发展趋势分析（由刘昌明院士和陈志恺先生负责）；农业需水及节水高效农业建设（由石玉林和卢良恕两位院士负责）；城市和工业的节水和水质保护及污水处理问题（由钱易和刘昌明两位院士负责）；北方地区水资源的合理配置和南水北调问题（由潘家铮院士和张泽祯先生负责）；江河防洪减灾对策研究（由钱正英院士和徐乾清先生负责）；西北地区及岩溶地区水资源开发利用研究（由张宗祜和卢耀如两位院士负责）；水土保持和林业生态工程建设（由沈国航院士和王礼先教授负责）。并要求在2000年6月院士大会上提出项目的总报告和各课题报告，作为项目结题。钱正英组长汇报之后，张光斗在会议上做了补充发言，再次强调中国水资源十分紧缺，而另一方面洪涝灾害频陈，所以可持续发展水资源十分重要，是国民经济建设的基础，并提出防治洪涝灾害、开源节流解决水资源紧缺问题、以及污水处理是当务之急的三大主要战略措施。温家宝副总理在认真听取钱正英汇报和张光斗的发言之后，表示对该项目非常满意，指示相关部门要给予支持和协助，并同意为项目工作的展开提供充足的资金支持，以免除后顾之忧。至此，项目的立项程序全部完成，研究工作正式全面启动。

跨学科综合研究水资源持续利用取得丰硕成果

新组建的水资源研究项目组团队涵盖了地理、地质、气象、水文、农业、林业、水利、土地、水土保持、生态环境、城市建设、环境工程、社会经济等十多个学科。参加研究的共有43位院士和近200位院外专家。经过一年多的紧张工作，提出了九个专题报告。在此基础上，提出了综合报告。

2000年6月5日，中国工程院"水资源"项目组主编的《中国可持续发展水资源战略研究简报》第 22 期出版，这一期简报的主要内容是张光斗在阅读《中国可持续发展水资源战略研究》项目各课题组所写的报告之后所写的体会和建议。简报的《编者按》道出了一位长者的赤诚之心和拳拳之意：

> 八十八岁高龄的张光斗先生在生病住院期间仍然牵挂着水资源战略研究项目。张光斗先生大病初愈，不顾体弱，举着高倍放大镜，以惊人的毅力，认真仔细地修改项目综合报告和各课题报告，提出了许多宝贵的意见和建议。"水资源战略"项目研究各课题组已经做了大量的工作，目前已经进入最后的攻坚阶段，我们要以张光斗先生这种治学精神和负责的态度，更加深入扎实地完成各项工作，使项目研究更上一层楼。①

正如简报编者所言，张光斗此时已经 88 岁高龄，身体也比较虚弱，但是他对国家水资源的责任心与使命感促使他时时将个人利益抛之脑后。张光斗早年患有青光眼，60 年代中期两眼都动了手术，年老之后又患上白内障，再次动手术换人工晶体，视力很差，需借助高倍放大镜才能阅读。但他就是这样举着放大镜，一字一句地认真研读"中国可持续发展水资源战略研究"项目课题报告，图 15-1 是他阅读报告时的情景照片。在其他时候，也经常会见到张光斗举着放大镜，或是研读最新的学术报告，或是给年轻一代批改论文，或是给来信者答复回信，这样的例子举不胜举，这情景展现的是一位学术大师的刻苦严谨的风范、精益求精的精神和积极乐观的风貌。在这期简报中详细记述了张光斗阅读"中国可持续发展水资源战略研究"项目课题报告后所写的体会与建议，从"中国防洪减灾对策研究"、"水资源现状评价和供需发展趋势分析"、"中国农业需水与节水高效农业建设"、"中国城市水资源可持续发展利用与保护"、"中国北方地区水资源的合理配置和南水北调问题"、"中国西北及西南地区水资源开发

---

① 该简报原件保存在中国工程院档案室。档案编号：W00-37。

图 15-1 张光斗在审阅《水资源战略研究》项目课题报告（张美怡提供家庭照片）

利用"、以及"中国生态环境建设与水资源开发利用"七个部分进行点评，与项目课题报告一一对应，针对性强。张光斗在每一部分的体会与建议中都先对课题报告的成果进行了肯定和赞扬，都是实打实的评语，没有半点娇柔浮夸，但是对于报告中存在的问题也毫不忌讳地提出，而且建议都非常具体，细化到第几页第几章第几小节的第几句话。现摘引第 22 期简报的部分内容如下：在第一部分"中国防洪减灾对策研究"中，他首先肯定"好报告，很同意。"其中一条建议是："Page12，2.2.4 宜讲具体数字，报道多少亩，实际多少亩？面积减少，但单位面积损失加大。"在科学领域，数字有时候是很能说明问题的，这也是张光斗先生严谨作风的体现。遇到精彩之处，他也忍不住赞叹："Page24，6.1 好！写入总结报告。6.2 好！稍加补充，小浪底枢纽调度运用，必要时增建适当的干流枢纽，主要考虑黄河下游河道的防洪减淤。"像这样的批示很多，当然，对于表述不太准确，不利于读者理解的地方，张光斗也会尖锐地提出，毫不留情，比如在第二部分"水资源现状评价和供需发展趋势分析"中，他直接言明："Page8，

表 2-2 利用率与表 2-1 不一致。在表 2-1 中有些片利用率几乎 100%。Page18，表 3-4 为何用美元计？Page19，表 3-3 中，2050 年全国 GDP 100 万亿元，而表 3-6 中，全国工业总产值 200 万亿元，不好懂，要加说明。"对于一些难度较大的课题项目，张光斗也会明确提出自己的想法，建议采取什么样的路线，对于方向性的不足，他也会直接提出，比如第三部分"中国农业需水与节水高效农业建设"中，他指出，"高方案最好，报告中建议采用第三方案，争取第一方案，其实采用第二方案争取第一方案也可以。如人均粮食保持 400 公斤，进行南水北调，第一方案是能做到的。关于重点地区的节水高效农业途径，对黄土高原、新疆等地区宜适当改写，黄土高原包括黄河中上游灌区和旱地，要提出途径，新疆要研究生态环境问题。"张光斗仅就谈自己对课题组报告的体会和建议，就写了 15 页纸，对每一个报告都谈了自己的体会，精彩的地方表示赞成和表扬，有问题的地方则毫不掩饰地提出批评和建议，其中第五部分"中国北方地区水资源的合理配置和南水北调问题"单篇就提出了多达 21 条的意见和建议，但他同时非常肯定这份报告的成果，称其为"很深入的好报告"。由此可见张光斗先生对该项目的认真负责，从中，我们也窥视了他身上所固有的严谨踏实作风。

在听取张光斗的意见和建议之后，"中国可持续发展水资源战略研究"各课题组的人员又根据张先生提出的问题和建议，有针对性地开展了更深入的探究和分析，并对报告有问题的地方进行了修改，尽量争取到达完美无误。

2000 年 7 月 11 日，当时的副总理温家宝主持国务院会议，听取了"中国可持续发展水资源战略研究"项目组经过多次探究和修改之后的综合报告汇报，图 15-2 是会后全体参会人员合影留念的照片。综合报告的结论是：我国水资源的可持续发展形势十分严峻，主要是水多（洪涝）、水少（旱）、水脏（污染），而这是国民经济的基础，必须很好地解决。通过建设节水高效的现代农业，我国可以基本立足于现有规模的耕地和灌溉用水量，满足今后 16 亿人口的农产品需要。但必须严格控制人口的继续增长，同时加强需水管理，做到在人口达到零增长后，需水也逐步达到零增长。

图 15-2 温家宝副总理与项目组部分成员合影（参会人员每人获得一张留影纪念，王光纶提供）

我国水资源的总体战略是：以水资源的可持续利用支持我国社会经济的可持续发展。并从防洪减灾、农业用水、城市和工业用水、防洪减灾、生态环境建设、水资源的供需平衡、北方的水资源问题和西部地区的水资源问题八个方面实行战略型转变。报告的结论最后强调，战略转变的核心是提高用水效率，要求真正展开一场提高用水效率的革命。张光斗在汇报会上也做了发言，表示完全同意汇报的内容。最终的报告得到了温家宝副总理以及参加会议的各部委领导的认同，水利部部长汪恕诚对此报告给予高度评价，誉其为是"水利战略研究的最高水平"，并在水利部机关组织了认真学习。这可以算作是水利科学和各学科相互学习提高的一项重要成果。

据陈志恺回忆，在这之前的水资源研究大多仅仅是基础的水资源，农业是单一的农业、林业是单一的林业、工业是单一的工业，但是张光斗组织的这次研究，首次打破了专业方面的界限，将水资源、农业、林业、工业（包括重工业和轻工业）方面的院士都集中到一起，这些方面的院士参加以后，问题就变得深刻了，而且水资源整个的开发利用模式有了很大的转变，由原先各个部门独自经营的粗放式管理方式转变为各部门统一规划的精细化管理方式。水资源开发利用模式的转变要求从治水、治污、用水、加强保护利用等这个总的方向来调度，才是科学的发展。因此，这个研究项目被国务院评价为工程院咨询项目中最成功的两个项目之一。

水资源问题自从 1991 年被提出来以后，水利部就把这个立项作为今后发展的总方向，由原来粗放的管理变为精细的统一管理。张光斗不仅在大事上时刻为国为民着想，以造福人民为己任，在一些小的具体环节上也非常细心关注。据原水利部部长汪恕诚回忆，在节水问题上，张光斗曾多次向他强调，农民的节水费用应由国家来出，对农民来说，让他们承担节水费用负担太大了，他们最终需要的是树立节水意识。一点一滴，都能体现出张光斗为百姓做实事的精神。

附件一
张光斗院士与中国的水利水电工程

张光斗是我国著名的水利水电工程专家，自1937年开始投身祖国的水利水电建设事业，一直为事业的发展勤奋工作了65年，可以说是呕心沥血、尽职尽责，无论是顺境还是逆境他都是义无反顾，因为他深知水利水电事业是广大人民需要的事业，是为民造福的事业。张光斗最具代表作的水利水电工程设计成果是密云水库，这是他和广大工程设计人员以及百万民工在20世纪中叶献给祖国首都的一盆宝贵的清水。对于20世纪八九十年代，我国建设的具有代表性的大型水利水电工程，如中国坝高首次突破200m大关的二滩拱坝、世界上装机容量最大的三峡水电站、当今世界上最高的碾压混凝土坝龙滩重力坝、被世行专家赞誉为"发展中国家建设项目环境管理典范"的小浪底水利枢纽等，这些难度极大的工程初步设计都是由张光斗担任审查组组长进行审查通过的。另外，据不完全统计张光斗60多年来还先后为我国52座水利水电工程提供过技术咨询或顾问，有一些建议和意见对工程建设的成功起到了至关重要的作用，如对引黄济卫进水闸结构设计的建议、对丹江口大坝混凝土浇筑质量的判断、对葛洲坝枢纽总体布置的修改意见、对二滩高拱坝泄水建筑物分散布设的建议等，都对工程的顺利建成和运用起到了重要作用。从黄河上游的李家峡、拉西瓦，到长江中下游的葛洲坝、隔河岩，从雅砻江的二滩到红水河的龙滩，祖国大地从南到北各大水电站的地址，几乎都留下了他的足迹与辛劳。尽管他的意见和建议不见得全部都正确，也不见得全部被工程实际所采纳，但作为一名工程技术人员能够如此的尽心负责、全力的付出，已经足以让人敬佩。通过采集小组的收集和整理，现将张光斗对中国水利水电工程事业的贡献，分为以下三个方面：直接参与设计的工程；主持审查的工程；咨询顾问的工程，按照时间的先后为序进行叙述介绍。

直接参与设计的水利水电工程

（1）1937年，在四川龙溪河水力发电工程处，张光斗作为副工程师、工程师参与设计了装机容量4万千瓦的狮子滩水电站，后因财力不足，工程设计停止。

（2）1938年，张光斗参与设计了装机容量1500千瓦的桃花溪水电站，1939年建成发电。

（3）1939年，张光斗参与设计了装机容量3000千瓦的下清渊硐水电站，1941年建成发电。

（4）1940年，张光斗作为瀼渡河水力发电工程处主任，负责设计和修建了装机容量1500千瓦的仙女硐水电站，1941年建成发电。

（5）1941年，张光斗作为瀼渡河水力发电工程处主任，指导设计了瀼渡河鲸鱼口水电站，1943年建成发电。

（6）1958—1960年，张光斗作为水利部、清华大学合办的水利水电勘测设计院院长、兼总工程师，主持设计和建成了华北地区库容最大的密云水库。

（7）1958—1960年，张光斗作为水利部、清华大学合办的水利水电勘测设计院院长、兼总工程师，还先后负责和指导了三家店水库、青石岭水电站、张坊水库的设计，但这三座水库均因种种原因并未建成。

（8）1965年，张光斗代表清华大学水利水电勘测设计院承接了四川渔子溪水电站的设计，后因"文化大革命"爆发，设计工作被迫停止。

主持审查的重大水利水电工程

（1）1984年下半年，中国国际咨询工程公司在四川成都金牛坝宾馆召开二滩水电站初步设计审查会，张光斗任审查组组长。会议审查通过了成都勘测设计研究院编写的初步设计报告，并对地基处理、坝线位置、泄洪隧洞长度、地下厂房排水系统布置等提出建议。

（2）1985年年中，中国国际工程咨询公司在北京审查小浪底工程的初步设计，张光斗任审查组组长。会议审查通过了黄河水利委员会设计院提交的初步设计报告，各审查分组也提出了一些具体建议，如水文泥沙组提出，由于近年来人类活动对水文泥沙有很大影响，要进一步修正水文泥沙数据。水工组提出，应修建应急溢洪道；消力池要分区，以便检修；在电站进水口下方应建冲沙隧洞，以防泥沙淤积；应研究地面厂房取消调压井或改用地下厂房的方案。施工组提出，地下洞室施工应采用喷锚加固，不用衬护。

（3）1989年下半年，中国国际咨询工程公司受水电部委托，召开红水河广西龙滩水电站初步设计审查会，张光斗任审查组组长。会议审查通过了中南勘测设计研究院提交的初步设计报告，并提出了如下建议：挡水建筑物采用碾压混凝土重力坝；希望大坝一次建成，即坝顶高程为400米。

（4）1991年下半年，国家环境保护总局成立"三峡工程环境可行性报告"审查组，张光斗任审查组组长。这个可行性报告是长江水利委员会和中国科学院合写的，但对三峡工程的环境影响如何评价两家的意见不同，长江委的评价是"利大于弊"，中科院的评价是"弊大于利"，对各项目的环境评价意见也基本上是对立的。因此，使审查工作十分困难。为了解决双方的分歧，统一认识，采取了逐项审议的办法，即按三峡工程对水库上游的影响、对库区环境的影响、对长江中游环境的影响、对长江下游环境的影响，分段逐项的进行分析评价，经过反复的协商讨论，本着求大同存小异的原则，最后审查组终于取得了对《报告》审查评价的一致结论：三峡工程对环境的影响有利有弊，应该采取措施把不利影响减少到最低限度。三峡工程的环境问题不影响三峡工程的决策，并将讨论中的各种不同意见附后。审查报告经国家环境保护总局批准后，呈送国务院。

（5）1992年下半年，国务院三峡工程建设委员会在北京怀柔召开《三峡工程初步设计》审查会，审查组成员近百人，张光斗任审查组组长。在审查中，争论比较大的是施工导流问题，有两期导流和三期导流两个方案；右岸地下厂房何时修建的问题。在讨论施工导流时，会议经过各专业组和综合组的认真讨论，多数人同意采用三期导流方案；大家同意不先修地下厂房，只修进水口，装机暂定六台，将来根据运行情况确定装机台数。张光斗组长提出把大家同意的各专家组审查结果写成纪要。同时他还提出，由于三峡工程重要、巨大、复杂，所以需要由业主分项进行技术设计审查；还提出，茅坪溪防护工程有高100米的土坝，在三峡工程枢纽的范围内，很重要，建议业主对茅坪溪防护工程设计进行审查。大家同意把这两条意见也写入纪要。最后，参会人员举手通过了审查会议纪要，报国务院三峡工程建设委员会批准。

（6）1997年9月，三建委召开大江截流前验收领导小组会议，全体成员出席，张光斗任验收领导小组组长，潘家铮为副组长。验收组成员经过听取汇报、查阅资料、现场考察，对工程质量评价、是否同意验收展开了认真地讨论。最后领导小组开会，主要确定了以下问题：

第一，纵向围堰中两个挡水坝段的质量。设计单位认为可满足导流的设计要求，同意截流，但对将来经过处理后能否满足挡库水要求，不表态。验收组成员毛司长和林伯铣专家坚持不合格，但同意截流。张光斗与潘家铮两位院士分析认为，这两个坝段有贯穿性裂缝，已经灌浆处理。为了确保安全，必须进一步钻孔检查，如发现问题，应严格处理好，相信能够处理好，满足永久性建筑物的要求，所以对目前质量评定为合格，可以截流。全组同意这个意见，并认为大江截流的条件已经具备，同意在11月上旬大江截流。

第二，对这次验收的工程质量，部分是优良，部分是良好，部分是合格，所以大家同意评为"总体上良好"，今后在工程完工后验收时，再正式评定质量。

参与咨询顾问的水利水电工程

（1）日月潭水电站：1947年年初，台湾电力公司日月潭水电站调压井下游山坡发生滑坡事故，资委会水电总处派张光斗前往台湾协助处理事故。张光斗和裘燮钧处长在现场查看滑坡事故后，认为事故的原因是由于调压井钢板衬砌漏水，下游山坡下部是岩层，上部是很厚的土层，坡面种了香蕉树，漏水提高了山坡内地下水位，造成土层滑坡。张光斗建议，赶快修补调压井钢板衬砌焊缝，然后可恢复水电站发电，但减少调峰容量，降低调压井中最高水位，同时在下游山坡中挖排水隧洞，做好排水系统，降低地下水位，恢复水电站正常运行。台湾电力公司采纳了该建议，很快恢复了发电，后水电站运行安全。

（2）古田溪水电站：1947年下半年，张光斗作为水力发电工程总处总工程师积极组织工程技术人员队伍和筹集资金，开始进行闽江支流上的古田溪水电站建设。

（3）官厅水库：1949年下半年，张光斗经清华大学教授张任介绍担任了官厅水库工程局的技术顾问。官厅水库过去日本人设计过，用混凝土重力坝。张光斗等人认为坝址河床覆盖层很深，建议改用土坝。由于坝址覆盖层深16米，张光斗建议在覆盖层内挖深槽，做黏土防渗齿墙。1951年下半年，张光斗再次到工地，工程进展很顺利，大坝地基覆盖层深槽已挖到基岩，但不能挖干净，有漏水，张光斗建议浇筑少量水下混凝土，然后在槽内填筑黏土齿墙，结果很成功，后来的防渗效果很好。

（4）申窝水库：1949年寒假，张光斗和施嘉炀一起到申窝水库工地参观、咨询，在查看坝址的地形和地质条件后，张光斗认为这是一个好坝址，可以修百米高的混凝土重力坝。并对工地采用的混凝土配合比提出了修改建议，工地施工人员将卵石打碎作混凝土粗骨料，张光斗说明卵石是很好的粗骨料，制成的混凝土和易性也好，不要费工打碎卵石。这个建议对工程质量和进度都有很大的好处。后来，张光斗在多个工地提出这个建议。

（5）佛子岭水库：1950年上半年，张光斗参加淮河水利委员会召开的佛子岭水库选坝会议。该坝坝高87米，设计地震烈度8度，岩基很好，但没有钻探资料。淮委工程部部长汪胡桢建议修建钢筋混凝土连拱坝，如美国的巴脱勒脱坝，认为有利于抗震。张光斗认为连拱坝不利于抗横向地震，建议修土石坝，附近有土石料。汪胡桢坚持要修连拱坝，而且会议参加人员中的多数也认为修连拱坝好，认为土石坝不能修这样高，结果决定修连拱坝。既已如此，张光斗就把从美国垦务局带回的巴脱勒脱连拱坝的图纸借给汪胡桢。后来佛子岭连拱坝修成了，很有名。

（6）引黄济卫工程进水闸：1950年下半年，应黄委会的邀请张光斗领导和参与了引黄济卫工程进水闸的设计。经过现场查勘，挑选黄河铁桥上游左凹岸挖引水渠，可保证常年引水，挖大堤建进水闸，在土基上建闸，不用桩基用钢板桩防渗，用梁相互支撑闸墩和边墩，在设计上都是创新。建成后，运行很成功。此外，还指导灌溉渠系和沉沙池设计，坚持做排水渠系，避免了土壤盐碱化，也是很成功的。

（7）狮子滩：1950年寒假，张光斗再次到长寿县龙溪河水电工程处，旧地重游，当时正在修建狮子滩水电站。工程布置设计得很好，但大坝岩基有水平向黏土夹层，厚约1厘米，工程处试验结果，黏土层的摩擦系数为0.4，张光斗不相信此值会如此之高。他亲自到试验室查看，原来他们把黏土样先烘干，再磨细成粉，进行试验，并说这种做法是苏联专家规定的。张光斗认为这样做不对，应该到现场取黏土试样直接进行试验，这样得出的摩擦系数只有0.1。试验室同志坚持，他们的试验方法是苏联专家规定的，不能改。张光斗只能回北京后将此事告知水电总局，随后两位苏联专家去了工地，减小了摩擦系数，修改了设计。

（8）黄坛口：1951年初，应水电总局邀请张光斗到浙江省黄坛口水电站地址参加设计审查会。工程处选定的坝线，左岸是岩体，较为完整，有45度的坡，表面是土和石块，他们认为下面不深处就是岩石，坝址没有钻探资料，要修50米高的混凝土重力坝。张光斗认为此坝线的地质调查和钻探资料较少，左岸山坡下面可能岩石面很深；建议把坝线向下游移动约100米，那里两岸都是岩石，较为稳妥。如果要用现定的坝线，则必须做钻探工作，查明左岸下面岩基埋深。工程处不赞成张光斗的意见，他只好写成书面意见送交水电总局。后黄坛口水电站大坝就照原定坝线施工了，待修建左岸重力坝时，开挖后发现左岸土和石块覆盖层很厚，岩基在很深处，很难修重力坝或土坝，工程出了问题。1955年暑期，张光斗再次到黄坛口工地，当时工地有个争论的问题，左侧顺河向土坝黏土下游反滤层，设计上要求黏土颗粒与第一层反滤颗粒的粒径比按无黏性土的规定做，这样第一层反滤料将很细，其他层的反滤也要较细的料，施工上难以做到。在讨论中，张光斗认为黏土只可能发生流土，不可能发生管涌，所以第一层反滤料可以较粗。设计院的同志不同意修改设计，双方争论不下。由于施工要求时间紧迫，最后只好由张光斗签字修改反滤层要求，照此规定进行施工。建成后工程运行情况良好。

（9）石头庄分洪堰：1951年上学期，黄河水利委员会得到水利部批准，决定修石头庄分洪堰，以便遇到黄河大洪水时，分洪到北岸北金堤内分洪区，要张光斗代为设计。黄委会为了节省经费，决定采用土石分洪堰，堰顶筑土埝，分洪时扒开。张光斗和黄委会副主任赵明甫等到现场选定了堰址，在石头庄黄河左岸大堤平直段。为了减小分洪溢流水头，分洪堰长800米。分洪堰采用印度式的，堰的上游坡为1比2，下游坡为1比10，用几排浆砌块石墙，墙之间填块石，堰两端裹头用块石保护，堰上下游侧大堤也要用块石保护，上游大堤保护长度约800米。当地干部认为大堤和堰下游保护太长，费石料，赵副主任与他们争论，讲明道理，一直争论了通宵才定下来。石头庄分洪堰建成后没有用过，后来修了分洪闸，把石头庄分洪堰恢复为大堤。

（10）荆江分洪闸：1951年中，水利部须恺先生请张光斗帮助审查荆江分洪闸设计。张光斗在仔细审阅设计说明书和图纸后，提出闸墩放在底板上，是按飞机轮在跑道上着陆计算底板钢筋的，而不是按多跨弹性地基梁计算的，底板内的钢筋也上下放反了。经过多次讨论，设计单位长办主任林一山认为张的意见是对的，要求对工地的钢筋返工重绑，此闸建成后一直工作很好。

（11）梅山水库：1951年寒假，张光斗与吕应三到梅山水库工地。梅山水库挡水建筑物采用连拱坝，是当时世界上最高的钢筋混凝土连拱坝。

岩基坚硬，但有黏土夹层，用各种方法冲洗，都不能把黏土冲洗出来。张光斗建议把有黏土夹层的岩层挖除，施工中这样做了，但左岸有部分黏土夹层的岩层没有清除干净，后来左岸坝基向下游稍有移动，经用锚索加固才稳定。

（12）大伙房水库：1953年暑假，张光斗和苏联专家高尔竞柯一起到大伙房水库工地，指导学生生产实习，并参观工程，受到工程局领导的欢迎。张光斗看到在土坝施工中，黏土含水量过高，碾压后层面出现"橡皮弹簧"现象，对大坝安全不利，因此提出应降低黏土含水量的建议。为此，工程停工一年，对采土场排水，把黏土料风干到最优含水量，堆存保护，然后用来施工填筑大坝，结果很成功，建成后大坝安全运行。

（13）镜泊湖水电站：1953年暑假，应燃料工业部陈郁部长邀请张光斗到吉林省镜泊湖水电站处理工程事故。经现场调查得知，镜泊湖水电站引水隧洞由于进水闸门开启时没有按照设计规定分期开启，而快速开启，引起隧洞内产生压力波，使隧洞下游端一段钢筋混凝土衬砌裂开，水进入闸室内启闭机被冲坏，水电站已停运。衬砌裂缝处，手伸进裂缝内，可触摸到岩层，可见裂缝之大。苏联专家提出在衬砌外岩体内高压固结灌浆，然后修补钢筋混凝土衬砌，再发电。张光斗认为，由于这段隧洞外的岩体是砂砾子母岩，较软弱，在高水压力下，压缩变形，导致衬砌裂缝；不能采用压力灌浆的办法对岩体加固，这样会把衬砌裂缝挤得更裂开。张光斗建议在衬砌内加钢环支撑，加做钢环混凝土衬砌，以承受内水压力和外侧岩石压力；当前水电站可先恢复发电，但要稳定发电，不调蜂，减小水击压力，在此期间准备加固施工，再停止发电进行隧洞衬砌加固。后苏联专家组也同意了张的意见，电管局照此方案进行了加固。加固后镜泊湖水电站运行安全。

（14）流溪河拱坝：1955年上半年，张光斗主持建立了清华大学水工结构试验室，承接的首个试验任务就是流溪河拱坝结构模型试验。流溪河拱坝是我国第一个100米高的薄拱坝，根据结构模型试验结果把拱坝体形作了一些修改，对拱坝右岸顺河向断层，做网格混凝土塞加固，也做了试验，证明是安全的。

（15）新安江水电站：1955年寒假，张光斗一行到新安江水电站参观，并进行学生毕业前实习。工程即将完成发电，当时存在两个问题，一是宽缝重力坝混凝土坝体内有局部架空漏振点，需要灌浆加固。二是厂房顶与重力坝是分离的，在泄洪和地震时，厂房将与大坝脱开和振动。张光斗建议在厂房顶与重力坝之间加钢丝索，使厂房顶不能与重力坝脱开，后来施工就这样做了，新安江水电站厂房顶溢流是很成功的。

（16）三门峡工程：1957年6月，水利部召开三门峡水利枢纽讨论会，张光斗在会上做了发言：发言内容记录详见本报告第八章第二小节。1962年汛后，三门峡水库淤积更为严重，水电部又召开会议讨论三门峡水库防止淤积问题。这次会议上，大家认为必须设法泄洪冲沙，减少水库淤积。对于打开导流底孔，有的专家提出经过计算和试验研究，打开底孔，结构上不安全。张光斗说经过他们的研究如果库水位降低到330米高程，结构是安全的，但会议又不同意降低水位。最后只好提出把两台发电机组段改为输水管泄洪冲沙。

（17）刘家峡水电站：1957年下半年，应水电总局的邀请张光斗参加了刘家峡水电站现场选坝址会议。对大坝坝型大家都同意采用混凝土重力坝，但对坝址的选择有两种意见：洮河口坝址和红柳沟坝址。张光斗主张选红柳沟坝址，其理由为该坝址河谷较宽，溢洪道可放在右岸台地，水电站厂房放在河床，坝址地质条件好，基岩较完整，下游施工场地宽敞，利于施工；而洮河口坝址地质条件差，河谷窄，施工场地远，不利于施工。经过反复讨论、比较，最终会议还是决定选用红柳沟坝址。1961年底，刘家峡水电站混凝土大坝也发生了裂缝事故。张光斗应邀到现场检查，发现混凝土配合比也存在用水泥量和用水量太少的问题，致使混凝土拌合料太干硬，必须调整混凝土配合比和改进施工技术与施工组织，建议水泥用量调高，但不得超过200公斤/立方米。至于已浇筑的10万立方米的混凝土，由于不在坝体的要害部位，是否可不炸掉。但钱正英副部长严格要求，坚持一定要炸掉，以示警告。

（18）紫坪铺水电站：1957年下半年，应水电总局的邀请张光斗参加了岷江上游紫坪铺水电站的选坝会议。到现场查勘后，苏联专家提出应修高坝，水库大，水头高，可多发电。张光斗在新中国成立前就勘测过紫坪铺坝址，坝基是页岩，较软弱，下游还有断层，不宜修高坝，但是可以修40—50米高的中坝。会议认为，应听取苏联专家的意见，充分利用水能资源，修建高坝，张只好保留意见。该工程1958年开工，后因地质问题停工。

（19）新丰江水电站：1960年4月，新丰江水电站发生水库诱发地震，致使大头坝顶部发生水平裂缝。水利部技术委员会开会讨论裂缝产生的原因和处理方法，在分析裂缝产生的原因时，各方意见分歧。有的专家认为用单振型计算，得出坝顶加速度为坝基的1.5倍，水平裂缝处拉应力只有2.0公斤/平方厘米，是混凝土施工质量不好造成的裂缝，要用钢筋加固。张光斗认为，混凝土质量再不好拉力强度也不至于小于2.0公斤/平方厘米，可能计算方法需要进一步研究；工程局也认为混凝土质量是好的，为此展开争论，且无法取得一致看法。为此，张光斗提出做大比例尺模型试验，得到了水利部和工程局的大力支持，提供了现场试验条件。试验结果表明，坝顶地震加速度放大倍数为7.5，比1.5大5倍，坝顶水平缝处拉应力约为12公斤/平方厘米。为此，要加大坝的刚度，把支墩间下部用混凝土填满，并加固大头，最后决定按此方案进行加固，大坝至今运行良好。

（20）上马岭水电站：1961年春，永定河上马岭水电站高压隧洞发生事故，河岸滑坡。水电部邀请张光斗到现场参加事故调查。设计单位认为，事故原因是施工质量不好，钢筋混凝土衬砌裂缝，隧洞漏水，导致滑坡。工程局认为，施工质量是好的，由于设计错误，衬砌裂缝，隧洞漏水，导致滑坡。双方争论很激烈，张光斗对同行的水利部杜副部长说，施工质量的确是不好，但隧洞覆盖岩层薄，内水压力大，设计不用钢板衬砌也是不对的。后来修复时采用了钢板衬砌，修复后水电站运行安全。

（21）丹江口水库：1961年暑假，长江委组织专家到丹江口工程现场查看工程质量。在现场张光斗看到工地施工道路很差，混凝土拌和料在运输途中很多水泥砂浆溢出，上坝时又漏掉一些水泥砂浆，故混凝土到仓面后非常干硬，工人无法施工，只好大量加水。工程局召开党委扩大会议，对混凝土质量优劣展开争论，有的专家认为，根据机口取样混凝土拌和料做强度试验，用统计法、概率论得出的不均匀系数小于0.15，故此认为大坝混凝土质量是好的。张光斗认为，现场实际浇筑的混凝土质量极差，将来大坝会发生大量贯穿性裂缝，混凝土强度也很低，必须改进混凝土的配合比设计。长江委主任林一山同意张的意见，几次开会争论不休，得不出结论。后来张光斗只好回京，向水电部部长刘澜波汇报，刘部长派朱国华局长去检查，发现的问题更多。后来大坝发生了许多贯穿性裂缝，张光斗建议停工处理，坝体钻孔灌浆加固，在坝上游面做厚混凝土防渗层。这些建议得到了周总理批准，停工后整顿重建，终于把大坝处理好了。

（22）陆浑水库：1961年汛前，黄委会邀请张光斗等专家前往陆浑水库检查工作，那时已临近汛期，急需抢修大坝。设计单位要求在黏土斜墙上游段做铺盖，因为在水中，施工很困难。张光斗认为此短铺盖无用，并发现防渗计算和试验都存在错误，建议改用垂直浅齿墙和灌浆；同时提出设计的土坝分区过细，可加以简化，以利施工。后来大坝照此施工，安全度过汛期。

（23）映秀湾水电站：1964年冬，水电总局召开岷江上游映秀湾水电站的现场设计审查会议，主要审查拦河闸和进水闸的设计。大家认为闸址的位置选择是正确的，对于进水闸的型式有不同意见，最后确定采用有冲沙底孔的进水闸，闸下游有沉砾池和冲砾孔。对于设在进水闸旁的冲沙闸设计讨论较多，最后确定了冲沙闸底板高程及上游导沙堤和导沙槽的设计。争论最大的是闸的防冲保护问题。有人主张在闸下游做混凝土防渗墙，张光斗不赞成此方案，因为混凝土防渗墙很薄，闸下游冲刷成坑后，墙站不住；张建议用混凝土沉箱，可以保持稳定。经反复讨论，最终决定采用沉箱方案，拦河闸实际运行良好。

（24）葛洲坝工程：参见本书第十章第二节。

（25）黄龙滩水电站：1974年上半年，张光斗作为"反动学术权威"被带到黄龙滩水电站工地开门办学点进行思想清理。但工程局党委对张非常尊重和照顾，请张顾问工程问题。黄龙滩水电站混凝土重力坝右坝头是高山坡，由于施工重视安全不够，发生河岸塌坡，死了多名工人，令人痛心，张光斗帮助设计加固岸坡；溢流坝闸墩用的钢筋过多，排列过密，工人无法施工，张还发现设计中计算有误，故将此情况向工程局党委张书记做了汇报，张书记认为张光斗讲得有道理，要求设代组修改设计，按照修改图纸施工后的闸墩工作性能良好。

（26）大黑汀水库：1974年下半年，张光斗又被带到滦河大黑汀工地进行思想清理。工程局党委邀请他帮助解决设计和施工问题，张光斗在工地帮助解决的工程问题有：大坝右岸接头问题，该处岩石较差，张建议做深截水墙；坝基岩面起伏度较大，张建议减少起伏度，少用基础钢筋；混凝土重力坝横缝用沥青油毛毡，张建议取消，既节省费用，又节省时间、减小施工难度。张光斗还帮助设计了混凝土粗骨料水冷却塔，被工地采用。

（27）潘家口水库：1974年下半年，张光斗被邀参加潘家口水库选坝址，张光斗认为原来选定的坝址河谷较窄是优点，但地质条件较差，不宜修高坝；建议坝址向下游移几百米，岩基条件优越，虽河谷较宽，大坝方量较大，但有利于布置溢流坝和水电站厂房，总的来说，比上坝址更经济。在会上有不同意见，经过讨论，最终决定采用下坝址。现在坝已建成，运行良好。

（28）东平湖：1975年上半年，张光斗又被带到山东东平湖开门办学点进行思想清理，应管理局局长的邀请，张光斗帮助解决东平湖南堤加固问题。南堤高约3米，建在沙基上，有管涌现象。当时采用减压井，是有效的，但常被堵塞，且管涌点很多，很难完全控制管涌的发生，南堤安全无保证。张光斗建议采用垂直防渗，在沙基内挖槽，填黏土做防渗齿墙，管理局做了试验很成功，但太费工，进展太慢。后来，管理局从日本引进了高压旋喷，用引进设备做成了南堤的垂直防渗。

（29）五强溪水电站：1980年下半年，国家建委副主任谢北一邀请张光斗一同去五强溪水电站坝址审查设计。在现场看到水电站厂房位在主河道，泄洪坝放在右侧滩地上，下泄洪水要经过弯道进入主河道。张光斗认为，这样的布置是不妥的，将产生折冲水流，对电厂尾水、船闸通航、河岸稳定都不利，不安全。必须把泄洪坝段放在主河道上，厂房放在右侧滩地上，用转弯的尾水渠进入主河道，而且要顺着河道布置。谢副主任决定改变行程，立即到长沙中南设计院，让张光斗讲了对五强溪水电站布置设计的修改意见，中南院同意张的意见，但考虑这个初步设计已经过审批，不好轻易修改。谢副主任说国家建委不同意这个初步设计，要求修改、重新审查。后来审查会认定两个方案都可行，决定选用张光斗提出的方案，替代了原审定的方案。

（30）二滩水电站：参见本书第九章第四节。

（31）洪家渡水电站：1983年暑假后，应贵州省水利厅的邀请，张光斗查勘了乌江上游的洪家渡水电站地址，设计单位准备修面板堆石坝，高约150米，形成大水库，是龙头水库，对下游梯级水电站能增加保证出力，是十分有利的。张光斗认为坝址地质条件较好，岩基坚硬完整，可修高堆石坝，但左岸岩壁高陡，堆石坝体和面板易与岩岸脱开，所以强调连接部位的堆石体填筑一定要压实紧密，减小变形，面板与岩岸的周边缝要富有伸缩性。他还建议洪家渡水电站效益大，宜早日建设。

（32）小浪底水利枢纽：参见本书第九章第四节。

（33）西北口面板堆石坝：1984年暑假，应长江水利委员会邀请张光斗到黄柏河上游察看了西北口面板堆石坝工程。大坝堆石坝体和钢筋混凝土面板均已修好，但面板裂缝数目较多，需要修补。到现场查看，施工单位说坝体堆石填筑碾压质量是好的，面板裂缝是由于水库蓄水太慢造成的，是干缩裂缝。张光斗经仔细查看后认为，堆石坝体的质量还是好的，排水畅，即使面板稍有漏水，也不致危及坝体。但面板有很多裂缝，总不是好事，而且多数裂缝是贯穿性的。故张光斗建议在裂缝中灌稠水泥浆，在缝口做反梯形槽，用水泥砂浆填补。

（34）隔河岩水电站：1985年底，清江水电开发公司在宜昌召开隔河岩水电站大坝应力分析会，隔河岩拱坝坝高150米，两岸岩基下部100米良好，上部50米软弱，不能做拱坝坝座。为此，设计成上部50米为重力坝，放在下部100米拱坝上。张光斗认为，这样做下部拱坝坝顶是不安全的，建议把上部重力坝两端加厚，横缝灌浆高程中间高、两端低，做成向下游倾斜的虚拟拱，把上部坝体所受的水压力传到两侧下部岩岸。经三个单位计算，表明虚拟拱设计是可行的。为此，设计单位修改了坝体设计。

（35）引黄济青工程：1987年上半年，国家计委主任宋平要张光斗去山东省查勘引黄济青工程，作为山东省政府邀请。张光斗一行先到黄河打鱼庄引黄济青渠道的进水口地址查勘，从进水口到青岛的棘洪滩水库，引水渠道长 250 公里，要设若干个扬水站，提高渠水位，以送水到青岛。棘洪滩水库库容一亿立方米，作为反调节水库，从水库经水管输水到自来水厂。应当说输水渠道的选线、扬水站的布置以及棘洪滩反调节水库等都是可行的。在青岛召开讨论会，由水利厅介绍引黄济青工程规划：引水到青岛每年 2 亿立方米，胶东农田灌溉用水 4 亿立方米，渠道漏水 4 亿立方米，共需年引黄河水 10 亿立方米，要在 100 天内引出。张光斗认为，这个引水量过大，工程量也太大。经过反复讨论，最后张光斗提出的建议是，引水到青岛每年 1.0 亿—1.5 亿立方米，供水胶东农田 2.0 亿—2.5 亿立方米，渠道漏水 1 亿立方米，每年共引黄河水 5 亿立方米，在 120 天内引出。这样，实际每年供水给胶东 3.5 亿—4.0 亿立方米，因为渠水漏入地下，可抽起来再用。山东省不同意张的意见，认为引水太少了，对 120 天引水也不同意。他们还提出，为了节省初期投资，渠道可先不衬砌，渠道与所有河道相交都用平交，即所谓"先通水，后改善"。张光斗劝说这个办法千万做不得，渠道与河道平交，城市和工业污水全进入渠道，青岛无法用水，后改善，反反复复，永无完结。将来做渠道衬砌，也很困难。所以张光斗建议，渠道全部混凝土衬砌，渠道与所有河道相交都用立交，工程一次高标准完成。估计工程投资 8 亿元，国家拨改贷 6 亿元，山东自筹 2 亿元。山东省对张的这些建议根本不同意。张只好返回北京，然后写报告呈送宋平同志，说明引黄济清工程是需要的，技术上可行，经济上合理。但现在的设计方案引水量太大，"先通水，后改善"的做法也是不合适的。建议将方案改为，渠道年引水 5 亿立方米，可以是 100 天内引入；工程应高质量一次建成，渠道全部用混凝土衬砌，与所有河道都立交，污水不流入渠内；工程投资约 8 亿元，国家拨改贷 6 亿元，山东省自筹 2 亿元。宋平同志批准了张光斗的建议，后来引黄济青工程就是按张建议的方案实施的。

（36）东江水电站：1987 年冬，应中南勘测设计研究院的邀请，张光斗到湖南东江水电站工程现场查看。工程实施中存在以下问题：一是混凝土天然最大粗骨料有隐裂纹，中南院总工王三一说，设计院知道粗骨料有隐裂纹，经实验室混凝土试验，不影响混凝土强度，故采用这种最大粗骨料。工程局总工谭靖夷说，这种最大粗骨料在运输和拌合过程中，裂碎很严重。张光斗认为实验室试验与工地施工条件是不同的，粗骨料在拌合中裂碎是事实，不利于混凝土的配合比，建议尽量减少这种最大粗骨料用量，加用人工最大粗骨料，以符合设计的混凝土配合比，对此谭总赞成，王总不反对。二是大坝混凝土浇筑强度太慢，每天只有500—700立方米，工作冷缝加多，也不利于施工进度。张光斗建议每天的浇筑强度应设法提高到1500—2000立方米。三是混凝土冷却力量不够，应提高冷却设备的利用效率。四是拱坝左端岩岸很陡，设计上要求在各高程做台阶，目前台阶做得不够合格，要改正。张光斗向两个工程局的党委书记汇报了以上建议，谭靖夷总工同意张的意见。

（37）拉西瓦水电站：1988年上半年，张光斗由西北勘测设计研究院总工陪同，前往拉西瓦水电站地址查勘。张光斗认为该坝址是较窄的U形河谷，坝基和两岸岩体坚硬完整，可修200米级高的双曲薄拱坝；拉西瓦水电站在龙羊峡水电站下游，流量有龙羊峡水库调节，发电保证出力较大；施工导流也方便。所以拉西瓦水电站地址是一个非常优越的坝址。

（38）李家峡水电站：1988年上半年，张光斗由西北勘测设计研究院总工陪同到李家峡水电站地址查勘。李家峡水电站坝址也是较窄的U形河谷，但地质岩石条件不如拉西瓦坝址的岩石坚硬完整。计划修120米高的拱坝，但上部20余米高岩石软弱，有构造，拱坝要做重力墩；左岸山后有深沟，山体不够厚实；坝上游右岸有较大的坡积物。张光斗建议把拱坝坝高减少20米，以保大坝安全。设计单位不同意，因为不能充分利用水能资源。

（39）东风水电站：1988年暑期，应贵州省水电厅的邀请，张光斗到乌江东风水电站工地考查。东风水电站的大坝是150米高的双曲薄拱坝，经过优化设计，拱坝是很薄的，厚高比约0.15，获得贵州省优秀设计奖。在左岸设两座河岸溢洪道，水电站输水隧洞在左岸，输水到下游明厂房机组。混凝土配合比用胶结料每立方米160公斤，用水90公斤。在现场看到的左岸岩壁非常陡，几乎是垂直的，在岸顶靠近岸边处要平行布设两座溢洪道。张光斗现场查看后提出以下意见：一是拱坝很薄，是很先进的，要重视施工质量；二是混凝土配合比很干硬，用水量每立方米只90公斤，建议用水量每立方米接近100公斤，相应增加胶结料用量；三是混凝土中加氧化镁，用量宜少，外国很少用，因为对混凝土的耐久性还不肯定。最重要的意见是，在左岸高陡岩壁上靠近岸边修两座溢洪道是不安全的。因为岩体卸荷，地应力释放，岩体将产生卸荷裂隙，岸顶裂缝张开，溢洪道底板将拉裂，水流入缝内，岩岸将坍塌，所以溢洪道必须向岸内移。工程局对改变溢洪道位置的建议顾虑较大，因为这是规划院定的。回到贵阳后，张光斗向贵州省副省长反映了对东风工程的意见，说明目前的溢洪道设计必须修改，这涉及安全问题，至于对混凝土配合比及其他有关问题提的意见，请慎重考虑。副省长当即表示，感谢张光斗提出的意见，一定慎重考虑。后来溢洪道设计做了修改，一座溢洪道向岸内移，一座溢洪道改为泄洪隧洞。

（40）大亚湾核电站：1988年下半年，应国家计划委员会邀请张光斗参加大亚湾核电站选址。该核电站地址有两个比选方案：一个方案在西侧，位于西漩流边，核电站冷却水可随漩流入海，对电站冷却水有利，但厂址湾岸是高岩坡，要开挖岩坡100余万立方米。另一个方案在东侧，为于东漩流边，冷却水留在东小湾，对电站冷却水不利，但其优点是电站厂址是平地，无需开挖。在会议讨论中，张光斗赞成西厂址，因为对冷却水有利，岩基坚硬完整，对电站运行安全可靠；至于挖100余万立方米岩岸，在水利工程中是常有的。会上也有专家赞成东厂址方案，尤其是大亚湾核电站负责人也赞成东厂址方案，因为可减少工程量。主持会议的国家计委王副主任也无法做结论，只好把不同意见报国家计委。

（41）飞来峡水库：1988年下半年，应珠江水利委员会的邀请张光斗对北江飞来峡水库的可行性报告提供咨询意见。飞来峡水库库容7亿立方米，拟把北江防洪标准提高到200年一遇洪水。张光斗认为，7亿立方米库容不大，恐难以满足调洪要求，不能全靠洪水预报。坝址河床很宽，是砂砾石覆盖层地基，混凝土溢流坝和水电站厂房座落在岩基上，要深挖覆盖层约16米到岩基；溢流坝右侧有很长的土坝，建在覆盖层上，溢流坝与土坝间设有短导墙，正在做溢流坝的消能试验，由于模型是定床，所以消力池消能很好。张光斗提出溢流坝下泄洪水，将冲刷右侧砂砾石覆盖层，危及土坝，必须加长导墙；另外，溢流坝泄洪还将冲刷河槽，很可能淤积电站尾水渠，建议做动床模型试验。

（42）龙滩水电站：1989年下半年，审查红水河龙滩水电站初步设计，张光斗任审查组组长。碾压混凝土重力坝高230米，正常蓄水位400米，左岸地下厂房装机九台，共630万千瓦。张光斗建议一次建成，但贵州省因400米蓄水多淹没一座县城和菜地，坚持二次建成，一期正常蓄水位375米，装机七台，490万千瓦。张光斗多方呼吁一次建成，并曾写信给温总理，说明二次建成的不利之处。首先是碾压混凝土加厚坝体，新老混凝土结合不好；溢流坝顶提高25米，重做溢流坝顶、下游溢流面和挑鼻坎，结构复杂，不易保证质量；少装机140万千瓦，连同下游梯级电站，共200万千瓦，不利于西电东送；减少防洪库容，不利于广州的防洪；最重要的是375—400米水位贵州淹没区今后将处在两难境地，投资建设，将来被淹没，不建设不能发展经济，提高人民生活水平。最好对贵州省实行开发性移民，迁移安置好县城，建成新菜地，发电后给贵州适当效益，使龙滩水电站一次建成。恳请温总理嘱广西、贵州协调，使龙滩水电站能够一次建成。

（43）观音阁水库：1991年上半年，张光斗参加全国政协赴辽宁省考察团，中途到观音阁水库工程考察，对于该工程张光斗提出了以下意见：①下游河道防洪标准500年一遇洪水，似过高，可改为100年一遇洪水，至多200年一遇洪水，可多发电，多蓄水，三峡工程和小浪底工程下游河道防洪标准也只有100年一遇洪水。②碾压混凝土重力坝断面偏大，是安全的，但在上游面常态混凝土区的下游侧未设排水管幕，应补上，以减少层面扬压力，确保大坝安全。③库容大，发电水头高，水电站装机容量一万千瓦似太小，可加大到三万千瓦以上。

（44）三峡工程：参见本书第十四章第二、三节。

（45）向家坝水电站：1991年下半年，张光斗参加电力部召开的金沙江向家坝水电站设计讨论会。在会上张光斗提出的主要意见是，左岸砂岩有小煤窑隧洞，要进一步查清。目前分析计算采用的岩基抗剪强度似偏高，要进一步落实，必要时加强基础处理。水库正常蓄水位偏高，将使溪洛渡电站提高尾水位，减少发电水头，且泥沙将淤积水电站尾水道，建议适当降低正常蓄水位。重力坝的中孔和汛限水位高程也宜适当降低，以增加防洪库容和排沙能力，减少水库淤积，延长水库寿命。向家坝水电站保证出力不到300万千瓦，装机容量800万千瓦太大了，将有很多季节性电能，难于销售。建议装机容量不超过600万千瓦。

（46）南水北调工程：1995年下半年，国务院成立南水北调工程可行性报告审查委员会，对长江水利委员会提出的《南水北调工程可行性报告》进行审查。张光斗对该报告提出以下书面意见：①南水北调工程势在必行，但有时机问题。②先修中线南水北调工程；次修东线；最后修西线，抓紧勘测研究工作，对此安排赞成，但也有时机问题。③从丹江口水库可引汉江水量要落实，平均年可引水量为145亿立方米，除去当地现已用水35亿立方米外，能北引约110亿立方米；枯水年可引水约95亿立方米，能北引水约65亿立方米。各省市要对此有思想准备，事前就要作好准备，不要以为每年都能引水145亿立方米。④先加高丹江口水库大坝是合适的，可将汉江下游防洪标准提高到百年一遇洪水，这是公益事业，由政府投资；将来南水北调引水后，把加高投资进行分摊，引水部分分摊的投资，由用水户偿还本息。⑤在工程技术方面，引水渠道长1300公里，渠道上没有调节池；从丹江口水库引出水量不可能与沿渠用水量时时匹配，需要水库调蓄，要解决这个问题费用是很大的。还有渠道过黄河用隧洞或渡槽，都是可能的，但要落实；隧洞建在淤沙上，有可能不均匀沉降，细沙在地震时可能液化；渡槽工程量很大，还有墩基被洪水冲刷问题。对汉江下游补偿工程也要做得足够，要能保持航运和灌溉用水。⑥在投资估计上，400亿元是低了，可能有漏项，至少上面讲的几项要加上，投资可能达800亿—900亿元。⑦设计单位开始估算的北京水价是每立方米3.61元，计算的利率15.3%太高，可以折半，而估计投资又太低，可能加倍，所以北京水价约每立方米四元，加上配套工程费用水价将达六元左右，用户有无承担能力；如要政府补贴，也应说在明处，使人民了解。⑧北京市目前尚不缺水，如加高水价，能节约用水，农业要渠系配套，渠道防渗衬砌，管道输水，耕地平整，地下管道灌溉，用喷灌、滴灌、微灌、渗灌等；工业要用节水生产流程和设备，多次重复用水；城市生活也要节约用水。近几年，密云、官厅两水库每年弃水约四亿立方米，要加以利用。北京市每年污水约九亿立方米，如加以污水水资源化，可获水四亿至五亿立方米。这些工作的费用都比南水北调工程少得多。天津市近期也不缺水，引滦济津供水尚未充分利用。⑨河北石家庄附近缺水，可修引黄济淀工程，年引水10亿立方米，小浪底水库建成后，水量是有保证的，投资可由政府部分补贴；山东省胶东缺水，可用东线年引水10亿立方米，由政府投资，用水户偿还投资本息。⑩目前黄河断流，急需政府投资几百亿元，帮助上游农业灌溉节约用水，进行下游河道整治，以减少河槽淤积，利于防洪。综合以上意见，南水北调中线工程势在必行，但可稍延缓进行。1996年5月，张光斗应南水北调工程审委会之邀请参加了南水北调工程汉江中下游座谈会。在会上张光斗做了以下发言：①南水北调工程对汉江中下游的水利和航运，要做补偿工程，以消除调水产生的不利影响；但对发展水利和航运的新建设，要另做安排，不作为补偿工程。②对汉江中下游的补偿工程有：兴建兴隆水利枢纽，改善上游航运条件和灌溉供水的保证率；兴建华家湾水利枢纽，改善上游航运条件；碾盘山水利枢纽是发电工程，不是补偿性质，要另筹资兴建；对丹江口至钟祥河段要增加整治建筑物，以保持四级航道标准；要实施"引江济汉"工程，补偿兴隆以下航运流量和灌区供水。③南水北调中线工程宜分期实施，以减少初期投资，用水也有个发展过程。④为了提高汉江中下游防洪标准，可先加高丹江口大坝。⑤南水北调中线工程有供水水价过高的问题，应先搞好工农业节约用水，以及工业和城市的污水处理，调水工程宜稍推迟。

（47）高坝洲水电站：1997年6月，张光斗应清江开发公司的邀请到高坝洲水电站施工现场查看。在施工现场查看后，张光斗对工程施工提出以下建议：大坝横缝应取消沥青油毛毡、要改善现场施工混凝土的配合比等。

（48）漫湾水电站：1998年5月，张光斗应电力部规划设计总院邀请到漫湾水电站查看，在现场查看后，张光斗发表了以下意见：漫湾水电站很好，就是有一点不好，附近山坡开荒太多，生态环境破坏很严重，这不能持续发展，希望地方政府重视生态环境保护。电厂管理得非常好，自动化水平也较高。但有几个问题需要注意：①坝内廊道有漏水现象，也有"流鼻涕"的，要尽快查清漏水原因，及时处理。②对于消力塘下的廊道，在大坝不泄洪时可不抽排，然后定期抽排检查，但在检修消力塘时，必须抽排，以防护坦底板上抬；在重力坝底也是抽排的，在大坝不泄洪时，下游水位很低，也可不抽排，这样可以节省费用。③上坝公路是与地方共用的，离大坝和厂房很近，对保安不利；这里离边境很近，要重视保安，建议修一条交通隧洞，直通上游码头，供群众使用。④漫湾现在装机125万千瓦，保证出力38万千瓦，年发电量33亿千瓦时；将来建成小湾水电站后，漫湾保证出力增加到78万千瓦，只再扩机一台，太少了，能否再多扩建一些。⑤漫湾水电站需要加强水工方面的观测和反分析工作，建议请设计单位参加观测和反分析工作。

（49）水布垭水电站：1999年4月，张光斗参加清江水布垭水电站的可行性报告审查会。在会上提出的主要意见是，设计采用高面板堆石坝，左岸设溢洪道，泄洪流量22000立方米每秒，跌落高度200余米，二者与二滩水电站相似，而河床岩基远比二滩差，且左岸陡立，还有潜在滑坡。设计根据水工模型试验结果，溢洪道下游不用消力塘。张光斗认为岩基难于模拟，且水工试验中脉动压力很小，脉动压力是冲刷岩基的重要因素，建议必须做消力塘。还提了地下厂房如何加固、高压输水斜洞改用直井等建议。但会议没有接受张的意见，坚持可以靠水工模型试验结果进行设计。

（50）小湾水电站：1999年11月，张光斗参加小湾水电站设计座谈会，做了如下发言：①小湾水电站是澜沧江中游龙头水库，电站装机容量420万千瓦，保证出力188万千瓦，增加下游三座水电站保证出力110万千瓦，大为改善云南电网发电结构，加大了电量，增加了调峰容量和枯水期电量，减少了汛期梯级水电站弃水，是一座高效的水电站。②只有建设了小湾水电站，才能满足云南省经济发展用电的需要，而且为云南电网将来"西电东送"、"云电外送"打好基础；此外，工程还有防洪、环境、航运、渔业、旅游等效益。③计划在2000年开始筹备工作，2002年正式开工，2009年第一台机组发电，2014年6台机组安装完毕，这样才能满足云南省用电的要求，所以要抓紧进行，目前投资已落实，是有条件早日建设的。④小湾水电站拱坝高292米，结构复杂，地质有夹泥裂隙，还有断层，地震烈度很高，坝身泄洪量大，消能难度大，地下厂房也很大，已做了大量科研，还需要进一步研究，建议做技术设计，组织专家审查，较为稳妥。

（51）溪洛渡水电站：2000年9月，成都设计院来京向张光斗征求对该工程设计的意见，张光斗听完汇报后提出了以下意见：①要有足够的防洪库容，汛限水位宜稍放低，要能帮助三峡工程防洪，即使1000—2000秒立方米也好，可为溪洛渡提高地位。②装机容量1330万千瓦，4倍于保证出力，太大了，虽单位千瓦造价低，但多发季节性电能，很难售出，季节性电能不能与保证出力电能等同；所以目前装机容量不宜超过1000万千瓦，将来上游修建梯级电站后，溪洛渡保证出力增加，1330万千瓦又太少，要留些扩机的地方；一期水电站厂房可放在一岸，业主管理，均分利益给两省。③将来工程将由国内工程局施工，混凝土浇筑质量不会很高，所以在拱坝等设计中不要过于优化，要留有余地，坝下游要做消力塘。④地震烈度8度，对于这样高的拱坝设计地震烈度至少9度，要抗震加固，可用环向钢丝索，多用2万吨钢，是允许的。总之，对这样的大水电站，必须要安全，并有长远考虑。2003年规划院主持审查溪洛渡水电站可行性报告，正常蓄水位600米，汛限水位560米，死水位540米，装机1260万千瓦。张光斗参加会议，并在会上对此报告提了两条规划性的意见：一是库水位540—560米很快被淤积，宜把汛限水位降低到540米，有60亿立方米防洪库容，与三峡水库220亿立方米防洪库容联合运行，可减小泄洪流量56700立方米每秒，提高下游防洪标准，减少城陵矶分洪量，是很有利的。二是目前保证出力300万千瓦，装机1260万千瓦太多，宜逐步装机；将来上游修建水电站后，保证出力700万千瓦，现在要做扩机准备。

（52）黑山峡：2002年7月，张光斗参加国际工程咨询公司召开的黑山峡、小观音和大柳树坝址审查会。设计院代表汇报了黄河整治规划，最后讲了黑山峡水库建设的必要性，目的是为了宁蒙段黄河防洪、防凌、减淤，近期扩大灌溉面积 6 百万亩，需水 20 亿立方米。张光斗发言：认为黄河缺水，近期发展灌溉面积 6 百万亩，用水 20 亿立方米是不够的，因为还有环境用水。节水单靠增加水费不能促使农民节水，因为灌溉节水和排水需要大量资金，还要科技。黄委会和地方水利部门要帮助做节水、排水的勘测规划设计，向国家立项，请中央政府投资，然后帮助农民设计施工管理，这是当务之急。黑山峡水库要在西线南水北调一期工程完成后再修，可推迟，目前暂不选定坝址，可进一步研究。

附件二
张光斗院士的高等工程教育思想

  自 1949 年 10 月起张光斗到清华大学任教，开始从事高等工程教育工作。在 50 多年的教学生涯中，他一直坚持在教学第一线，亲自为学生授课，即使担任清华大学副校长后，仍自己动手编写授课的讲义，为研究生主讲高等水工结构必修课；进入耄耋之年，由于长时间站立已感困难，但仍坐着为本科生讲授水工概论课。张光斗讲课生动活泼，经常引入一些鲜活的工程实例，令人听后终生难忘，原水利部部长汪恕诚 50 年后回忆当年听张光斗讲课时的情景，仍饶有情趣地说，"让我记忆最深的就是，张先生讲作为一名工程技术人员一定要重视工程质量，为了保证混凝土的浇筑质量，如果见到有不合格的混凝土想入仓，你应该敢于站在吊罐下面进行阻止！他当年在课堂上讲这件事时的形象，至今还保留在我的脑海中。"为了提高教学质量，张光斗曾先后出版了三部可作为本科生和研究生专业教学参考书的《水工建筑物》专著。

  除此之外，张光斗还先后担任过多项教育行政领导职务，积累了丰富的教育行政领导工作经验，从担任清华大学水工结构教研组主任、水利工程系主任、主管教学的副校长，到被任命为国家教委直属高等工科大学教育研究协作组组长、世界银行贷款（2 亿美元）中国大学发展项目中方审议委员会主任、国务院学位委员会副主任，从最基层的教研组到顶级的国务院学位委员会，在不同的岗位上他都兢兢业业地工作，为我国高等工科教育事业的发展做出了卓有成效的贡献。经过50多年教育工作的实践和总结，在他思想上已形成了一套自具特色的高等工程教育理念，在《人民日报》、《光明日报》、《瞭望》、《高等工程教育研究》、《学位与研究生教育》、《继续教育等报刊上》，先后发表了有关他对高等工程教育研究的学术著作和论文64篇（这部分论著的目录请参见本书附录二：张光斗院士的学术著作），从不同侧面、不同角度阐述了他对办好高等工程教育的思考和认识。通过采集工程小组对这些论著的梳理、研究，从中提炼出了"面向经济建设"、"强调理论联系实际"、"分层次、多规格地培养人才"、"探索适应我国国情的培养人才之路"、"注重继续教育"、"与企业合作，走产学研结合之路"、"开展国际交流互通有无"、"加强学校和师资队伍建设，建立评估制度"等八个方面，以此作为张光斗高等工程教育思想精华的综述。在具体编写这份综述时，其内容表述尽量利用张光斗已发表论著的原文，以保持其学术思想风格的原貌。

高等工程教育要面向经济建设

高等教育要面向经济建设，经济建设要依靠高等教育。办高等工程教育，是为国民经济建设服务的。这一点始终要记在我们心中。我们不管设置什么专业、发展什么学科，都不要忘了根本目的：是培养人才，为经济建设更好地服务[①]。

高等教育与经济建设是互相依靠，相辅相成的。高等教育培养的人才必须为经济建设所用，用其所学，发挥其所长，通过工作锻炼成长，才能成为专家。高等教育出的科技成果必须以经济建设为主体，做中间试验和生产试验，转化成为生产力。当然经济建设必须有高等教育培养的人才和出的科技成果。由于高教兴了国，经济发展了，国家才能增加对高教的投入。由于我国以经济建设为中心，所以经济建设处于主导地位。经济发达国家的高等教育与经济建设的结合和合作是紧密的，可为明证。当前"国

---

① 张光斗：工程教育要面向经济建设。《高等工程教育研究》，1983年，第1期。

际经济一体化和自由化",是不可抗拒的历史潮流,这也是对的。还有"产业一体化"。那些发达国家有科技和生产力,当然高呼这些口号,到别的国家进行经济一体化、产业一体化,很自由。那些不掌握科技和生产力的国家只有被一体化的份儿,成为附庸,不太自由。所以我国必须发展科技、生产力和经济,与发达国家相互一体化。国际间科技和生产力交流,必须自己有科技和生产力,才能交流。为此,必须加强高等教育与经济建设的结合和合作,发展经济建设和高等教育[①]。

中国尚处于社会主义初级阶段,新中国成立后,工业建设有很大发展,已具备较完整的工业体系,有相当规模的生产能力。但是我国工业还不够发达,无论在产量上和质量上,都还不能满足人民的需要,在许多方面还落后于发达国家,当然在有些方面我们有优势。我国还较穷,还有人口众多、人均资源不丰富的特点。中国高等工程教育必须面对这种实情。为此,要重视基础工业的教育,用高新技术改造基础工业的科学技术,使之现代化,还要发展新兴工业的教育。基础工业是国家经济的基础,任何国家都重视,我国基础工业较薄弱,所以应更为重视。前一阶段我国高等工程教育有放松基础工业教育的倾向,实验室仪器设备没有很好地更新和充实,需要改正。当然也需要大力发展新兴工业的教育,为我国新兴工业追踪国际水平服务[②]。

如果我国第一流大学单纯地与发达国家第一流大学相比,因为条件不同,有的可能不现实,有的可能不能为我国经济建设服务。总之,就教育论教育,就学术水平论学术水平,是不合适的。我国办世界上第一流大学必须为我国经济建设服务,同时在有关学术上与国际上第一流大学相比[③]。

还必须看到,我国的工业建设必然是不平衡的,有先进的现代化工业,也有适用性的工业,为此,高等工程教育也应培养适用性工业的科技

[①] 张光斗:加强高等教育与经济建设的结合是发展经济的关键.《高等工程教育研究》,1998年,第4期.

[②] 张光斗:中国高等工程教育的发展方向.《高等工程教育研究》,1990年,第3期.

[③] 张光斗:对"211工程"的认识.《高等工程教育研究》,1995年,第1期.

人才。我国高等工程教育还应为农业和国防现代化服务[1]。

高等工程教育必须强调理论联系实际

毛泽东同志在《实践论》中反复阐述：认识从实践始，经过实践得到了理论的认识，还须再回到实践去。工科大学要注意学习理论，这是前人在实践中得来的科学总结。但是，为了使学生更好地学习理论，必须组织学生搞好实验、实习、课程设计、毕业设计等一系列实践环节，逐步学会运用理论去解决实际问题[2]。

理论联系实际是我们要经常坚持的基本原则。学校里当然主要学理论知识，这是必要的，但不要忘了理论必须结合实际。一个学科是一种理论体系，学习理论基本上是学习学科，工程对象是综合性的，往往要用几种学科来解决问题。不管学习或研究理论，总要直接或间接为实践服务。在学习过程中，也必须理论联系实际，保证应有的实践性教学环节。不要因为搞学科、学理论，就把实际忘掉了。国外许多工科大学都很重视这事，对学生的实践环节有很严格的规定，我们更应注意这一点。学校当然应当搞科研，而且要把教学与科研结合起来，但科研也要与生产比较紧密地结合。理论联系实际这个方针在专业设置中十分重要，说起来是老生常谈，做起来不那么简单。从学生学习来说，应当注意打好基础，包括数学、物理、力学、计算机应用，技术基础以及专业基础，培养能力，特别是创造精神、分析问题和解决问题的能力。靠"填鸭式"地"灌"是培养不出来的。怎样才算把基础打好了呢？国外有一种看法认为：如果学生在大学毕业以后，能继续自学提高、获得新知识而不感到困难，就算基础打好了。如果自学提高、增加知识有困难，那基础就没有学好[3]。

有些资本主义国家的工科大学比较重视理论联系实际，有的工科大学把理论联系实际列为教学指导思想之首，在教学计划中订有许多实践环

---

  [1] 张光斗：中国高等工程教育的发展方向.《高等工程教育研究》，1990年，第3期。
  [2] 张光斗：改革高等工程教育的目的在于提高质量.《高等工程教育研究》，1984年，第2期。
  [3] 张光斗：在高校工科专业问题的专题研究会上的闭幕词.《高等工程教育研究》，1983年，第S1期。

节。有的国家还鼓励学生在假期参加生产劳动，毕业后还要在工业企业进行技术培训，学习专业工程技术和用理论解决工程实际问题，学习工业管理、工业经济和生产组织等。

我们是社会主义国家，我们所培养的工科学生，毕业后都要参加社会主义现代化的建设事业，因此，要注意处理好理论与实际的关系，把二者更紧密地结合起来。理论基础要扎实（主要是数学，还有物理、化学等，内容要近代的、应用的），同时要大力加强技术基础课即技术科学课程。在所有这些课程教学中，都要重视实践环节，注意培养学生动手能力和理论联系实际的能力。要看到，理论联系实际不是一件容易的事，它是一个创造性的过程。目前我国工业企业还没有对工科大学生的培养计划，因而在大学中学习专业课和抓好实践这一环节，就更为必要[①]。

当然学科有自己的体系，不能机械地联系实际。按工程对象设置的专业，有基础课和技术基础课，还有专业课。专业课不宜太多，一般占教学计划中10%—15%的课时。专业课主要是学方法论，而不是学习许多工程技术，因为这不可能都学到，而且科技在发展，很快会过时。此外，还需要有实践环节，如实验、课程设计、生产实习、毕业设计或论文等。按学科设置的专业，更偏重于理论学习，但也要有工程课程和实践环节。

总之，工科大学在教学上要密切与工业生产联系[②]。

工程教育要分层次、多规格地培养人才

工科学校毕业生的分配和使用与工程教育密切相关。合理地分配和使用人才，才能发挥工程教育的效益，并促进工程教育的发展。要有计划地培养工程科技人才，各个层次有适当比例，保证教学质量，合理地分配毕业生，有效地使用他们，工程教育才能真正地面向经济建设[③]。

高等工程教育培养的人才在质量和数量上必须满足国家建设的需要，为我国工业建设服务。我国的工业建设需要各种层次、各种专业、各种规

[①] 张光斗：改革高等工程教育的目的在于提高质量.《高等工程教育研究》,1984年，第2期。
[②] 张光斗：高等工程教育指导思想刍议.《教育研究通讯》，1984年，第1期。
[③] 张光斗：工程教育要面向经济建设.《高等工程教育研究》，1983年，第1期。

格的人才，我们高等工程教育就必须多层次、多规格地培养人才。

高等工程教育是工程教育整体的一个部分。孤立地看高等工程教育是不够的，还要考虑其他工程教育的层次，各层次间要互相配合，不然就会缺乏全面观点，不能满足国家工业建设的需要。

高等工程教育一般分四个层次：

1. 博士生；

2. 硕士生；

3. 大学本科生——毕业后授予学士学位；

4. 大专生——毕业后给文凭，我国尚无学位。

中等工程教育的层次一般是：

5. 中专生——毕业后给文凭，我国尚无学位。

此外还有一个层次是：

6. 技工学校生——毕业后给文凭。这一层次着重于工艺操作，是工程教育的一个很重要的组成部分，不过在性质上与其他层次有所不同。

工程教育分以上六个层次（其中高等工程教育是四个层次）是工业建设的需要，是经过长期工程实践总结得来的，而不是头脑中一下子想象出来的。国外工业发达国家工程教育的层次也是这样的，他们得到这样的层次也是根据生产需要，从生产实践中总结得来的。这样分层次以后可能有变化，什么事情都不会是一成不变的，但长期总结的经验，估计在短期内也不会大变。我们的工业水平和科学技术水平到2000年大概是工业发达国家20世纪70年代末、80年代初的水平，国外的经验对我们有参考价值。它与社会制度可能有一些关系，但主要是从工业生产的需要出发，是客观规律，与社会制度的关系不大。

对各种层次的要求怎么看呢？

研究生院和本科所培养的人才是为当工程师做准备的，不是说研究生、本科生一毕业就是工程师。工程师的主要职责是：能解决工业中的复杂工程问题，能创造革新，包括创造新产品、新材料、新工艺、新技术等。凡是能做这些工作的是工程师，否则就不是。这里我说的是主要职责而不是全部，可是工程师有这些任务。升工程师不能全凭学历，而要看有无能力完成工程师任务,不能的,即使有学位也不能升。为了要创造革新,必须有较宽厚的理论和丰富的工程技术经验,学校要为此做准备,这是本科教学的特点。研究生的理论水平和科研能力比本科生更高些,工程知识也多些。

大专培养的人才是为当高级技术员或助理工程师做准备的。他们要能负责工业的日常生产,解决一般工程问题,能提高效率,提高质量,节约能源、水源和原材料,降低成本,还要技术改革。这是一项很重要的工作。当然这也是主要职责而不是全部。因此,大专要为此做准备。要侧重于工程技术,有必要的基础理论知识,但要求不很高。大专毕业生的职称提升也不是全靠学历,而要看能力和贡献。由此可见,大专生和本科生毕业后的工作性质是不一样的。这两种人才都很重要,都是国家建设所必需的。对本科生来说,强调的是要能解决复杂工程问题,能创新;对大专生来说,强调的是能负责日常生产,解决一般工程问题,提高质量、效率,降低成本,技术改革。

中专培养人才是为当技术员做准备。他们要能做工业生产的日常辅助工作,例如土建水利工程中的算土方、排钢筋……这些工作是大量的。学校要为此做准备,要侧重于初级工程技术,有必要的数理和工程知识。中专生的职称提升同样也不是全靠学历的。

技工学校所培养的人才为当技工做准备,侧重于工艺操作,有必要的数理知识。技工在工程中是一支重要的力量,我们要予以重视,抓好对他们的培养[1]。

高等工程教育各层次的各个专业需要培养的人数,应根据对工业发展需要高级工程科技人才的预测来确定。但人才预测不可能很精确,各专业的毕业生可能改变方向,所以,专业设置应较宽,知识面较宽,要打好基础,着重于能力培养,以利于适应工作的需要。各个层次的培养人数应力求精确,因为由高层次毕业生来做低层次毕业生的工作,学非所用,既不经济,有时还未必能适应工作;以低层次毕业生来做高层次毕业生的工

---

[1] 张光斗:在高等工程教育专题研究会上——关于层次、规格和学制的发言.《高等工程教育研究》,1983年,第2期。

作，将力不胜任。目前，我国本科毕业生多于专科毕业生，在教育上是不经济的[①]。

高等工程教育应探索适应我国国情的培养人才之路

高等工程院校的培养目标应该是工程师，世界各国都是如此，但现在我国不是那么强调了，甚至说要培养科学家。我国大学本科四年制，培养科学学士，研究生是培养成为科学硕士、博士，这是学美国的。美国工程高校也培养工程师，在大学主要学理论基础，专业和技术在企业培养。德、法等国工程高校培养文凭工程师，学制六年左右，既学习基础理论，也学习专业技术。看来我国工程高校学生应学习基础理论和专业技术，因为企业不具备培养专业技术的条件。我国的教学计划和学制应适应我国的特点，与培养目标相一致[②]。

工程教育应当注重培养学生的能力和创造性、动手能力，培养学生形成广泛的知识面，注重思想政治教育，注重德育，并对学生因材施教。

在新中国成立前，我国工科大学主要学习美国的"通才教育"。新中国成立后，学习苏联的"专业教育"，培养工业急需的人才，是正确的。20世纪60年代以后，我们没有随着世界科学技术的发展改进工程教育，反而片面地强调要与工业分工对口，致使专业愈分愈细，教学内容过于窄[③]。

大学专业设置宜宽。教学计划中既要有本专业的课程，又要有部分相关专业的课程；既要有科学理论基础课、基础专业技术课，还要有德育、文化、经济、管理、体育课。要重视设计和生产实习，重视动手能力和创新能力的培养。学生毕业后要到企业继续培训，在工作中锻炼成长。大专的专业设置也应较宽。教学计划要重视技术和技术操作，重视动手能力、创新能力的培养。当然也要有德育、体育等课程。学生毕业后要做技术工程师，这一点十分重要。比如德国就称大专毕业生为工业

---

① 张光斗：中国高等工程教育的发展方向。《高等工程教育研究》，1990年，第3期。
② 张光斗：应予重视的几个问题。《高等工程教育研究》，1999年，第2期。
③ 张光斗：改革高等工程教育的目的在于提高质量。《高等工程教育研究》，1984年，第2期。

中的秘密武器[1]。

美国把基础科学课程和技术科学课程放在学校，把专业工程技术课程放在工业企业；德国把三阶段课程都放在学校，都是适应本国工业和经济体制以及传统习惯的，关键不在于通才和专才教育。各国本科教学计划的不同，是有着本国的工业和经济体制以及历史和文化传统背景的[2]。

我国高等工程教育仿照美国，培养工学型的人才，学制较短，本科四年，硕士二年，博士四年。而欧洲各国培养的是文凭工程师，其本科毕业生相当于我们的硕士，学制在六年以上。欧洲的博士学制没有年限。如果我国培养工程学士、硕士、博士，学制也要适当加长。大专学制以三年为宜。目前有的大专只有二年，似应改为三年，当然，三年制大专与本科不是同一层次[3]。

现代科学技术正在向综合方向发展，任何一种工程专业都涉及较宽的知识面。因此要扩大专业知识面，使基础理论和最基本的工程技术知识更宽厚一些[4]。

工科本科学生必须德智体全面发展。一个学生，科学技术知识再好，如果品德不好，不能为社会主义四化建设服务，那就是废品。资本主义国家的工科本科教育也十分重视资产阶级德育，并采取多种方式进行，希望学生将来为保持和发展资本主义服务。如果认为资本主义国家工科院校不问政治，政治思想"自由"，那就是天真的想法，是不符合事实的[5]。

学校存在于社会之中，不可避免地会受到社会的各种影响，所以思想政治教育更是全社会的事情。社会上思想政治教育包括报刊、广播电视电影、文化艺术，以至社会风气，特别是政府部门的作风和党风，对学生的影响很大，家庭教育对学生更有直接影响。因此，我们必须强调长者的榜样作用，必须动员全社会来做思想政治工作。我国高等工程教育必须坚持

---

[1] 张光斗：关于高等工程教育改革与发展的咨询建议。《高等工程教育研究》，2004年，第5期。

[2] 张光斗：对高等工程教育的体会。《中国高等教育》，1991年，第11期。

[3] 张光斗：工程教育结构需要改革。《教育研究通讯》，1983年，第1期。

[4] 张光斗：改革高等工程教育的目的在于提高质量。《高等工程教育研究》，1984年，第2期。

[5] 张光斗：深入改革提高教育质量。《高等工程教育研究》，1987年，第4期。

社会主义方向，培养又红又专的工程师和技术工程师，为社会主义经济建设服务。高等工程教育的社会主义方向要靠思想政治教育来保证，并体现在良好的学风、校风上[①]。

要培养工科学生有理想、有道德、有纪律，在业务上掌握扎实的基础理论，有基本工程技术知识，能解决工程问题，能创新，并能不断提高，跟上科技的发展[②]。同时要重视计算机应用和语言交流的能力的培养[③]。

要进行因材施教，所谓因材施教，是根据学生的能力来施教，不仅应对高才的学生施教，对中才甚至低才的学生也要施教。进入高等工科院校的学生，智力是较高的。但是他们的智能还有差异，学习能力还有强弱，学习的积极性和勤奋程度也不同，再加上前期学习成绩不一，所以学习进度有快有慢，理解掌握有深有浅。为此，必须因材施教，以便充分发挥学生的潜力，培养高质量的人才，因材施教的办法很多，如加选修课，办提高班，加重实验、实习、设计题目的要求和难度，办讨论班等，这些都可以激发学生的和学习兴趣和积极性[④]。

高等工程教育要注重继续教育

随着现代科技的飞速发展，高等教育的内涵发生了很大的变化。正规的大学教育被称为"初始教育"，只有加上终身教育即继续教育，高等教育的概念才算完整。大学进行研究与开发，需要继续工程教育，把科技成果传授给企业的工程师。工厂进行技术开发与产品更新，工程师需要接受继续工程教育，在工厂进行中间试验，把科技成果转化成为生产力。所以，大学要通过继续工程教育，帮助企业的工程师更新知识，进修提高，进行中间试验，让学校的研究开发成果转化成为生产力[⑤]。

---

① 张光斗：对高等工程教育的体会。《中国高等教育》，1991年，第11期。
② 张光斗：在高等工程教育专题研究会上—关于层次、规格和学制的发言。《高等工程教育研究》，1983年，第2期。
③ 张光斗：高等工程教育迫切需要改革。《高等教育研究》，1996年，第6期。
④ 张光斗：对高等工程教育的体会。《中国高等教育》，1991年，第11期。
⑤ 张光斗：和衷共济，走向世界—关于理工大学与工业企业紧密结合的呼吁。《高等工程教育研究》，1994年，第1期。

由于工程科技的迅速发展，工程师过去学习的科技知识陈旧了，需要更新为新科技知识。继续工程教育要达到两方面的目的，一是知识再生，一是人员才能再生。正规学校教育是基础，与继续工程教育和成人工程教育也有衔接，应该互相配合。对于终生教育要有正确理解，包括继续工程教育和成人教育，表明在目前工程迅速发展的时代，正规学校教育之后，必须有终生教育[1]。

继续教育是"一把刀子二面刃"，一面是提高在职工程师的理论水平，另一面是在职工程师带了生产中遇到的问题到学校里来"将"教师的"军"，提高教师理论联系实际的水平[2]。

在这里需要说明的是，继续工程教育与成人教育是不同的。继续工程教育是在职工程师的更新知识教育，必须有新的研究、开发成果。而成人教育是成人的补课教育。成人教育一般期限较长，内容主要是较成熟的科学技术，可以是面授、函授或电视讲授。诚然，成人教育是重要的，但不能代替继续工程教育。继续工程教育与培训教育也不同。培训教育是对工程师、技术工程师、技术员等进行较成熟的工程科技培训，而不是讲新的研究、开发成果[3]。

高等学校要与企业合作，走产学研结合之路

高等工程教育必须面向工业建设，工业建设必须依靠高等工程教育。

高等工程教育应与研究和生产相结合，以利于理论联系实际，利于创新和发展。高等工程教育的教学、研究、生产三结合，主要是教学与研究、生产相结合，以教学为主。各类学校有不同的结合方式。学校以培养人为主，同时出科研成果和生产成果，搞研究和生产也是为了培养人。高等工程院校是国家重要的研究开发基地，既是提高教学质量所必需，又为国家出科技成果。科学是研究，技术是开发，高等工程院校

---

[1] 张光斗：工科的终生教育、继续教育和成人教育。《继续教育》，1996年，第4期。

[2] 张光斗：在高等工程教育专题研究会上—关于层次、规格和学制的发言。《高等工程教育研究》，1983年，第2期。

[3] 张光斗：对高等工程教育的体会。《中国高等教育》，1991年，第11期。

主要做技术科学（应用基础科学）研究和技术开发，也可做基础科学研究[①]。

我国的工科院校要与企业密切结合和合作，培养有创新能力的工程师。企业作为技术创新的主体，要用好高等工程教育培养的毕业生，对他们继续进行培训，应支持大学的教育和研究开发，支持大学出科技成果，并把科技成果转化为生产力。大学毕业生到企业，在工作中锻炼，才能成为真正创新的工程师[②]。

重点工科大学要根据工业发展的要求，并根据教育理论、学习规律、教学方法以及自身的教学条件、教学经验等，制定培养人才的方案。在学科和专业设置、教学计划、教学内容、学制以及培养学生数量和质量等方面，大学都要与工业企业进行协商，得出最优方案。工业企业是用人单位，除了提出办学要求外，要提供条件使学生能够在工业企业进行生产实习、毕业设计等，支持和帮助大学逐步在工业企业设立生产实习基地[③]。

随着现代通信的发展，科学和工业技术的国际交流也日趋活跃。但另一方面，由于国际竞争的激化，交流又会时时受到保护主义的干扰，各国都在采取措施，防止自己的最新科技成果被对手所利用。在这个意义上，交流与竞争同时存在，科学技术的单向转让或无偿转让是不可能的。所以，我国的企业和大学既要善于对引进的先进技术、设备和生产线进行消化、吸收和创新，又要自力更生，大力发展我国自己的科技研究开发，做中间试验，把科技成果转化成为生产力。无论是吸收、引进还是自力更生，都有赖于紧密的、卓有成效的厂校合作[④]。

---

① 张光斗：在高等工程教育专题研究会上—关于层次、规格和学制的发言。《高等工程教育研究》，1983年，第2期。

② 张光斗：和衷共济，走向世界—关于理工大学与工业企业紧密结合的呼吁。《高等工程教育研究》，1994年，第1期。

③ 张光斗：企业要成为技术创新主体，工科院校要培养工程师。《高等工程教育研究》，2005年，第1期。

④ 张光斗：重点工科大学怎么办？对高层次工程科技人才培养的思考。《光明日报》，1994年，4月21日。

开展国际交流互通有无，学习国际先进的教育经验

高等工程教育的培养目标、教学内容必须满足我国国民经济建设的需要，对外国有益的教育经验要学习，但绝不是照抄照搬。我们应当根据自己的国情，对他国经验加以鉴别、取舍、创新，形成我们自己的工程学士、硕士、博士教育系统，培养我国工业发展所需要的、具有创新精神和创新能力的现代工程师[①]。

由于各国国情和传统不同，经济和社会发展的水平互有差异，其研究型大学工科的培养目标虽都是工程师，但有的是培养科学学士和硕士，然后到工业企业实习培训，有的则是培养文凭工程师。对基础研究和应用研究、技术开发，其侧重也不同，发达国家较侧重于基础研究，而发展中国家较侧重于应用研究、技术开发，对基础研究有选择地进行。

党中央和国务院奉行"科教兴国"国策，目的是推动科技和教育现代化，振兴国家，使经济建设和社会发展现代化，使国家在繁荣富强的基础上面向世界，面向未来。

清华大学在90年校庆期间，举办了"研究型大学论坛"，世界各知名大学校长发表了讲话。教育部副部长吕福源讲："大学将不断满足社会对科技创新和高素质创新人才的需求。大学对社会发展所做贡献的大小是衡量其水平的重要尺度之一，当今世界的高水平大学应该在人才培养、基础研究、应用研究以及科技成果向现实生产力转化等方面为社会和人类做出较为突出的贡献。"我们理解，这里的"社会"首先指本国的社会，为实现国家富强，必须实行"科教兴国"；当然，还要面向世界，为世界社会和人类做贡献。

在论坛上，很多校长谈到经济全球化、科技全球化，研究型大学国际化是必然的趋势。诚然，目前信息技术的发展，有利于研究型大学教学和研究的国际合作与交流。需要考虑的障碍，关键是全球化中的国际经济竞争，说到底是科技竞争。一个国家决不肯轻易地把创新科技传给他国，也

[①] 张光斗：在高等工程教育专题研究会上—关于层次、规格和学制的发言.《高等工程教育研究》，1983年，第2期。

就是知识产权问题。合作与交流要多方有利，互通有无。所以，研究型大学要发展科技研究，与企业合作，转化为创新技术和生产力，振兴国家经济和社会发展，面向世界，进行国际合作交流和竞争①。

科技既无国界，又有国界。当前还有国际竞争，而且十分激烈，因为，国际竞争说到底是科技和生产力的竞争。科技本身在应用上是无国界的，科技成果世界各国都能用。但是，掌握科技，用科技成果开发出的生产力，各国是保密的，有国界的。国际新科技和生产力交流是对等的，不可能是单向流的。外国绝不肯把新科技和生产力无偿地交给我们。我们只有发展自己的新科技和生产力，才能进行国际交流，互通有无②。

加强学校和师资队伍建设，建立高校评估制度

国家要进行世界第一流的经济建设，必须依靠自己的科技力量，在国际上才能有竞争能力，这样就需要得到大学培养的第一流人才和出的第一流科技成果，就要对大学提出要求、给予任务③。

学校在经费有限的条件下，更必须勤俭节约，钱要用在刀刃上，提高效益。要把不必要的开支减少到最低限度，诸如讲排场、搞形式、请客送礼等，既脱离群众，又腐蚀精神。要改正轻视实践教学的倾向，学校和教师当然要对此花很大力量，有关人事制度和政策也要调整，工业要支持学生生产实习，社会风气也要转变④。

高等工程教育必须贯彻国家的开放政策，实行开放办学。高等工科学校首先要向国内开放，听取工业和用人部门的意见，与工厂或工地联合办学；在工厂或工地设立实习基地或教学基地，以便在基地进行生产实习或设计和专业课教学；请工程师来校授课，学校办继续工程教育，为工程师更新知识，向工程师学习生产经验。学校科研工作与生产结合，科研任务

---

① 张光斗：科教兴国与面向世界——学习"研究型大学论坛"札记．《高等工程教育研究》，2002年，第3期。
② 张光斗：科技要兴国——兴国要科教．《高等工程教育研究》，1997年，第4期。
③ 张光斗：对"211工程"的认识．《高等工程教育研究》，1995年，第1期。
④ 张光斗：应予重视的几个问题．《高等工程教育研究》，1999年，第2期。

来自生产部门，还可与工厂或工地合作研究。学校进行基础性研究，也是为了发展生产。学校办开放实验室，加强与校外联系和合作①。

要办好大学需要有自主权，这是对的。要办好大学需要经费，经费可能是多源的，有的来自中央政府，有的来自地方政府，有的来自工业企业，有的来自社会捐赠。办好工科大学的动力应该是出高质量人才和科技成果，为国家工业建设服务，而不是追求个人声誉②。

师资队伍是提高工科本科教育质量的关键。工科大学教师应当既要有很强的科学基础，又要有丰富的工程技术经验，能进行研究、开发和设计、生产工作。工科大学教师要提倡启发式教学，教师要善于通过教学来培养学生的自学本领，以便学生毕业之后有能力通过自学来扩大和更新知识③。

目前师资队伍有老化现象，一方面年龄老化，亟须补充青年教师，以免青黄不接。另一方面是师资的成长，学术水平的提高和现代化。这不只是青年教师的成长问题，中年教师和老年教师都有这个问题。这需要继续学习，进行科研和生产工作，在工作中学习④。

此外，要开展对工科院校的评估，成立评估组织，评估各院校的专业、教师、学生、仪器设备、教学质量、科研成果等，有利于提高教学质量。各学会可参加评估工作⑤。

---

① 张光斗：在高等工程教育专题研究会上——关于层次、规格和学制的发言。《高等工程教育研究》，1983年，第2期。
② 张光斗：张光斗院士来函。《高等工程教育研究》，2003年，第4期。
③ 张光斗：工科大学的培养目标和培养模式。《高等工程教育研究》，1996年，第3期。
④ 张光斗：深入改革提高教育质量。《高等工程教育研究》，1987年，第4期。
⑤ 张光斗：参加1981.9.21-22在墨西哥举行的国际工程科学院和相同组织会议时的观感。清华大学档案馆。

结 语

张光斗是成长于20世纪初的知名老科学家，他的学术成长经历不可避免地具有那个时代的烙印，但也必然有其个性的特征。通过研究采集到的有关张光斗学术成长的资料，采集小组通过编写这段结语想达到两个目的：其一是，梳理出张光斗之所以能够成长为知名学者的关键因素是什么；其二是，他的思想品德、治学之道有哪些值得后人继承和学习。

张光斗学术成长过程的主要特点分析

抓住机遇

这个命题可能是每个人都会遇到的一个问题，而且往往就是因为这个问题处理得当与否，可能会决定一个人的一生。张光斗在《我的人生之路》一书中总结他的成长经历时，首先说的一句话就是，"现在看来，一要靠机遇，二要靠努力，人生过程就是如此。"的确，这可能是任何一位成功者所必须经历的过程。机遇对任何一个人来说，都是会遇到的，但是否能够抓住，做出正确的抉择，就不是所有人都能做到的。故此抓住机遇，往往是一位成功者能够成功的第一要素。虽然机遇是客观提供的，但能否抓住却是每个人主观决定的，张光斗的成功首先是因为他在成长的过程中很好地抓住了一些关键性的机遇。如1924年，张光斗初小毕业后是到"乙商"还是到"交大附小"继续读书，这是他人生遇到的第一次选择，如果按照他母亲"早毕业，早成家立业"的想法选择乙商，则肯定就不会有后来的张光斗；而他自己选择了交大附小，这才会有后来的"交大高材生"。又如，1934年上海交大毕业后，如果听信了当时某些同学"别考，考不上给交大丢脸"的劝告，而放弃报考清华公费留美生的机会，则就不会有后来的"与水利结缘"。再如，1936年导师汪胡桢写信给正在美国学习的张光斗，希望他代表中国水利学会参加在马萨诸塞州哈佛大学举行的国际土力学和基础工程学会成立大会，张光斗起初对参加这次会议有些胆怯和犹疑，此时好友张昌龄就鼓励他，应当抓住这个机会多学习一些知识，张光斗接受了好友的建议，欣然前往哈佛参加会议，正是在这次会上听到了卡萨格兰地等力学权威的报告，认识到了力学对工程技术发展的重要性，知道了哈佛工学院院长威斯脱伽特教授，并最终选择报考了他的研究生，也正是由于有了哈佛工程力学硕士的这段经历，为他日后在工程科学技术上的成长打下了坚实的力学理论基础。

勤奋好学

勤奋是成功者的必经之路，张光斗的学术成长同样也离不开勤奋这个关键因素。他在上海交大学习四年，毕业时同学对他在校读书时的表现是这样评价的："孜孜学业。手不释卷。所业精熟无论。而算术更有心得。"由此可见，他在学习上"手不释卷"的勤奋是出了名的。正因为如此，1934年在交大毕业时，他的学习成绩在全校出国留学的毕业生中排名第一，这是他常年勤奋努力结出的丰硕成果。而且，勤奋好学伴随了他一生，甚至成名之后仍是如此。1992年下半年，张光斗应邀到二滩工地考察工程进展情况，在现场看到坝体混凝土水平工作缝直接浇筑上层混凝土，与传统的水平工作缝上先铺一层水泥砂浆再浇混凝土的做法不同。外国承包商认为这样做可以保证质量，国外有成功的经验，现场钻孔取样的结果也表明，接缝强度是好的。张光斗对此新工艺以前不知道，为了把事情的道理搞清楚，回到北京后，他立即用国际联网查阅相关资料，但也不得要领。于是就发电文到美国哈扎公司，向好友叶昶华总工程师询问，叶总很快给出了回答，并寄来了最新的相关资料。近代混凝土大坝施工，倾向于在水平工作缝上不铺水泥砂浆,直接浇筑一层富浆混凝土,既可提高施工质量,又可加快施工进度,是新发展的施工工艺。工程技术在进步,知识在更新,张光斗即使过了古稀之年仍是这样地渴望学习,因而才能使他始终站在学科技术的前沿。

注重实学

1934年11月28日张光斗在给清华校长办公室的信中,曾写道:"生拟至美国西部专攻灌溉工程一年,……于假期中,则往各处调查参观以增实学。"这封信中提到的"以增实学",在我们对张光斗自述资料的查阅中,曾多次见到他强调"实学",即联系实际的学习,这一点对他学术成长是起了重要作用的。而且应当说,对于所有工科学生,"以增实学"都是应该强调的。1943年在田纳西河流域局实习的这段时间,张光斗白天除了做设计外,还经常到工地了解各种施工工艺,边看边向有经验的工程师、工人请教,从中学习"应当如何做工程";夜晚在室内读文件、查资料、学理论,运用理论知识把白天所看到的、听到的感性知识从理论上搞清楚,把感性认识提高到理性认识,从而明白"为什么这样做工程"。也就是将自己的认知水平从"know how"提高到"know why",并写成笔记保存起来。这段在实践中再学习的经历,对张光斗的学术成长起到了极为关键的作用,为他日后在工作中能创造性地解决实际工程问题打下了良好的基础。应当说"注重实学"是张光斗学术成长过程中一个比较突出的特点。

勇于突破

在这次采访中,陆佑楣院士向我们讲述了一次让他记忆深刻的与张光斗的谈话。事情发生在1983年,陆佑楣时任水电三局的总工程师,一次到二滩开会,在会议休息期间,张光斗与他闲谈,问了他一个问题,"你说总工是干什么的?"陆佑楣当时一下子有点儿蒙,没做回答,于是张光斗接着说,"总工程师就是应当根据工程的实际情况,敢于做突破规范的事,总工既要维护规范,又要能够突破规范。"陆佑楣后来仔细回味这段谈话,觉得张光斗这段话讲得非常富有哲理,一位好的工程师的确应该是,既能严格遵循科学规律办事,不胡来;又要敢于突破框框,在科学分析的基础上做前人没有做过的事情，只有这样才能创新，才能做到与时俱进。张光斗不但是这么说的，而且也是这样做的，正是以这样的思想在指导着自己的工程实践，因此才能有以下的创新性贡献：1950年，在引黄济卫进水闸设计中，大胆地尝试在黄河下游成功地破堤取水，为下游引黄灌溉开创了一条行之有效的道路；1958年，在密云水库的设计中，从实际出发采用了混凝土防渗墙、薄黏土斜墙、土坝下廊道导流三项创新技术，在当时均为国内首次成功应用的新技术。

善于汲取教训

作为一位科学技术的探索者，就不可能是常胜将军，总会遇到失败，如何面对失败是必然要做出抉择的问题。成功的经验固然可贵，但失败的教训往往比经验更宝贵，因为失败付出的代价一般要比成功付出的多。因此，对于一位成功的工程技术专家来说，善于从失败中学习也是其成长过程中必不可少的一个因素，常言道"失败乃成功之母"，关键是要真正做到从失败中"汲取教训"，并用到以后的实践中去，这样才能起到"之母"的作用。我们从张光斗的自述回忆资料中，可以明显地看到他在总结自己的成长经历中很注意"总结失败，汲取教训"这一点。如他曾记述：1939年下半年，桃花溪水电站建成通水后发生了工程事故，引水道隧洞段漏水顺山而下，直冲厂房。检查事故的原因，是由于隧洞所在的山坡有一砂岩与页岩的垂直接缝，地质工程师提交的工程地质图把这个接缝位置画错了。张光斗照此地质图布置设计了适应该地质条件的压力管道与隧洞衬砌接头的位置，而实际上在现场这个接头位置与岩层接缝的关系并非如图所示，结果造成了衬砌漏水。这件事给了张光斗一个极大的教训，终生难忘，一是设计输水建筑物必须注意一定不能造成山坡内产生很大的承压水，二是设计者必须到现场亲自了解地形地质条件，不能光看图纸、听汇报，要掌握第一手资料。自此之后张光斗给自己立下了一个"死规矩"，凡是设计一座水利工程或者要对一个工程问题做出判断，必须亲自到现场核查地形地质条件，掌握第一手资料。正是由于他很好地汲取了这次教训，给自己定下了这样一个"死规矩"，而这个规矩对他日后的成功起了很大的帮助作用。

张光斗的思想品德和治学之道

我们在梳理张光斗院士的自述资料中，可以清晰地看到，他是这样看待自己的人生："一个人受国家和人民的养育，有责任和义务回报国家和人民，为国家和人民服务。这是我最基本的人生哲学"。他是这样看待幸福这个命题："名利如过眼烟云，无足轻重；钱财乃身外之物，不值得夸耀。只有为国家和人民造福，为后人做贡献，这才是最大的幸福"。他是这样看待所从事的事业："我从小喜爱工程，长大后为我国的葛洲坝、荆江分洪、三峡、小浪底等大型水利工程做了一些工作。我总感到受之于国家和人民的多，而为国家和人民贡献的少，深感汗颜。"正是因为有这样的人生观和价值观，他在几十年的工程实践、科学研究、培养人才和教育管理工作中，始终坚定自己的信念、履行神圣的职责，因此才能取得一系列的成就。

梳理、总结张光斗院士一生的事迹，不难看出在他身上体现出来的思想品德——爱国奉献、坚持原则、勤奋敬业十分突出，这些高贵的思想品德既是支撑他取得成就的基础，同时也是我们晚辈后人应该很好学习，并进一步发扬光大的精神。

爱国奉献

1937年抗日战争爆发，在"国家兴亡，匹夫有责"的精神驱使下，他毅然决定放弃在哈佛优越的继续深造机会，回国参加抗日，爱国之情令人敬佩。1980年，张光斗年仅37岁的长子不幸病逝，白发人送黑发人，对一位70岁的老人来说是何等的悲痛。但平静下来以后，他还是花了近两天的时间工工整整写出了一份"葛洲坝工程设计审查意见书"，完成了他应该完成的任务。这份包含丧子之痛写成的意见书，充分显示了张光斗对事业的无限忠诚和无私奉献的精神。

坚持原则

张光斗作为一名科技工作者，严守职业道德，不闻"风"而动；尊重科学的客观规律，不畏"压力"，敢于直言。1950年，他应邀陪同苏联专家一起查勘黄河潼孟河段，研究开发方案。在潼关坝址方案选择上，他和苏联专家产生了意见分歧，并展开了争论，认为苏联专家的想法不符合中国国情。在当时"一边倒"的声势下，敢和"老大哥"争论，可不是一般的问题。个别领导甚至批评他"不虚心，还死抱着腐朽的资本主义一套不放"。即使在这样强大的"压力"之下，张光斗仍然还是坚持自己的意见，据理力争。这样的事例不胜枚举，这位"倔老头"，这股尊重科学、坚持真理的"犟劲"，确实令人佩服。

勤奋敬业

张光斗勤奋敬业的精神在水利水电工程界是有口皆碑的，凡是请他审阅的技术文件，不管内容多复杂、本子有多厚，他都是手持放大镜逐行逐字地认真审阅，并提出自己的书面意见，本书的图14-2就是一个很好的例证。还有一个实例，1959年汛期，为了确保密云水库平安度汛，他没日没夜地拼命干，最后累得病倒了，从工地被车送回了家，女儿至今还清楚地记得那天晚上父亲被抬进家门时的情景，两眼紧闭，神志不清，嘴角冒着白沫，手脚抽搐，女儿硬是被这可怕的一幕吓病了。张光斗干起活来就是这样地"不要命"。

至于张光斗在高等工程教育中的治学之道，王孙禺、田慧君在他们所写的"浅谈张光斗工程教育思想"一文中，对张光斗的学术风格有一段很好地总结，在此摘引其部分内容作为我们对张光斗治学之道的简要总结。

（1）学术源泉：审视历史、贯通中外

张光斗在学术研究中注重考察中外高等教育、高等工程教育发展史，通过历史研究、比较研究所获得的经验，结合各个时期工程教育的实际情况，提出了颇多有价值的研究成果。例如，他对美国的高等工程教育进行了有目的的、长时间的实地考察和持续关注，先后完成《访美观感》（1980）、《美国高等工程教育的近况与动向》（1986）、《美国高等工程教育情况和动向》（1987）等论文，介绍美国的高等工程教育和发展情况，并且指出："我们对美国高等工程教育的真实情况了解还不够深入。还要注意的是，美国高等工程教育适应于美国的政治、社会、经济条件，其经验只能供我国参考。"

（2）学术目的：远见卓识、责任为先

面对工业企业盲目引进国外设备，他坚定地提出："我们必须承认有不足之处，要学习别人的长处。但我们的学习要有目的、有计划，立足于我国四个现代化需要的基础上，能自己解决的就要自力更生，能自己做的就不要请外国人做，能自己设计制造的就不要从国外引进。"面对高校大规模的扩招，他提出建议："大学招生不能一味追求数量，应该提高教学质量。"敏锐的问题意识和强烈的责任感，使得他在中国工程教育的重大问题上，能够高屋建瓴，远见卓识。

（3）学术环境：教学相长、集思广益

在清华大学执教60余载，他以渊博的学识、高尚的人格魅力，启发、教育了几代中国工程师，其中许多人成为国家水利水电事业的栋梁之才。在他领导学术研究工作中，提倡："各抒己见，畅所欲言，相互切磋，学术讨论的结论不强求一致，学术研究不作行政性的结论。"在他90多岁高龄时，仍保持着宽广的学术气度，与年轻学者一起探讨学术前沿问题。比如和他们一起探讨《促进产业界继续工程教育的创新》，共谋继续工程教育的改革创新；审阅《以现代工程为背景，进行生动有效的工程教育》，强调高等工程教育的前提问题；针对《技术的社会形成观及其对中国现代化的挑战》一文提出不同意见，与作者深入讨论技术对社会的影响问题，等等。

（4）学术境界：深入浅出、平实简练

在张光斗的文章中，学习国外经验"为我所用"的提法、"面向"和"依靠"关系的阐述、工程师"知识再生"和"能力再生"的概括、学生"德育为先"和"通专结合"的描述，这些精辟的论点，虽然隐含着系统论、认识论、辩证法等深奥的理论和思想，但是他却用平实简练的语言表达出来，揭示事物的本质和规律，切中问题的要害，达到了学术研究的最高境界。张光斗之所以能够做到这样，既有思想认识的问题，也有方法论的问题，因此只有端正思想，方法得当，才能把学术问题做深做透。

附录一　张光斗年表

1912 年
5月1日生于江苏省常熟县鹿苑镇。

1918 年
在家乡晋安小学上小学一年级。

1919 年
上小学二年级。大哥张光煦从无锡省立第三师范学校毕业，来晋安小学当校长。

1922 年
小学四年级毕业，晋安小学改为完全小学，学制改为六年，继续在原校学习。

1924 年
进入交通部直辖南洋大学附属小学。

1926 年

交大附小三年制毕业。学校改为初中，继续在原校学习。

1927 年

交通大学附属初级中学毕业。当时交大附中改为预科，三年制，因其成绩优秀自动升入预科（相当于现在的高中）。

1930 年

9 月，交大预科毕业，因学习成绩优异，获得奖学金，并自动升入交通大学土木工程学院学习。

1931 年

暑假，到杭州测量实习，在山区进行了为期三周的测量。

1932 年

暑假，到陕西潼关进行铁路定线测量实习。

1934 年

以优异的成绩获得学士学位。

7 月，报考清华大学留美公费生，专业是水利工程，得到录取。清华大学为其在国内聘请了三位导师，即李仪祉先生、汪胡桢先生和高镜莹先生。

10 月到南京全国经济委员会水利处实习。

11 月到导淮委员会实习。

12 月随导淮委员会总工程师须恺先生去淮河各工地参观。

1935 年

1 月到河南省开封县黄河水利委员会实习。

5 月，完成实习任务后回到北平清华大学。

7月到伯克利加州大学注册，入土木工程系当研究生，攻读硕士学位，导师是 Etcheverry 教授。

1936 年

5月，获得美国伯克利加州大学水利工程硕士学位。

暑期，为了学习大坝设计，经导师介绍到垦务局实习，首次见到坝工设计大师萨凡奇总工程师，并得到萨翁对其设计的亲自指导。

下半年，转到哈佛大学工学院学习，攻读工程力学硕士学位，导师是 Wstergaard 教授。

1937 年

6月，获得哈佛大学工程力学硕士学位。

暑假，再次到垦务局实习。

抗日战争爆发，张光斗由美国经香港回国，暂居长沙。

1938 年

至四川长寿县龙溪河水力发电工程处工作。先后参与设计和建成了狮子滩、下清渊硐、桃花溪、鲸鱼口等一批小水电站。

6月，钱玫荫女士和其弟钱新亚一起离开繁华的上海来到偏僻的四川山村。

10月15日，张光斗与钱玫荫在袁家坪举行了结婚典礼，请施嘉炀先生主持婚礼。

1943 年

被资源委员会派赴美国，学习大型水利工程建设。

3月初，从重庆出发，历经数日才艰难地到达美国，在田纳西河流域管理局学习。

1944 年

继续在坦河流域局、丹佛垦务局实习。

秋天，作为正式团员，参加中国水利委员会赴美考察团在美的考察活动。

1945 年

春天，得知美方要帮助设计三峡工程，并要求其回国参加设计。对于当时兴建三峡工程，张光斗先后三次上书阻止，但均遭回绝，最后还是奉资源委员会钱昌照副主任之命回国筹建三峡水力发电工程。

5月，陪同美国联邦能源委员会太平洋地区主任工程师柯登回中国进行三峡工程设计；全国水力发电工程总处在四川长寿成立，张光斗任总工程师助理、兼设计组主任工程师，柯登任总工程师，开始三峡的勘测、规划工作。

1946 年

5月，水力发电工程总处开始在南京三元巷正式办公，成立了三峡工程勘测处；随后总处又成立了岷江、黄河上游、资水、翁水、钱塘江、古田、华中等八个水电勘测处、队和上清渊硐及古田溪两个水电工程处；取得了大量水电站地址的宝贵资料，为日后新中国进行水电开发建设提供了宝贵的基础资料；期间，还曾参与设计上清渊硐水电站。

1947 年

先后赴台湾、吉林处理日月潭水电站事故和丰满水电站加固，因经济状况不佳，三峡设计工作停止。

1948 年

在台湾的同学和友人纷纷来电，催促其去台湾工作，均被其婉辞，并力劝总处的工程技术人员一起留待解放。资委会电业处下文，要求把技术档案和资料图纸装箱送电业处转运台湾，后在中共地下党的领导和协助下，将这些技术档案和资料巧妙地保存下来。

1949 年

4月南京城解放，军管会派人接管水电总处，成立水电总处保管处，被任命为工程组长。

10月，申请到清华大学任教，为土木系开设结构组的高等结构力学和水利组的水力发电工程两门课程，同时兼教北京大学土木系水力发电课，兼任官厅水库工程局的技术顾问。

1950年

暑假期间，应邀参加水利部组织的黄河潼孟段查勘。

下半年，负责"引黄济卫工程人民胜利渠"渠首闸的布置和结构设计。

寒假期间，到四川对狮子滩水电站设计提出修改建议。

1951年

年初，应水电总局的邀请参加黄坛口水电站设计审查，提出建议。

上半年，对黄河石头庄分洪闸设计、荆江分洪闸设计分别提出顾问意见。

暑期，与黄委会李赋都副主任同往黄河上游泾河查勘水土流失状况。

1952年

年初，开始参加思想改造运动。

下半年，清华大学开始进行教育改革。

1953年

年内，清华大学全面学习苏联教学经验。

在校外兼任黄河水利委员会、长江流域规划办公室、水力发电工程总局等单位的技术顾问。

暑假期间，应邀到吉林省镜泊湖水电站处理工程事故。

年底，被教育部评为一级教授。

1954年

兼任水电总局设计总院总工程师，参加新安江水电站设计的讨论，旋即辞去该职。

1955 年

上半年，中国科学院成立学部，被推选为学部委员，并兼任中国科学院水工研究室主任。

下半年，参加制订国务院《十二年科学技术远景发展规划》，任水利组组长。

年内，曾多次参加最高国务会议，并提出在"农业六十条"中增加农村小水电的条目，被政府采纳。

1956 年

2月，先后加入九三学社和中国共产党。

4月，被中华全国总工会授予全国先进生产者称号。

年内，领导中科院水工研究室率先在国内开展了高速水流和泥沙运动的研究。

1957 年

暑期，应水电总局的邀请，先后参加甘肃省黄河刘家峡水电站、四川省岷江紫坪铺水电站选坝址会议。

年内，应邀参加水利部召开的黄河三门峡工程设计会议。

11月初，参加中国科学院访苏科学代表团，在苏联各水利机构参观、学习，后经中科院批准，在列宁格勒全苏水工研究院停留学习三个月。

1958 年

7月，水电部和清华大学合办水利水电勘测设计院，出任院长兼总工程师，负责设计华北地区库容最大的密云水库。

1959 年

暑假期间，应黄委会邀请查勘了黄河的八里胡同、王家滩以及伊洛河的陆浑和故县水库坝址。

秋天，参加中国科学院组织的三峡工程科研工作考察团，到三峡现场查勘。

下半年，参加水电建设总局召开的三门峡会议，主张三门峡泄洪排沙。

冬季，参加中科院技术科学部组织的制订《技术科学远景发展规划》的工作；随后被任命为国家科学技术委员会水利组和水利科学组两个组的副组长。

1960 年

上半年，密云水库建成，朱德总司令视察密云水库。

7 月，接待毛主席视察密云水库。

冬季，奉水利部党组之命进行三门峡大坝导流底孔封堵设计。

1961 年

春天，参加国务院召开的广州会议；随后，新丰江水库发生诱发地震，造成大坝上部裂缝，针对这个问题指导研究生率先在国内开展了混凝土坝大比例尺抗震模型试验研究；不久，永定河上马岭水电站高压隧洞漏水，由此引发河岸滑坡事故，提出处理措施建议。

暑假，应长办邀请参加丹江口工程质量检查，发现混凝土存在严重的质量问题，回京后向水利部领导汇报了此严重情况，最后国务院领导决定丹江口停工整顿两年，避免了一次工程不幸事件的发生。

年底，应水利部邀请参与了刘家峡水电站混凝土大坝裂缝事故的处理。

1962 年

上半年，受水电部之命，负责主编《水工建筑物》教材，由清华、天大、华水、武水四校合作编写。

暑期，参加三门峡工程的国家验收会议。

1963 年

春天，参加在英国南安普登大学举行的国际拱坝计算会议。

暑期，参加高教部和水电部联合派出的高坝考察团，到法、瑞两国考察高坝建设，任团长。

冬天，参加水电部召开的讨论三门峡水库防止淤积问题会议。

1964 年

冬天，参加水电建设总局召开的四川省岷江上游映秀湾水电站的现场设计审查会。

1965 年

春天，应水电总局之邀到四川省岷江支流渔子溪查勘，随后承接了渔子溪一级水电站的设计任务。

上半年，花费四年时间撰写的《水工建筑物》专著完稿，送科学出版社出版。

1966 年

6月爆发"文化大革命"。

1971 年

上半年，在陕县张卞公社一个山村帮助农民进行水利建设，深受农民欢迎。

1972 年

冬季，长办林一山主任受周总理委托去葛洲坝现场检查工程质量，邀其同往，在检查中其发现问题并向周总理汇报。

1973 年

3月，作为资产阶级反动学术权威被解放。

春天，奉水电部之命作为团长率中国大坝代表团赴西班牙，参加第十一届国际大坝会议，经代表团据理力争，终于使我国在国际大坝委员会取得了成员国地位。

1974 年

1974 年批林批孔运动开始。

下半年，先后被工宣队带到黄龙滩水电站工地、滦河大黑汀工地各开门办学点。

1975 年

上半年，被工宣队带到山东东平湖开门办学点，进行思想清理。

8 月，淮河流域降大暴雨，发生历史罕见的"758"大洪水，应水电部邀请参加在郑州召开的讨论洪水设计标准的会议；随后，又应邀参加了水电部规划院的检查团，到山东、河南检查水库的安全。

1976 年

"7.28"唐山地震，急电召其返京参加密云水库抗震加固，在抗震加固工作过程中受到极不公正的待遇。

1977 年

"四人帮"倒台。

12 月 1 日，华国锋、李先念等中央领导到密云水库视察抗震加固工程，北京市委王宪同志通知其到水库，向中央领导介绍情况，第二天《人民日报》刊登了此消息，相当于公开为其恢复了名誉。

1978 年

3 月，参加全国科技大会，会后重新恢复工作，相继被任命为清华大学水利工程系主任、清华大学副校长；同时兼任中国科学院、水利电力部合办北京水利水电科学研究院院长等职；同年，还被选为全国政协第五届委员和北京市政协第五届副主席。

暑期，参加美国土木工程学会在旧金山召开的美国水力学会议，在会上宣读了《中国高坝水力学》的论文，会后访问和考察了美国水利工程机构和高等学校；期间，曾奉中国对外友协之命，作为"中国访美友好代表团"的团员，随团在美国进行了短期访问。

1979 年

1979 年主管清华大学教学工作、北京水科院的全面工作。

4 月，作为副团长参加清华大学赴美访问团。

暑期，应水电部邀请参加葛洲坝工程现场设计审查。

下半年，参加中国科学院"文化大革命"后召开的第一次学部大会，被选为主席团成员和技术科学部副主任，同时在会上成立了研究建立中国工程科学院的四人小组。

冬天，国家教委成立直属高等工科大学教育研究协作组，被推选为首任组长。

1980 年

暑假，应水电部的邀请，到葛洲坝工地参加初步验收工作会议，中途 8 月 2 日突然奉命返回学校，因其唯一的儿子病逝，老年丧子，但在这种极端悲痛的氛围下，仍写出了近万言的对葛洲坝工程的咨询意见。

秋天，参加中国科学院访日代表团，任副团长。

10 月，奉中国科协之命到阿根廷参加世界工程师联合会会议，任团长，经据理力争，取得了我国在该国际组织的成员国地位。

1981 年

4 月，被美国伯克利加州大学授予哈兹国际奖。

年内，曾上书给李先念副总理，保护水科院没被"水、电"分家，保存了实力，此举对水科院的发展和建设至关重要。

上半年，国家教委组团到华盛顿和世界银行商谈贷款二亿美元，作为中国第一个大学发展项目，用来资助国家教委直属大学的人才和学科建设，项目成立后被任命为中方审议委员会主任。

暑假，国家教委派代表组到巴黎参加国际工程教育会议，任代表组组长。

9月，参加在墨西哥召开的《工程和技术科学院理事会》大会，会议的主题是"发达国家及发展中国家的工程教育"，在会上做了"中国的高等工程教育"的发言。9月25日被墨西哥工程科学院聘为国外院士。

冬天，国家教委成立直属高等工科大学教育研究协作组，被推选为首任组长。

1982年

春天，参加中央书记处派出的工作组到中国科学院检查科研工作。

上半年，和张健、钱令希教授一起到日本、美国、德国、英国、法国、荷兰等国考察高等教育和实验室的仪器设备，并与各国商定世界银行贷款大学发展项目外国顾问组的成员。

暑期，主持中美合作科研项目在响洪甸拱坝现场进行坝—库水相互作用激震试验。

下半年，世界银行贷款大学发展项目中方审议委员会、外国顾问组相继在北京开会，审定年度计划。被任命为国务院学位委员会副主任；参加中科院技术科学部在长春召开的年会，正式提出《建议成立中国工程科学院》的报告。

冬天，作为专家参加葛洲坝工程技术委员会，讨论大江截流问题。

1983年

春天，被推选为北京市第六届政协副主席、全国政协常委。

5月，到瑞典参加在斯德哥尔摩市召开的"工程和技术科学院理事会"第四次会议。

暑期，主持中美合作科研项目在泉水拱坝进行现场激震试验。

暑假后期，应贵州省水电厅邀请，到贵州省顾问水电工程建设，会见了省委书记胡锦涛。

下半年，电力部规划院在四川渡口召开二滩水电站设计研讨会，应邀参加并对工程设计提出咨询意见。

年内，清华大学副校长、北京水科院院长任期届满。

冬天，在四川成都主持召开了国家教委直属工科大学教育研究协作组会议，会议的主题是"高等工程教育的层次和规格"。

1984 年

年初，开始重新编写《水工建筑物》专著。

上半年，主持在伦敦召开的世界银行贷款大学发展项目外国顾问组和中方审委会主任联席会议。

夏天，到美国旧金山参加世界地震工程会议，和美国 Clough 教授联名发表论文。

暑期，应长办邀请到清江隔河岩水电站工地查勘。

下半年，中国国际咨询工程公司在成都召开二滩水电站初步设计审查会，任审查组组长。在杭州，主持召开国家教委直属工科大学教育研究协作组会议，会议主题是讨论专业设置问题。

1985 年

上半年，主持在德国汉诺威召开的世界银行中国大学发展项目外国顾问组和中方审委会主任联席会议；参加国务院召开的三峡工程可行性报告审查会议。

夏天，到旧金山参加第十五届国际大坝会议。

年中，中国国际工程咨询公司在北京召开小浪底工程初步设计审查会，任审查组组长。

年底，参与领导的科研项目《地质力学模型试验技术及其在坝工建设中的应用》获国家科学技术进步二等奖。

1986 年

春天，到华盛顿向世界银行总部汇报《中国大学发展》贷款项目的执行情况。

上半年，在巴黎主持召开世界银行中国大学发展项目外国顾问组和中国审委会主任联席会议。

暑假，应邀到合肥工业大学水利系讲学。

下半年，在北京主持召开世界银行贷款中国大学发展项目外国顾问组和中国审委会主任联席会议，准备编写项目总结报告；同期，应国家计委王京局长邀请，考察福建、浙江的水电工程建设。

秋天，应中南院的邀请，查勘红水河龙滩水电站地址。

1987 年

春天，应邀参加在华盛顿召开的国际《工程和技术科学院理事会》第6届大会。

上半年，应宋平同志的邀请赴山东省查勘引黄济青工程，建设单位在工程实施过程中接受了其提出的引水方案建议。

7月，在清华大学主持召开中美拱坝抗震学术讨论会，多位世界著名专家出席。

暑期，应广西壮族自治区电力局、长江委的邀请，相继考察了广西红水河、湖北清江等水电站工程。

秋天，参加在美国康奈尔大学召开的世界银行贷款中国大学发展项目外国顾问组工作总结会。

下半年，参加三峡工程可行性报告审委会召开的全体会议，赞成者和反对者就是否建设三峡又进行了充分的辩论。

冬天，应中南院的邀请考察了湖南东江水电站工程。

1988 年

上半年，参加龙羊峡水电站下闸蓄水典礼，随后考察了拉西瓦、李家峡水电站地址。

暑期，应贵州省水电厅的邀请考察了乌江东风水电站工程，对东风枢纽岸边溢洪道的布置提出了重要修改建议。

下半年，应国家计委邀请参加了大亚湾核电站选址考察，提出了站址选择的意见。

10月，应邀参加在澳大利亚悉尼召开的工程和技术科学院理事会第七届大会。

下半年，参加三峡工程审委会召开的全体会议，继续对是否修建三峡工程展开争论，多数人赞成立即修建三峡。

1989 年

下半年，中国国际咨询工程公司召开红水河龙滩水电站初步设计审查会，任审查组组长；参加三峡工程可行性报告审委会召开的全体会议，再次对是否立即修建三峡进行争论。

11月21日上书党中央，陈述"关于我国水资源问题和解决的对策"。

1990 年

年内，在水电部召开的三峡工程可行性论证会和向国务院的汇报会上，从九个方面阐述了三峡工程建设的优越性和必要性。

上半年，在杭州浙江大学主持召开国际高等工程教育研究讨论会。

7月，国务院决定成立三峡工程审查委员会，要求对各方面提出的疑点和不同意见进行认真研究。

暑期，应长江委主任的邀请查勘三峡水库库区。

下半年，应水电规划总院的邀请查看了二滩水电站和溪洛渡水电站地址。

11月，应邀参加在墨西哥阿卡普尔科市召开的第8届工程和技术科学院理事会。

年底，参加在深圳召开的三峡工程座谈会，向王震和王任重同志汇报建设三峡水利枢纽工程的利弊，得到领导的首肯。

1991 年

上半年，应水利部邀请到江苏省考察水利建设。

夏天，应美国考尔森教授的邀请，赴康奈尔大学参加国际工程教育研讨会；随后，又参加了在伊利诺依州立大学芝加哥分校召开的国际高等工程教育会议，并发表了题为《中国高等工程教育》的论文。

下半年，应国家环境保护总局邀请，审查"三峡工程环境影响可行性报告"，任审查组组长。

8月，三峡工程审查委员会一致通过了对长江三峡工程可行性研究报告的审查意见，建议提请全国人民代表大会审查。

1992 年

4月3日，第七届全国人民代表大会第五次会议审议通过了兴建三峡工程的议案。

4月21日，以张光斗为首的六名院士联合上书党中央建议成立中国工程院，得到党中央和国务院批示。

5月1日80岁寿辰，国家教委直属工科大学研究协作组出版了"张光斗高等工程教育论文集"，撰写的《水工建筑物》专著上册正式出版。

夏天，应邀参加在丹麦哥本哈根召开的工程和技术科学院理事会第九届大会。

下半年，国务院三峡工程建设委员会成立《三峡工程初步设计》审查组，被任命为组长；应成都院邀请考察二滩水电站施工现场，学习新的混凝土水平工作冷缝施工方法。

1993 年

暑期，代表中国水利学会参加在华盛顿召开的中美水科学及工程会议，向大会做了"三峡工程水科学和工程"的报告；随后，代表中国教科文组织前往法国，参加联合国教科文组织在巴黎召开的国际工程教育会议，在会上做了"中国的高等工程教育"的报告。

下半年，参加三峡工程技委会大坝组会议，对溢流重力坝导流底孔的设计进行审查，提出闸门布置修改意见。

1994 年

4月，受宋平同志委托，前往山东省查看引黄济青工程；在《光明日报》发表文章"高层次工程科技人才培养的思考"。

上半年，应中南院之邀，为龙滩水电站设计提供咨询建议。

6月，中国工程院成立，被推举为首批工程院院士、主席团成员。

7月，访问台湾，孙运璇等老友安排接待。

7月，《水工建筑物》专著下册正式出版。

8月，参加密云水库蓄水方案讨论会。

1995 年

3月，上书李岚清副总理，呈送"对'211工程'的认识"一文，后刊登在《中国教育报》。

5月，撰文"水利科学技术发展的展望"发表在《中国科学院院刊》上。

上半年，两次到密云水库检查，一次是水库安全检查，一次是研究蓄水方案。

下半年，参加国务院南水北调工程可行性报告审查委员会会议，对长江委提交的《南水北调工程可行性报告》写出书面意见。

1996 年

4月，与文伏波院士联名在《中国科学报》发表文章"关于朔天运河"；撰文"解决华北地区用水问题的途径"，发表在科学院地学部论文集上；撰文"高等工程教育迫切需要改革"，发表在《学位与研究生教育》上。

5月，陪同水利部杨振怀部长到三峡工地参观；随后，应南水北调工程审委会之邀，参加南水北调工程汉江中下游座谈会。

7月，在《学位与研究生教育》上发表文章"学位与高等工程教育的改革"。

9月，上书李岚清副总理，谈职业教育问题，李副总理批示，同意其发展职业教育的意见。

9月16—20日，接待国际《工程和技术科学院理事会》代表组访问中国工程院。

下半年，参加国务院南水北调工程审查委员会第二次会议，对《南水北调工程可行性报告》进行审查，提出对报告的修改意见。

1997年

1月，撰文"科学家和工程师：紧密的伙伴"，发表在《中国科学报》、《科技日报》上。

3月，参加水利部、山东省联合召开的黄河断流问题会议，随后撰文"黄河断流问题"，发表在《黄河断流问题讨论会论文集》上。

4月，撰文"科教要兴国，兴国要科教"，发表在《高等教育》上；撰文"对水利经济的认识"，发表在《水利经济》学报上。

5月，参加小浪底工程技术委员会第二次会议，并在会上发言。

5月20—27日，参加在英国爱丁堡召开的国际工程和技术科学院理事会第12届会议，并再次提出加入理事会的申请，得到同意，这是16年努力的结果；随后访问西班牙。

6月，参加三峡总公司技术委员会召开的三峡水利枢纽右岸地下电站专题报告审查会，任核心组组长。

7月，在《高等工程教育研究》上发表文章"工科大学的培养目标和培养模式"。

9月，国务院三峡工程建设委员会组织成立大江截流前工程验收领导小组，被任命为组长，写出验收报告。

10月13日，国务院三峡工程建设委员会开会，审查批准验收报告。

12月，撰文"独立自主，自力更生"，发表在《中国科学报》上。

12月3日，参加三峡总公司技委会扩大会议，审查《关于抬高三峡工程运行起始水位，改善通航条件的报告》。

1998年

2月，参加清华大学举行的"周总理与清华"纪念座谈会，缅怀周总理六次到密云水库指导工作，两次在西花厅设"家宴"招待。

4月，参加小浪底工程建管局技术委员会召开的第三次会议。

5月11—18日，应电力部规划设计总院邀请到溪洛渡、二滩、小湾、漫湾水电站现场考察，对设计提出咨询建议。

5月26—29日，参加三峡总公司技委会专家组联席会议，审查《三峡水利枢纽永久船闸上游引航道"全包"隔流堤结构及施工设计报告》。

6月，应三峡总公司邀请到三峡工程现场，对工程建设提出八条咨询意见。

7月，将经过认真筹划准备的"中国可持续发展水资源战略研究"咨询项目立项申请书送交工程院领导，得到工程院的同意和国务院的支持，任项目综合组副组长。

8月，应邀参加三峡工程技术委员会讨论永久船闸进水口布置问题。

9月1日，参加全国人大农业与农村委员会召开的水利座谈会，在会上做了"对1998年抗洪抢险情况认识"的发言。

9月3日，应邀参加三峡工程技委会讨论深孔弧形闸门突扩问题。

9月12日，写信给温家宝副总理建议加强水文工作，得到批复。

10月，应三峡总公司邀请考察三峡工程施工现场，提出14条咨询建议。

1999年

1月18日，在"中国可持续发展水资源战略研究"咨询项目向温家宝副总理汇报会上发言。

1月27日，在向吴邦国副总理汇报三峡工程质量问题时发言。

1月28日，在水利部召开的"加强长江中下游防洪建设的若干意见"的讨论会上做书面发言。

3月22日，和钱正英副主席等八人到三峡工地进行工程建设考察。

4月19日，参加黄委会召开的水资源问题专家座谈会，在会上提出了十条意见。

5月9日，得知朱镕基总理、吴邦国副总理对钱正英、张光斗等八人送上的《关于三峡工程质量情况的调查报告》做了批复，并开始筹建成立"国务院三峡工程质量检查专家组"。

6月15日，参加水资源咨询项目防洪减灾组会议，提出了20条意见。

7月27日，水利部召开"关于加强嫩江松花江近期防洪建设若干意见"座谈会，在会上做了发言。

9月12日，参加在小浪底工地召开的第四次技术委员会会议，主题是下闸蓄水。

11月8日，参加水资源咨询项目防洪、农业节水课题组讨论会。

11月23日，参加水资源咨询项目城市课题组、水资源课题组汇报会。

11月26日，参加香港理工大学表彰五位大陆学人的大会，会议期间做了"长江三峡工程"和"1998年长江大洪水"两个学术报告。

12月1日，作为"国务院三峡工程质量检查专家组"副组长到工地对三峡工程质量进行检查，随后向国务院提交了年度工程质量检查报告。

12月13日、16日、23日、27日、28日，分别参加水资源咨询项目水资源开发利用及生态环境建设课题组、西北西南水资源开发利用持续发展课题组和岩溶水资源课题组、南水北调课题组、城市和工业用水课题组、水资源课题组的五个讨论会。

12月，《专门水工建筑物》专著，由上海科技出版社出版。

2000年

1月18日，参加水资源咨询项目西北西南课题组的讨论会，对报告提出七条意见。

3月16日，参加中国工程院水资源项目和全国政协考察组去西北调查水资源开发利用的情况，并在重庆、陕西、甘肃省座谈会上发言。

3月28日，参加中国工程院水资源咨询项目综合组会议，讨论综合报告的编写提纲。

4月5日，随国务院三峡工程质量检查专家组到三峡工地检查工程质量。

6月16日，参加国务院三建委会议，向国务院领导汇报三峡工程进展情况。

7月11日，向温家宝副总理汇报《中国可持续发展水资源战略研究综合报告》，并在会上发言。

8月至9月，审阅水资源咨询项目各课题的综合报告，提出书面意见。

9月16日，参加国际大坝委员会召开的三峡工程研讨会，在大会上发言，并主持"面板堆石坝讨论会"。

9月24日，参加水利部召开的"南水北调工程实施意见"座谈会，在会上做了较全面的发言，后于27日又在向朱总理的汇报会上，做了主要内容相同的发言。

10月11日，参加中国工程院国际工程科技大会，在土木分会上做特邀报告"长江三峡工程的关键科技、经济和生态环境问题"。

11月20、22日，分别参加淮河流域、太湖流域近期防洪建设座谈会，并在会上发言。

12月5日，随国务院三峡工程质量检查专家组到三峡工地检查工程质量。

2001年

4月26日，三建委办公室召开泥沙问题座谈会，提交书面发言。

5月17日，参加中国工程院"中国西北地区水资源和生态环境可持续发展战略研究"咨询项目初稿向温家宝副总理的汇报会。

5月31日，参加国务院三建委第十次会议，在会上做了发言。

7月28日，参加中国工程院教育委员会的会议，讨论"开发企业工程技术人员创新能力对策研究"课题报告，在会上做了发言。

8月16日，参加北京水利局水资源专家顾问组会议，对北京市水资源规划、建设提出建议。

9月22日，参加中国国际咨询工程公司召开的小湾水电站可行性报告评估会议，提出了不同意见。

10月14日，随"西北水资源项目组"到渭河考察，对陕西水资源规划和建设提出了建议。

10月24日，参加三建委办公室召开的会议，讨论《三峡枢纽二期工程验收大纲》和《输电线验收大纲》。

12月，作为第一完成人的教学成果："紧密结合重大水利水电工程建设，培养具有创新能力的高层次人才"被评为全国高等学校优秀教学成果一等奖。

年内，被中国水利学会授予"功勋奖"。

2002 年

2月8日，应邀参加水利部召开的南水北调工程总体规划座谈会，做了较全面的发言。

2月26日，参加三建委会议，向国务院领导汇报三峡工程溢流坝段上游面裂缝问题。

3月13日，参加国家电力公司召开的龙滩水电站正常蓄水位400米一次建成方案汇报专家论证会，在会上做了发言。

3月19日，参加水资源咨询项目西北综合组会议，做了发言。

4月8日，到三峡工地检查工程质量，在会上做了发言。

6月1日，参加中国工程院颁奖大会，被授予中国工程界最高奖——光华科技成就奖，内地和香港各媒体大力宣传。

7月6日，参加国际工程咨询公司召开的黑山峡、小观音和大柳树坝址审查会，在会上做了发言。

8月11日，参加黄河防洪规划研讨会，在会上做了发言。

8月13日，参加长江流域规划研讨会，在会上做了发言。

9月13日，参加"渭河流域综合治理规划"座谈会，并在会上发言。

9月26日，参加水利部召开的水资源管理和可持续发展研讨会，在会上发言。

10月9日，参加三建委办公室召开的三峡工程泥沙研究会议，在会上发言。

10月24日，参加三建委在国务院召开的导流明渠截流前二期工程验收委员会第一次会议，在会上发言。

11月25日，随国务院三峡工程质量检查专家组到三峡工地检查工程质量。

2003 年

因年高体弱，有时生病住院，基本不再外出参加活动，最多在家接待一下友人来访或写些随想性的短文。

3月9日，自己打字输入的《自述文字资料》中，这一天是记录他进行工作的最后一天。

2007 年

4月28日，胡锦涛总书记在张光斗先生九十五岁寿辰之际发来亲笔签发的贺信，盛赞"七十年来，先生一直胸怀祖国，热爱人民，情系山河，为我国的江河治理和水资源的开发利用栉风沐雨、殚精竭虑，建立了卓越功绩。……先生的品德风范山高水长，令人景仰！"

4月30日，清华大学在中央主楼接待厅举行了隆重的庆祝会，清华大学顾秉林校长、党委书记陈希主持会议，钱正英副主席、教育部、水利部、工程院、科学院、三峡集团总公司等单位的领导参加了会议。

2009 年

3月12日，因病入住友谊医院，其后长期住院治疗。

8月7日，转入301解放军总医院。

2012 年

4月30日，在301医院病房接待厅举行了张先生"期颐嵩寿"小型庆祝会，清华大学党委书记胡和平主持会议，水利部部长、工程院院长、水科院院长、三峡集团总公司总经理等参加了会议。

2013 年

6月21日，张光斗先生逝世。

附录二　张光斗主要论著目录

水利工程专业类论著

[1] 张光斗. 重力坝的渗透压力计算. 水利学报（创刊号），1956.

[2] 张光斗. 论大体积混凝土. 水利水电技术，1967（3）.

[3] 张光斗. 圆筒钢筋混凝土薄壁池的内力计算. 北京：水利电力出版社，1978.

[4] 张光斗，陈兴华，王宙. 拱坝枢纽整体抗滑稳定的地质力学模型试验研究. 水利学报，1983（6）.

[5] 张光斗，周维垣，杨若琼. 紧水滩拱坝地质力学模型试验 // 拱坝稳定和基础处理会议论文集，1984.

[6] R.W.Clough，张光斗，等. 响洪甸拱坝的振动特性（中美联合研究成果）// 第八届世界地震工程会议论文集第五卷. 1984.

[7] 张光斗，张楚汉，李未显，王光纶. 泉水拱坝的振动测量分析. 中国科学，1986（1）.

[8] 张光斗，周维垣，杨若琼. 基岩稳定的比例地质力学模型试验及有限元计算. 岩石力学与工程学报，1986（1）.

[9] 张光斗. 关于解决我国水资源危机的几点意见. 水利经济，1987（3）.

［10］Zhang Guangdou. Zhang Chuhan. Wang Guanglun. A new seismic wave input procedure for arch dam foundation. Earthquake Behavior of Arch dams. Pergamon Press，1988.

［11］Zhang Guangdou. Zeng Zhaoyang. Li Weixian. Study of dynamic characterisitics and seismic response of arch dam abutment//Earthquake Behavior of Arch dams. Pergamon Press，1988.

［12］张光斗，陈厚群. 混凝土坝抗震 // 中国工程抗震研究四十年. 北京：地震出版社，1989.

［13］张光斗，陈志恺. 中国水资源的问题及其解决途径. 水利学报，1991（4）.

［14］张光斗. 长江三峡工程宜早日兴建. 人民日报，1991-12-21.

［15］张光斗，王光纶. 水工建筑物（上册）. 北京：水利电力出版社，1992.

［16］张光斗，王光纶. 水工建筑物（下册）. 北京：水利电力出版社，1994.

［17］张光斗. 碾压混凝土筑坝新技术. 水力发电学报，1993（1）.

［18］张光斗. 混凝土面板碾压堆石坝的设计和施工. 水力发电学报，1994（1）.

［19］张光斗. 对水利经济的认识. 水利经济，1997（3）.

［20］张光斗. 水与可持续发展. 水科学进展，1997（4）.

［21］张光斗，王光纶. 专门水工建筑物. 上海：上海科学技术出版社，1999.

［22］张光斗. 对水利几个问题的看法. 中国水利报，2002-10-17.

［23］张光斗. 21世纪江河治理科技的走向. 光明日报，2002-12-20.

高等工程教育类论著

［24］张光斗. 访美观感. 清华大学教育研究，1980（1）.

［25］张光斗. 法国高等工程教育. 教育研究通讯，1981（1）.

[26] 张光斗. 参加国际工程科学院及相同组织第三次会议观感——讨论工程教育. 清华大学教育研究, 1982（2）.

[27] 张光斗. 贯彻党的教育方针, 办好工科大学. 人民日报, 1982-4-8.

[28] 张光斗. 工程教育结构需要改革. 教育研究通讯, 1983（1）.

[29] 张光斗. 工程教育要面向经济建设. 高等工程教育研究, 1983（1）.

[30] 张光斗. 在高等工程教育专题研究会上——关于层次、规格和学制的发言. 高等工程教育研究, 1983（2）.

[31] 张光斗. 高等工程教育指导思想刍议. 光明日报, 1983-10-21.

[32] 张光斗. 改革高等工程教育的目的在于提高质量. 高等工程教育研究, 1984（2）.

[33] 张光斗. 办好高等工程教育的指导思想. 瞭望, 1984（3）.

[34] 张光斗. 团结协作—继续奋斗—努力开创高等工程教育研究工作的新局面. 高等工程教育研究, 1985（2）.

[35] 张光斗. 重视实验室建设. 提高实验水平. 实验技术与管理, 1986（3）.

[36] 张光斗. 加强和发展实验室是高等学校的重要任务. 实验技术与管理, 1986（4）.

[37] 张光斗. 美国高等工程教育的近况与动向. 高等工程教育研究, 1986（4）.

[38] 张光斗. 技术科学与高等工程教育. 科学学研究, 1987（1）.

[39] 张光斗. 美国高等工程教育情况和动向. 中国科学院院刊, 1987（1）.

[40] 张光斗. 深入改革提高教育质量. 高等工程教育研究, 1987（4）.

[41] 张光斗. 自力更生, 发展科技——参加一次国际会议后的感想. 中国科技论坛, 1987（5）.

[42] 张光斗. 技术与全球经济. 中国科学院院刊, 1988（2）.

[43] 张光斗. 中国高等工程教育的发展方向. 高等工程教育研究, 1990（3）.

[44] 张光斗. 对高等工程教育的体会. 中国高等教育, 1991（11）.

[45] 张光斗. 关于高等工程教育的若干认识. 高等工程教育研究, 1992(2).

[46] 张光斗. 高等工程教育与经济建设. 中国电力教育, 1992(4).

[47] 张光斗. 高等工程教育与发展国民经济. 浙江大学出版社, 1992.

[48] 张光斗. 早日建立中国工程与技术科学院. 高等工程教育研究, 1993(3).

[49] 张光斗. 和衷共济. 走向世界——关于理工大学与工业企业紧密结合的呼吁. 高等工程教育研究, 1994(1).

[50] 张光斗. 重点工科大学怎么办——对高层次工程科技人才培养的思考. 光明日报, 1994-4-21.

[51] 张光斗. 对"211工程"的认识. 高等工程教育研究, 1995(1).

[52] 张光斗. 谈谈一流大学的建设. 清华大学教育研究, 1995(1).

[53] 张光斗. 工程师——国家需要的人才. 软件工程师, 1995(3).

[54] 张光斗. 知识就是力量并不过时. 现代传播, 1995(4).

[55] 张光斗. 迎接我国科学技术的飞跃发展. 世界科技研究与发展, 1995(4).

[56] 张光斗. 高等工程教育必须改革——向高教界的同志们推荐两篇文章. 中国高等教育, 1995(4).

[57] 张光斗. 也谈21世纪高等工程教育的改革. 学位与研究生教育, 1995(6).

[58] 张光斗. 加强继续工程教育,提高工业竞争能力. 中国科技信息, 1995(7).

[59] 张光斗,王冀生. 中国高等工程教育. 清华大学出版社, 1995.

[60] 张光斗. 对霍明远文章的支持与补充. 中国科学院院刊, 1996(2).

[61] 张光斗. 工科大学的培养目标和培养模式. 高等工程教育研究, 1996.

[62] 张光斗. 工科的终生教育、继续教育和成人教育. 继续教育, 1996(4).

[63] 张光斗. 学位与高等工程教育的改革. 学位与研究生教育, 1996(4).

[64] 张光斗. 切实加强科技成果的中间试验和引进技术的消化吸收创新. 中国科学院院刊, 1996(4).

[65] 张光斗. 高等工程教育迫切需要改革. 高等教育研究, 1996（6）.

[66] 张光斗. 喜迎香港回归, 畅谈"科教兴国". 世界科技研究与发展, 1997（3）.

[67] 张光斗. 科教要兴国——兴国要科教. 高等工程教育研究, 1997（4）.

[68] 张光斗. 加强高等教育与经济建设的结合是发展经济的关键. 高等工程教育研究, 1998（4）.

[69] 张光斗. 加强高等教育与经济建设的结合和合作是发展经济的关键. 中国高教研究, 1998（5）.

[70] 张光斗. 加强高等教育与经济建设的结合和合作, 是发展经济的关键. 教学研究, 1999（1）.

[71] 张光斗. 应予重视的几个问题. 高等工程教育研究, 1999（2）.

[72] 张光斗. 高考瓶颈与中小学学生"减负". 高等工程教育研究, 2000（2）.

[73] 张光斗. 企业创新和继续工程教育. 继续教育, 2000（3）.

[74] 张光斗. 对两篇教育方面文章的简要讨论. 科技导报, 2000（5）.

[75] 张光斗. 试论经济全球化、产业全球化、科技全球化. 清华大学学报（哲学社会科学版）, 2001（1）.

[76] 张光斗. 试论中国高等工程教育的发展. 清华大学教育研究, 2001（1）.

[77] 张光斗. 发展高等工程教育培养更多合格的工程师. 学位与研究生教育, 2001（6）.

[78] 张光斗. 《促进产业界继续工程教育的创新》观后感. 继续教育, 2002（1）.

[79] 张光斗. 科教兴国与面向世界——学习《研究型大学论坛》札记. 高等工程教育研究, 2002（3）.

[80] 张光斗. 科学、技术、工程及科学家、工程师、企业家. 中国工程科学, 2002（12）.

[81] 张光斗. 技术和社会的相互影响和形成. 科学对社会的影响, 2003（2）.

［82］张光斗. 张光斗院士来函. 高等工程教育研究，2003（4）.

［83］张光斗. 工程师：工科大学的培养目标. 高等工程教育研究，2004（1）.

［84］张光斗. 高等工科院校要培养工程师. 高等工程教育研究，2004（3）.

［85］张光斗. 关于高等工程教育改革与发展的咨询建议. 高等工程教育研究，2004（5）.

［86］张光斗. 企业要成为技术创新主体. 工科院校要培养工程师. 高等工程教育研究，2005（1）.

［87］张光斗. 科学. 还是科技？民主与科学，2005（2）.

参考文献

[1] 张光斗. 我的人生之路. 北京：清华大学出版社，2002.

[2] 王家柱，刘宁. 记张光斗先生在葛洲坝、三峡工程建设中的二三事 // 江河颂. 北京：清华大学出版社，2002.

[3] 林秀山. 张光斗先生的黄河情结 // 江河颂. 北京：清华大学出版社，2002.

[4] 张超然，高安泽. 张光斗先生与二滩水电站 // 江河颂. 北京：清华大学出版社，2002.

[5] 谷兆祺. 张光斗先生与密云水库. 江河颂. 北京：清华大学出版社，2002.

[6] 钱正英. 互相学习，共同提高——十二年跨学科研究的体会. 院士通讯，2011（7）.

[7] 王光纶. 张光斗传略 // 中国科学技术专家传略. 北京：中国科学技术出版社，1994.

[8] 杜跃进，邓泽辉. 在一个重大决策的背后. 瞭望（海外版），1990-11-19.

[9] 董山峰. 工程界的传奇老人. 中国工程师，1994-2-25.

[10] 冯冰. 中国脊梁的建造者（上）. 香港大公报，2002-6-2.

[11] 冯冰. 中国脊梁的建造者（下）. 香港大公报，2002-6-3.

[12] 周文斌. 江河作证——记两院院士、清华大学教授张光斗. 光明日报，2002-6-3.

[13] 董志翔. 张光斗——水利水电泰斗，科技日报，2002-6-4.

[14] 孙英兰. 张光斗——当代水利泰斗. 瞭望新闻周刊, 2007-5-7.

[15] 王孙禺, 田慧君. 浅谈张光斗工程教育思想. 高等工程教育研究, 2012 (3).

[16] 黄云荣. 张光斗踏遍江河心未老. 中华儿女 (海外版), 1997.

后 记

  在采集小组进行《情系山河：张光斗传》的编写和资料采集过程中，张光斗院士不幸于 2013 年 6 月 21 日在北京逝世。虽然由于传主的健康原因，我们没能直接对张老进行面对面地采访，但通过两次到医院探视拜访，聆听张老的点滴教诲也感到受益匪浅。尽管老人家是在重病中，思想已不像以前那样敏锐，但在谈话中所关心的仍然是国家重大的水利工程建设，关心他一生所追求的事业。现将他和我们谈话的要点摘记如下：

  在谈话中，他一再地向我们表示，他认为三峡工程对国家发展和人民生活水平的提高是发挥了重大作用的，三峡工程的建设是很成功的，是建设者的功劳，库区百万移民所做出的巨大贡献也是绝对不能忘记的，没有库区移民无私的牺牲和贡献三峡工程是建不成的。今后三峡工程在运行中，应该注意的最大问题是，要保护好库区的生态环境、保护好库水的水质，这点是至关重要的，而且做起来也是比较困难的，比如北京的密云水库，为了保护好水库的水质和生态环境，密云水库周边的发展是受到严格控制的，库区周边的老百姓是做出了巨大牺牲的。以此为鉴，三峡库区的发展一定要进行严格的控制，绝不能走"先发展后治理"的这条错误的道路，对于这样大的水库一旦水质恶化了，再治理可就困难了，因此必须未雨绸缪。对于正在兴建中的南水北调中线工程，他也是非常关心的，他认为南水北调工程不但技术和质量控制难度大，而且要处理好调水区和用水区的关系,虽然调水主要是为城市供水,但如果不注意保护农民的利益,调水工程也是很难成功的。从这些点滴的谈话中,我们深深地感到,这位老先生考虑问题确实很有特色,他所说的每件事都是从关心老百姓的角度出发。而且在我们采集他一生经历的资料过程中,我们也发现这种思想的脉络非常清晰,无论是1937年毅然弃学回国,参加抗日救国;还是在文化大革命逆境中,受到极不公正的待遇,仍坚持对工程建设负责;即使是在老年丧子的极度悲伤中,也要认认真真地写完自己对工程建设的意见书,类似的事情在正文中还有很多介绍。我们在写作过程中也在思考,老先生为什么会这样执著,根源何在呢?我们觉得答案应当是正如他在自述中所说的,他之所以在年青求学时期选择从事水利事业,是因为"我看到了我国水利建设,需要工程技术,更重要的是看到了我国水利建设落后,水旱灾害严重,人民生活困苦,增强了我为水利建设、为人民服务的决心。"老先生一生都在锲而不舍地为实现他选择事业时所立下的诺言而奋斗,这可能也是很多老一代科学家的共性,也正是我们后代人应当继承和发扬的宝贵的精神。仅以此点滴心得体会作为编写此研究报告的后记。

在传纪编写任务的完成过程中,张光斗院士的女儿张美怡女士对编写工作给予了极大的支持。她不但提供了一些张光斗院士家庭生活的细节,使得传记的内容更加生动、更加贴近生活;而且最后还对传记的文稿进行了仔细地审阅,并根据核查的史料,提出了许多宝贵的修改意见和建议,大大增加了传记的真实性。

本传记由采集小组的四位执笔人先分头写出初稿,清华大学新闻与传媒学院的沙垚同学编写了第一、二、三、四、十四章的初稿;清华大学人文学院的闫会明同学编写了第九、十一、十二、十三章的初稿;清华大学人文学院的王晞同学编写了第六、七、八章的初稿;清华大学水利水电工程系的王光纶教授编写了余下其他各章节和附录、附件的初稿。最后,由王光纶汇统编定稿。

在此,对沙垚同学、闫会明同学、王昕同学和张美怡女士的辛勤劳动和对本书所做出的贡献表示深深地感谢。

王光纶